KB190590

한국신약해설주석 1A

마태복음 1:1-13:52

신현우 지음

KECOT/KECNT 김상훈 총괄 편집

KECNT 신현우 책임 편집

한국신약해설주석 1A
마태복음 1:1-13:52

지음 신현우
총괄편집 김상훈
책임편집 신현우
교정교열 김덕원

발행처 감은사
발행인 이영욱
전화 070-8614-2206
팩스 050-7091-2206
주소 서울시 강동구 암사동 아리수로 66, 401호
이메일 editor@gameun.co.kr

종이책
초판1쇄 2022.11.21.
ISBN 9791190389747
정가 29,000원

전자책
전자책1쇄 2022.11.21.
ISBN 9791190389761
정가 21,800원

Korean Exegetical Commentary on the New Testament 1A

The Gospel According to Matthew 1:1-13:52

Hyeon Woo Shin

KECOT/KECNT General Editor, Sang-Hoon Kim

KECNT Editor, Hyeon Woo Shin

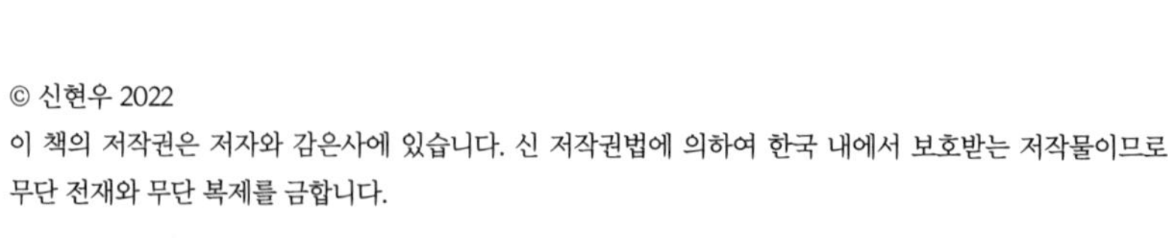

| 목차 |

KECNT/KECOT 총괄 편집자 서문 | 9

KECNT 책임 편집자 서문 | 13

저자 서문 | 15

약어표 | 19

I. 서론 | 23

1. 구조 | 25
2. 저자 | 28
3. 기록 시기 | 29
4. 기록 지역 | 31
5. 사용된 자료 | 33
6. 신학적 강조점 | 35
7. 기록 목적 | 41

II. 본문 주석 | 43

제1장 마태복음 1-4장 (예수의 사역 1: 예수 소개) | 45

1. 예수 그리스도의 족보 (1:1-17) | 46
2. 예수 그리스도의 나심 (1:18-25) | 60
3. 동방으로부터 점성술사들이 방문함 (2:1-12) | 71
4. 이집트로 피신함 (2:13-18) | 83
5. 이집트에서 나사렛으로 (2:19-23) | 91
6. 세례자 요한의 사역 (3:1-12) | 97
7. 세례자 요한에게 세례받으신 예수의 정체 (3:13-17) | 118
8. 예수께서 시험당하심 (4:1-11) | 127
9. 예수께서 사역을 시작하심 (4:12-17) | 139

10. 제자들을 부르심 (4:18-22) | 144
11. 병자들을 고치심 (4:23-25) | 149

제2장 마태복음 5-7장 (예수의 가르침 1: 산상설교) | 157
1. 청중 (5:1-2) | 158
2. 은혜의 복음 (5:3-6) | 161
3. 새 이스라엘의 윤리 (5:7-12) | 171
4. 빛과 소금 (5:13-16) | 176
5. 율법의 완성 (5:17-20) | 180
6. 살인에 관하여 (5:21-26) | 186
7. 간음에 관하여 (5:27-30) | 193
8. 이혼에 관하여 (5:31-32) | 196
9. 맹세에 관하여 (5:33-37) | 200
10. 복수에 관하여 (5:38-42) | 205
11. 원수에 관하여 (5:43-48) | 209
12. 바리새인들의 의보다 더 나은 의 (6:1-18) | 212
13. 재물이냐 하나님이냐? (6:19-24) | 226
14. 재물과 관련된 염려에 관하여 (6:25-34) | 231
15. 비판에 관한 교훈 (7:1-6) | 236
16. 바른 행함의 근본 원리 (7:7-12) | 241
17. 잘못된 길과 거짓 선지자 판단 기준(7:13-20) | 246
18. 행함의 중요성 (7:21-29) | 250

제3장 마태복음 8-9장 (예수의 사역 2: 치유) | 259
1. 나병환자 치유 (8:1-4) | 260
2. 백부장의 하인 치유 (8:5-13) | 267
3. 베드로의 장모 및 많은 사람 치유 (8:14-17) | 273
4. 제자의 길 (8:18-22) | 276

5. 풍랑을 잔잔하게 하심 (8:23-27) | 280
6. 가다라 지방에서의 축귀 사역 (8:28-34) | 285
7. 중풍병자 치유와 죄 사함 (9:1-8) | 291
8. 죄인들과 식사함에 관한 논쟁 (9:9-13) | 299
9. 금식에 관한 논쟁 (9:14-17) | 305
10. 혈루증 앓는 여인을 치유하시고 관리의 딸을 살리심 (9:18-26) | 310
11. 맹인들의 눈을 뜨게 하심 (9:27-31) | 315
12. 말 못하는 사람을 고치심 (9:32-34) | 318
13. 맺음말 (9:35-38) | 321

제4장 마태복음 10:1-11:1
(예수의 가르침 2: 열두 제자 파송에 관련된 가르침 | 325
1. 열두 제자를 세우시고 권능을 주심 (10:1-4) | 326
2. 열두 제자 파송: 대상 (10:5-6) | 331
3. 열두 제자 파송: 사역 내용 (10:7-8) | 333
4. 열두 제자 파송: 복장 (10:9-10) | 334
5. 열두 제자 파송: 거처 (10:11-15) | 337
6. 열두 제자 파송: 박해에 대한 반응 (10:16-23) | 339
7. 열두 제자 파송: 두려워하지 말아야 하는 이유 (10:24-33) | 343
8. 열두 제자 파송: 박해와 제자도 (10:34-39) | 347
9. 제자들에 대한 반응과 하나님의 보상 (10:40-42) | 349
10. 맺음말 (11:1) | 351

제5장 마태복음 11:2-12:50
(예수의 사역 3: 예수의 사역과 유대인들의 반응) | 353
1. 세례자 요한의 질문 (11:2-6) | 353
2. 세례자 요한의 정체에 관한 예수의 말씀 (11:7-15) | 358
3. 세례자 요한과 예수에 대한 사람들의 태도를 평가하심 (11:16-19) | 363

4. 고라신과 가버나움에 대한 책망 (11:20-24) | 368
5. 하나님의 계시를 받는 자들 (11:25-27) | 371
6. 예수의 멍에 (11:28-30) | 375
7. 안식일 논쟁 (12:1-8) | 377
8. 안식일에 치유하심 (12:9-14) | 383
9. 자기를 나타내지 않으신 예수 (12:15-21) | 387
10. 바알세불 논쟁 (12:22-37) | 389
11. 표적을 구하는 세대 (12:38-42) | 399
12. 악한 세대의 운명 (12:43-45) | 402
13. 예수의 참가족 (12:46-50) | 403

제6장 마태복음 13:1-52 (예수의 가르침 3: 예수의 비유) | 407
1. 씨앗의 비유 (13:1-9) | 407
2. 비유로 가르치시는 이유 (13:10-17) | 410
3. 씨앗의 비유 해석 (13:18-23) | 414
4. 가라지 비유 (13:24-30) | 418
5. 겨자씨 비유 (13:31-32) | 419
6. 누룩 비유 (13:33) | 421
7. 비유로 가르치신 목적 (13:34-35) | 423
8. 가라지 비유 해석 (13:36-43) | 424
9. 밭에 감춘 보물 비유 (13:44) | 425
10. 값진 진주 비유 (13:45-46) | 426
11. 그물 비유 (13:47-50) | 427
12. 천국의 제자 된 서기관에 관한 비유 (13:51-52) | 427

III. 참고 문헌 | 431

KECNT/KECOT
총괄 편집자 서문

일선 목회자들을 만나면 좋은 주석을 추천해 달라는 말씀을 자주 듣게 됩니다. 믿을 만한 성경 주석이 필요합니다. 시대적 필요에 맞는 새로운 주석 편찬에 대해 다음의 다섯 가지를 말할 수 있겠습니다.

첫째, 건실한 개혁신학과 성경적 복음주의의 입장에 바로 서 있는 좋은 주석이 필요합니다. 하나님의 말씀인 성경에 대한 권위(authority)와 진정성(authenticity)을 신학(학문)이라는 이름으로 훼손하고 있는 주석이 적지 않습니다. 성경의 권위(*sola scriptura*, "오직 성경으로")를 중시한 종교개혁의 건실한 개혁신학과 성경의 영감적 특성을 존중하는 복음주의 관점에서 쓴 주석이 필요합니다. 영감된 말씀인 성경에 대한 존중과 바른 이해에 기반하는 주석은 주님의 교회를 새롭게 하고 생명력 있는 말씀 사역을 하도록 지원할 수 있습니다. 독자는 바른 신학과 성경에 대한 신뢰를 가지고 본문을 깊이 연구할 수 있습니다.

둘째, 국내 저자에 의한 국제적 수준의 주석 집필이 요구되고 있습니다. 성경적 복음주의에 기초한다고 해서 학문적 특성이 배제되면 신뢰할 만한 주석이라 할 수 없을 것입니다. 주석의 학문성은 저자의 학문적 자질과 능력에서 비롯됩니다. KECNT(한국신약해설주석)의 집필진은 학문적으로 국제적인 교류를 해온 학자들이 중심이 됐습니다. 해외 신학계와 해석학계에 학문적 목소리를 낼 수 있는(내어온) 학자들이 주석 집필진이 된 것입니다. 그렇기에 주석의 학문적 수준을 신뢰할 수 있을 것입니다. 본문의 논쟁적 문제를 다룰 때도, 개혁신학과 복음주의에 뿌리를 두되, 진지한 학문적 태도로 연구되고 있는 것을 볼 수 있을 것입니다. 여기서 신앙과 학문의 조화를 발견할 수 있습니다.

각 주석은 독자적인 연구를 바탕으로 된 것입니다. 신학적으로나, 학문적으로 신뢰할 만한 저자들의 단권 주석은 해당 분야에 대한 철저한 연구 성과를 토대로 집필된 것입니다. 대표되는 주석들과 학자들의 견해들이 주석 안에 섭렵되면서도, 집필자 자신의 깊은 본문 연구를 토대로 주석된다는 특징이 있습니다. 각자의 영역에서 뚜렷한 학문적인 논의를 개진할 수 있는 저자들이기 때문입니다.

셋째, 단권 주석의 강점은 각 권의 전문성이 인정된다는 것입니다. 저자 한 사람이 성경 전권을 주석하는 방식은 학문적인 한계를 가질 수밖에 없습니다. 점차 전문화되어가는 학문적 흐름에는 맞지 않습니다. 해당 분야의 전문적 식견을 갖춘 저자에 의한 단권 주석 집필은 그런 점에서 의미가 큽니다. 각 권은 특장(特長)을 가진 각 저자의 적지 않은 시간 동안의 연구와 노력을 담은 주석서입니다. 같은 개혁신학과 복음주의 신앙을 가진 저자들에 의한 학문적 노력이 담긴 각 권의 주석입니다. 신학적으로, 학문적으로 검증된 저자들이 함께 어울려 성경 전체의 주석서를 내고 있습니다. 함께 하나님 나라를 위해 노력하려 합니다.

넷째, 성경 주석은 본문 중심의 주석일 필요가 있습니다. 개혁신학과 복음주의 전통의 문법적-역사적 해석은 하나님의 말씀인 성경 본문을, 역사적 맥락과 문법적 특징에 따라 세밀히 살펴, 본문의 계시적 의미를 밝히려는 해석입니다. 따라서 원어를 기초로 한, 각 절과 각 단원의 치밀한 주해에 집중합니다. 본문을 중시하는 문법적-역사적 해석의 전통은 최근 언어적·문학적·구조적·수사적 연구 등에 의해 더욱 발전되어 왔습니다. 하나님의 말씀 중심인 문법적-역사적 전제에 어울릴 수 있는 한, 이들 연구는 본문 해석에 유익한 면이 있습니다. 문법적-역사적 해석이 여러 갈래로 발전되고 있는 것입니다. KECNT에서 각 권의 저자가 어떤 특징과 강점을 가지고 성경 본문을 세밀히 해석하고 있는지 볼 수 있을 것입니다.

다섯째, 교회와 목회자의 필요에 맞는 주석이어야 할 것입니다. 교회가 신뢰할 만한 신학적 토대를 가지고 있다는 점과 함께, 철저한 본문 중심 해석이라는 특징 때문에 우리 한국 교회와 교회 사역자(설교자), 그리고 성경을 깊이 연구하고자 하는 분들에게 실제적인 도움이 될 것입니다. 특히 설교를 준비할 때, 본문에 대해 깊이 있고 정확한 해석의 기반이 가장 중요하다는 점에서 KECNT는 설교자의 좋은 동반자가 될 것입니다. 하나님의 말씀이 제대로 전해지면 교회는 회복됩니다. 교회의 진정한 개혁은 하나님의 말씀으로 됩니다. 한국 교회에 말씀의 뿌리가 깊이 내려지고 그 위에 갱신과 부흥의 나무가 서야 합니다.

마태복음을 저작하신 신현우 교수님은 탁월한 공관복음 전공 학자로 그의 암스테르담 자유 대학의 박사 학위 논문은 국제적으로 학문적인 수월성을 인정받는 CBET 시리즈에 채택되어 Peeters에서 출간된 바가 있고, 또한 *JTS*, *Bible Translator* 등 저명한 국제 학술지와 국내 주요 학술지 등에 상당한 연구 논문을 게재해 왔을 뿐 아니라 그간 교수 사역을 통해 십여 권의 전문서적을 저술해 온, 한국 신학계와 해석학계를 대표하는 신약 신학자라 할 수 있습니다. 이번 KECNT 마태복음 주석(상, 하)은 전통(보수)적인 개혁신학의 문법적-역사적 해석의 바탕에서 마태복음 본문 연구에 종합적이고 풍요로운 역사적-문헌적-주해적 해석을 독자들에게 제공해 줄 것입니다.

KECNT 편찬에 관계된 저희 모두는 이 일을 영예로 생각합니다. 좋은 주석서들이 활용되면 주의 교회가 힘을 얻게 될 것이기 때문입니다. 오직 하나님만이 영광을 얻으시기에 합당하십니다(*soli Deo gloria*, "오직 하나님께만 영광이").

2022년 9월 24일

김상훈

KECNT/KECOT 총괄 편집자

KECNT
책임 편집자 서문

한국신약해설주석(KECNT)은 성경을 하나님의 말씀으로 받아들이고 신앙의 규범으로 삼는 정통 신학의 틀 속에서 종교 개혁자들의 문법적-역사적 해석 방법을 사용하여 신약 성경을 연구하는 주석 시리즈입니다.

한국의 신학계는 그동안 비약적 발전을 하여 세계 신학의 한 축을 형성하는 단계로 진입하고 있습니다. 특히 한국의 신약학계는 이미 세계적인 수준에 도달하였습니다. 그리하여 이 주석 시리즈의 저자들은 국제 학계(총서 및 학술지 등)에 출판 실적이 있는 학자들 중에서 정통 신학을 추구하는 학자들을 선택하여 선정할 수 있었습니다.

이 주석 시리즈는 간단명료한 문체를 추구하며, 제한된 지면에 알찬 내용을 담고자 했습니다. 또한 문법적-역사적 해석 방법에 따라 원어의 용례, 역사적 배경과 본문의 문맥에 토대한 의미 파악에 주력하여 성경 각권 저자가 의도한 본문의 의미가 잘 드러나도록 하였습니다. 그리하여 우리 시대에 성경 본문을 적용하기 위한 튼실한 출발점을 얻을 수 있도록 하였습니다.

이 주석은 단락별로 번역, 절별 주해, 단락 해설로 구성하여 설교자들과 성도들이 성경을 연구하다가 필요한 구절을 쉽게 찾을 수 있도록 하였고, 단락 해설을 통해서는 심층 주해, 전체적인 흐름 파악, 또는 적용을 위한 통찰을 얻을 수 있도록 하였습니다. 성경 원어 본문 번역은 헬라어 본문 번역에서 출발하여 주해의 성과까지 반영한 결정체입니다. 이 부분은 모아서 추후 새로운 성경 번역본으로 출판하게 될 것입니다.

이 주석 시리즈는 주해 부분에서 헬라어를 음역할 경우에는 자음은 경음(ㄲ, ㄸ, ㅃ)을 활용하였습니다. 이것은 고대 및 현대 헬라어 발음과 유사할 뿐 아니라, 격음(ㅋ, ㅌ, ㅍ)과 함께 사용하여 유사한 발음의 헬라어 자음들을 한글로 명확히 구분하여 표기할 수 있기 때문입니다. 모음의 경우에도 영미식이나 독일식 발음이나, 현대 헬라어 발음도 따르지 않고 고대 헬라어의 발음으로 추측되는 방식으로 음역했습니다.

이 시리즈의 출판을 흔쾌히 수락하여 목회자들과 교회를 위한 주석서를 세상에 내놓는 수고를 감당해 주신 감은사의 이영욱 대표님께 감사를 드립니다. 아울러 한국교회와 목회자/성도들을 위하여 KECOT/KECNT 총괄편집장을 맡아주시어 물심양면으로 수고하시는 김상훈 교수님께 감사드립니다.

교회의 왕이시며 온 우주의 통치자이신 예수께 감사의 송영을 올립니다. 이 주석 시리즈도 우리의 주되신 예수께 드리는 예배의 일부입니다. 십자가의 길을 가심으로 마귀의 세력을 무너뜨리고 고난의 십자가 위에서 온 세상을 통치하시는 주 예수여, 영원토록 영광과 찬양을 받으소서. 아멘.

2022년 8월 13일

신현우

KECNT 책임 편집자

저자 서문

마태복음 본문 주해를 강의하며 원고를 쓰기 시작한 지 14년 정도 지났지만, 성경은 연구해도 더 깨닫게 되고, 새로운 논문들과 주석들이 계속 쏟아져 나오기에, 이제 출판해도 되겠다는 생각을 할 수 있는 시점은 계속 미루어진다. 그러나 이제 마음을 비우고 마태복음 해석의 징검다리에 돌 하나 보내는 마음으로 이 책을 출판한다.

마태복음 주석을 한 권으로 내기에는 비교적 분량이 많아서 마태복음 1:1-13:52에 관한 주석을 제1권으로, 13:53-28:20에 관한 주석은 제2권으로 나누어 펴낸다.

필자는 이 주석서를 쓰며 우선 헬라어 본문을 새로이 번역하였다. 또한 마태복음 본문에 관한 주해 결과는 다시금 본문 번역에 반영되었다. 그러나 주해 부분에서는 독자들을 위하여 종종 개역개정판의 본문을 언급하여 이 책을 활용하기 편리하게 하였다. 이 책에서 사용한 성경 역본을 특별히 언급하지 않은 경우는 개역개정판의 인용이거나 필자의 사역이다.

마태복음 주석서를 출판하며 필자는 이 책을 고 정훈택 교수님께 헌

정한다. 그분은 2007년도에 마태복음 본문만을 읽고 묵상하며 『쉬운 주석 마태복음』을 출판하였다. 이 책은 신구약의 연속성을 강조하는 개혁신학적 특징을 잘 보여 주는 주석이었다. 그 후 정 교수님은 본격적인 마태복음 주석서를 집필하고자 하셨지만, 갑작스러운 병환으로 인해 은퇴도 하기 전인 2013년에 우리 곁을 떠나셨다. 은사님을 직접 찾아뵙고 전해 드릴 수는 없지만, 그분의 신학과 삶을 존경하는 후학들의 마음을 담아 그분이 사랑한 복음서인 마태복음에 관한 주석서를 그분에게 헌정한다.

주석은 과거의 연구 전통을 종합하고 한 걸음 더 나아가는 종합과 창조의 작업이다. 이 주석의 경우도 예외는 아니다. 집필을 위해서 직접 본문을 묵상하며 주해하는 작업부터 시작하였고 창조적 주해 성과를 포함하였지만, 기존의 주석서들과 국내외 학술 논문들에 담긴 정보들도 열심히 활용하였다. W. D. Davies & D. C. Allison을 비롯한 마태복음 해석에 기여한 해외 학자들만이 아니라 한국 신학의 전통을 세워가고 있는 한국 학자들의 성과도 소개하였다. 양용의 교수(2018년)와 강대훈 교수(2019년)의 마태복음 주석은 알찬 주해적 성과를 가득 담고 있다. 김상훈 교수의 마태복음 주석은 구조 분석이 탁월하며, 정훈택 교수의 주석은 신구약의 연속성을 잘 통찰하였다. 강대훈, 김성광(Seong-Kwang Kim), 김성희, 김충연, 김학철, 문우일, 신인철, 안한나(Hannah S. An), 양용의, 이민규, 이석호, 정연락, 정창욱(Chang Wook Jung), 채영삼의 한글/영어 소논문들 중에는 마태복음 주해에 도움이 되는 통찰이 있었다. 미리 마태복음을 연구하여 징검다리 돌들을 놓은 국내외의 많은 학자들이 아니었다면 필자는 돌 하나를 더 보태려고 강 한가운데로 가지 못했을 것이다. 그들의 연구 성과를 소개할 때 필자는 일일이 본문 주 또는 각주를 통하여 밝힘으로써 그들의 노고를 기억하고자 했다. 필자가 원고 집필을 마친 후 탈고 과정에 있을 때, 양용의 교수의 대작인 마태복음 주석이 출판되어서

(2022년 9월, 이레서원), 필자는 시간상 이 책을 읽거나 인용하지는 못했다.

이 책에는 필자가 미리 저술한 책들(특히 『메시아 예수의 복음』, 『신약 헬라어 주해 문법』, 『신약 주석학 방법론』)과 논문들에 담긴 내용이나 아이디어에 겹치는 부분이 아주 조금 있지만, 일일이 각주에 밝히지는 않았고 이 서문을 통하여 언급한다. 필자는 이미 출판한 마가복음 주석서(『마가복음』, 서울: 감은사, 2021)와 누가복음 주석서(『누가복음 어떻게 읽을 것인가』, 서울: 성서유니온, 2016)의 내용도 종종 활용하였고, 이 경우에는 본문 주 또는 각주에도 언급하였다. KECNT 주석은 각주 대신 본문 주를 사용하는 것을 원칙으로 하지만, 이 마태복음 주석(상, 하권)의 경우 본문 주가 너무 많아서 종종 본문 주를 각주로 내려서 기재하였다.

인명이나 지명 등을 음역할 때에는 가급적 원래의 발음에 가깝게 하였지만, 고대 저자의 경우에는 관습적으로 이미 널리 알려진 발음이 있는 경우 독자들에게 친숙한 발음을 사용하였다(예. 어거스틴, 크리소스톰, 이레니우스, 필로). 또한 개역개정판 성경을 통하여 이미 널리 퍼진 인명이나 지명 등은 가급적 그대로 사용하였다. 그렇지만, 원래의 발음에 가깝게 표기하는 것이 더 좋다고 판단되는 경우에는 새롭게 음역하였다. 특히 이미 한국 사회에서 다른 발음으로 널리 알려져 있을 때에는 소통을 위하여 일반화된 발음으로 표기하였다(예. 다마스쿠스, 아시리아, 이집트). 개역개정판에 사용된 발음 중에는 중국어로 음역하여 표기한 것을 한자 발음으로 읽어서 음역한 것이 많다(예. 다메섹, 애굽). 이것은 원래의 발음과도 다르고 현대 한국 사회에서 사용하지도 않기 때문에, 교회에서나 사회에서나 모두 통용될 수 있는 익숙한 발음이 있을 경우에는 그러한 발음으로 음역을 하였다.

원고를 읽고 유익한 논평을 해 주신 총괄편집장 김상훈 교수님과 편집 및 출판 과정에서 많은 수고를 해 주신 감은사의 이영욱 대표님과 김덕원 교정자님에게 감사드린다.

성경을 우리에게 주신 하나님의 은혜가 없었다면 이것을 해석하는 작업은 처음부터 불가능하였을 것이다. 또한 이 주석 작업은 하나님께서 주신 시간과 그 속에서 호흡하고 생각할 수 있었던 생명으로 인해 가능하였다. 유학 시절부터 지금까지 학업과 연구를 그치도록 방해하는 수많은 장애물이 긴 마라톤 같은 행진을 멈추도록 시시각각 압박해 왔지만, 오직 바다에 길을 내시는 하나님의 폭풍 같은 은혜로 거센 풍파를 넘어 올 수 있었다. 그 해일과 같은 은혜가 없었다면 이 책은 나올 수 없었을 것이다. 하나님의 말씀을 해석하는 신학적 작업은 시간과 생명의 근원이시며 계시의 기원이신 하나님을 찬미하고 그분에게 영광을 돌리는 감사의 표현이다. 이 책도 그러한 예배의 일부이다.

2022년 9월 21일
사당동 연구실에서
신현우

| 약어표 |

1. 학술지, 저서 및 총서

BDAG	W. Bauer, *A Greek-English Lexicon of the New Testament and Other Early Christian Literature*, revised and edited by F. W. Danker, 3rd ed., Chicago: The University of Chicago Press, 2000.
BDB	F. Brown, S. R. Driver, C. A. Briggs, eds., *A Hebrew and English Lexicon of the Old Testament*, Oxford: Clarendon, 1907.
BDF	F. Blass & A. Debrunner, *A Greek Grammar of the NT and Other Early Christian Literature*, trans. by R. W. Funk, Chicago: University of Chicago Press, 1961.
CBQ	*The Catholic Biblical Quarterly*
DA	W. D. Davies & D. C. Allison, *A Critical and Exegetical Commentary on the Gospel According to Saint Matthew*, 3.vols. Edinburgh: T. & T. Clark, 1988-1997.
EKKNT	Evangelisch-Katholischer Kommentar zum Neuen Testament
JBL	*Journal of Biblical Literature*
JSNT	*Journal for the Study of the New Testament*
JSNTS	Journal for the Study of the New Testament Supplement Series
JTS	*Journal of Theological Studies*
NAC	New American Commentary
NIBC	New International Biblical Commentary
NIC	New International Commentary
NIGTC	New International Greek Testament Commentary
NovT	*Novum Testamentum*
NTS	*New Testament Studies*
Str-B	H. L. Strack & P. Billerbeck, *Kommentar zum Neuen Testament aus Talmud und Midrasch*, 6 vols., München: C. H.

	Beck, 1922-1961.
WBC	Word Biblical Commentary
WUNT	Wissenschaftliche Untersuchungen zum Neuen Testament
ZNW	*Zeitschrift für die neutestamentliche Wissenschaft*

2. 배경문헌

Ant.	Flavius Josephus, *Antiquities of the Jews*
ARN	*Aboth de Rabbi Nathan*
b.	*Babylonian Talmud*
Barnabas	*The Epistle of Barnabas*
CD	Cairo (Genizah text of the) Damascus (Document)
Dial.	(Justin Martyr,) *Dialogue with Trypho*
Eccles. Rab	*Ecclesiastes Rabbah*
Epigr.	*The Epigrams of Martial*
Exod. Rab.	*Exodus Rabbah*
Gen. Rab.	*Genesis Rabbah*
H.E.	Eusebius, *Historia ecclesiastica* (= *The Church History*)
J.W.	Flavius Josephus, *The Jewish War*
LAB	Philo, *Liber Antiquitatum Biblicarum* (= *The Biblical Antiquities*)
m.	*Mishnah*
Mek.	*Mekhilta de Rabbi Ishmael*
Midr. Ps.	*Midrash 1 Psalms*
Num. Rab.	*Numbers Rabbah*
Pesiq. R.	*Pesiqta Rabbati*
Spec.	(Philo,) *The Special Laws*
t.	*Tosefta*
Tacitus, *Hist.*	Tacitus, *Histories*
Tg. Isa.	*Targum Isaiah*
Tg. Ps.-J.	*Targum Pseudo-Jonathan*
Vit. Mos.	(Philo,) *On the Life of Moses*

1QH	쿰란 제1동굴에서 발견된 감사 찬송들
1QpHab	쿰란 제1동굴에서 발견된 하박국 주석
1QM	쿰란 제1동굴에서 발견된 전쟁 문서(War Scroll)
1QS	쿰란 제1동굴에서 발견된 공동체 규칙(The Community Rule)
4QAmram^{b}	쿰란 제4동굴에서 발견된 암람의 유언(The Testament of Amram = 4Q544)
4QFlor	쿰란 제4동굴에서 발견된 사화집(詞華集: Florilegium = 4Q174)
4QMMT	쿰란 제4동굴에서 발견된 할라카 편지(The Halakhic Letter)
4QpsDanA^{a}	쿰란 제4동굴에서 발견된 다니엘 위서(pseudepigraphon = 4Q246)
4QpIsa^{a}	쿰란 제4동굴에서 발견된 이사야 주석 A
4QpPs^{a}	쿰란 제4동굴에서 발견된 시편 주석 A
4QpPs	쿰란 제4동굴에서 발견된 시편 주석
4QpNah	쿰란 제4동굴에서 발견된 나훔 주석(= 4Q169)
4QSam^{b}	쿰란 제4동굴에서 발견된 사무엘서 사본 A(= 4Q52)
11QMelch	쿰란 제11동굴에서 발견된 멜기세덱 문서(Melchizedek Document = 11Q13)
11QTemple	쿰란 제11동굴에서 발견된 성전 문서(The Temple Scroll = 11Q19)
11QtgJob	쿰란 제11동굴에서 발견된 욥기 탈굼

I. 서론[1]

1. 이 부분은 신현우, 2020: 168-77의 내용을 사용하고 보완하여 저술한 것이다.

서론

1. 구조

마태복음 4:17과 16:21에 '그때부터 예수께서 비로소 ~하기 시작하셨다'는 전환 형식구가 나오는데, 이것을 기준으로 킹스버리(J. D. Kingsbury)는 마태복음을 다음과 같이 세 개의 덩어리로 구분하였다.[1]

(1) 메시아 예수의 인격(1:1-4:16)

(2) 메시아 예수의 선포(4:17-16:20)

(3) 메시아 예수의 고난, 죽음, 부활(16:21-28:20)

그런데 해그너(D. Hagner)는 앨리슨(D. C. Allison)의 마태복음의 구조 분석을 다음과 같이 소개하였다.[2]

---

1. Hagner, 1993: li.
2. Hagner: 1993, liii.

1-4장	이야기 1
5-7장	강화 1
8-9장	이야기 2
10장	강화 2
11-12장	이야기 3
13장(1-52절)	강화 3
14(13:53)-17장	이야기 4
18장	강화 4
19-23장	이야기 5
24-25장	강화 5
26-28장	이야기 6

이 구조 분석에 의하면 다섯 묶음의 가르침이 이야기들 사이에 끼어 있다. 이러한 구조는 마태복음이 구약의 모세오경에 평행되는 메시아의 오경으로 이해되도록 의도되었음을 암시한다. 그렇다면 예수는 모세 모형론을 통해서 새 모세로 소개되며, 예수의 가르침은 새 모세의 토라로서 신약의 하나님의 백성들에 의하여 지켜져야 하는 가르침으로 이해되도록 제시된 것이다.

앨리슨의 구조 분석에서 수정할 부분은 이야기 5와 강화 5 부분이다. 바리새인들과 서기관들의 멸망을 선언하는 23장은 예루살렘과 성전 파괴의 징조를 언급하는 24장과 잘 연결되기에, 23장부터 25장까지를 하나로 묶을 수 있다(김상훈, 29 참고). 그리하여 다음처럼 마태복음을 11개의 장으로 나눌 수 있다.

제1장	**1-4장**	예수의 사역 1 (예수 소개)
제2장	**5-7장**	예수의 가르침 1 (산상설교)
제3장	**8-9장**	예수의 사역 2 (치유)
제4장	**10:1-11:1**	예수의 가르침 2 (열두 제자 파송에 관련된 가르침)
제5장	**11:2-12:50**	예수의 사역 3 (예수의 사역과 유대인들의 반응)
제6장	**13:1-52**	예수의 가르침 3 (예수의 비유: 유대인들의 부정적 반응에 대한 설명)
제7장	**13:53-17:27**	예수의 사역 4 (예수의 사역과 정체)
제8장	**18장**	예수의 가르침 4 (믿음의 공동체 속에서의 삶의 원리)
제9장	**19-22장**	예수의 사역 5 (유대 지도자들과의 갈등)
제10장	**23-25장**	예수의 가르침 5 (심판과 구원)
제11장	**26-28장**	예수의 사역 6 (수난과 부활)

이러한 마태복음은 다음처럼 교차평행 구조로 분석될 수 있다(김상훈, 29 참고).

A(1-4장) 예수의 오심

B(5-7장) 하나님의 백성의 삶의 원리

C(8-9장) 육체를 치유하시는 예수

D(10:1-11:1) 제자 공동체의 선교 원리

E(11:2-12:50) 예수의 사역과 유대인들의 반응

F(13:1-52) 예수의 비유

E′(13:53-17:27) 예수의 사역과 정체

D′(18장) 제자 공동체 속에서의 삶의 원리

C′(19-22장) 생각을 치유하시는 예수

B′(23-25장) 심판과 구원의 기준이 되는 원리

A′(26-28장) 예수의 수난과 부활

2. 저자

마태복음은 구약 율법에 관한 깊이 있는 지식을 보여 주므로 유대인 서기관이 기록한 것이라고 추측할 수 있다. 천국의 제자 된 그리스도교 서기관에 관하여 언급하는 마태복음 13:51-52은 마태복음의 저자가 서기관임을 알려주는 서명에 해당할 수도 있다(DA, 1991: 446). 그렇다면 마태복음의 저자는 유대 그리스도인 서기관이라고 추측할 수 있다.

마태복음의 저술과 관련하여 4세기 교회사가 유세비우스는 1세기 말 2세기 초의 교부 파피아스(Papias)의 진술을 다음과 같이 소개한다. "마태는 히브리 언어로 된 어록들을 수집했고, 각 어록들을 자기가 할 수 있는 힘을 다해 잘 해석했다."[3] 마태복음은 이 어록 수집을 해석한 결과일 수도 있고, 이 어록 수집에 토대한 저술일 수도 있다. 고대 유대인들의 저작 개념을 따르면, 저술에 담긴 전승의 기원이 되는 사람을 저자로 간주할 수 있다(Meade). 따라서 마태가 전해준 것을 다른 사람이 기록하여 완성한 경우에도 마태를 저자로 보는 것이 가능하다.

2세기 후반 교부 이레니우스(Irenaeus)는 마태가 히브리인들의 언어

3. Eusebius, *H.E.* 3.39.26. Hagner, 2014: 291에서 재인용.

로 복음서를 기록했다고 증언하였다.[4] 디아스포라 히브리인들은 70인역적인 헬라어를 사용했고, 마태복음은 그러한 헬라어로 저술되었기에, 이레니우스의 진술은 마태가 헬라어 마태복음의 저자임에 관한 증언으로 간주될 수 있다. 그렇지만 마태복음은 유대인 독자들을 위하여 유대인 저자가 기록한 것이므로 유대인이 공유한 배경 정보가 이 복음서 이해에 도움이 된다. 그러므로 마태복음의 해석을 위해서는 마태복음의 저자와 최초 독자들이 공유한 정보인 구약 성경과 유대 전통을 파악할 필요가 있다. 유대 전통은 신약과 구약 사이에 놓인 중간기 문헌들에서 상당히 발견되지만, 1-2세기 유대 문헌이나 랍비 문헌처럼 신약 성경 이후에 출판된 문헌도 유대 전통 파악에 도움이 된다. 랍비 문헌(특히 미쉬나, 토세프타)은 구전으로 내려온 과거의 전통을 담아서 1세기 유대인들의 전통을 상당 부분 반영할 수 있기 때문이다.

히브리어로 저술된 마태복음이 있었을 가능성이 있지만, 현존하는 히브리어 마태복음 본문 중에 1세기에 저술된 것으로 볼 수 있는 것은 없다. 14세기 말에 셈 토브 이븐 샤프루트(Shem Tov ibn Shaprut)가 인용한 히브리어 마태복음 본문도 톨레도트 예수(*Toledot Jeshu*), 탈무드, 그리스도교 복음서 역본들의 영향을 받은 것으로서 중세 시대에 저술되었을 것이다(DA, 1997: 729-38).

3. 기록 시기

마태복음은 흔히 성전이 파괴된 AD 70년 이후에 기록되었다고 간주

4. *Contra Celsum* 1.1(강대훈, 상, 18-19).

된다. 그러나 이러한 견해를 위해 제시된 증거들이 모두 유효한 것은 아니다. 왕이 군대를 보내어 동네를 불사른다고 하는 마태복음 22:7이 예루살렘 파괴를 회고한다는 주장이 있으나, 건드리(R. H. Gundry)의 주장처럼 이 구절은 하나님의 심판을 묘사하는 이사야 5:24-25을 반영한다고 볼 수 있다.[5] 마태복음 16:18; 18:17-18이 AD 70년 이후의 조직을 갖춘 교회의 모습을 보여 준다는 주장이 있으나, 카슨(D. A. Carson)이 지적한 바와 같이 이 구절들도 교회에 필요한 원리를 제공하는 가르침으로 볼 수 있다(강대훈, 상, 25).

마태복음 4:24이 언급하는 시리아 지역은 로마의 시리아령으로서의 팔레스타인 땅을 가리킬 수 있다(Harrington, 73). 그렇다면, 이러한 관점은 유대인들이 팔레스타인 땅에서 자치권을 상실한 AD 70년 이후의 지리적 구획을 반영하므로,[6] 마태복음의 기록 시기를 AD 70년 이후라고 볼 수 있게 한다.

마태복음은 성전이 파괴된 AD 70년 이전에 기록되었을 수도 있다. 성전이 파괴된 AD 70년 이후에는 제사장 집단인 사두개인들이 더 이상 영향력을 행사하지 못하는데, 마태복음에 사두개인들을 향해 경고하는 내용이 자주 등장함은 이 복음서가 AD 70년 이전에 저술된 증거 중에 하나로 볼 수도 있다(강대훈, 상, 25). 성전이 아직 서 있다고 보는 관점이 마태복음에 담겨 있는 것도 증거로 제시된다(5:23-24; 12:5-7; 17:24-27; 23:16-22 등).[7] 그러나 성전 파괴 후의 유대 문헌에도 성전은 신학적·문학적 실재로서 계속 등장하였기에 성전의 실재를 전제한 기술은 마태복음

5. 강대훈, 상, 24-25.
6. Hendriksen, 상, 407 참고.
7. Carson & Moo, 32.

이 AD 70년 이전에 기록되었다는 확실한 증거가 될 수는 없다.[8]

마태복음이 마가복음보다 후에 기록되었다면 마가복음의 기록 시기(AD 68-69년[9]) 이후에 마태복음이 기록되었을 것이다. 그렇다면, 마태복음은 AD 70년 이후에 기록되었다고 볼 수 있다. 그러나 마태복음이 마가복음보다 먼저 기록되었다고 믿는 사람들은 마가복음이 AD 70년 이전에 기록되었으므로, 마태복음은 더더구나 그 이전에 기록되었다고 주장할 것이다. 그런데 마태복음과 마가복음이 공통된 내용을 다루는 부분을 비교해 보면, 마가복음이 훨씬 자세하므로, 마가가 마태복음의 전체 분량은 줄여 요약하면서, 세부적인 내용은 확장하는 모순이 발생한다(Shin, 88-89). 이러한 자기 모순은 마태복음 우선 가설이 설명력이 없음을 보여 준다.[10] 그러므로, 마태복음 우선설에 근거하여 마태복음의 기록 시기를 AD 70년 이전이라고 확정하는 것은 잘못된 가설에 토대하여 추론함으로써 믿을 수 없는 결론에 도달하는 일이다.

4. 기록 지역

마태복음 4:24이 시리아를 굳이 언급한 것은 마태복음이 기록된 지역이 시리아라고 추측할 수 있게 한다. 시리아 중에서도 인구가 많았고 최초의 이방 선교 중심지였던 안티오크(안디옥)가 거론된다.[11] 그러나 최근에는 마태복음이 팔레스타인 땅에서 기록되었다고 보는 이론도 제시되었

8. DA, 1997: 293.
9. 신현우, 2021: 21.
10. Shin, 88-89.
11. Carson & Moo, 32.

다(Stegemann, 360). 오버만(J. A. Overmann)은 갈릴리(디베랴 또는 세포리스)를 마태복음과 연관된 지역으로 상정했다.[12] 그에 의하면, 마태복음이 기록된 곳의 교회는 유대교 테두리에 있었으며, 바리새파가 주도하는 유대교가 공식적 권위를 가지고 있는 상황에서 이방인을 향해 움직여 나갔으며 마침내 유대교로부터 벗어나기 시작했다.[13] 만일 마태복음의 내용이 이러한 정황을 반영한다면, 마태복음은 AD 70년 이후 이스라엘 땅에서 기록되었다고 볼 수 있게 된다(Stegemann, 362).

그런데, 마태복음 4:24은 예수께서 알려지신 범위를 언급하며 팔레스타인 대신 시리아를 언급한다. 물론 이 지역은 로마의 시리아령으로서 팔레스타인과 4:25에 언급된 지역(갈릴리, 데가볼리, 유대, 요단강 건너편)을 가리킬 수도 있다.[14] 그렇지만 시리아를 언급한 것은 마태복음이 시리아에 거주하고 있는 독자들을 위하여 기록되었기 때문일 수도 있다. 그렇다면 마태복음은 그러한 독자들이 살고 있는 시리아 지역에서 기록되었을 수 있다.

예루살렘 박해 후 유대 기독교인들이 상당수 이주해간 다마스쿠스(다메섹)도 마태복음의 기록 지역으로서 가능성이 있다. 유대 지역을 요단강 건너편에 있는 것으로 보는 마태복음(19:1) 관점('요단강 건너편 유대 지경')은 이러한 가능성을 지원하는 증거이다. 마태복음 4:15은 이사야 9:1을 인용하며, 통상 요단 동편을 가리키는 '요단강 건너편'이라는 표현을 요단강 서편 지역인 스불론과 납달리 땅을 가리키는 표현으로 사용한다. 이러한 묘사는 요단강 동편의 관점을 보여 준다.[15] 이것도 마태복음이 요

12. Stegemann, 360.
13. Stegemann, 361.
14. Harrington, 73.
15. DA, 1988: 382.

단강 동편에서 기록되었다고 보게 하는 증거이다. 그런데 마태복음(8:28-34)에는 갈릴리 호수 건너편 데가볼리 지역에 복음이 전파된 이야기(막 5:20)가 생략되어 있다. 이것은 마태복음이 그 지역에서 기록된 복음서가 아니라고 보게 한다. 그러나 다마스쿠스는 요단강 동편이면서 갈릴리 호수 건너편의 데가볼리 지역으로부터 상당히 떨어져 있으므로 마태복음의 기록 지역일 수 있다.

마태복음의 기록은 도시적 환경을 배경으로 한다고 추측된다(Stegemann, 365). 도시라는 단어가 많이 등장하고, 혼인 잔치 비유에도 도시적 환경이 전제되어 있으며, 가신 집단의 세분화와 노예에 대한 언급 증가도 이러한 환경을 암시한다.[16] 물론 대도시가 아니라 농촌 배경과 밀접하게 연결된 소규모 도시를 배경으로 한다고 볼 수도 있다(Stegemann, 366). 마태복음의 저술 장소 후보 중에 하나인 다마스쿠스는 이러한 도시적 특성에 부합하는 장소들 중에 하나이다.

5. 사용된 자료

학자들 중에는 마태복음의 자료로서 마가복음과 함께 Q(마태복음과 누가복음에 나오는 자료), M(마태복음에만 나오는 자료)을 가정하지만, 기억, 구전, 기록의 다양한 자료군의 방대한 호수 대신 단지 이 두 개로 자료가 제한되어야 할 이유는 없다.

단순한 가설을 선호하는 학자들의 경향성은 자연과학 연구에는 도움이 될 수 있더라도, 인문 현상에는 도움이 되지 않는다. 만일 누가복음이

16. Stegemann, 365-66.

우리에게 남아 있지 않았다면, 단순한 가설을 좋아하는 학자들은 마태복음 중에서 마가복음에 없는 부분들의 자료를 Q, M 등으로 나누어 부르지 않고 모두 마태복음에만 나온다고 하여 M이라 했을 것이다. 만일 마가복음이 우리에게 남아 있지 않고, 마태복음과 누가복음만 우리에게 전해졌다면 마가복음-마태복음-누가복음이 겹치는 부분들도 학자들은 모두 Q에서 왔다고 보고, 더구나 하나의 단일 문서에서 왔다고 주장했을 것이다. 다행히 우리에게 마가복음과 누가복음이 남아 있기에, 이러한 단순한 설명이 틀리다는 것을 우리는 안다.

우리는 설명을 위하여 사용하는 단순한 가설이 가지는 한계를 인식할 필요가 있다. 그러므로 마태복음의 자료를 Q, M, 마가복음, 세 가지로 단순화시키는 가설은 단지 단순하기 때문에 더 좋은 가설이라고 볼 수 없다. 마태복음의 저술을 위해서는 저자의 기억, 증인들의 증언, 말로 형성된 구전, 글로 메모된 기록 등이 다양하게 사용될 수 있었다. 저자에게 단순한 몇 개의 자료만 사용할 의무는 없었다.

학자들은 주로 마태복음의 자료로 마가복음을 가정하지만, 마가복음의 초고인 원마가복음(Proto-Mark)이 사용되었을 가능성을 가정하는 학자들도 있다. 원마가복음을 가정하는 이유는 사소한 일치 현상 때문이다. 사소한 일치(the minor agreement)는 마태복음과 누가복음이 서로 일치하지만 마가복음과는 일치하지 않는 현상이다. 그런데 이러한 일치 중에는 마가복음보다 더 어렵거나 투박한 표현이 발견되기도 한다. 이러한 표현은 마가복음보다 더 오래된 어떤 자료가 마태복음과 누가복음의 자료라고 가정하게 한다. 이 자료는 마가복음의 초고인 원마가복음이었다고 가정할 수 있다.[17]

17. 사소한 일치 현상이 원마가복음설을 지지함에 관한 좀 더 자세한 설명은 신현우, 2020: 111-13 참고.

6. 신학적 강조점

바리새인들이 조직적 신학자이기보다 본문 해석자들이었던 것처럼 마태복음의 저자도 그러하였을 것이다(DA, 1997: 705). 그의 관심은 어떻게 예수의 가르침에 순종하며 살아야 하는가였으며 마태복음의 신학은 목회적 신학이었다고 볼 수 있다.[18] 마태복음의 신학적 특징을 살펴보면 이러한 면모를 확인할 수 있다.

가. 예수의 가르침을 지켜야 함

마태복음은 예수를 모세 모형론을 통해서 소개하며 가르침을 주시는 교사로 소개한다(DA, 1997: 719). 마태복음에서 예수는 선생님으로 불리며(8:19; 9:11; 12:38; 17:24; 19:16; 22:15-16, 23-24, 36), 예수께서도 자신을 선생(교사)이라고 부른다(마 10:24-25; 23:8-10; 26:18).[19] 마태복음의 마지막 절은 "내가 너희에게 분부한 모든 것을 가르쳐 지키게 하라."는 명령을 담고 있는데, 예수께서 분부한 모든 것은 마태복음의 구조상 다섯 묶음의 가르침이다. 마태복음에 담긴 이 가르침들은 지켜야 할 가르침이다. 마태복음은 이 가르침들을 십자가-부활 이후에는 폐지되어야 할 옛 시대의 율법이라고 간주하지 않는다. 마태복음의 문맥을 따라 이해할 때 그것은 세상 끝날까지 가르쳐 지키도록 해야 하는 그리스도의 분부이다. "내가 너희에게 분부한 모든 것을 가르쳐 지키게 하라."는 명령에 이어 "볼지어다 내가 세상 끝날까지 너희와 항상 함께 있으리라."는 약속이 이어지기 때문이다. 예수의 계명들을 가르쳐 지키게 할 때 예수께서는 세상 끝날까지 가르치는 자들과 함께 있을 것이라고 이 말씀을 해석할 수 있

18. DA, 1997: 705.
19. DA, 1997: 719.

다. 마태복음에 담긴 가르침을 주신 예수께서 세상 끝날까지 우리와 함께 계실 것이므로 우리는 그 가르침들을 세상 끝날까지 전하여 지키도록 해야 한다고 해석할 수도 있다. 어떻게 읽든지 마태복음에 담긴 예수의 가르침들은 세상 끝날까지 유효한 가르침으로서 결코 폐지되지 않은 것이다. 그것은 지키도록 주어진 가르침이며 단지 죄를 깨닫게 하는 목적을 위해 주어진 것이 아니다. 물론 이 목적도 성취할 수 있지만 그렇다고 해서 가르쳐 지키도록 하는 목적이 사라지는 것이 아니다.

예수의 가르침을 지켜야 함에 대한 강조는 산상설교의 끝부분에도 담겨 있다. 예수께서는 "나의 이 말을 듣고 행하는 자는 그 집을 반석 위에 지은 지혜로운 사람 같다."고 하시고(7:24) 예수의 말씀을 "듣고 행하지 않는 자는 그 집을 모래 위에 지은 어리석은 사람 같다."고 하신다(7:26).

마태복음 5:17은 예수의 가르침이 율법을 폐지하는 가르침이 아니라 율법을 완성하는 가르침이라고 소개한다. 예수의 가르침이 율법을 완성하는 예는 마태복음 5:21-48에 담겨 있다. 예수의 가르침은 구약의 율법보다 더 철저한 기준을 요구한다. 살인은 물론 형제(하나님의 백성)에 대한 분노나 욕설을 피하라고 제시된다(5:21-22). 간음은 물론 간음하려는 의도도 피하라고 한다(5:27-28). 율법이 허용하던 이혼이 금지된다(5:32). 맹세뿐만 아니라 일상적인 말도 맹세와 같은 효력을 가지도록 해야 한다(5:37). 정의의 원리를 넘어서 사랑의 원리를 실천해야 하며(5:42), 이웃 사랑의 범위에 원수까지 포함시켜야 한다(5:44). 예수의 가르침은 율법을 철저하게 하는 것이므로 이 가르침을 따르면 율법을 넉넉히 지키게 된다.

마태복음이 마가복음과 다른 부분은 마태복음의 신학적 특징을 보여주는데, 특히 행함을 강조함을 알 수 있다. 마태복음 16:27은 "각 사람이 행한 대로 갚으리라."고 한다. 마가복음의 평행구절(8:38)은 예수를 부끄러워하지 말도록 경고하는데, 마태복음은 행한 대로 갚는다고 하여 행함을 강조한다. 하나님께서 행한 대로 갚으신다는 생각은 구약 성경(시 62:12[히브리어 성경은 62:13, 70인역은 61:13]; 잠 24:12)과 바울서신(롬 14:12; 고전 4:5; 고후 5:10)에도 나타난다.[20] 행함을 강조하는 것은 마태복음의 신학적 강조점 중에 하나이다. 물론 이때 행함은 하나님의 뜻을 따르는 행함, 예수의 가르침을 따르는 행함을 가리킬 것이다.

나. 이방 선교에 대한 강조

마태복음 10:9-10은 파송 받는 제자들의 복장을 언급한다. 그들이 갖지 말아야 할 것은 전대에 금, 은, 동(즉 돈), 배낭, 두 벌 옷, 신, 지팡이이다. 즉 옷 한 벌만 입고 맨발로 다녀야 했다. 이것은 마가복음이 묘사하는 복장과 다르다. 마가복음(6:8-9)은 지팡이와 신은 허용한다. 그리하여 제자들의 복장(지팡이, 샌달, 한 벌 옷)을 출애굽 복장으로 묘사한다. 지팡이는 모세와 이스라엘의 지팡이(출 12:11)를 연상시키며, 빵을 갖지 않는 것은 광야의 이스라엘을 연상시킨다. 또한 그들의 복장이었던 샌달(출 12:11; 신 29:5)과 한 벌 옷(신 8:4)을 연상시킨다. 따라서 마가복음에서 제자들의 복장은 새로운 출애굽을 기대하게 한다.[21]

그런데, 마태복음은 지팡이와 신발까지 금한다. 지팡이는 견유학파 철학자들이나 예루살렘으로 오는 순례자들을 연상시킨다.[22] 지팡이를 금지한 것은 그들과 구분하기 위하여 이루어진 것으로 볼 수 있다(Bovon, 318). 그런데 견유학파가 유대인들이 사는 팔레스타인 지역에 있었다는 증거는 없다.[23] 따라서 이것은 이방 지역 선교와 관련된 적용일 수도 있다.

---

20. Harrington, 249.
21. Marcus, 2000: 389.
22. Bovon, 345.
23. Keener, 2009: 317.

마태복음은 헬라어를 사용하는 유대 기독교인들을 독자로 하여 기록되었는데, 이방 선교를 추구하는 신학적 특징을 보인다. 마태복음의 끝에 놓인 28:19은 "모든 민족을 제자 삼으라."고 명하여 이러한 특징을 잘 보여 준다. 이러한 측면을 고려할 때 지팡이를 금지하는 것이 이방 선교를 위한 적용이라고 볼 수 있다. 이방 지역에서는 예수의 제자들의 복장이 견유학파와 혼동되지 않도록 구별될 필요가 있었을 것이다.

마태복음 15:14은 바리새인들을 '그냥 두라'(ἄφετε)고 하는데, 이것은 '떠나라'로 번역할 수도 있다(BDAG, 156). 바리새인들은 맹인으로서 남을 인도하는 자들이다. 그들은 하나님께 속한 자들이 아니며 심판받을 자들이므로 그들의 가르침을 받지 말고 그들을 떠나야 한다. 이것은 바리새인들과 함께 회당에 속해 있었던 마태복음의 독자들(유대 그리스도인들)의 상황에 적용될 수 있는 말씀이었다. 마태복음은 유대 그리스도인들에게 바리새 유대인을 떠나 이방인 선교를 택할 것을 권하는 강조점을 보여 주는 듯하다.

마태복음 15:28은 이방 여인의 믿음을 언급한다. 마가복음의 평행구절에는 '믿음'이라는 단어가 사용되지 않았다. 마태복음은 여인의 말이 믿음을 담고 있다고 언급한다. 여인의 믿음은 무엇인가? 이방인들에게도 부스러기에 대한 권리가 있다는 생각이다. 이것은 당시 유대인들이 감히 생각하지 못하는 것이지만 구약 성경이 인정하는 권리이다. 이러한 구약적 권리에 토대하여 시대정신을 뛰어넘어 생각하고 감히 이를 행동으로 옮겨 예수께 간구한 행위가 바로 믿음이다. 이것은 큰 믿음이다. 이 큰 믿음은 베드로의 "작은 믿음"(14:31)과 대조된다. 이방 여인(과 이방 백부장, 8:10)에게 큰 믿음이 있고 예수의 제자 베드로에게 작은 믿음이 있으며 유대인들에게는 믿음이 없다(13:58)는 신학은 유대 그리스도인 독자들에게 충격으로 다가왔을 것이다. 이러한 신학은 유대 교회의 이방인 선교의 정당성을 지원하는 역할을 한다.

마태복음 28:19-20은 모든 민족들에게 세례를 주고 예수의 분부를 가르쳐 실천하게 함으로써 제자 삼으라고 한다. 이방인을 제자 삼으라는 명령은 죽음에서 부활하신 후 하나님으로부터 하늘과 땅의 모든 권세를 받은 예수의 명령이다(28:18). 이 명령은 마태복음에 기록된 예수의 최종적인 분부이다. 따라서 이방 선교는 마태복음에서 매우 강조된다고 볼 수 있다.

다. 교회 속의 사회적 약자에 대한 배려의 강조

마태복음은 사회적 약자들에 대한 배려를 강조한다. 마태복음 20:1-16의 포도원 품꾼 비유는 마태복음에만 나온다. 이 비유에서 주인이 나중에 온 품꾼과 먼저 온 품꾼 모두에게 한 데나리온을 지급한다. 이 비유는 그 앞뒤인 마태복음 19:30과 20:16에 담긴 먼저 된 자가 나중 되고 나중 된 자가 먼저 된다는 격언 중간에 놓여 이 격언과 관련된 것이다. 이 격언은 마태복음 19:16-30의 끝에 놓여서 부자의 구원을 다루는 맥락에 있고, '먼저 된 자'(πρῶτος, '쁘로또스')라는 표현은 마태복음 20:27에서 권력 있는 자를 가리키므로, 이 격언은 세상의 강자들보다 약자들이 먼저 복음을 받아들이고 구원의 길로 나아옴을 지적한다고 볼 수 있다.

마태복음 25:1-13의 열 처녀 비유도 마태복음에만 담겨 있다. 이 비유는 주의 재림을 잘 준비하며 "깨어 있으라."고 교훈하며 끝마친다(13절). 마태복음 25:31-46에 담긴 양과 염소의 비유는 이렇게 깨어 있는 삶이 구체적으로 어떤 것인지 알려 준다. 그것은 예수의 "형제 중에 지극히 작은 자"가 주릴 때 먹이고, 목마를 때 마시게 하고, 나그네 되었을 때 영접하고, 헐벗었을 때에 입히고, 병들었을 때나 옥에 갇혔을 때 찾아가는 것이다. '예수의 형제'는 마태복음 12:48-49에서 예수의 제자들을 가리킨다.

또한 '지극히 작은 자'도 마태복음 18:6과 10:42에서 예수 믿는 자들 중에 작은 자를 가리킨다. 그러므로 마태복음 25장의 양과 염소의 비유는 그리스도인들 중에 있는 사회적 약자들과 복음으로 인해 박해당하는 사람들을 배려하는 삶을 강조한다고 볼 수 있다.

라. 열매 맺는 참 믿음으로 얻는 구원

마태복음은 행함에 대한 강조를 구원론과 연관시킨다. 참된 믿음은 행함의 열매를 맺으며, 이 열매가 있어야 구원받음을 마태복음은 강조한다. 마태복음 5:20에서 예수께서는 "너희 의가 서기관과 바리새인보다 더 낫지 못하면 결코 천국에 들어가지 못하리라."고 한다. 서기관들의 의보다 더 나은 의는 5:21-48에 예시되어 있다. 그것은 구약 율법을 왜곡시켜서 그 수준 밑으로 내려가는 서기관들의 가르침을 따르지 않고 예수의 가르침을 따라 율법의 요구 이상으로 의를 행하는 것이다. 바리새인들의 의보다 더 나은 의가 무엇인지는 6:1-18에 잘 예시되어 있다. 바리새인들은 사람들에게 보이려고 의를 행하는데, 그리스도인들은 하나님께 보이려고 행해야 한다.

마태복음 7:21에서 행함과 구원의 관계는 분명하다. "나더러 주여 주여 하는 자마다 다 천국에 들어갈 것이 아니요. 다만 하늘에 계신 내 아버지의 뜻대로 행하는 자라야 들어가리라." 마태복음은 진정한 믿음은 하나님 뜻대로 행하는 순종을 포함함을 잘 보여 준다. 행함 없는 믿음으로 구원받을 수 없음을 분명히 지적한다.

마태복음 18:3-4은 어린 아이들과 같이 자기를 낮추지 않으면 구원받지 못한다고 한다. 이것은 하나님의 주권을 받아들이고 순종하는 믿음의 태도를 어린 아이의 모습을 통하여 비유적으로 묘사한 것이다. 이러한 어린 아이의 모습은 하나님 앞에서 자신을 낮추고 회개하고 믿은 세리와 창녀의 모습에서도 드러난다(21:31).

마태복음 19:29은 구원의 확신을 가질 수 있는 믿음의 열매로서 예수를 위하여 가옥이나 가족, 토지를 포기하는 것을 예로 든다. 25:31-46의 양과 염소 비유는 예수 믿는 소자들의 핍절한 삶과 박해받는 삶을 돌보아 주는 것을 영생을 얻는 참된 믿음의 열매의 예로 제시한다.

마태복음은 마치 표면상으로는 행위 구원론을 가르치는 듯이 보이지만, 마태복음이 강조하는 행위는 예수의 가르침을 따르는 행위이며 이것은 예수를 주님으로 모신 신앙의 발현이므로 믿음의 열매라 할 수 있다. 그러므로 마태복음의 구원론은 믿음의 구체적인 열매로서의 행함을 강조하는 구원론이라 할 수 있다.

7. 기록 목적

마태복음의 저자는 바리새파가 유대인들을 다시 통합시키고자 힘쓰고 있을 때, 이러한 운동에 응전하며 유대교 테두리 안에서 유대 그리스도인들과 이방 그리스도인들을 통합하고자 했을 것이다.[24] 이보다 더 중요한 목적은 바르게 해석된 예수 이야기를 자신의 시대와 장소를 넘어서 계속 들려지게 하는 것이었다고 추측할 수 있다(DA, 1997: 704). 그런데 예수의 가르침과 사역을 함께 소개하는 마태복음의 장르는 헬라 세계의 전기들과 상당히 유사하다.[25] 예수의 삶에 관한 이야기는 예수의 가르침을 구현하는 좋은 예로서 독자들에게 예수의 가르침을 이해하도록 도움을 주기 때문에 마태복음은 예수의 가르침과 함께 예수의 사역 이야기를

24. DA, 1997: 694-704.
25. DA, 1997: 708.

함께 담은 형식으로 기록되었을 것이다(DA, 1997: 709-18).

마태복음의 끝부분에 나오는 예수의 명령(28:19-20)은 마태복음의 기록 목적에 관하여 가늠할 수 있게 한다. 제자 삼기 위하여 세례를 주려면 예수가 어떤 분이신지 알려주어야 하고, 예수의 모든 분부를 지키도록 하려면 예수의 가르침을 모아서 전할 필요가 있다. 마태복음은 예수가 어떤 분인지 알려주는 사건들을 소개하면서 동시에 예수의 가르침을 다섯 개의 묶음으로 소개하므로, 이러한 목적에 부합하게 구성되어 있다. 따라서 마태복음은 모든 민족을 제자 삼는 선교와 교육 사역을 위하여 저술되었다고 볼 수 있다.

II. 본문 주석

제1장
마태복음 1-4장
예수의 사역 1: 예수 소개

마태복음 1-4장은 예수를 소개하는 내용을 담고 있다. 우선 예수의 족보를 소개하고, 베들레헴에서의 탄생과 이집트에서의 유년 시절을 소개한다(1-2장). 이어서 예수 이전에 온 세례자 요한의 사역을 소개하고(3장), 예수께서 마귀에게 시험받으신 내용과 예수께서 선포하신 복음의 내용, 제자 부르심을 기록한다(4장).

계보를 따라서 볼 때에 예수는 다윗의 가문을 통하여 온 메시아이시다(1:1-17). 그러나 예수는 다윗의 혈통을 따라 나지 않고 성령으로 잉태되어 나신 메시아이시다(1:18-25). 예수의 탄생을 먼저 알고 경배하러 온 사람들은 유대인이 아니라 이방인 점성술사들이었다(2:1-12). 이처럼 예수는 탄생 때부터 이방인과 밀접한 관련을 가진 메시아이시다. 예수는 이스라엘 백성처럼 이집트에서 지내다가 나오신다(2:13-23). 예수께서는 이스라엘을 자신과 동일시하시면서 하나님의 뜻을 따라 세례자 요한이 베푸는 회개의 세례를 받으신다. 그때 예수께서 죄인들을 대표하여 고난받는 메시아이심이 하늘로부터 선언된다(3:17). 예수께서는 이스라엘처럼 광야에서 시험받으신다. 그러나 예수께서는 이스라엘과 달리 시험에 이기시어 구원의 길을 여신다. 마귀는 예수의 메시아 사명을 왜곡하여, 자신을 위하여 기적을 행하는 메시아, 고난받지 않는 메시아, 권력을 위하여 사탄을 섬기는 메시아의 길로 유혹한다. 그러나 예수께서는 이러한 시험을 이기신다(4:1-11). 예수께서는 임박한 하나님 나라의 도래를 선포하고 질병을 치유하시며 제자들을 부르신다(4:12-25).

1. 예수 그리스도의 족보 (1:1-17)

마태복음은 다음과 같은 족보를 제시하며 시작한다. 마태복음 1:17은 다윗을 두 번 세면서, 다음처럼 14대씩 3회 반복하는 것으로 본다.

- 아브라함 - 이삭 - 야곱 - 유다 -베레스(다말) - 헤스론 - 람- 아미나답 - 나손 - 살몬(라합) - 보아스(룻) - 오벳 - 이새 - (다윗)
- 다윗(우리야의 아내) - 솔로몬 - 르호보암 - 아비야 - 아사 - 여호사밧 - 요람 - 웃시야 - 요담 - 아하스 - 히스기야 - 므낫세 - 아몬 - 요시야
- 여고냐 - 스알디엘 - 스룹바벨 - 아비훗 - 엘리아김 - 아소르 - 사독 - 아킴- 엘리웃 - 엘르아살 - 맛단 - 야곱 - 요셉(마리아) - 예수

역대기상 2-3장과 룻기 4:18-22에 관련된 족보 자료가 있다. 이러한 구약 성경의 족보를 확장하여 제공하는 유대 문헌들이 있다. 희년서(*Jubilees* 4:7-33; 8:5-9)는 족장들의 부인 명단을 제공하고 필로(Philo)의 『성경 고대사』(*The Biblical Antiquities*)에는 구약에 나오지 않는 군소 족보들을 제공하는데 이러한 내용이 어디서 온 것인지는 알 수 없다.[1]

족보 목록 작성에는 일부 이름의 생략이 가능하였음은 창세기 46:21;

1. Harrington, 31.

역대상 8:1-4; 여호수아 7:1, 24; 역대상 4:1(2:50 비교); 6:7-9(스 7:3 비교); 에스라 5:1(슥 1:1 비교); 에스라 7:1-5(대상 6:3-14 비교); 요세푸스(Josephus, *Life* 1-5)에서 확인된다.[2] 이러한 족보 기록 방식은 고대 근동의 방식에도 부합한다.[3]

1. 번역

1:1 예수 그리스도 다윗의 자손 아브라함의 자손의 역사의 책
2 아브라함은 이삭을 낳고, 이삭은 야곱을 낳고, 야곱은 유다와 그의 형제
들을 낳았다. 3 유다는 베레스와 세라를 다말에게서 낳았고, 베레스는 헤스
론을 헤스론은 람을 낳았다. 4 람은 아미나답을 낳고, 아미나답은 나손을
낳고, 나손은 살몬을 낳았다. 5 살몬은 보아스를 라합에게서 낳고, 보아스
는 오벳을 룻에게서 낳고, 오벳은 이새를 낳았다. 6 이새는 다윗 왕을 낳았
다. 다윗은 솔로몬을 우리야의 아내에게서 낳았다. 7 솔로몬은 르호보암을
낳고, 르호보암은 아비야를 낳고, 아비야는 아사를 낳았다. 8 아사는 여호
사밧을 낳고, 여호사밧은 요람을 낳고, 요람은 웃시야를 낳았다. 9 웃시야
는 요담을 낳고, 요담은 아하스를 낳고, 아하스는 히스기야를 낳았다. 10 히
스기야는 므낫세를 낳고, 므낫세는 아몬을 낳고, 아몬은 요시야를 낳았다.
11 요시야는 여고냐와 그의 형제들을 바벨론으로 유배될 때 낳았다. 12 바
벨론으로 유배되어 간 후에 여고냐는 스알디엘을 낳았고, 스알디엘은 스룹
바벨을 낳았다. 13 스룹바벨은 아비훗을 낳고, 아비훗은 엘리아김을 낳고,
엘리아김은 아소르를 낳았다. 14 아소르는 사독을 낳고, 사독은 아킴을 낳
고, 아킴은 엘리웃을 낳았다. 15 엘리웃은 엘르아살을 낳고, 엘르아살은 맛

2. 강대훈, 상, 231.
3. Carlson, 666.

단을 낳고, 맛단은 야곱을 낳았다. **16** 야곱은 마리아의 남편 요셉을 낳았는데, 마리아에게서 그리스도라 부르는 예수가 태어나셨다. **17** 그러므로 아브라함으로부터 다윗까지의 모든 세대가 열네 세대이고, 다윗부터 바벨론 유배까지가 열네 세대이며, 바벨론 유배부터 그리스도까지가 열네 세대이다.

2. 주해

1절 (책 제목) 마태복음은 '비블로스 게네세오스'(Βίβλος γενέσεως)라는 표현으로 시작한다. 이 표현은 창세기 2:4; 5:1에 나타나는데, 5:1에서부터는 조상의 목록이 아니라 자손 목록이 나오며, 2:4에서 이 표현은 족보와 무관하며 이야기와 관련된다(DA, 1988: 150). 족보를 가리키는 데 종종 사용되는 표현은 '하우따이 하이 게네세이스'(αὗται αἱ γενέσεις)이다.[4] 따라서 '비블로스 게네세오스'는 족보를 뜻한다고 볼 필요가 없다. '게네시스'(γένεσις)는 "기원"이라는 기본적 뜻 외에도 "역사"라는 뜻을 가지고[5] '비블로스'는 책을 가리키므로, '비블로스 게네세오스'(게네시스의 책)는 역사 책이란 의미를 가질 수 있다.

그런데 '게네시스'(γένεσις)는 창세기를 연상시킨다. 창세기를 종종 70인역 사본, 필로, 초기 교부 등에서 '게네시스'(γένεσις)라고 불렀기 때문이다.[6] 그런데 '비블로스'(βίβλος)라는 단어는 책을 가리키므로, '게네시스의 책'이라는 표현은 마태복음을 새로운 창세기로 소개하는 책 제목일 수 있다.[7] 이 표현이 관사가 없이 시작하는 것도 책 제목인 증거이다(DA,

4. DA, 1988: 150.
5. DA, 1988: 155.
6. DA, 1988: 151.
7. DA, 1988: 151.

1988: 151). '비블로스'(βίβλος)나 '비블리온'(βιβλίον)이 책 서두에 등장하고 이어서 '~의 아들'이라는 표현과 책의 주제가 등장하는 여러 예들도 마태복음 1:1이 마태복음 전체의 제목이라고 볼 수 있게 한다(DA, 1988: 152). 토비트, 바룩1서, 욥의 유언, 아브라함의 묵시록, 에스드라2서 등 유대 문헌들이 책의 제목으로 시작하는 것도 마태복음의 첫 구절인 마태복음 1:1을 책의 제목이라고 간주할 수 있게 한다.[8] 그러므로 마태복음의 제목은 "다윗의 자손 아브라함의 자손 예수 그리스도의 창세기"라고도 번역할 수 있다.

마태복음 1:1은 예수를 '다윗의 휘오스(자손)'이라고 소개한다. 이 구절에서 '휘오스'(υἱός)를 '자손'이라고 번역할 수 있다. '휘오스'(υἱός)는 아들만이 아니라 자손을 가리키기 위하여 사용되기 때문이다.[9] 예수께서 다윗의 아들일 수는 없으므로, '다윗의 자손'이라는 번역이 적합하다. 마태복음이 예수를 다윗의 자손으로 소개함은 마가복음이 다윗의 자손 기독론을 반대함(막 12:35-37)과 대비된다. 마태복음은 '다윗의 자손'이라는 표현을 자주 사용한다. 이 표현은 신약 성경(헬라어 본문)에서 15번 사용되는데, 그중에서 마태복음에 7번, 마가복음에 2번, 누가복음에 2번 예수와 관련하여 등장한다(마 1:1; 9:27; 15:22; 20:30, 31; 21:9, 15; 막 10:47, 48; 눅 13:38, 39). 이 표현은 마태복음 12:23; 마가복음 12:35; 누가복음 20:41에서 유대인들의 메시아 칭호를 가리킨다. 마태복음 1:20에서는 요셉과 관련하여 계보적 의미로 사용된다. 마태복음에서 '다윗의 자손'은 예수에 관하여 사용될 때 모두 등장인물들의 입을 통해 발설되지만, 1:1에서는 저자가 예수를 다윗의 자손이라 부른다. 마태복음의 등장인물들이 예수를 다윗의 자손이라 부를 때에는 예수를 군사적 메시아로 간주하였

8. 강대훈, 상, 224.
9. 정훈택, 18.

을 것이다.[10] '다윗의 자손'은 랍비 문헌에서 일반적으로 메시아를 가리킨다.[11] 아마 예수 당시에도 그러하였을 것이다. '다윗의 자손'은 솔로몬의 시편 17:21에서 처음 메시아 칭호로 등장한다.[12] 솔로몬의 시편 17:21-32에 의하면 '다윗의 자손'은 이스라엘의 왕으로서 예루살렘을 이방인들로부터 정화시키며 거룩한 백성을 모아 열방을 심판하고 메시아가 될 것이다.[13] 따라서 '다윗의 자손'은 군사적 메시아에 관한 기대를 담아서 사용된 메시아 칭호였을 것이다.

그러나 마태복음 1:1에서 저자가 예수를 다윗의 자손이라 부를 때에는 군사적 메시아라는 의미로 부른 것이 아니라 예수의 족보를 다루는 문맥상(1:1-17) 족보적인 의미로 그렇게 불렀다고 볼 수 있다. 이러한 해석은 1:20의 용례를 통해서 지지받는다. 여기서 요셉을 '다윗의 자손'이라고 부를 때는 그가 메시아라는 뜻이 아니다.

예수께서 족보상 다윗의 자손이심이 중요한 이유는 메시아가 다윗의 후손 중에서 온다는 구약 본문과 관련된다. "내가 네 몸에서 날 네 씨를 네 뒤에 세워 그의 나라를 견고하게 하리라."는 약속을 전하는 사무엘하 7:12-16을 배경으로 보면 '다윗의 자손'은 하나님의 백성을 해방시키고 구원할 자의 칭호로 적합했다. 사무엘하 22:51("여호와께서 그의 왕에게 큰 구원을 주시며 기름 부음 받은 자에게[למשיחו, 그의 메시아에게] 인자를

10. 쿰란 문헌 4Q174는 다윗의 자손이 종말에 와서 이스라엘을 회복시키고 이방인들을 쫓아낸다고 하는데, 4Q285 5:1-6은 다윗 계통의 메시아가 깃딤(로마 제국)을 멸망시킨다고 한다(강대훈, 상, 90-91). 쿰란 문헌 4Q161은 메시아적 존재가 깃딤에 대항하여 싸운다고 하고, 4Q525 5:1-5도 전쟁을 수행하는 메시아를 기대한다(강대훈, 상, 98).

11. Evans, 2001: 272.

12. Hooker, 252.

13. Donahue & Harrington, 361.

베푸심이여 영원하도록 다윗과 그 후손에게로다.")과 시편 18:50에는 메시아, 왕, 다윗의 자손이 연관되어 등장한다. 구약 성경을 잘 아는 유대인들에게는 예수께서 다윗의 후손임을 보여 주는 족보가 예수께서 메시아이시라는 증거로 다가왔을 것이다.

마태복음 1:1은 예수를 '아브라함의 자손'으로도 소개한다. 신약 성경(헬라어 본문)에서 '자손'(아들)을 단수형으로 사용한 '아브라함의 자손'은 이곳과 누가복음 19:9에만 나온다. '아브라함의 자손'은 본래 유대인을 가리키는 표현이지만(*m. Aboth* 5:19), 마태복음 1:1에서 이 표현은 단지 예수께서 유대인이심을 가리키는 표현이 아니라, 아브라함의 자손과 관련된 구약 성경의 약속(창 22:18, "또 네 씨로 말미암아 천하 만민이 복을 받으리니 이는 네가 나의 말을 준행하였음이니라 하셨다 하니라.")과 관련하여 쓰였을 것이다. 그러므로 예수께서 아브라함의 자손이라는 선언은 예수를 통하여 천하 만민이 복을 받을 것이라는 약속을 포함한다고 볼 수 있다.

'아브라함의 자손'이란 표현이 이삭 모형론을 가지며 예수께서 이삭처럼 고난당할 것을 암시한다는 주장도 있다(Huizenga, 2008: 107-8). 마태복음이 예수를 고난당하는 메시아로 소개함은 분명하지만, 이방 민족 출신 여인들이 포함된 족보의 시작에 사용된 '아브라함의 자손'은 이삭 모형론보다는 모든 민족을 복되게 하겠다고 약속하는 창세기 22:18과 관련하여 '아브라함의 씨' 모형론을 담고 있다고 보인다.

2-3절 (족보에 등장한 여인) 베레스의 어머니로 언급된 여인 '다말'은 유대인이 아니라 가나안 여인이었을 것이다.[14] 족보는 역대기상 1장의 경우에서 보듯이 여인을 포함하지 않으므로, 여인의 등장은 무언가 강조하

---

14. DA, 1988: 170.

기 위한 것이다.[15]

마태복음 1:2-16의 족보에 언급된 여인은 마리아를 제외하고 네 명이다. 이 네 명의 여인(다말, 라합, 룻, 우리야의 아내)의 등장은 비일상적인 방식(동정녀 탄생)에 의한 예수의 탄생과 평행을 이룬다고 볼 수도 있다.[16] 그러나 이러한 강조점을 위한 것이었다면 오히려 하나님께서 기적적으로 잉태하도록 하신 사라, 리브가, 라헬이 언급되었어야 했을 것이다.[17] 그러므로 이 네 명의 이방 여인들을 언급함은 이방 선교가 이스라엘의 역사와 뗄 수 없음을 보여 준다고 설명하는 것이 낫다(Keener, 2009: 73). 예수의 족보에 이방 여인이 등장함을 통하여 예수께서 유대인만이 아니라 이방인의 메시아이심을 마태복음은 암시한다.

족보에 등장하는 여인들은 단지 이방인이기 때문이라기보다 의로운 측면이 있어서 언급되었다고 볼 수도 있다. 계대 결혼의 권리를 박탈당하여 죽은 남편의 대를 이을 수 없게 되자 목숨을 걸고 유다의 씨를 받아 대를 이은 다말은 유다에 의하여 의롭다는 인정을 받았다(창 38:26).[18] 라합은 이방인이면서도 이스라엘 민족의 하나님을 믿었기에(수 2:11) 이스라엘의 정탐꾼들을 도와주었다(Warner, 27). 룻은 남편이 죽은 후 시어머니를 따라갔을 뿐 아니라 젊은 남자를 택하지 않고 죽은 남편의 기업(토지 유산)을 회복할 의무를 감당할 보아스를 택하여 남편의 기업을 잇는 자비를 행했다(룻 3:10).[19] 그러나 우리야의 아내의 경우에는 어떠한 의로움도 찾을 수 없고, 의로움은 오히려 전쟁 중에 음식과 아내를 즐길 수 없다고

15. Keener, 2009: 78.
16. Hagner, 1993: 10 참고.
17. Keener, 2009: 79.
18. Warner, 26.
19. Warner, 28 참고.

하며 쾌락을 거절하고 자신의 집 대신 왕의 집의 입구에서 잔 우리야에게서 찾을 수 있다(삼하 11:9-11)(Warner, 29). 그래서 마태복음은 솔로몬의 어머니를 밧세바라고 부르는 대신 우리야의 이름을 언급하며 우리야의 아내라고 하였을 것이다. 이러한 의로움이라는 공통점은 위험을 무릅쓰고 메시아를 잉태한 마리아와 연결될 수 있는 공통점이라고 볼 수 있다(Warner, 31 참고). 마리아와 밧세바는 모두 의로운 남자(요셉, 우리야)와 연관된 점에서도 공통점을 가진다(Warner, 31).

4절 (람) 개역개정판이 '람'이라고 번역한 단어는 헬라어 본문에서는 '아람'(Ἀράμ)이라고 되어 있다. 개역개정판의 번역은 룻기 4:19; 역대기상 2:9의 히브리어 본문에 '람'(רם)이라고 기록된 것을 따른 것이다. 역대기상 2:9-10의 70인역 본문도 '람'(Ραμ)을 언급하지만, 그를 '아람'의 형제로서 언급하고, '아람'을 '아미나답'의 아버지로 소개한다. 마태복음 헬라어 본문의 '아람'은 이 70인역 본문에 일치한다.[20]

누가복음 3:33의 개역개정판에는 아니만 등장하지만, 헬라어 본문(NA 28판)에는 마태복음에 언급된 람(또는 아람) 대신 아드민, 아니가 등장한다. 람(또는 아람)은 아드민 또는 아니의 다른 이름이고, 마태복음은 여기서 한 명을 생략했다고 볼 수도 있다. 이집트에서의 400여 년을 마태복음이 소개하는 베레스, 헤스론, 람, 아미나답(광야 세대)의 4대로 다 채우기에는 부족하므로, 중간에 이름이 생략되어 있다고 볼 수 있다.

5절 (라합) 라합이 보아스의 어머니였다는 것은 구약 성경에 담겨 있지 않은 내용이다(Harrington, 28).

6-8절 (아사, 족보에 생략된 이름들) 개역개정판이 '아사'로 번역한 인물은 헬라어 본문에서는 '아삽'(Ἀσάφ)이다. '아삽'은 시편 기록자의 이름인

---

20. Harrington, 28.

데, 히브리어 발음을 따르면 '아사'(אָסָא, Ἀσά)이다.[21] 그런데 솔로몬의 자손들의 족보를 소개하는 역대기상 3:10은 '아사'(Ασα)라는 철자를 쓰므로 마태복음에 '아삽'(Ἀσάφ)이라는 철자가 등장하는 것은 설명하기 쉽지 않다. 아마도 이 두 이름들은 마태복음이 기록될 당시에 서로 호환 가능한 이름이었기 때문에 바꾸어 적었을 것이다. 마태복음 13:35은 아삽의 시편(78:2)을 인용하는데, '아삽'으로 표기할 경우, 시인이며 선지자인 아삽(시 50, 73-83편)을 연상시키므로, 마태복음 저자는 '아삽'이라는 이름을 선호하였을 것이다.[22]

역대기상 3:11-12에 의하면 요람과 웃시야(= 아사랴) 사이에는 세 명의 왕(아하시야, 요아스, 아마샤)이 있다. 이것은 '~을 낳다'라는 표현이 몇 대를 건너뛰어서 "~을 자손으로 가지다"는 뜻으로 쓰일 수 있음을 보여준다. 몇 대를 생략하기도 하는 것은 고대 족보에서 충분히 일반적으로 행해지던 것이다.[23] 여기서 빠진 세 명의 왕은 요람이 오므리의 손녀 아달랴에게서 낳은 아하시아와 그의 아들 요아스와 그의 손자 아마샤이다(대하 22:2, 11; 25:27). 그런데 아합은 오므리의 아들이므로(왕상 16:29), 아달랴는 아합의 딸이다. 따라서 이 세 명이 빠진 것은 아합 가문이 받은 저주(왕상 21:21)와 관계된다고 볼 수 있다(DA, 1988: 176).

9절 (아하스) 아하스는 배교자이며 모범적인 왕이 아니다(왕하 16장). 그러므로 그를 생략하지 않고 언급하는 것을 볼 때 마태복음 저자의 의도가 모범적인 통치자들만 나열하는 것은 아니었다고 할 수 있다.[24]

10절 (아몬) 히브리어 발음을 따르면 '아모스'(Ἀμώς, 선지자의 이름)는

21. Hagner, 1993: 11.
22. 강대훈, 상, 240.
23. Keener, 2009: 75.
24. DA, 1988: 177.

'아몬'(Ἀμών, אמון)으로 적어야 한다.[25] 그런데 마태복음 1:10에는 '아모스'로 표기되어 있는데, 이는 70인역을 따른 것이라 볼 수 있다. 70인역 역대기상 3:14에서 AB^c 사본은 '아모스'(Αμως)를 쓴다.

11절 (족보에 생략된 여호야김) 마태복음은 "요시야는 여고냐와 그의 형제들을 낳으니라."라고 하는데, 구약 성경(대상 3:15-16)에서는 요시야가 여고냐의 할아버지이다. 요시야의 아들은 여호야김이다(대상 3:15). 이러한 차이는 마태복음에서 '~을 낳다'라는 표현이 부자 관계만이 아니라 조부와 손자 관계 등 조상-자손 관계를 표현한다고 보면 설명된다. 여고냐는 성전이 불타지 않도록 하고자 자발적으로 포로가 되었다(*J.W.* 6.2.1).[26]

12절 (스룹바벨의 입양) 마태복음은 "스알디엘은 스룹바벨을 낳고"라고 하지만, 역대기상 3:17-19에 의하면 여고냐의 아들은 스알디엘과, 말기람, 브다야 등이며 브다야의 아들이 스룹바벨이다. 즉 스알디엘은 스룹바벨의 친아버지가 아니라 큰아버지이다. 이러한 차이를 어떻게 설명할 수 있을까? 물론 마태복음을 지지하는 구약 구절들이 많다(스 3:2, 8; 5:2; 느 12:1; 학 1:1, 12, 14; 2:2, 23). 이 구절들은 스알디엘이 스룹바벨의 아버지라고 한다.[27] 그러나 역대기상 3:17-19을 무시할 수는 없다. 카일(K. Keil)은 이러한 차이를 스알디엘이 아들이 없이 죽고 난 후 브다야가 율법(신 25:5-10)에 따라 형수를 취하여 스알디엘의 이름으로 후사를 이어준 것으로 해석한다.[28] 그런데 70인역은 (아마도 법적인 계보를 따라) 역대기상 3:19에서도 이러한 스알디엘을 스룹바벨의 아버지라고 기록하여 본문들을 서로 조화시킨 듯하다(Harrington, 29).

25. Hagner, 1993: 11.
26. 강대훈, 상, 243.
27. Harrington, 29.
28. Braun, 52,

13-15절 (아비훗) 아비훗은 역대기상 3:19-20에서 스룹바벨의 아들 중에 언급되지 않으며, 아비훗으로부터 요셉의 아버지 야곱까지도 마태복음에만 나오고, 다른 자료로부터는 알 수 없는 내용이다(Hagner, 1993: 12).

16절 (요셉의 아버지) 마태복음은 "야곱은 마리아의 남편 요셉을 낳았으니"라고 하지만, 누가복음 3:23은 요셉의 아버지를 '헬리'라고 한다. 이러한 차이는 야곱과 헬리 중에 한 명은 요셉의 친아버지이고 다른 한 명은 양아버지라고 볼 수 있게 한다. 요셉은 아들이 없어 대가 끊어진 집으로 입양되었을 것이다. 가까운 친족이 입양을 거부하였든지 가까운 친족을 찾기 어려워서 먼 친척으로부터 입양이 발생하였을 것이다.

마태복음은 예수를 소개할 때 '그리스도라 칭하는 예수'라고 하여 예수께서 메시아이심을 분명히 한다. '그리스도'는 본래 이름이 아니라 칭호이다. 그런데, 예수를 (1:1에서처럼) 정관사 없이 '그리스도'라고 칭함은 마태복음이 기록될 즈음의 상황을 반영한다. '그리스도'라는 표현이 예수를 가리키는 상황은 예수를 그리스도라 믿는 신앙 공동체의 상황이다. 마태복음의 독자들은 '그리스도'라고 말할 때 당연히 예수를 가리키는 줄 알아들을 수 있는 독자들이었을 것이다.

마태복음은 예수의 탄생을 '낳다'(γεννάω)의 수동태(ἐγεννήθη)로 소개한다. 출산을 뜻하는 이 동사가 앞에서는 계속하여 능동태(ἐγέννησεν)로 사용되었으므로 갑자기 수동태로 등장한 것은 신적 수동태로 사용하기 위함이었다고 볼 수 있다.[29] 즉, 이 수동태는 예수께서 하나님에 의하여 태어나셨음을 표현한다. 이 수동태는 예수의 생물학적 아버지는 요셉이 아니며, 예수는 하나님의 능력으로 태어났음을 표현한다.

29. Hagner, 1993: 12.

예수께서 동정녀에게서 탄생하셨기에 다윗 계통 족보와 무관하지만, 이 족보가 소개되는 것은 예수의 법적 족보를 소개하는 의미와 함께 예수의 형제들(야고보 등)이 다윗 왕의 법통을 이어가며 예루살렘 교회의 지도자로서 역할을 할 수 있다는 근거를 유대 그리스도인들에게 제공하는 의미도 있었을 것이다.[30] 그러나 이러한 족보의 소개는 무엇보다 예수께서 다윗의 자손으로 오신다고 기대된 메시아이심을 보여 주기 위한 목적을 가졌을 것이다.

17절 (족보의 구조) 마태복음은 '모든 세대'가 각각 14대라고 언급한다. 그런데 이 '모든 세대'는 '마태복음이 언급한 모든 세대'를 가리킨다고 보아야 한다.[31] 왜냐하면, 마태복음의 족보는 종종 인물을 생략하기 때문이다.

아브라함에서 다윗까지 14대, 다윗에서 요시야(바벨론 유수)까지 14대, 여고냐(바벨론으로 잡혀간 후)에서 예수까지 14대이다. 이때 다윗은 중복하여 언급되었다. 그리하여 예수께서 다윗의 자손이라는 1절의 소개를 다시 강조하고, 다윗 왕조의 시작과 끝(바벨론 유수)을 두 번째 14대에 위치시켰다.

바벨론 포로 시대가 시대 구분을 위하여 언급된 이유는 무엇일까? 바벨론 포로 시대를 통하여 이방인 선교가 가능하게 된 점이 예수께서 하늘에서 이 땅으로 오셔서 유대인과 함께 이방인 선교 사역을 시작하신 점과 유사하기 때문이라고 볼 수 있다.[32]

마태복음은 족보를 왜 하필 14대씩 3회로 나누어 구분하였을까? 에녹1서(93:1-10; 91:12-17)에서는 아브라함 후에 7주가 이어진다고 하며, 그중

30. Carlson, 682.
31. Hendriksen, 상, 211.
32. Erickson, 43-44.

에 제7주는 메시아의 시대라고 한다.[33] 이러한 배경을 통하여 14대가 3번 반복되는 것을 해석하면, 예수를 메시아 시대의 시작에 위치시킨다고 볼 수 있다. 14는 7의 배수로서 이것을 3번 반복하면, 7대씩 6번이 된다. 그 후 제7주기로서 메시아를 통한 안식의 시대가 임한다고 볼 수 있다.[34] 그렇다면, 아브라함부터 예수까지의 족보를 14대씩 3회로 나누어 소개한 것은 예수께서 메시아이심을 암시하기 위함이었을 수 있다.

유대인들의 문헌 희년서(13:16; 17:15; 19:1)에 의하면 42번째 희년 직전에 이삭의 봉헌이 있으므로, 예수와 이삭을 연관시키는 것이 마태복음의 14대씩 3회로 된 족보의 의도라고 보는 해석이 있다.[35] 이삭의 봉헌은 42번째 희년 직전이고 이삭을 1대 자손으로 하여 계산할 경우, (다윗을 두 번 센 족보에서) 예수는 41대에 위치하므로 이삭과 예수 사이의 평행이 발생한다. 그러므로 이삭-예수 모형론이 이 족보에서 의도되었을 수도 있다.

다윗(דוד)을 수로 보면 14(4, 6, 4)이기 때문에, 족보를 14대를 기준으로 하여 나눈 것은 다윗의 중요성을 강조하려고 했다고 보는 의견도 많은 지지를 받는다.[36] 이렇게 수로 단어를 가리키는 게마트리아(gematria)가 무엇을 가리키는지 명시함 없이 사용되는 경우가 많으므로, 14의 경우에도 특별한 의미를 부여하기 위해 언급되었을 수 있다.[37]

33. DA, 1988: 162.

34. Hagner, 1993: 6 참고.

35. Huizenga, 2008: 106-7.

36. Hagner, 1993: 7 참고.

37. DA, 1988: 164.

3. 해설

마태복음의 족보와 누가복음의 족보는 동일한 족보라고 볼 수 없을 정도로 서로 다르다. 이러한 차이에 관한 설명의 시도는 아프리카누스(Africanus)로부터 시작되었다.[38] 이러한 차이가 '~의 아들'은 '~의 후손'의 뜻으로 쓰여서 중간의 많은 사람들이 생략되었기 때문이거나, 형이 자식이 없이 죽을 때에는 형수와 결혼하여 후손을 잇는 법(형사취수법, 신 25:5-10)과 관련이 있다는 설명은(Barton 외, 146) 상당히 그럴듯하다. 그러나 형사취수법으로 설명하려면 할아버지가 같아야 하므로, 이러한 설명에는 한계가 있다.

할아버지에 가서 동일인이 나타나지 않고 스룹바벨에 가서야 공통 조상이 등장하는 것은 헬리와 야곱이 형제지간이 아니고 상당히 먼 친척으로서 그중 한 명이 다른 쪽의 대를 이어주며 고엘 역할을 하였다고 볼 수 있다. 이러한 경우는 근족이 의무를 감당하지 않아 상대적으로 먼 친족이 고엘 역할을 감당할 때 발생하는데, 구약에서는 보아스의 경우에서 그 예를 볼 수 있다.

요셉의 아버지 헬리(누가복음)와 야곱(마태복음) 중에 한 사람은 친아버지이고 다른 한 사람은 법적인 아버지일 수 있다. 야곱과 헬리는 스룹바벨을 공통 조상으로 한다. 그런데 마태복음에서는 스알디엘의 아버지가 여고냐인데(마 1:12), 누가복음에서는 네리이다(눅 3:27). 이 경우도 여고냐와 네리 중 한 명은 생부이고 다른 한 명은 양부일 수 있다. 이 두 족보는 다윗을 공통 조상으로 하므로, 요셉이 입양되기 전이나 후나 모두 다윗 계통의 자손임은 변함이 없다.

---

38. Eusebius, *H.E.* 1.7; Keener, 2009: 75.

족보 기록에 있어서 혈통과 법통의 선택의 차이는 마태복음과 누가복음의 저술 의도와 관련된다고 설명될 수 있을 것이다. 마태복음은 다윗왕가의 법적인 후손으로서의 예수를 그리는 신학적 의도를 가졌고, 누가복음은 혈통적인 계보를 추적하는 역사적 의도를 가졌을 것이다.

2. 예수 그리스도의 나심 (1:18-25)

고대 전기는 공생애에 초점을 맞춘다. 예를 들어, 요세푸스의 자서전(*Life*)은 자신의 30세까지 생애에 단지 4%의 지면을 할애한다(Keener, 2009: 86). 복음서가 예수의 공생애에 초점을 맞추는 것도 이러한 측면에서 이해할 수 있다.

1. 번역

18 예수 그리스도의 탄생은 이러하였다. 그의 어머니 마리아가 요셉과 약
혼한 후 그들이 동거하기 전에 성령으로 임신한 것이 드러났다. 19 그런데
그녀의 남편 요셉은 의로웠으며 그녀를 망신시키기를 원하지 않아서, 조용
히 그녀와 파혼하고자 하였다. 20 그러나 그가 이것들을 고려한 후에, 보라,
주의 천사가 꿈에 그에게 나타나 말했다.

"다윗의 자손 요셉아,

네 아내 마리아를 데려오는 것을 두려워하지 말라.

그녀에게 잉태됨은 성령으로 인함이기 때문이다.

21 그녀가 아들을 낳을 것인데,

너는 그의 이름을 예수라고 부르라.

왜냐하면 그는 자기 백성을 그들의 죄로부터 구원할 것이기 때문이다."

22 그런데 이 모든 것은 주께서 선지자를 통하여 하신 말씀이 성취되게 하

러고 발생하였다.

23 "보라! 처녀가 잉태할 것이며, 아들을 낳을 것이다.
사람들이 그의 이름을 임마누엘이라 부를 것이다."

이것은 "하나님께서 우리와 함께 계신다."고 번역된다. 24 요셉이 잠에서
깨어 일어나 주의 천사가 그에게 명한 대로 하여 그의 아내를 데려왔다. 25
그는 그녀와 관계하지 않기를 그녀가 아들을 낳기까지 하였으며, 그의 이
름을 예수라 불렀다.

2. 주해

18절 (성령으로 잉태되심) 마태복음 1:18은 '예수'와 '그리스도'를 합하여 '예수 그리스도'라고 부른다. 이러한 용례는 이미 1:1에서부터 나타난다. 이것은 초기 교회가 예수를 그리스도라고 믿는 신앙을 토대로 예수를 '예수 그리스도'라고 부른 용례를 반영하는 듯하다.

마리아는 제사장의 아내이며 아론의 자손인 엘리사벳이 친척인 것으로 보아(눅 1:5, 36), 제사장 집안의 여인이었을 가능성이 있다(Maier, 45). 레위기 21:9에 의하면 제사장의 딸이 음행을 하면 화형을 당하게 되므로, 만일 마리아가 제사장의 딸이었다면 결혼식 전에 임신하게 되는 것은 더더구나 부담스러운 일이었을 것이다(Maier, 45).

마리아는 요셉과 '약혼하고 동거하기 전에' 임신했다. 랍비 문헌(*b. Yebamoth* 62b)을 통해서 볼 때 고대 유대교에서 약혼은 매우 일찍(여인의 경우 대개 12-12.5세에) 이루어졌다.[39] 당시 유대인들은 약혼하고 수년

39. DA, 1988: 199.

후에 결혼식을 올렸다.[40] 대개는 1년 후에 결혼했는데,[41] 그 기간 동안은 성적인 관계를 절제하도록 기대되었다.[42] 결혼 연령은 대개 남자는 18-20세, 여자는 12-14세였다(Keener, 2009: 88).

약혼한 사람들은 결혼하기 전에도 부부로 간주되었다(19절 '그의 남편'; 삿 15:1-2; *m. Ketuboth* 1:2).[43] 약혼은 결혼과 동등한 법적 효력을 가졌으므로 약혼의 취소는 이혼에 해당했다.[44] 또한 결혼하기 전에도 불륜이 발생하면 간음으로 간주되어 처벌받을 수 있었고(신 22:23-24; 11QTemple 61), 약혼한 여인이 파혼당하여 과부가 될 수도 있었다(*m. Yebamoth* 4:10; 6:4; *m. Ketuboth* 1:2).[45]

개역개정이 '동거하다'로 번역한 헬라어 단어(συνέρχομαι, '쉰에르코마이')는 종종 성적인 관계를 가리킨다.[46] 여기서도 이 단어는 요셉과 마리아 사이에 성적 관계가 없었음을 전달하는 문맥에서 사용되었다. 마리아는 단지 정식 결혼하기 전에 임신한 것이 아니라, 요셉과의 성적 관계가 없이 임신하였다.

마태복음은 예수께서 '성령으로' 잉태되셨음을 언급한다. 이것은 마태복음만의 독특한 신학이 아니라 그 이전부터 전해오는 전통에 토대한 것이다. 누가복음 1:34-35도 예수께서 성령으로 잉태되었음을 암시하기 때문이다. 마태복음과 누가복음이 서로 독립된 복음서이므로,[47] 성령으로

40. Harrington, 37.
41. *m. Ketuboth* 5:2; *m. Nedarim* 10:5(DA, 1988: 199).
42. Keener, 2009: 89
43. DA, 1988: 199.
44. *m. Ketuboth* 1:2; 4:2; *m. Yebamoth* 2:6; *m. Gittin* 6:2(DA, 1988: 199).
45. DA, 1988: 199.
46. DA, 1988: 199.
47. 신현우, 2005a: 58 참고.

잉태되심은 마태복음과 누가복음 이전에 이미 존재한 전통 속에 굳게 자리 잡고 있었다고 볼 수 있다.

19절 (요셉의 반응) 마태복음은 요셉을 의롭다(δίκαιος)고 소개한다. 개역개정판이 '의로운'으로 번역한 형용사(δίκαιος, '디까이오스')는 마태복음에서 '악한'(ἄδικος)에 대조되어 사용되거나(5:45) '죄 있는'(ἁμαρτωλός)의 반대어로 쓰인다(9:13). 마태복음 13:49에서 이 단어는 '사악한'(πονηρός)에 대조되어 사용되었다. 마태복음 23:28에서 이 단어는 외식(ὑπόκρισις)과 불법(ἀνομία)에 대조된다. 이러한 용례는 '의로운'이라는 단어가 마태복음에서 '죄 있는'의 반대어로서 율법을 잘 지키는 상태를 가리킨다고 볼 수 있게 한다. 그렇다면 요셉이 의로운 사람이었다는 서술은 그가 율법을 잘 지키는 사람이었음을 뜻한다.[48]

요셉의 의로움과 마리아를 부끄럽게 만들지 않으려는 소망은 가만히 끊는 행동의 원인이 된다. 요셉은 율법(약혼한 여인이 간음하면 돌로 쳐 죽이도록 한 신 22:23-24)에 따라 공의(죽이지는 않지만 최소한 파혼함)를 행하지만, 드러내지 않고 끊는 자비를 베풀고자 했다고 볼 수 있다.[49] 당시에 정혼은 결혼이나 다름없었으므로, 정혼 후에 불신실함이 드러나면 이를 문제 삼는 것이 의로운 행위로 기대되었다.[50]

당시에는 유대 법정에서 사형을 집행할 수 없었지만, 마리아의 임신 사실이 요셉과 무관한 것이 드러났다면 마리아에게 엄청난 불명예가 되었을 것이다(Keener, 2009: 93). 요셉은 법정에서 마리아가 강간을 당한 것인지 간음을 한 것인지 가리고자 할 수 있었을 것이다(DA, 1988: 204). 마리아가 유죄인 경우, 그는 법정을 통해서 그가 지불한 혼수지참금을 돌

48. Harrington, 34에도 같은 견해가 담겨 있다.
49. Hagner, 1993: 18 참고.
50. Keener, 2009: 91-92.

려받기를 청구할 수 있었을 것이다(Keener, 2009: 93). 그러나 요셉은 그렇게 하려고 하지 않았다. 그가 선택한 것은 이혼증서를 써 주고 조용히 이혼하는 것이었다(Keener, 2009: 94). 이처럼 자비를 행하는 요셉의 모습은 율법이 가장 강조하는 자비를 따르는 모습이었으므로(호 6:6; 마 12:7) 더 큰 의를 추구하는 모습이라고 볼 수 있다.[51] 김충연은 요셉의 의로움을 요셉의 자비와 관련시킨다.[52] 요셉의 자비는 넓은 의미의 의에 해당한다고 볼 수 있다. 그러나 우선적으로는 마리아에게 생긴 일이 율법에 부합하지 않은 점을 문제 삼아야 하는 측면이었다고 볼 수 있다. 요셉이 만일 자비만을 추구했다면 마리아와 이혼도 하려고 계획하지 않았을 것이다. 이혼하고자 한 요셉은 오로지 자비만을 추구하는 사람은 아니었다.

최소한 이혼하는 것은 요셉에게 당연히 기대된 바였음에도 불구하고, 요셉은 마리아를 버리지 않았다. 이것은 오직 신적인 간섭에 의해서 가능한 일었다(DA, 1988: 220). 어떠한 신적 간섭이 발생하였는지는 20절부터 설명된다.

20절 (요셉이 계시를 받음) '주의' 사자가 요셉의 꿈에 나타난다. 여기서 '주'는 하나님을 가리킬 것이다. 천사는 요셉을 '다윗의 자손'이라 부른다. 이 경우 '다윗의 자손'은 기독론적 칭호가 아니라 혈통에 대한 언급이라고 볼 수 있다. 요셉에게 이러한 언급을 한 것은 다윗의 자손 중에서 메시아가 올 것이라는 유대인들의 기대를 배경으로 이해할 수 있다. 요셉은 '다윗의 자손'이라는 말을 들을 때 메시아가 오심이 마리아의 잉태와 관련이 있다는 암시를 받았을 것이다.

21절 (천사의 예언) 천사가 예수 탄생을 예언한 말은 창세기에 기록된 이삭 탄생 예언과 유사하다. "그런데 그녀가 아들을 낳을 것이다. 그리고

51. Warner, 22-23.
52. 김충연, 257.

너는 그의 이름을 예수라고 부를 것이다."는 창세기 17:19(70인역) "너의 아내 사라가 너를 위하여 아들을 낳을 것이다. 그리고 너는 그의 이름을 이삭이라고 부를 것이다."와 구조가 유사하다.[53] 이러한 유사성은 예수와 이삭 사이의 유사성을 독자들이 파악하여 이삭의 모습을 통하여 예수를 이해하게 하는 이삭-예수 모형론을 형성한다.

천사는 예수께서 '자기 백성을 그들의 죄에서 구원할 자'라고 밝힌다. 마태복음에서 '자기 백성'은 이스라엘을 가리키는 용어로 사용된다(2:4, 6; 4:16, 23; 21:23; 27:64).[54] 그렇지만, 21:43이 암시하듯이 '자기 백성'은 유대인만이 아니라 이방인도 포함할 수 있다.[55] 이방인이 언약을 통하여 이스라엘의 신분을 획득하게 될 수 있기 때문이다.

요세푸스(*Ant.* 2.216)는 모세의 아버지가, 자신의 아들 모세가 히브리 민족을 구원할 것이라는 예언을 받았다고 하는데, 이러한 전통을 배경으로 요셉에게 예수께서 자기 백성을 구원하리라는 예언이 주어진 이야기를 읽으면, 예수를 새로운 모세로 이해하게 된다(DA, 1988: 192). 예수를 그렇게 이해하면 예수로부터 새로운 출애굽이 발생할 것을 기대하게 된다.

천사는 예수를 통한 구원이 무엇으로부터의 구원인지 알려 준다. 그것은 죄로부터의 구원이다. '죄'는 열왕기상 8:47, 50, 58에서 보듯이 하나님의 율법을 지키지 않음을 가리키며 포로로 잡혀가는 결과를 가져오게 된다(Blanton, 401). 그러므로 죄로부터 구원되면 죄의 결과로부터 발생한 바벨론 포로와 같은 상태에서 해방될 수 있다. 따라서 죄로부터 구원된 유대인들은 로마로부터 해방될 것을 기대할 수 있다.

---

53. Huizenga, 2009: 516.
54. Keener, 2009: 97.
55. DA, 1988: 210.

그러나 마태복음은 '죄로부터의 구원'을 이러한 의미로 쓰기보다는 죄 사함을 통해서 죄의 결과인 종말론적 심판에 이르지 않게 된다는 의미로 썼을 것이다.[56] 예수께서는 십자가에서 대신 형벌을 당함으로써 죄 사함을 이루실 뿐 아니라 자신의 백성이 죄를 짓지 않고 율법을 바리새인들과 서기관들보다 더 잘 지키며 살도록 가르침을 주셨다(마 5:20 이하).[57] 이러한 가르침도 죄로부터 벗어나는 데 도움을 주며, 이러한 가르침대로 살도록 하시는 성령도 그러하다.

예수는 자기의 백성을 구원할 자이다. 백성들은 스스로 자신을 구원하지 못한다. 그들을 구원할 자는 예수이다. 마태복음은 사람들에게 의를 행할 것을 요구함에도 불구하고, 구원을 예수로 인하여 주어지는 선물이라고 본다(20:28; 26:28).[58]

22-23절 (이사야서 예언의 성취) 마태복음은 예수의 동정녀 탄생을 처녀가 아들을 낳을 것이라고 예언하는 구약 성경 이사야 7:14의 성취라고 여긴다. 마태복음은 이 본문을 70인역에서 인용한다.

마태복음 1:23	70인역 이사야 7:14
ἰδοὺ ἡ παρθένος ἐν γαστρὶ ἕξει καὶ τέξεται υἱόν, καὶ <u>καλέσουσιν</u> τὸ ὄνομα αὐτοῦ Ἐμμανουήλ (보라! 처녀가 잉태할 것이며, 아들을 낳을 것이다. <u>사람들의</u> 그의 이름을 임마누엘이라 <u>부를 것이다.</u>)	ἰδοὺ ἡ παρθένος ἐν γαστρὶ ἕξει καὶ τέξεται υἱόν καὶ <u>καλέσεις</u> τὸ ὄνομα αὐτοῦ Εμμανουηλ (보라! 처녀가 잉태할 것이며, 아들을 낳을 것이다. <u>네가</u> 그의 이름을 임마누엘이라 <u>부를 것이다.</u>)

여기서 마태복음이 70인역의 '네가 부를 것이다'(καλέσεις, '깔레세이스') 대신 '그들이 부를 것이다'(καλέσουσιν, '깔레수신')를 쓴 것은 70인

56. Hagner, 1993: 19; DA, 1988: 203도 이러한 입장이다.

57. Blanton, 410-11.

58. DA, 1988: 210.

역 BAC 사본들에 담긴 본문에 일치한다. 이러한 70인역 사본들의 본문을 기준으로 한다면 마태복음은 70인역과 완전히 일치한다. 70인역의 '빠르테노스'(παρθένος)는 처녀만이 아니라 아이를 낳을 수 있는 나이에 도달한 여인도 가리킨다.[59] '빠르테노스'는 젊은 여인을 가리킬 수 있음은 이사야 23:4; 62:5에서 이 단어가 젊은 여인(νεανίσκους)과 평행되어 사용됨에서도 드러난다.[60]

그런데 이 단어에 해당하는 히브리어 본문의 단어는 '알마'(עלמה, 미혼 여인)이다. 영(E. J. Young)의 관찰에 의하면, '알마'는 늘 "미혼 여인"의 의미로 사용되었다(창 24:43; 출 2:8; 시 68:25; 잠 30:19; 아 1:3; 6:8).[61] 이 히브리어 단어는 구약 성경에서나 다른 문헌에서나 결혼한 여인에게 대하여 사용된 적이 없다(Hendriksen, 상, 224). "처녀"를 가리키려면 히브리어 '베툴라'(בתולה)를 사용했어야 한다는 주장이 있으나, '베툴라'는 처녀만이 아니라 약혼한 여인, 결혼한 여인도 가리킬 수 있는 애매한 단어이다.[62] 그러므로 '알마'를 '빠르테노스'로 번역한 70인역의 번역은 정확하다. 또한 히브리어 본문을 고려하면 70인역 이사야 7:14의 '빠르테노스'를 처녀로 번역하는 것이 가능하다.

70인역에서 '알마'(עלמה)를 '빠르테노스'(παρθένος)로 번역한 것은 창세기 24:14, 43에서도 발견된다.[63] 이사야 37:22에서 '빠르테노스'는 시온을 가리키는데, 이것은 70인역의 다른 곳(왕하 19:21; 렘 18:13)에서 이 단어가 시온, 유다, 이스라엘 등을 가리키는 용례에 부합한다.[64] 이사야

59. Lincoln, 215.
60. Dennert, 100.
61. Hendriksen, 상, 223-24.
62. Hendriksen, 상, 225.
63. Dennert, 100.
64. Dennert, 100-1.

7:14에서도 "하나님이 우리와 함께"라고 하는 문맥상 이 단어가 하나님의 백성을 가리킬 가능성이 높다(Dennert, 101).

우리는 이사야 본문의 의미가 예수의 동정녀 탄생으로 인하여 더 충만하게 성취되었다고 볼 수 있다. 이사야 본문에는 동정녀 탄생에 관한 암시는 없다(Dennert, 101). 이사야는 현재 처녀인 여인이 이 예언 후에 동침하여 아이를 낳을 것이라는 뜻으로 적었을 수 있다(Harrington, 35). 이러한 이사야서의 예언은 이사야 시대에 성취되었다고 볼 경우, 예수의 동정녀 탄생을 통하여 더 크게 성취되었다고 볼 수 있다. 이사야 시대에 임마누엘이라는 아이가 태어났다고 가정할 경우, 예수는 임마누엘이라 불린 적은 없었을지라도 하나님이 그 백성과 함께 하심을 더 크게 보여 주신 분으로서 이사야의 예언을 더 크게 성취하셨다고 볼 수 있다.[65]

그런데 이사야 7:14이 언급하는 아기와 이사야 9:6-7이 언급하는 아기는 동일하다고 간주되는 듯한데, 이사야 9:6-7은 이스라엘의 역사 속에서 성취되지 않은 구절이므로 이사야 7:14도 당시에 성취된 구절이 아니라고 볼 수 있다(Dennert, 99). 그렇다면 이 구절은 예수에 의하여 비로소 성취된 구절이라 할 수도 있다.

유대인들은 이사야 7:14을 히스기야와 연관시키는 해석 전통을 가지고 있는데(*Dial.* 43; *Exod. Rab.* on 12:29; *Num. Rab.* on 7:48), 어떤 랍비 문헌에서는 히스기야를 메시아로 간주하였다.[66] 그러므로, 이사야 7:14은 유대인들에게도 메시아와 관련된 본문으로 간주되기도 했다고 볼 수 있다. 그렇다면 이 이사야 본문이 동정녀 탄생을 통하여 충만하게 성취되었다는 사실은 예수가 메시아라는 증거로 유대인들에게 제시할 만한 것이었다고 볼 수 있다. 이사야 7:14의 '임마누엘'("하나님께서 우리와 함께 계

---

65. Maier, 50.
66. DA, 1988: 213.

신다.")도 구약 성경과 유대인들의 전통 속에서 볼 때 이 이사야 본문에 메시아적 의미를 부여할 수 있게 한다. 구약 성경(사 43:5; 겔 34:30; 37:27; 슥 8:23), 요한계시록 21:3 및 유대 문헌(희년서 1:17, 26; 11QTemple 29:7-10)은 메시아 시대에 하나님은 그의 백성과 특별히 함께 계시리라고 한다.[67] 따라서 이러한 기대를 성취하는 이사야 7:14의 임마누엘은 유대인들에게 메시아적 인물로 간주될 수 있었을 것이다. 이러한 배경을 통해서 볼 때, 동정녀 탄생을 통해 이사야 7:14을 성취하는 예수는 메시아이다.

처녀수태(parthenogenesis)는 단순한 동식물에서는 발생하며, 도마뱀의 경우에도 발생한다(DA, 1988: 216-17). 그러나 이것이 사람의 경우에 발생하는 것은 매우 놀라운 일이므로 동정녀 탄생은 하나님께서 가능하게 하신 일로서 예수께서 메시아이심에 대한 표증이 될 수 있다. 사람에게 일상적으로 발생할 수 있는 일이라면 그러한 표증이 될 수는 없을 것이다.

24-25절 (예수의 탄생까지) 마태복음은 요셉이 "그녀(마리아)와 동침하지 않았다."고 기록한다. 이 부분을 문자적으로 번역하면 '그녀를 알지 아니하였다'이다. 이러한 표현은 의미상 동침하지 아니하였다는 뜻이다(창 4:1; 눅 1:34 참고).[68] 어떤 행위를 부정하는 말 이후에 '~하기까지' (ἕως)가 나오면 그 이후에는 그 행위를 했다는 뜻을 반드시 내포하지는 않는다(창 49:10; 마 10:23; 막 9:1).[69] 그러므로 이 구절에만 근거하여 마리아가 예수 탄생 후에는 동정녀가 아니었다고 볼 수는 없다.

그러나 마태복음이 굳이 "아들을 낳기까지"를 언급한 것은 그 이후에

67. DA, 1988: 218.
68. DA, 1988: 219.
69. DA, 1988: 219.

는 더 이상 금욕하지 않았을 가능성을 열어둔다. 따라서 마리아가 평생 동정녀였다는 설도 이 구절에서 나올 수 없는 결론이다. 누가복음 2:7은 예수를 마리아의 첫아들이라고 하므로, 마리아가 요셉과의 사이에서 다른 아들(들)을 낳았다고 볼 수 있다. 그렇다면, 마가복음 6:3이 예수의 형제라고 언급하는 야고보, 요셉, 유다, 시몬은 마리아의 다른 아들들일 것이다. 공관복음서의 증거들은 마리아에게 다른 아들들이 있다고 보게 하며, 마리아가 예수 출산 이후에도 계속 동정녀였다는 증거를 제시하지는 않는다.

3. 해설

마태복음 1:18에서 '성령으로 잉태되다'는 표현은 갈라디아 4:29에서 이삭을 성령으로 태어난 자라고 부르는 것을 고려할 때 하나님의 약속의 성취에 관한 출생과 관련된다고 보는 해석도 있다(Lincoln, 214). 그렇다면 이 표현만으로 동정녀 잉태에 대한 암시가 분명하지는 않다.[70] 그러나 이러한 표현이 마리아의 잉태가 불륜이나 성폭행과 연관되어 있다고 가정하고 이혼을 계획한 요셉에게 주어진 천사의 말씀에 다시 등장하는 문맥은(마 1:20) 마리아의 잉태가 요셉의 생각처럼 부정에 의한 것이 아니라 성령에 의한 동정녀 잉태라고 이해하게 한다. 만일 마태복음이 그렇지 않은 의미를 전달하고자 했다면 요셉이 아무런 문제를 제기하지 않고 받아들였다고 기록되지는 않았을 것이다. 부정에 의한 잉태를 성령께서 인정하신다는 것을 요셉을 비롯한 유대인들은 상상조차 할 수 없었을 것이다. 그러한 독자들에게 성령에 의한 잉태라고 간단하게 설명한 것은 이

70. Lincoln, 214.

잉태에 어떤 남자도 개입되어 있지 않았다는 의미를 전달한다. 하나님께서 역사하셔야 모든 종류의 잉태가 가능하다는 관점에서 볼 때 천사가 요셉에게 언급한 성령의 잉태는 불륜이나 성폭행에 의한 잉태를 포함할 수 있다고 주장되기도 했다(Lincoln, 225). 그러나 고민하는 요셉을 한 번에 설득하는 개념으로서의 성령의 잉태가 성폭행이나 불륜을 통한 잉태를 포함했다고 볼 수는 없다.[71]

3. 동방으로부터 점성술사들이 방문함 (2:1-12)

1. 번역

2:1 예수께서 헤롯 왕 때 유대 베들레헴에서 탄생하셨을 때, 보라, 점성술사
들이 동방에서부터 예루살렘으로 왔다. 2 그들이 말했다.

"유대인들의 왕으로 탄생하신 분이 어디에 계십니까?

우리는 그의 별이 뜰 때 보고 그에게 경배하러 왔습니다."

3 헤롯 왕이 듣고 소동하였는데 온 예루살렘 사람들이 그와 함께 그리하였
다. 4 그래서 대제사장들과 백성의 서기관들을 모두 모으고 그들에게 질문
하였다.

"그리스도가 어디서 태어났겠느냐?"

5 그들이 그에게 말했다.

"유대 베들레헴입니다.

다음처럼 선지자에 의하여 기록되어 있기 때문입니다.

6 '그리고 너 유대 땅 베들레헴이여,

---

71. Lincoln, 225에 반대함.

유대의 통치자들 중에 너는 결코 가장 작지 않다.

너로부터 한 통치자가 나와서

나의 백성 이스라엘을 목양할 것이기 때문이다'."

7 그때 헤롯이 몰래 점성술사들을 불러서 별이 나타난 때를 그들로부터 확
인하였다. 8 그가 그들을 베들레헴으로 보내며 말했다.

"가서 아이에 관하여 정확하게 알아보고,

발견하는 즉시 나에게 알려주시오.

나도 가서 그에게 경배하리다."

9 그들이 왕의 말을 듣고 갔다. 보라, 그것이 뜰 때 그들이 본 그 별이 계속
앞서가서, 아이가 있는 곳 위에 멈추어 섰다. 10 그들은 그 별을 보고 너무
기뻐 어쩔 줄 몰랐다. 11 그들이 집에 들어가서 그 아이와 그의 어머니 마리
아를 보았다. 그들은 엎드려 그에게 경배하고 그들의 보물함을 열어서 그
에게 선물을 드렸는데, 그것은 황금과 유향과 몰약이었다. 12 그들은 꿈속
에서 헤롯에게 돌아가지 말라고 지시받고 다른 길로 그들의 지역으로 떠나
갔다.

2. 주해

1절 (점성술사들의 등장) 마태복음 2:1은 예수께서 '베들레헴'에서 탄생하셨다고 지적한다. 이것은 2:6에서 인용하고 있는 미가서 5:2과 관련된다. 이 구약 구절은 베들레헴에서 "한 다스리는 자가 나와서" "이스라엘의 목자가 되리라."고 한다. 이것을 당시 율법학자들은 메시아 탄생과 관련된 구절로 해석하였다(5절). 요한복음 7:42도 메시아가 베들레헴 출신일 것이라는 유대인들의 기대를 기록하여 전한다(DA, 1988: 225). 그러므로 예수께서 베들레헴에 탄생하셨음은 그분이 메시아이심을 유대인들에

게 입증하는 효과를 가진다. 유대인들은 예수를 나사렛 출신이라고 여기고 메시아가 아니라고 생각했겠지만, 예수는 사실 베들레헴 출신이다. 이러한 지적은 유대인들에게는 상당히 충격적인 정보였을 것이다.

예수께서 탄생하셨을 때에 유대인들의 통치자는 '헤롯 왕'이었다. '왕'(βασιλεύς)이라는 칭호를 사용한 것으로 보아, 이 헤롯 왕은 대 헤롯을 가리킨다고 볼 수 있다. 그렇다면 예수의 탄생 시기는 대 헤롯이 생존해 있을 당시이다. 헤롯은 BC 4년 4월 11일경에 죽는다.[72] 따라서 예수의 탄생은 최소한 BC 4년 이전이다. 누가복음 2:1-2에 의하면 예수의 탄생은 BC 8년 이후이므로(아래 해설 참고), 예수의 탄생은 BC 8-4년 사이이다.

예수 탄생 때에 동방에서 예루살렘으로 온 사람들은 '마고스'(μάγος)라고 소개된다. 이 단어는 개역개정판에서 '박사'라고 번역되었는데, 학자로서의 박사를 뜻하지 않는다. '마고스'라는 단어는 구약 성경에서 다니엘서 2:2, 10(70인역)에만 등장한다. 바벨론의 느부갓네살 왕이 꿈과 그 해몽에 관하여 마고스들에게 질문한다. 그러므로 '마고스'는 꿈 해몽을 할 수 있으리라 기대되는 신비한 지식을 가진 사람을 가리킨다. 이들은 별을 보고 유대인의 왕을 찾아온 것으로 보아 천체를 관측하여 지상의 일을 예측하는 사람(점성술사)들이었다고 판단할 수 있다. 고대 문헌들에서 '마고스'는 페르시아나 바벨론과 관련되어 등장한다.[73] 헤로도투스에 의하면, 마고스는 BC 6세기에 메디아(메대) 지역에서 꿈을 해석하는 등의 역할을 한 제사장 계급에 속했는데, 후에 페르시아로 넘어가는 과정에서 조로아스터교의 제사장들이 되었다.[74] 마고스들은 페르시아에서 중요한 정

72. Harrington, 45; 정훈택, 28.

73. Keener, 2009: 99.

74. 강대훈, 상, 283.

치적 기능을 감당했다.[75] '마고스'라는 단어도 페르시아어에 기원을 두며, 그 어원은 "위대하다"는 뜻을 가진다(Hendriksen, 상, 244). 이 단어는 점차 점성술 등 우월한 지식을 가진 사람 또는 동방의 현자, 점술가 등을 가리키는 용어가 되었다.[76] 따라서 예수 탄생 때 동방에서 온 마고스들은 페르시아(또는 바벨론) 지역에서 왔다고 볼 수도 있다. 초기 기독교 회화에서 동방 박사들은 페르시아 옷을 입은 것으로 그려지며, 알렉산드리아의 클레멘트(Clement of Alexandria), 크리소스톰(Chrysostom), 알렉산드리아의 시릴(Cyril of Alexandria) 등 많은 초기 기독교 저술가들도 이들이 페르시아에서 왔다고 보았다.[77] 그러나 이들이 온 지역은 다른 지역일 수도 있다.

마태복음은 마고스들이 '동방'으로부터 왔다고 하는데, 마고스들은 다니엘서에서 바벨론과 관련되어 등장하므로 동방은 바벨론을 가리킬 수 있다. 그러나 '동방'은 아라비아나 시리아 사막일 수도 있다(아래 11절 주해 참고).

마태복음은 왜 마고스들이 동방에서 별을 보고 온 것을 기록하였을까? 점성술의 가치를 인정하여 예수께서 메시아임을 입증하기 위한 것일까? 점성술이 과연 유대인 독자들에게 예수께서 메시아이심을 믿도록 설득하는 데 역할을 할 수 있었을까? 굳이 그렇게 볼 필요는 없다. 오히려 이러한 이야기를 통하여 미가서 5:2을 언급하고 이 구약 성경 본문의 예언과 예수께서 베들레헴에 탄생하심을 토대로 예수께서 메시아이심을 증명하려고 했을 것이다. 또는 이방인 마고스들마저도 기회가 주어지자 예수께 반응했다는 것을 지적하려고 그렇게 했을 것이다(Keener, 2009:

75. Keener, 2009: 100.

76. DA, 1988: 228.

77. Hendriksen, 상, 244.

100). 마고스들이 아기 예수께 경배한 이야기를 통해 이방 선교 주제가 마태복음의 초두에서 이미 암시된다고 볼 수 있다.

열왕기상 10:1-2는 스바 여왕이 솔로몬에게 황금 등의 선물을 가지고 왔다고 하므로, 마고스들이 황금 등의 선물을 가지고 예수께 온 이야기는 예수를 다윗의 아들 솔로몬의 이미지로 묘사하는 모형론을 형성한다.[78] 구약 성경에서 유향과 몰약이 함께 등장하는 곳은 솔로몬의 아가서 3:6; 4:6, 14뿐인 것도 이 선물들과 솔로몬을 연관시킬 수 있게 한다(DA, 1988: 250). 이러한 연관성도 솔로몬 모형론을 지원한다.

이방 지역에서 긍정적이지 않은 종류의 사람들(마고스들, 즉 점성술사들)이 온 것을 마태복음이 굳이 창작하여 언급할 이유는 없었을 것이다. 그러므로 이 이야기는 역사적 사실을 담은 것이었기에 보존되어 기록될 수 있었다고 볼 수 있다.

2절 (점성술사들이 유대인들의 왕을 찾음) 동방에서 온 점성가들은 '유대인들의 왕'으로 탄생한 분이 어디 계시느냐고 질문하였다. '유대인들의 왕'은 신약 성경에서 이방인들이 사용하는 표현이며, 유대인들은 '이스라엘의 왕'이라는 표현을 쓴다(마 27:42; 막 15:32; 요 1:49; 12:13).[79] 헤롯은 자신을 유대인들의 왕으로 간주했기에(Keener, 2009: 101) 유대인들의 왕이 탄생했다는 말이 귀에 거슬렸을 것이다.

점성술사들은 유대인들의 왕의 별을 '동방에서' 보았다고 말한다. 그런데 개역개정판에서 '동방에서'라고 번역된 부분(ἐν τῇ ἀνατολῇ)은 '그것이 뜰 때에'라고 번역하는 것이 낫다. 왜냐하면 "동방에서"를 의미하려면 1절에서처럼 복수형을 써야 하기 때문이다(Hagner, 1993: 27).

점성술사들이 목격한 별의 나타남은 BC 7-6년의 목성(Jupiter)과 토

78. DA, 1988: 250.

79. DA, 1988: 233.

성(Saturn)의 만남이거나 혜성(BC 12-11년의 핼리혜성), 또는 초신성(supernova)일 수도 있다.[80] 타키투스(Tacitus)의 기록에 의하면, 사람들은 혜성의 등장이 황제의 교체를 의미한다고 믿었다.[81] 고대 세계에서 혜성의 등장이나 유사한 천체 현상은 한 통치자의 죽음과 다른 통치자의 등장에 관한 징조로 간주되었다.[82] BC 7년은 별자리 관련 열두 동물의 띠에 따르면, 물고기 해인데, 통치자의 별 목성과 유대인의 별 토성(Tacitus, *Hist.* 5.4)이 3번이나 만난 해이다.[83] 점성술사들은 아마도 이것을 유대인의 왕이 태어난 것으로 해석하였을 것이다. 헤롯은 BC 7년에 자기의 아들 알렉산더와 아리스토불루스를 죽이는데, 이것은 헤롯이 천체의 징조대로 이들이 자기를 죽이고 왕이 될까 두려워하였기 때문이었을 것이다(Maier, 53-54).

그런데 9절은 별이 움직이며 멈추기도 한다고 묘사하므로 이 현상을 일반적 천체 현상으로 보기 어렵다.[84] 9절이 언급하는 이동하는 별은 동방박사들이 애초에 관찰한 천체 현상과 다른 새로운 현상으로 간주할 수도 있다.

별 모티프는 구약 성경 민수기 24:17("한 별이 야곱에게서 나오며")과도 관계되므로 메시아의 나타남과 관련될 수 있다. 그런데 동방에서 온 사람들이 구약을 알고 있는 사람들이었을까? 물론 그럴 가능성은 있다. 그들이 바벨론에 잡혀간 유대인들의 후예라면 구약 성경을 알았을 것이고, 그들이 이방인들이라 해도 점성술사들로서 별에 관계된 이 구약 구절

80. Hagner, 1993: 27.
81. DA, 1988: 233.
82. Keener, 2009: 101.
83. Maier, 54; DA, 1988: 235.
84. 강대훈, 상, 299.

을 읽었을 수 있다. 그러나 이것은 단지 가능성일 뿐이다. 그들은 아마도 구약 성경을 알지 못했을 것이다. 만일 구약 성경을 알았다면 메시아가 베들레헴에서 탄생하였음도 알았을 것이기 때문이다(DA, 1988: 230). 물론 그들이 모세오경만 알고 선지서를 몰랐을 수는 있다. 그렇지만 마고스들은 그들의 점성술에 따라 유대인들의 왕의 탄생을 예언했을 수는 있다. 마고스들이 새로운 통치자들의 등장을 예언한 다른 예들이 있다.[85] 그리스-로마 세계에서 마고스와 점성술사는 시대의 징조를 파악하고 왕의 탄생 등 중요한 사건을 예언할 능력을 가진 자로 여겨졌다(DA, 1988: 230).

야곱의 별을 언급하는 민수기 24:17은 기독교 이전의 유대교에서 다윗적 메시아와 관련된 본문으로 여겨졌기에,[86] 마태복음이 소개하는 예수 탄생 때에 나타난 별에 관한 등장 이야기는 이 본문의 성취로 이해되면서 예수께서 메시아이신 증거로 간주될 수 있었을 것이다.

3절 (온 예루살렘의 소동) 점성술사의 말을 듣고 헤롯만이 아니라 '온 예루살렘'이 소동한다. '온 예루살렘'은 예루살렘 주민 전체를 가리키지는 않는다(유사한 용례로 마 27:25 참고).[87] 유대인들의 언어 속에서 '모든'은 예외를 배제하지 않는다. 온 예루살렘이 헤롯과 함께 소동한 이유는 무엇일까? 유대인의 왕이 헤롯의 가문이 아닌 곳에서 태어났다는 소식은 친헤롯파에게는 정권교체가 될 것이라는 비극적 소식이며, 헤롯을 싫어하는 사람들에게는 기쁨의 소식이었기 때문일 것이다.

4절 (그리스도의 탄생지에 관한 왕의 질문) 헤롯 왕이 대제사장들과 서기관들에게 그리스도께서 탄생할 장소에 관하여 질문한다. '대제사장들'은 전현직 대제사장, 성전 제사를 감독하는 제사장들, 성전 감독, 성전 재무

---

85. Keener, 2009: 102.

86. DA, 1988: 194.

87. Harrington, 42.

관리자 등 고위급 제사장들을 가리킨다.[88] '서기관'은 본래 국가 정치, 행정, 기록 관련 직책이었는데(왕하 22장; 렘 36:10; 삼하 8:16-17; 20:24-25; 왕상 4:3), 본래 레위인 내지 제사장이 수행하였다(대하 34:13; 신 17:18; 31:9).[89] 회당이 발달하면서 서기관들은 율법교사의 역할을 수행하였으며, 제사장 집단이 헬라화되면서, 민족주의적인 바리새파 서기관들의 영향이 증대되었다.[90] 갈릴리 등의 지역에도 서기관이 있었을 것이지만 서기관들은 주로 예루살렘에 있었다.[91] '서기관들'은 토라를 해석하는 자들로서 사법 행정을 맡기도 하였다(DA, 1988: 240).

5절 (그리스도의 탄생지 베들레헴) 대제사장들과 서기관들은 '유대의 베들레헴'에서 그리스도가 탄생하실 것이라고 대답한다. '유대의 베들레헴'이라는 표현은 갈릴리 나사렛에서 서쪽으로 10km 떨어진 베들레헴과 구분하기 위함일 수 있다.[92] 베들레헴에서 예수께서 탄생하심은 미가서 5:2의 예언의 성취로서 예수께서 메시아(그리스도)이신 증거로 간주될 수 있었을 것이다.

6절 (선지서 인용) 대제사장들과 서기관들은 그들의 대답의 근거로 선지서를 인용한다. 인용된 구약 본문은 미가서 5:2(70인역은 5:1)과 정확하게 일치하지는 않는다. 랍비 문헌에서는 여러 성경 구절들에서 하나의 가르침을 이끌어낼 수 없다는 생각(*b. Sanhedrin* 34a)에 따라서인지 성경 구절들을 결합하여 인용하는 것이 드물지만, 신약 성경에는 그러한 결합이 흔하다(마 21:5; 27:9-10; 막 1:2-3; 롬 11:8-10; 고전 15:54-55).[93]

---

88. DA, 1988: 240.
89. 강대훈, 상, 290-93.
90. 강대훈, 상, 294-95.
91. 막 3:22; 7:1; *m. Shabbath* 16:7; 22:3; *b. Shabbath* 146a(DA, 1988: 240).
92. Maier, 51; 강대훈, 상, 287.
93. DA, 1988: 242.

인용문에서 '에브라다'를 '유대 땅'으로 바꾼 것은 독자들에게 친숙한 표현을 선택한 것으로 볼 수 있고, '족속'을 '통치자'로 읽은 것은 히브리어 '엘레프'(אלף, "족속," "1,000")를 '알루프'(אלוף, "통치자")로 해독하여 읽은 것으로 볼 수 있다.[94] "나의 백성 이스라엘을 목양할 것이기 때문이다."는 목자와 통치자를 연결한다. 이것은 사무엘하 5:2("네가 내 백성 이스라엘의 목자가 되며 네가 이스라엘의 주권자가 되리라.")을 인용한 것으로 볼 수도 있다.[95] "나의 백성 이스라엘을 목양할 것이다."는 이 구약 구절을 연상시키면서 다윗과 연관되므로[96] 마태복음에서 목자 이미지는 다윗-예수 모형론의 일부일 수도 있다. 그렇지만 미가서 2-5장 전체에 담긴 목자 이미지를 미가서 5:2을 인용하며 담아내었다고 볼 수도 있다(채영삼, 20).

그런데 모세는 목자로서 기억되었으므로(사 63:11 "백성과 양 떼의 목자를 바다에서 올라오게 하신 이"; *LAB* 19:3, 9; *Mek.* on Exodus 14:31), 마태복음의 인용문은 결국 예수를 다윗의 자손 메시아로서만이 아니라 새로운 모세로 이해하도록 한다. 이스라엘 열두 지파를 목자-왕이 모을 것이라는 기대는 구약 성경과 유대 문헌에 널리 나타난다.[97] 이러한 기대를 가진 당시 유대인들에게 이스라엘의 목자가 등장한다는 말은 곧 이스라엘 열두 지파가 다시 모이게 되는 기대의 성취를 예상하게 할 수 있었다(DA, 1988: 243). 그런데 마태복음은 미가서 5:2을 인용하므로 근접 문맥의 미가서 5:4이 암시하는 것처럼 종말의 목자의 양무리에 이스라엘만

94. DA, 1988: 243.
95. 강대훈, 상, 289.
96. DA, 1988: 243.
97. 겔 34:4-16; 미 5:1-9; 호 2장; 솔로몬의 시편 17장; 에스라4서 13:34-50; 바룩2서 77-86; *m. Sanhedrin* 10:3(DA, 1988: 243).

이 아니라 열방이 포함될 것을 암시하고 있다고 볼 수 있다(채영삼, 27). 마태복음에서 이 인용이 동방으로부터 온 이방인들이 등장하는 문맥 속에서 위치함은 이러한 해석을 지원한다.[98]

7-9절 (별이 점성술사들을 인도함) 마태복음 2:9은 별이 점성술사들을 예수께서 탄생하신 곳으로 인도했다고 한다. 별이 어떻게 앞서 인도할 수 있고 머물러 설 수 있을까? 이 별의 정체는 무엇일까? 과연 별일까, 아니면 별처럼 보이는 그 무엇이었을까? 이것은 별이 아닌 어떤 것을 경험하고 달리 묘사할 방법이 없어 이렇게 묘사한 것으로 볼 수도 있다.[99] 신구약 성경(욥 38:7; 계 9:1; 12:4)과 유대 문헌(에녹1서 86:1, 3; 솔로몬의 유언 20:14-17)에서 별은 천사들과 연관된다.[100] 이처럼 천사들과 별이 연결된 구약 성경과 유대 문헌들을 고려할 때, 이 별은 천사 또는 초자연적 현상으로 볼 수 있다(강대훈, 상, 299-30). 그것이 무엇이었든지 간에 하나님은 그것을 사용하셨다(Keener, 2009: 104).

10절 (점성술사들이 기뻐함) 마태복음은 점성술사들이 "별을 보고 매우 크게 기뻐하고 기뻐하더라."라고 기록한다. 그들은 별이 안내하다가 머물러서 있는 것을 보고(9절) 기뻐하였을 것이다. 즉, 별이 머물러 서서 목적지를 알려주자 기뻐하였을 것이다. 별 때문에 기뻐한 것이 아니라 목적지를 알게 되어 기뻐한 것이다.

11-12절 (예물을 드림) 점성술사들은 '황금과 유향과 몰약'을 예물로 드렸다. 솔로몬은 스바의 여왕으로부터 향품, 금, 보석을 선물로 받았기에(왕상 10:1-10, 15, 23-25), 아기 예수께서 금, 유향을 받은 것은 솔로몬 모형론을 형성하여, 예수를 열방의 경배를 받는 왕으로 이해하게 한다(강대

98. 채영삼, 29.
99. Hagner, 1993: 30.
100. DA, 1988: 246.

훈, 상, 302).

시편 72:10은 "스바와 시바의 왕들이 예물을 드리리로다."라고 하며, 이사야 60:6은 "스바 사람들은 다 금과 유향을 가지고 와서 여호와의 찬송을 전파할 것이며"라고 한다. 이 구절들에 나오는 스바, 시바란 지명은 동방 박사들이 이 지명들이 가리킨다고 추측되는 아라비아나 시리아 사막에서 왔다고 추측하게 한다.[101] 스바 여왕 기사에 관한 미드라쉬는 기적적인 별 이야기를 포함한다.[102] 이러한 유대 전통은 점성술사들이 별을 보고 온 이야기를 스바 여왕이 솔로몬 왕에게 온 이야기와 관련시켜 이해하게 한다.

한편 예수께 드린 예물 중에 '몰약'은 남부 아라비아와 북부 에티오피아에 풍부했다(Herodotus, 3.107).[103] 그러나 '유향'은 아라비아로부터 수입되던 것이었다(사 60:6; 렘 6:20; Herodotus, 3.107).[104] 헤로도투스(Herodotus, 3.107)는 아라비아가 유향과 몰약을 다 생산하는 유일한 곳이라고 기록했다.[105] 그러므로 마고스들이 온 장소는 남부 아라비아일 가능성이 높다.

솔로몬의 시편 17:31은 이방인들이 다윗의 자손의 영광을 보려고 선물들을 가지고 땅끝에서 올 것이라고 기대하며, 에녹1서 53:1은 세상에 거하는 모든 사람들이 그 인자에게 선물을 가지고 올 것이라고 기대한다(DA, 1988: 250). 점성술사들이 동방에서 예물을 가지고 예수께 온 이야기는 예수를 이러한 기대를 성취하시는 분으로 소개하는 의미를 가진

101. Harrington, 44.
102. Keener, 2009: 105.
103. DA, 1988: 249.
104. DA, 1988: 249.
105. DA, 1988: 251.

다.[106]

점성술사들은 예수께 절하였다. 이 이방인들이 엎드려 절하는 행위를 한 것은 왕에게 하는 행위 정도로 볼 수 있다. 그러나 유대인들에게 이러한 행위는 단지 사람에게 하는 행위로 받아들여질 수 없었을 것이다. 베드로는 고넬료가 베드로에게 절할 때 자신이 사람이라고 하며 절을 받지 않으려고 했다(행 10:26). 그런데, 아기 예수께 절하는 동방 박사들을 제지하지 않은 장면을 통해 마태복음은 예수의 신적 정체성을 암시한다.[107]

3. 해설

누가복음 2:1-2에 의하면, 예수는 퀴리니우스(Quirinius)가 시리아를 다스릴 때, 첫 번째 실시한 인구 조사 때 탄생하셨다. 퀴리니우스가 시리아를 다스릴 때(ἡγεμονεύοντος τῆς Συρίας Κυρηνίου), 첫 번째 실시한 인구 조사는 몇 년도에 일어난 것인가? 퀴리니우스는 BC 12년에 시리아 집정관(consul)으로 임명되었다.[108] 요세푸스에 의하면 그는 AD 6년에 시리아 총독이 되었다.[109] 하지만 요세푸스의 정보가 반드시 정확하다고 볼 수 없을 뿐 아니라,[110] 그가 시리아를 다스린 기간이 반드시 총독으로서 다스리는 기간일 필연성도 없다.[111] 따라서 퀴리니우스가 시리아를 다스릴 때란 BC 12년 이후의 어느 시점을 가리킬 수 있다(신현우, 2016: 52). 역사 속에 발생한 사건이 모두 사료에 기록된 것은 아니므로, 다른 사료에 예수

106. 강대훈, 상, 303.
107. Hendriksen, 상, 278.
108. Bock, 1994: 203.
109. Bock, 1994: 203; Bovon, 84.
110. Bovon, 84.
111. Bock, 1994: 203.

탄생 시점에 있었던 인구조사에 관한 기록이 발견되지 않는다는 이유로 그 인구조사가 없었다고 주장할 수는 없다.[112] 또한 누가복음은 그 자체로 하나의 사료이기 때문에, 단지 다른 사료에 의해 지지받지 않는다는 이유만으로 누가복음에 기록된 사건의 역사적 사실성이 부정될 수는 없다(신현우, 2016: 53). 사도행전 5:37은 AD 6년에 행해진 또 다른 인구조사에 관해 언급하고 있다.[113] 인구조사가 이집트 지역에서처럼 14년 주기로 행하여졌다면[114] 그 이전의 인구조사는 BC 8년경에 행해졌을 것이다(신현우, 2016: 53). 그렇다면 퀴리니우스가 시리아에서 활동하던 시기에 행해진 두 번의 인구조사 중에 첫 번째 것은 BC 8년경의 인구조사였다고 볼 수 있다.[115] 인구조사는 수년이 걸릴 수 있으므로 예수의 탄생 시기는 BC 8년 이후의 어느 시점으로 볼 수 있다(신현우, 2016: 53).

4. 이집트로 피신함 (2:13-18)

1. 번역

13 그들이 떠난 후에, 보라, 주의 천사가 요셉에게 꿈에 나타나 말했다.
"일어나 아이와 그의 어머니를 데리고 이집트로 피하라.
그리고 그곳에서 내가 너에게 말할 때까지 있어라.
헤롯이 곧 아이를 죽이려고 찾을 것이기 때문이다."
14 그가 일어나 밤에 아이와 그의 어머니를 데리고 이집트로 떠나갔다. 15

112. 신현우, 2016: 52-53.
113. Bruce, 125.
114. Marshall, 100.
115. 신현우, 2016: 53.

그리고 그곳에서 헤롯이 죽기까지 있었다. 그리하여 주께서 선지자를 통하
여 하신 말씀이 성취되었다.

"내가 이집트에서 나의 아들을 불러내었다."

16 그때 헤롯이 점성술사들에게 속은 것을 알고 심히 분노했다. 그는 사람
을 보내어 베들레헴과 그 주변 전역에 있는 아이들을 두 살부터 그 아래로
모두 죽이게 하였다. 이것은 점성술사들로부터 확인한 때를 기준으로 한
것이었다. 17 그때 예레미야 선지자를 통하여 하신 말씀이 성취되었다.

18 "라마에서 소리가 들렸다.
애곡과 큰 통곡이었다.
라헬이 그녀의 자식들을 위하여 애곡하며
위로받기를 원하지 않았다.
왜냐하면 그들이 없었기 때문이었다."

2. 주해

13절 (천사의 지시) 천사가 요셉에게 일어나 이집트로 피하라고 지시한다. '일어나(ἐγερθεὶς) + 명령형'은 셈어적 표현이다.[116] 나그 함마디(Nag Hammadi) 문헌 아담의 묵시록 5.78.18-26은 처녀에게서 태어나 자신의 도시 밖으로 쫓겨난 뒤, 어머니와 함께 광야로 가서 자라나고 마침내 영광과 권력을 얻게 된 인물에 관하여 말하는데, 이 내용에는 마태복음 1-3장과 평행되는 점이 많다(DA, 1988: 260). 이 문헌이 신약 성경의 이전 문헌이라면, 이 문헌은 예수를 이러한 기대를 성취한 분으로 이해할 수 있도록 하는 배경을 제공한다. 그러나 이 유사성은 오히려 마태복음의 영향

116. DA, 1988: 259.

으로 인한 것일 수도 있다.

헤롯이 예수를 죽이려고 한 것처럼, 마태복음 27:20에서는 대제사장들과 장로들도 예수를 죽이려고 한다. 그리하여 예수에 대한 처음의 박해와 마지막 박해가 서로 평행을 이룬다(DA, 1988: 260).

14절 (이집트로 피신함) 요셉이 아기 예수를 데리고 피신한 곳은 이집트였다. 이집트(애굽)는 유대인들에게 마지막 피난처로 여겨졌다(마카비2서 5:8-9).[117] 예수께서 이집트로 가신 이야기는 출애굽 주제를 도입하기 위해 만들어낸 창작이 아니라 역사적 사실일 것이다. 왜냐하면 후기 랍비 전통이 예수의 초자연적 능력을 이집트에서 배운 것으로 간주하며 예수께서 이집트에 다녀오신 것으로 전제하기 때문이다.[118] 로마 시대에 이집트는 팔레스타인 땅 가자 지역까지 포함하였으므로, 예수의 가족이 피신한 지역은 유대 지역에서 가까운 곳이었을 수 있다.[119]

모세의 경우에도 목숨을 노리는 왕(바로)을 피하여 태어난 땅을 떠났기에(출 2:15),[120] 예수 가족의 피난 이야기는 모세 이야기를 연상시키며, 예수를 모세의 이미지를 통해 이해하게 하는 모세-예수 모형론을 형성한다.

15절 (구약 성경의 성취) 예수 가족은 '헤롯이 죽기까지' 이집트에 머물렀다. 헤롯은 BC 4년에 죽었으므로, 그때까지 머물렀을 것이다. 예수 탄생을 BC 8년 이후로 보면, 예수 가족은 4년 이내의 기간 동안 이집트에 머물렀다고 볼 수 있다. 예수 가족이 헤롯 왕이 죽기까지 머문 것은 모세

117. Keener, 2009: 109.
118. Hagner, 1993: 36.
119. 강대훈, 상, 306.
120. DA, 1988: 193.

가 미디안에서 이집트 왕이 죽을 때까지 머문 것과 유사하다(출 4:19).[121]

마태복음은 예수께서 이집트에 피난하였다가 나오신 것이 "이집트로부터 내 아들을 불렀다."는 구약 구절의 성취라고 한다. 인용된 구절은 호세아 11:1 말씀이다. 호세아서에서 이것은 미래에 대한 예언이 아니라 하나님이 이스라엘을 이집트에서 해방시키신 과거에 대한 서술이다. 호세아 11:1에서 '내 아들'은 호세아 11:1이 이스라엘을 언급하는 문맥을 통해서, 그리고 출애굽기 4:22-23에서 하나님께서 이스라엘을 '내 아들'이라고 부르신 것을 배경으로 할 때, 분명히 이스라엘을 가리키는 표현이다.[122] 그러므로 이 호세아 말씀이 성취된다는 것은 미래에 관한 예언의 말씀이 성취된다는 뜻이 아니라, 이스라엘이 예수의 모형이며 예수께서 새 이스라엘로서 역할을 하며 이스라엘의 사명을 완성하게 된다는 뜻이다. 이것은 모형론적 성취이다. 유대인들에게 이집트로부터의 해방(출애굽)은 메시아의 구원의 모형으로 작용하였으므로,[123] 예수께서 이스라엘 백성처럼 이집트로부터 나오는 것은 예수께서 새 출애굽을 가져오실 메시아이심을 암시하는 단서도 될 수 있다. 메시아 예수께서는 이스라엘의 대표로서 새로운 이스라엘이 새 출애굽을 하도록 하실 것이다.

호세아 11:1에서 70인역은 '그의 자녀들'(τὰ τέκνα αὐτοῦ)을 불렀다고 하며 히브리어 성경은 '나의 아들'을 불렀다고 하므로, '아들'이라는 표현을 사용한 마태복음의 인용은 히브리어 본문을 사용한 것으로 볼 수 있다(DA, 1988: 262). '아들'은 기독교 이전의 유대교에서 이미 메시아 칭호였다고 볼 수 있으므로,[124] 마태복음은 이러한 용어 선택을 통하여 예수께서

121. DA, 1988: 261.

122. S.-K. Kim, 104-5.

123. 1QS 8:12-18; 마카비1서 2:29-30 등(DA, 1988: 263).

124. DA, 1988: 263.

메시아이심을 암시하고자 했을 것이다. 만일 이스라엘이 하나님의 아들이라고 불릴 수 있었다면(출 4:22-23), 메시아는 더더구나 그렇게 불릴 수 있을 것이다(DA, 1988: 264).

그런데 예수께서 이집트로부터 나오심은 호세아 11:1을 통해서 볼 때 예수에게서 하나님의 아들 즉 메시아의 모습을 보게 한다. 이 인용은 민수기 24:8("하나님께서 그를 이집트로부터 인도해내셨다.")을 연상시키는데, 근접 구절 7절(70인역)은 "한 사람이 그의 씨로부터 나올 것이다."(ἐξελεύσεται ἄνθρωπος ἐκ τοῦ σπέρματος αὐτοῦ)라고 하므로 메시아에 관한 예언으로 여겨질 가능성을 가진다(DA, 1988: 262). 또한 이 민수기 구절의 근접 문맥(7절)은 왕을 언급하므로 이 민수기 구절(8절)이 언급하는 이집트에서부터 나오는 '그'는 왕으로서 미래에 올 존재라고 볼 수 있다.[125] 그러므로 마태복음은 이러한 인용을 통하여 예수께서 메시아이심을 암시하고자 하였을 것이다.

16절 (헤롯이 영아 살해) 16절은 헬라어 '또떼'(τότε, 그때)로 시작하는데, 이 단어는 마태복음에서 특정 시간을 가리키기보다는 이어지는 사건을 도입하는 기능을 한다(DA, 1988: 264).

마태복음은 헤롯이 "그때를 기준으로 하여 두 살부터 그 아래로 다 죽이니"라고 한다. 여기서 '그때'란 별이 나타난 때를 가리킬 것이다. 마태복음에는 예수께서 언제 탄생하셨는지에 관한 언급이 없다. 따라서 동방 박사들이 찾아왔을 때는 예수께서 이미 탄생하시고 시간이 어느 정도 지난 후일 수 있다. 헤롯은 별이 나타난 시점을 듣고 안전하게 두 살 이하를 다 죽인 것으로 볼 수도 있다. 유대인들은 태어나면 한 살로 계산하므로, 두 살 이하의 아기는 태어난 지 1년을 초과하지 않은 아기이다. 따라서 별은

125. Sailhamer, 94-95.

아마도 최근에 나타났다고 추측할 수 있다.

정치적 살인이 많은 시대에 작은 마을에서 약 20명가량의 아기를 죽인 사건은 별 관심거리가 되지 않았을 것이다.[126] 따라서 요세푸스가 이 사건을 기록하지 않은 것도 당연하며, 요세푸스가 기록하지 않았다는 이유로 이 사건의 역사성을 부인하는 것은 현명하지 못한 판단이다. 이러한 판단은 침묵으로부터의 논증의 오류를 범하고 있으며, 요세푸스는 모든 역사적 기록을 다 담고 있다는 말도 안 되는 전제를 가진 판단이다. 헤롯은 자신의 두 번째 아내인 마리암과 처남과 장모를 죽였으며(*Ant.* 15.247-51), 자신의 아들 알렉산더와 아리스토불루스, 장남 안티파스를 죽였다(*Ant.* 15.387-94; 17.41-44; 17.167).[127] 그러므로 헤롯은 충분히 베들레헴의 어린 아기들을 죽일 수 있는 잔인한 사람이었다.

헤롯이 아기들을 죽인 이야기는 파라오(바로)가 모세가 태어나던 시대에 히브리인 남자 아이들을 모두 죽인 사건을 기억나게 한다(출 1:15-22).[128] 유대인의 전승은 파라오가 아기들을 죽인 이유는 이스라엘의 구원자가 태어날 것임을 들었기 때문이라고 하는데(*Ant.* 2.205-9; *Tg. Ps.J.* on Exodus 1:15), 이것은 헤롯 왕이 아기들을 죽인 이유와 유사하다.[129] 이러한 유사성은 예수를 새로운 모세로 이해하게 한다.

17절 (구약 인용 도입구) 예언의 성취를 표현하기 위해 '히나'(ἵνα, ~하기 위하여)를 사용할 수 있는 곳에 이 구절은 '또떼'(τότε, 그때)를 사용한다. 그 이유는 무엇인가? 그 이유는 예언의 성취를 표현하기 위해 '또떼'를 사용한 마태복음 27:9의 경우처럼 발생한 사건이 하나님께서 고의적으로

126. Keener, 2009: 111.
127. 강대훈, 상, 310.
128. DA, 1988: 192.
129. DA, 1988: 192.

행하신 것으로 표현하지 않기 위함이라고 볼 수 있다(DA, 1988: 266). 하나님께서는 베들레헴에서 아기들을 죽이도록 하시지 않았으며, 악한 사람들이 그렇게 한 것인데, 그 사람들의 행위는 결과적으로 성경 말씀을 성취한다(DA, 1988: 266).

18절 (예레미야서 인용) 인용된 본문은 예레미야 31:15이다. 여기서 '라마'는 라헬과 관련되고 라헬은 베들레헴과 관련되어 등장한다(아래 참조). 라마는 이사야 10:29; 예레미야 31:15; 호세아 5:8에 언급되는데 모두 재난과 관련된다(DA, 1988: 269). 라마는 예루살렘에서 북쪽으로 8km(5마일) 떨어진 곳에 있는 지역(현대의 Er-Ram)일 수 있다(DA, 1988: 268). 라마는 정복자들이 포로를 잡아가는 집결지이자 출발지였다(렘 40:1).[130] 유대인들이 라마에서 출발하여 유배의 길을 떠났듯이 예수께서 베들레헴에서 이집트로 망명의 길을 떠났다는 점이 유사하다(DA, 1988: 269).

'라헬'은 야곱의 부인으로서(그를 통해 요셉과 베냐민이 태어나고 요셉에게서 에브라임이 태어남) 이스라엘(에브라임이라 불리기도 한 북조 이스라엘과 베냐민 지파를 포함한 남조 유다)을 상징할 수 있다(Hendriksen, 1973: 184). 라헬의 무덤이 베들레헴에 있는 것도(창 35:19) 베들레헴에서 발생한 사건과 관련하여 라헬을 언급할 만한 이유를 제공한다.

왜 예레미야 31:15이 베들레헴의 아기 살해 사건과 관련되는가? 구약성경에 기록된 사건과 마태복음이 기록하고 있는 새로운 사건 간에 어떤 유사성이 있는가? 마태복음이 이 구약 구절을 꼭 언급해야 하는 이유는 무엇인가? 아마도 이스라엘이 정복자에게 당하는 슬픔을 잘 보여 주는 구절이기 때문에 언급하였을 것이다.[131] 마태복음은 이 구절을 통해 헤롯

130. DA, 1988: 268.

131. Hendriksen, 1973: 184 참고.

대왕의 통치시기를 이스라엘이 주권을 상실한 시기로 보며 헤롯을 외세의 앞잡이로 보는 유대인들의 시각을 소개하는 듯하다. 아기들을 잃은 베들레헴 여인들이 당한 슬픔은 자녀들이 바벨론 포로로 잡혀감을 본 이스라엘 여인들의 슬픔과 유사하다. 이러한 역사적 사건들의 유사성도 마태복음은 '성취'라는 용어로 표현한다.

그런데 인용된 구절에 이어서 나오는 예레미야 31:23은 이스라엘의 회복을 말하며, 31:31-33은 새 언약을 말한다. 예레미야 31:15의 언급은 이스라엘의 회복과 새 언약 이전의 비참한 상태를 묘사한다. 마태복음이 예레미야 31:15을 언급하며 이것이 성취되었다고 한 것은 이제 예레미야서에 기록된 대로 이스라엘의 회복과 새 언약의 세움이 이루어질 것이라는 암시를 담고 있다.

3. 해설

마태복음은 구약 성경에 기록된 사건과 예수 이야기 사이의 모형-원형의 관계도 구약 성경의 성취라고 소개한다. 이것은 예언의 성취와 다른 종류의 성취로서 모형론적 성취라고 부를 수 있다. 예수께서 이집트에 피해 있다가 이스라엘 땅으로 돌아온 것은 출애굽을 연상시키는 사건이며, 헤롯이 베들레헴과 그 주변의 영아들을 살해하자 아기의 어머니들이 슬퍼하게 된 사건은 라마에서 바벨론으로 포로 잡혀가는 자녀들을 보며 슬퍼한 유대 여인들의 통곡을 기억나게 하는 사건이다. 예수 이야기 속의 사건들은 이 사건들이 기억나게 하는 구약 성경 속의 사건들의 모형론적 성취라고 볼 수 있다. 헤롯 왕에게 영아들이 살해되는 시대의 모습은 주권을 회복한 나라의 백성의 모습이 아니라 여전히 암울한 바벨론 포로 시대의 연속이다. 이러한 시대에 오신 예수께서는 이집트에서 탈출해 나온 이스라엘과 동일시되는 하나님의 백성의 대표로서 이집트에서 나오신다. 예수께서는 그의 백성을 더 악한 포로 상태에서부터 구해내시며 더 큰 출애굽을 이루실 것이다.

5. 이집트에서 나사렛으로 (2:19-23)

1. 번역

19 헤롯이 죽은 후에, 보라, 주의 천사가 이집트에서 요셉에게 꿈에 나타났다. 20 천사가 말했다.

"일어나 아이와 그의 엄마를 데리고 이스라엘 땅으로 가라.

왜냐하면 아이의 목숨을 노리던 자들이 죽었기 때문이다."

21 그가 일어나 아이와 그의 어머니를 데리고 이스라엘 땅으로 들어갔다.

22 그런데 그는 아켈라오스가 그의 아버지 헤롯 대신 유대를 다스리고 있음을 듣고 그곳으로 가기를 두려워하였다. 그는 꿈에 지시를 받고 갈릴리 지역으로 떠나갔다. 23 그들은 나사렛이라는 성읍으로 들어가 거주하였다. 그리하여 선지자들을 통하여 그가 나사렛 사람이라 불릴 것이라고 하신 말씀이 성취되었다.

2. 주해

19절 (헤롯이 죽음) 헤롯 왕이 드디어 죽는다. 헤롯이 죽었음은 이집트의 파라오(바로) 왕이 죽었다고 기록하는 출애굽기 2:23을 연상시킨다 (DA, 1988: 270).

20절 (천사의 지시) 천사는 '아이의 목숨을 찾아다니던 자들'이 죽었다고 요셉에게 알린다. '목숨을 찾아 다니다'는 표현은 "죽이려고 찾아 다니다"를 뜻하는 구약 성경의 관용적 표현이다(출 4:19; 삼상 20:1; 22:23; 왕상 19:10; 잠 29:10; 렘 4:30).[132] '아이의 목숨을 찾아다니던 자들'이라는 표현은 출애굽기 4:19에 나오는 모세의 '목숨을 노리던 자들'을 연상시킨다(DA, 1988: 271). 헤롯이 죽은 후 예수 가족이 이스라엘 땅으로 돌아간 사건은 파라오 왕이 죽은 후 모세가 이집트로 돌아가도록 명령받은 사건(출 4:19)과 유사하다.[133] 그리하여 모세-예수 모형론을 형성한다. 이러한 모형론 속에서 예수는 새로운 모세로 이해된다.

21절 (이스라엘 땅으로 돌아감) 출애굽기 4:20은 모세가 그의 아내와 아들들을 데리고 이집트로 돌아갔다고 하는데, 마태복음은 요셉이 그의 아들과 그의 아내를 데리고 이스라엘 땅으로 갔다고 한다(DA, 1988: 193). 이러한 유사성은 모세의 이미지로 예수를 이해하게 한다.

22절 (갈릴리로 감) 요셉은 아켈라오스가 다스리는 유대 땅으로 가지 않고 갈릴리로 갔다. 왜 아켈라오스를 피하였을까? 그는 유대, 사마리아, 이두매를 통치했는데(DA, 1988: 273), 통치 초기에 삼천 명의 백성을 죽인 잔인한 사람이었다(*J.W.* 315).[134] 그래서 그가 통치하는 유대 지역은 위험한 곳이었다. 그는 마침내 AD 6년에 로마 제국에 의해 면직되어 골(Gaul)로 유배되었다(DA, 1988: 273). 갈릴리를 통치하게 된 헤롯 안티파스는 비교적 관용했고 그의 재임 시에 갈릴리는 혁명의 분위기를 띠게 되었는데 이러한 것은 그의 아버지 헤롯 왕이 결코 용납할 수 없었던 것이었다.[135]

---

132. DA, 1988: 272.
133. DA, 1988: 193.
134. 강대훈, 상, 315.
135. Hagner, 1993: 39.

개역개정판의 '아켈라오가 … 유대의 임금 됨을 듣고'는 직역하면 '아켈라오스가 유대를 다스리고 있음을 듣고'이다. 아켈라오스는 왕이 아니었고 분봉왕으로서 유대 지역을 통치하였다.

23절 (나사렛으로 감) 예수 가족이 정착한 곳은 나사렛이었다. 마태복음은 나사렛을 '도시'라고 부른다. 시골 마을 나사렛을 도시라고 부르는 것은 누가복음 1:26; 2:4, 39에서도 발견된다.[136] 신약 성경에서 마을(κώμη)과 도시(πόλις)는 엄격하게 구분되지 않았다(DA, 1988: 274).

마태복음은 예수께서 나사렛에서 사신 것이 구약 성경의 성취라고 한다. "선지자들로 하신 말씀에 나사렛 사람이라 칭하리라 하심을 이루려 함이러라."에서 인용 부분인 '나사렛 사람이라 칭하리라'는 '호띠'(ὅτι)로 도입된다. 이러한 인용은 마태복음 26:54에서처럼 간접 인용이라고 볼 수 있다.[137] 그러므로 '나사렛 사람이라 칭하리라.'는 어구가 구약 본문에 문자적으로 담겨 있을 필요는 없다. 마태복음 2:23이 사용한 표현은 '선지자들로 하신 말씀에'(διὰ τῶν προφητῶν, 선지자들을 통하여)이다. 따라서 인용된 내용이 한 선지자의 글에 담긴 문자적 문구가 아니며 여러 선지자들의 글에 담긴 공통적 내용일 수 있다(마 26:56 참고).[138] 당시에 유대인들이 여러 본문들을 혼합하여 인용하는 것은 일반적이었다(예. 4Q266, 270).[139] 신약 성경(요 7:38; 롬 11:8; 약 4:5 등)과 탈무드(*b. Ketuboth* 111a)에서도 여러 구약 본문들을 결합하여 쓰는 현상이 발견된다.[140] 더구나 마태복음에서는 구약 본문 구절이나 그 구절들의 결합을 인용할 때에는 '선

136. DA, 1988: 274.

137. Luz, 132.

138. Hagner, 1993: 40 참고.

139. Keener, 2009: 114.

140. DA, 1988: 275.

지자가 말한 바'(προφήτου λέγοντος)(마 1:22; 2:15, 17; 4:14; 8:17; 12:17; 13:35; 21:4; 27:9)라는 표현이 사용된다.[141] 그러므로 이와 다른 표현('선지자들을 통하여')을 사용하여 언급된 부분은 구약 성경 구절의 인용이나 병합 인용이라고 볼 필요가 없다.[142] 여기서 마태복음은 구약 성경에 담긴 주제를 요약하여 인용했다고 볼 수 있다.

나사렛('나자렡')이라는 마을 이름은 히브리어 '네체르'(נצר)와 관련이 있는 이름이었을 수 있다. '나자렡'(Ναζαρέτ)은 '나츠라'(נצרה) 또는 '나츠라트' (נצרת)의 음역일 것이다.[143] 히브리어 '네체르'(נצר)는 1세기 히브리어에서 '나자르'(Ναζαρ)로 발음되었을 것이므로 마을 이름 '나자렡'(Ναζαρέτ)과 발음이 매우 유사하다.[144] 그래서 이 마을 이름은 이사야 11:1의 '네체르'(가지)를 연상시킬 수 있다. 탈무드(*b. Sanhedrin* 43a)에서는 예수의 제자 중에 하나가 네체르라는 이름을 이사야 11:1과 연관시키는 발언을 하였음을 소개한다.[145]

발음의 유사성에 토대하여 논증하는 것은 유대인들이나 그리스-로마 수사법에서 정당하게 받아들여졌다.[146] 유대인들은 주해할 때, 히브리어 모음화, 표점을 새롭게 하여 새로운 해석을 하기도 하였다(Keener, 2009: 114). 마태복음의 '나사렛 사람' 언급은 이러한 배경을 통해 해석될 수도 있다.

이사야 11:1은 "이새의 줄기에서 한 싹이 나며 그 뿌리에서 한 가지

141. August, 70. 마 13:14는 유사한 표현인 '선지자 이사야가 말한 바'(ἡ προφητεία Ἠσαΐου ἡ λέγουσα)를 사용함.

142. August, 70.

143. Allen, 16.

144. DA, 1988: 278.

145. DA, 1988: 278.

146. Keener, 2009: 114.

(נצר, '네체르')가 나서 결실할 것이요."라고 한다. 이 본문은 제2성전기 유대 문헌에서 메시아를 기대하는 본문으로 널리 사용되었다.[147] 탈굼은 이 본문에서 가지(네체르)가 메시아를 가리킨다고 본다.[148] '네체르'는 쿰란 문헌에서 메시아 칭호로 사용된다.[149] 유다의 유언 24:6에서도 그러하다.[150] 또한 이사야 4:2; 스가랴 3:8; 6:12; 예레미야 23:5; 33:15에서도 '가지'(체마)는 메시아적 존재를 가리키는 단어이다.[151]

그런데 이사야 11:1 본문은 이스라엘의 회복과 관련된다(11:11-12, 16). 따라서 마태복음 저자는 나사렛이란 동네에서 사신 것과 관련하여 이 구절을 연상시킴으로써 예수를 통하여 이스라엘의 회복(새 출애굽)이 발생할 것임을 암시한다고 볼 수 있다. 그러므로 예수께서 나사렛 사람일 것이라는 말이 이루어진다는 마태복음의 진술은 예수를 통하여 새 출애굽이 발생하게 될 것이라는 선언이다.

이사야 60:21에서 '네체르'(가지)는 하나님의 신실한 백성을 가리키는 표현이기도 하며, 쿰란 문헌에서도 그러한 용례가 발견된다(1QH 6:15; 7:19; 8:5-10).[152] 유세비우스(Eusebius)에 의하면 다윗의 후손들이 포로기 이후에 나사렛에 이주하여 살았다고 한다(*H.E.* 1.7.13-14).[153] 따라서 마을 이름을 나사렛이라고 한 것은 메시아 및 하나님의 백성을 네체르로 비유한 구약 성경 내용이 실현되기를 바라는 기대와 관련되었을 것이다. 이러한 배경 속에서, 하나님의 신실한 백성의 모습을 보여 주는 메시아 예수

147. 강대훈, 상, 316.
148. DA, 1988: 278.
149. 1QH 6.15; 7.19; 8.6, 8, 10; 4QpIsa[a] 3:15-26(Keener, 2009: 114; DA, 1988: 278).
150. DA, 1988: 278.
151. DA, 1988: 278.
152. 강대훈, 상, 317.
153. 강대훈, 상, 317.

께서 메시아 기대를 가진 신실한 하나님의 백성의 마을로 기대되고 이름 붙여진 네체르 마을에서 사신 것은 매우 적절함을 마태복음이 지적한 것일 수 있다.

마태복음은 이사야 4:3의 히브리어 본문("그가 거룩하다 불릴 것이다.")을 염두에 두었을 수 있다.[154] '거룩한'은 거룩하게 구별된 자인 나실인(Nazirite)을 가리킬 수 있는데, 나사렛 사람(Nazarene)은 나실인과 발음이 비슷하다.[155] 이사야 4:3은 '가지'에 관하여 예언하는 앞 절(2절)에 이어지며, 탈굼은 2절의 가지(체마)를 메시아라고 간주하므로 이사야 4:3은 메시아에 관한 것으로 볼 수 있는 구절이었다.[156] 이러한 연관성 속에서 예수께서 나사렛 사람이라고 불리는 것은 메시아에 관한 언급이 예수를 통하여 성취되는 것들 중에 하나로 언급될 수 있었을 것이다.

'네체르'(נצר)의 동사형('나차르,' "보호하다")은 이사야 42:6에 나오므로, 나사렛은 이 이사야 본문이 언급하는 이방의 빛이 되는 여호와의 종과 연관된다.[157] 마태복음 저자는 예수께서 이사야서가 예언하는 고난받는 종으로서의 메시아이심을 암시하기 위해 나사렛을 언급하였다고 볼 수도 있다.

그러나 마태복음 2:23이 의미한 것은 아주 간단한 것일 수 있다. 나사렛은 이름 없는 촌 동네이므로 나사렛에 가서 산다는 것은 무시당하는 시골 동네 출신이 됨을 뜻한다. 그런데 메시아가 무시당할 것이라는 주제는 구약 성경에 담겨 있는 사상이므로, 예수께서 나사렛 사람이라고 불리는 것은 이러한 구약 성경의 성취라고 볼 수 있다(아래 해설 참고).

---

154. DA, 1988: 277.
155. DA, 1988: 277.
156. DA, 1988: 278.
157. 강대훈, 상, 318.

3. 해설

개인을 출신 지역에 따라 구별하는 유대인들의 관습을 고려할 때 마태복음 2:23의 '나사렛 사람'(Ναζωραῖος, '나조라이오스')은 나사렛 출신임을 가리킨다고 볼 수 있다.[158] 나사렛 사람은 무시당하는 촌 동네 사람이라는 뜻으로 사용되었을 수도 있다. 당시 나사렛에는 약 500명의 주민이 살았을 것이라고 추산된다.[159] 유대 지역 사람들에게 무시당하는 갈릴리 사람, 그중에서도 작은 촌 동네 출신 사람은 분명 무시당하는 사람들이었을 것이다. 나사렛에서 무슨 선한 것이 나올 수 있느냐는 나다나엘의 말은 이러한 분위기를 잘 보여 준다(요 1:46). 예수께서 나사렛 출신이기 때문에 배척한 나사렛 사람들의 반응도 그 증거이다(막 6:3). 그러므로 '나사렛 사람'은 무시당하는 사람이라는 뜻이었다고 볼 수 있다.

그런데 구약 성경 시편 118:22은 메시아가 무시당할 것을 암시한다. 메시아가 무시당한다는 주제는 스가랴 11:4-14; 12:10에서도 발견된다.[160] 예수께서 무시당하는 나사렛 사람이 된 것은 이러한 구약 성경에 담긴 사상을 성취하신 것임을 마태복음 저자는 지적하였을 것이다.

6. 세례자 요한의 사역 (3:1-12)

1. 번역

3:1 저 날들에 세례자 요한이 등장하여 유대 광야에서 선포하고 있었다. **2**

---

158. DA, 1988: 281.

159. Keener, 2009: 113.

160. August, 69.

그가 말하였다.

"회개하라. 하늘들의 나라가[161] 가까이 와 있기 때문이다."

3 이 사람은 이사야 선지자를 통하여 다음처럼 말씀된 자이다.

"외치는 자의 음성
'너희는 광야에서 주의 대로를 준비하라.
주의 소로들을 곧게 만들어라'."

4 그런데 그 요한 자신은 낙타털 옷을 입고 그의 허리에는 가죽 띠를 두르
고 있었다. 그의 식량은 메뚜기와 야생 꿀이었다. 5 그때 예루살렘과 온 유
대와 요단강 주변 전역의 사람들이 그에게 나아오고 또 나아왔다. 6 그들은
요단강에서 자신들의 죄를 고백하며 그에게 세례받았다. 7 바리새인들과
사두개인들 중에 다수가 그의 세례를 위하여 오는 것을 보고 그가 그들에
게 말했다.

"독사들의 자식들아,
누가 너희에게 임박한 심판을 피하라고 알리더냐?
8 회개에 적합한 열매를 맺어라!
9 속으로 아브라함이 우리의 조상이라고 말하려고 생각하지도 말아라.
내가 너희에게 그 이유를 말해주겠다.
하나님은 이 돌들로부터 아브라함의 자녀들을 일으킬 수 있기 때문이다.
10 이미 도끼가 나무뿌리에 놓여 있다.
그러므로 좋은 열매를 맺지 않는 나무는 모조리 찍혀 불에 던져질 것이다.

---

161. 히브리어('샤마임')에서처럼 하늘을 복수형으로 마태복음에서 표현한 것은 새들이 나는 대기권 하늘, 별이 빛나는 우주의 하늘, 하나님이 계신 초월적 하늘을 모두 합하여 가리키므로 '하늘들'로 직역하여 번역한다. '하늘들'은 하나님을 상징한다고 보면, '하늘들의 나라'는 '하나님의 나라'와 같은 뜻의 표현이다. '천국'이라는 표현은 '천당'처럼 사후 세계라고 오해될 수 있어서 성경 본문 번역 부분에서는 사용을 피했다.

11 나는 너희에게 회개를 위하여 물로 세례를 준다.
그러나 내 뒤에 오시는 분은 나보다 강하신 분이다.
나는 그의 신발을 옮기기에도 부족한 사람이다.
그는 너희에게 성령과 불로 세례 주실 것이다.
12 그는 키를 그의 손에 들고 그의 타작마당을 깨끗하게 하고
그의 알곡은 창고에 모으고,
쭉정이는 꺼지지 않는 불에 태우실 것이다."

2. 주해

1절 (세례자 요한의 등장) 마태복음 3:1은 '그런데 저 날들에'에 시작한다. '저 날'이나 '저 날들'은 마태복음에서 종종 종말론적 내용을 이끌어 오는데(7:22; 9:15; 10:15; 11:22, 24; 12:36; 24:19, 22, 29, 36, 42, 50; 25:13; 26:29), 구약 성경에서도 그러한 용례가 발견된다(렘 3:16, 18; 31:33; 50:4; 욜 3:1; 슥 8:23).[162] 그러나 구약 성경에서도 '저 날들에'라는 표현이 종말론적 내용과 무관하게 사용되기도 하므로(창 6:4; 출 2:11; 신 17:9; 19:17; 26:3) 마태복음 3:1에서도 반드시 종말론적 내용과 관련된다고 볼 수는 없다(DA, 1988: 288).

세례자 요한이 등장한다. 마태복음은 처음부터 '세례자 요한'(Ἰωάννης ὁ βαπτιστὴς)이라는 용어를 사용한다. 이것은 마태복음이 기록될 때에 이러한 표현이 이미 전문 용어로 고정되어 있었음을 알려 준다. 마가복음은 '요한'이라는 용어를 쓰다가(1:4, 6, 9, 14; 2:18[x2]), 6:14에서야 '세례 주는 요한'(Ἰωάννης ὁ βαπτίζων)이라는 표현을 도입한다. '세례자

162. DA, 1988: 288.

요한'(Ἰωάννης ὁ βαπτιστὴς)이라는 형태는 마가복음 6:25부터 등장하며 8:28에 한 번 더 나온다. 마태복음에서는 3:1부터 곧바로 이러한 표현이 나타난 후 자주 등장한다(11:11, 12; 14:2, 8; 16:14; 17:13).

세례자 요한의 등장을 묘사하는 단어는 현재형(παραγίνεται)으로 되어 있다. 과거 사건을 현재형으로 묘사하는 역사적 현재형의 사용은 마태복음에서 장면의 전환을 도입하는 기능을 하기도 하는데(2:13, 19; 4:5, 8; 9:14; 15;1; 19:10; 20:8; 22:16; 25:19; 27:38), 3:1에서도 그러한 듯하다.[163]

세례자 요한이 활동한 장소는 '유대 광야'이다. 광야는 회복 운동을 위해서 뿐 아니라 선지자와 메시아를 위해서도 적합한 장소로 여겨졌다.[164] 출애굽과 연관된 장소인 '광야'는 새 출애굽의 기대와 관련되어 메시아가 등장할 것으로 기대된 장소인 듯하다(Hooker, 36). 쿰란 공동체는 광야에서 주의 길을 준비하라는 이사야 40:3에 따라 메시아의 오심을 기대하며 광야로 들어갔다.[165]

이처럼 광야로 돌아가는 것은 종말의 사건들 가운데 하나로서 널리 기대되었기에 광야를 배경으로 하는 세례자 요한의 활동은 종말론적 성격을 가진다.[166] 요세푸스는 갈릴리 호수와 사해 사이를 요단강이 광야를 통과하여 흐른다고 한다(*J.W.* 3.515).[167] 그러므로 유대 광야는 요단강이 흐르는 이 광야 지역을 가리키는 듯하다. 세례자 요한이 후에 헤롯 안티파스에 의해 감옥에 갇히고 처형당하는 것으로 볼 때에, 그가 활동한 광야는 헤롯 안티파스의 관할 지역인 요단강 동쪽 페레아(Perea) 지역이었다

163. DA, 1988: 288.
164. 마 24:26; 행 21:38; *Ant.* 20.189; *J.W.* 2.259, 2612-62(Keener, 2009: 117).
165. Hooker, 36.
166. DA, 1988: 291.
167. DA, 1988: 290.

고 추측된다.[168] 이 지역 중에서도 베다니가 요한이 세례를 준 장소였다고 볼 수 있다. 요한복음 1:28은 세례자 요한이 요단강 건너편(동편)의 베다니에서 세례를 주었다고 한다.[169] 유대 광야는 엘리야가 하늘로 올라간 장소이기도 하므로(왕하 2:6),[170] 새 엘리야가 등장하여 사역하는 장소로서 적합한 곳이기도 하다.

세례자 요한이 쿰란 공동체(에세네파)와 관련되었다고 추측되기도 한다. 그러나 요세푸스의 기록(*Life* 11-12)에 나오는 바누스(Banus)는 광야에서 혼자 살고 차가운 물에 밤낮으로 목욕을 하였으면서도 에세네파는 아니었는데, 세례자 요한의 경우도 그러하였을 수 있다.[171] 세례자 요한과 쿰란 공동체의 공통성은 경건주의 유대교의 패턴을 반영하는 것이라고 볼 수 있다.[172]

2절 (세례자 요한의 선포) 세례자 요한은 "회개하라. 천국이 가까이 와 있다."고 선포하였다. 이것은 마가복음에서 예수께서 전한 하나님의 복음이라고 소개된다(막 1:15). 마태복음에서 이것은 예수께서 행하신 선포의 내용이면서(4:17) 동시에 세례자 요한이 전한 선포의 내용이다. 그리하여 세례자 요한과 예수의 연속성이 매우 강조된다.

회개는 선지자 시대부터 중요한 신학적 주제였으며, 쿰란 공동체는 스스로를 회개의 언약에 참여한 자들로 간주했다(CD 19:16; 4:2; 6:5).[173] 마가복음 1:4은 회개를 죄 사함의 조건으로 간주하는데, 마태복음은 이러한 연결을 표면상으로 보이지는 않고 단지 전제하는 듯하다. 죄 사함을

168. 강대훈, 상, 328.
169. DA, 1988: 290.
170. Maier, 69.
171. DA, 1988: 291.
172. Keener, 2009: 117.
173. Hagner, 1993: 47.

위해서 회개가 필요한 이유는 이스라엘은 죄 때문에 망하였기 때문이고(레 26:38, 43), 허물을 자복하면 (즉 회개하면) 하나님께서 그들에게 자비를 베푸실 것이기 때문이다(레 26:40-42).

회개하라는 요한의 선포에 반응하며 무리는 자기들의 죄를 자백했다고 하므로(6절), 이러한 문맥을 고려할 때 여기서 '회개'는 죄를 자백한다는 뜻을 포함한다고 볼 수 있다. 8절에서 요한은 회개에 합당한 열매를 맺으라고 하므로, 요한이 의도한 회개는 죄를 자백할 뿐 아니라 하나님의 뜻에 따라 행하는 삶으로 변화하는 것을 포함한다. '열매'는 마태복음에서 하나님의 뜻대로 행함을 가리키는 비유적 언어이기 때문이다(마 7:20-21).

세례자 요한이 요구한 회개는 이방인이 유대교로 개종하면서 하는 회개와 같이 단회적인 회개인 듯하다.[174] 이 경우 요한의 세례는 이방인이 유대교로 개종하면서 받는 세례와 유사하다.[175] 그렇다면, 요한은 유대인들을 영적으로 이방인과 다름없다고 간주한 셈이다(Keener, 2009: 121).

완료형 '가까이 와 있다'(ἤγγικεν)는 "이미 와 있다"는 뜻이 아니라, 가까이 와서 머무르고 있다는 뜻이다.[176] 이 단어는 아직 도래하지 않은 상태를 가리킨다(눅 21:20; 롬 13:12 참고).[177] 70인역 에스겔 7:4은 이 동사가 '헤꼬'(ἥκω, 도착하다) 동사와 평행되게 쓰여서 이미 도래한 것을 뜻하는 듯하지만 문맥상 근접한 미래를 가리킨다. 70인역 예레미야애가 4:18에서는 이 동사가 '플레로오'(πληρόω, 채우다) 동사와 함께 사용되어 한 시대가 끝나고 다른 시대가 시작되었다는 뜻으로 쓰였을 수 있다. 그러나

---

174. Keener, 2009: 120.

175. Keener, 2009: 120-21.

176. Hagner, 1993: 47.

177. Boring, 50-51.

여기서도 문맥은 새로운 시대가 이미 시작됨을 가리키지 않고 곧 시작될 것임을 가리킨다.

'가까이 와 있다'(ἤγγικεν)가 이미 시작되었다는 뜻이 아님은 신약 성경의 용례에서 매우 분명하다. 로마서 13:12은 "밤이 깊고 낮이 가까웠으니(ἤγγικεν) 그러므로 우리가 어둠의 일을 벗고 빛의 갑옷을 입자."고 한다. 여기서 낮이 가까웠다는 것은 이미 낮이 시작되었다는 뜻이 아님은 분명하다. 야고보서 5:8은 "너희도 길이 참고 마음을 굳건하게 하라. 주의 강림이 가까우니라(ἤγγικεν)."고 한다. 여기서도 주의 재림이 '가까이 와 있다'는 표현은 재림이 이미 발생했다는 뜻이 아님이 분명하다.[178]

3절 (구약 인용) 마태복음은 세례자 요한이 이사야 40:3의 '소리'에 해당한다고 소개한다. '외치는'으로 번역되는 분사형 '보온또스'(βοῶντος)가 히브리어 본문(사 40:3)의 '코레'(קוֹרֵא)처럼 직설법 형태 대신 사용되었다고 본다면, 헬라어는 다음처럼 번역할 수도 있다. "한 소리가 외친다. '광야에서 주의 길을 준비하라!'." 그러나 여기서는 분사가 소유격 형태로 되어 있으므로 '한 외치는 자의 소리'로 번역하는 것이 옳을 것이다. 마태복음 3:3에서 '광야에서 외치는 자의 소리'라는 번역이 널리 퍼져 있으나, 구약 성경에서처럼 '광야에서'는 '주의 길을 준비하라'에 연결된다고 볼 수 있다.

이사야서에서 '주의 길'은 여호와 하나님의 길인데, 마태복음 문맥에서 '주의 길'은 예수의 길이기도 하므로, 예수와 하나님은 밀접하게 연결

---

178. R. T. France는 마 26:45-46에서 가룟 유다가 '가까이 와 있다'(ἤγγικεν)는 것이 그에 의하여 예수가 '넘겨진다'(παραδίδοται)고 한 현재적 시점을 가리키므로 '가까이 와 있다'는 이미 와 있는 시간을 가리킨다고 본다(강대훈, 상, 330). 그러나 헬라어 현재형은 미래를 가리킬 수 있다(Porter, 32). 또한 예수께서 넘겨지시는 시점이 가룟 유다가 가까이 와 있다고 말씀하시는 순간이 아니라 그보다 미래적 시점이다. 그러므로 France의 논증은 문법적 증거와 문맥적 증거를 통하여 논박될 수 있다.

된다.[179] 이사야 40:3에서 이 길은 '대로'(ὁδός, '호도스')와 '소로'(τρίβος, '뜨리보스')로 표현되었는데, 이것은 이사야서(70인역)에서 하나님께서 홍해를 가르며 내신 출애굽 길(사 43:16), 바벨론에서 해방되어 돌아오는 새 출애굽길(사 49:9), 제2의 출애굽 길(사 49:11)을 가리킨다.[180] 그러므로 주의 대로와 소로를 준비하라는 이사야 40:3 말씀은 하나님께서 일으키시는 새 출애굽을 준비하라는 뜻을 전달한다.

마태복음은 이 구절에서 마가복음과 달리 이사야의 글만을 인용하고, 마가복음이 제공하는 출애굽기 23:20과 말라기 3:1을 병합한 인용은 빠뜨린다. 이것은 "선지자 이사야"라고 언급하는 소개문과 일관성 있게 인용문을 연결하기 위한 것으로 보인다.

쿰란 공동체는 이 이사야 본문을 광야에서의 자기 자신들의 사명에 적용했다(1QS 8:13-14).[181] 그들은 자기들이 광야에서 외치는 소리라고 여겼으며, 광야에서 하나님의 구원을 기다렸다.[182] 그들은 이사야 40:3을 적용하여 광야에서 율법을 공부했다.[183]

4절 (세례자 요한의 복장과 음식) 세례자 요한은 낙타털 옷을 입고 살았다. 낙타털 옷은 광야의 옷으로서 오늘날에도 베두인족은 낙타털 옷을 입기도 하므로 이 복장은 광야에서 생활한 세례자 요한의 모습에 적합하다.[184] 그러나 스가랴 13:4은 털옷이 선지자 복장임을 알려주므로, 세례자 요한의 복장은 선지자임을 알려주는 상징적 복장이었다고도 볼 수 있

179. 강대훈, 상, 331 참고.
180. 신현우, 2021: 65.
181. Keener, 2009: 117.
182. 1QS 8:12-14; 9:19-20(강대훈, 상, 328).
183. 1QM 1:3; 4QpPs[a] 3:1; 4QpIsa[a] 2:18(DA, 1988: 293).
184. DA, 1988: 295.

다.[185] 털 옷과 가죽 띠는 세례자 요한이 엘리야와 관련됨을 암시하기도 한다. 열왕기하 1:8은 "그들이 그에게 대답하되 그는 털이 많은 사람인데 허리에 가죽 띠를 띠었더이다 하니 왕이 이르되 그는 디셉 사람 엘리야로다."라고 기록하는데, '털이 많은 사람'에 해당하는 히브리어 본문(**איש בעל שער**)은 "털옷을 입은 사람"으로 번역할 수 있다.[186] 이러한 엘리야는 말라기 4:5에 의하면 종말에 하나님께서 보내실 선지자이다. "보라 여호와의 크고 두려운 날이 이르기 전에 내가 선지자 엘리야를 너희에게 보내리니." 종말에 나타날 엘리야로서의 세례자 요한의 등장은 여호와의 크고 놀라운 날이 다가왔음을 암시한다. 이러한 암시는 종말에 선지자 엘리야가 나타나서 이스라엘이 임박한 "주의 날"을 준비하도록 할 것이라는 당시 유대인들의 기대(집회서 48:9-10)와 관련된다.[187] 제2성전기 유대인들은 이러한 엘리야를 기대하였다.[188] 마태복음 11:14; 17:12-13은 세례자 요한을 이렇게 기대된 엘리야라고 명확하게 간주한다. 유대인들은 선지자들이 끊어진 침묵의 시기를 스스로 인식하였는데(마카비1서 4:46; 9:27; 14:41), 세례자 요한의 등장과 함께 이제 이러한 시대가 막을 내리게 되었다.[189]

세례자 요한이 메뚜기와 야생 꿀을 먹은 것은 금욕을 위한 것이 아니라 제의적 정결을 위한 것이었다고 볼 수 있다.[190] 메뚜기는 레위기 11:22에서 먹도록 허락된 음식이다. 베두인족의 경우에서 보듯이 이러한 음식

185. Hendriksen, 상, 325.
186. DA, 1988: 295.
187. 양용의, 2018: 81.
188. 에스라4서 6:26; 시빌의 신탁 2:187-88; 엘리야의 묵시록 5:32-33; 4Q558(강대훈, 상, 327).
189. Hagner, 1993: 49.
190. Harrington, 51.

은 광야의 음식이므로,[191] 세례자 요한이 이러한 음식을 먹었다는 것은 그가 광야의 사람임을 보여 준다. 그리하여 세례자 요한이 이사야 40:3이 언급한 대로 광야를 배경으로 새 출애굽을 준비시키는 인물임을 암시한다.

신명기 32:13이 암시하듯이 야생 꿀은 광야 바위틈에서 찾아낼 수 있었을 것이다.[192] 그러나 나바티아족이 나무에서 나오는 꿀(μέλι)로 광야에서 생존하였다고 하는 디오도루스의 묘사를 통해서 볼 때, 야생꿀(μέλι)은 나무의 수액을 가리킬 수도 있다.[193] 나무 수액 중에는 당도가 매우 높은 것도 있으므로, 그러한 경우에는 꿀이라고 부를 수 있었을 것이다.

5-6절 (유대인들의 반응) 사람들은 세례자 요한에게 나아와 죄를 고백하고 세례를 받았다. 죄를 고백하는 것이 세례와 동시에 이루어졌다고 단언할 수 없지만 세례와 연관되었음은 분명하다.[194] 대개의 경우 유대인들은 모든 사람들이 죄를 범했다는 것을 인정했고,[195] 모두에게 회개가 필요함을 인정했다(Keener, 2009: 118).

세례자 요한의 세례는 단회적인 것이므로 반복적으로 행하는 정결 예식과는 다르며, 이사야 1:16에서 언급하는 윤리적 정결의 상징도 아니다. 이것은 출애굽기 19:10에서처럼 언약을 맺기 위한 정결 예식과의 연관성을 생각할 수는 있으나 여기서는 옷을 씻는 것이므로 물에 잠기는 세례와 정확히 일치하지는 않는다. 물에 잠기는 세례는 유대교에 입교하는 의식

---

191. Boring, 41.
192. Hendriksen, 상, 325.
193. Diodorus Siculus, *Bibliotheca historica* 19.94.10(Kelhoffer, 98).
194. *Ant*. 8.4.6; Hagner, 1993: 49.
195. 왕상 8:46; 에스드라1서 4:37-38; 집회서 8:5; 아브라함의 유언 9A; 에녹1서 40:9; 에스라4서 8:35(Keener, 2009: 119).

과 흡사하다.[196] 이러한 입교 의식은 미쉬나(*Mishnah*)에 기록되어 있기에 세례자 요한 당시에도 있었는지 불명확하지만(강대훈, 상, 334), 미쉬나에 담긴 유대 전통은 얼마든지 오래된 전통일 수 있다. 세례자 요한과 예수의 세례 후에 이를 모방하는 듯한 유대교 입교 세례 의식이 발생하였을 가능성은 매우 낮다(Hendriksen, 상, 327). 그러나 유대교 입교 의식인 세례가 세례자 요한의 세례보다 먼저 있었다면 세례자 요한이 이 의식이 가진 의미를 활용할 수 있었을 것이다. 세례자 요한은 이방인들을 위한 입교 의식을 유대인들에게 요구하며 참된 하나님의 백성이 되도록 도전하였다고 볼 수 있다. 이러한 해석은 세례자 요한이 유대인들에게 세례를 주며 그들이 아브라함의 자손이라고 생각하는 선민 의식을 버리도록 가르친 문맥에도 부합한다.

사람들이 세례를 받은 장소는 '요단강'이었다. 세례의 장소가 요단강인 것은 요한의 활동 장소가 유대 광야인 것과 모순되지 않는다. 유대 광야를 통과하여 요단강이 흐르기 때문이다(위 1절 주해 참고). 구약 성경은 심한 불결은 흐르는 물에 씻게 하였고(레 14:5-6, 50-52; 민 19:17; 신 21:4), 당시 유대인들은 강(특히 요단강)에 온몸을 담그는 것을 회개와 관련시켰으므로, 요단강은 유대인들이 회개하며 세례받기에 적합한 장소였다.[197] 요단강은 출애굽한 이스라엘이 통과하여 약속된 땅으로 들어간 곳이며(수 3-4장), 엘리사 시대에 선지자들이 그 근처에 모인 곳이기도 하다(왕하 6:2, 4).[198] 그러므로, 요단강은 출애굽을 연상시키는 장소로서,[199] 새 출애굽을 준비하기 위하여 세례를 받기에도 적합한 장소였을 것이다.

---

196. 강대훈, 상, 334.
197. 신현우, 2021: 81.
198. Keener, 2009: 117. n.128.
199. Webb, 364 참고.

사람들은 세례자 요한에게 세례를 받았다. 레위기 5:5-6은 제사장에게 죄를 고백하고, 속죄제를 드리는 과정을 묘사한다. 그러므로 스스로 물에 잠기는 대신 요한에게 세례받는 것은 마치 요한이 제사장과 같은 역할을 한다고 볼 수 있게 한다(Webb, 192-93). 이러한 역할은 죄 사함을 위하여 자신의 목숨을 대속물로 내어준 예수 그리스도의 역할(마 20:28; 26:28)을 미리 보여 주는 모형에 해당할 것이다(신현우, 2021: 80 참고).

7절 (세례자 요한의 질책) 세례자 요한은 그에게 온 많은 바리새인들과 사두개인들에게 '독사들의 자식들'이라고 부른다. 이 표현은 마태복음에서 세 번 사용되는데(12:34; 23:33), 모두 바리새인들을 가리킨다.[200] 독사는 에덴동산에서 아담과 하와를 꾄 뱀(사탄)을 연상시킨다. 요한계시록 12:9; 20:2에서도 뱀은 사탄을 가리킨다.[201] 그렇다면 독사의 자식들은 사탄적인 사람들을 가리킨다고 볼 수 있다. 그런데, 복수형 '독사들'은 이 표현이 사탄을 가리킨다고 보는 것에 대한 장애물이다. 사탄은 여럿이 아니기 때문이다. 독사의 자식이란 표현은 독사는 어미를 죽인다는 고대의 견해와 관련된다고 볼 수도 있다.[202] 9절에서 세례자 요한이 바리새인들과 사두개인들에게 아브라함을 조상이라고 생각하지 말라고 하는 것을 고려할 때 이 표현은 '아브라함의 자손'과 대조된 표현으로 볼 수 있다. 세례자 요한은 바리새인들과 사두개인들을 하나님의 백성으로 간주하지 않고 사악한 백성으로 간주한다. 그렇게 간주된 이유는 그들에게 선민의식이 있었지만 열매(하나님의 뜻대로 행함, 마 7:20-21)가 없었기 때문이다(8절).

많은 바리새인들과 사두개인들도 세례자 요한에게 온 목적이 세례를 받기 위함이었음이 "누가 너희를 가르쳐 임박한 진노를 피하라 하더냐?"

200. Hagner, 1993: 50.

201. DA, 1988: 304.

202. Keener, 2009: 122.

라는 질책에 암시되어 있다. 이러한 질책은 세례자 요한의 세례가 임박한 진노를 피하는 방법으로 유대인들에게 이해되었음을 알려 준다. 세례자 요한이 "하나님의 나라가 가까이 와 있다."고 선포했을 때 '하나님의 나라'는 하나님의 진노를 내포하였을 것이다. 그가 "회개하라"고 했을 때, 이것은 하나님의 진노를 피하는 방법으로 제시되었을 것이다. 6절은 세례를 받는 사람들이 "자기들의 죄를 자복"하였다고 하는데, 이것이 회개에 해당한다고 볼 수 있다. 세례를 받는 것도 이러한 회개의 표현이었다고 볼 수 있다.

바리새인들은 마카비 시대 또는 그 이전부터 헬라 문화를 받아들이는 것을 반대한 하시딤의 후예이며,[203] 사두개인들은 헬라 문화를 받아들인 제사장 그룹이다.[204] 바리새인들은 인간의 자유와 책임을 믿었는데, 사두개인들은 자유 의지를 믿지 않고 운명을 믿었다.[205] 사두개인들은 악한 천사들의 존재 또는 당시에 발전된 천사론을 믿지 않은 듯하다(행 23:8).[206] 사두개인들은 모세오경만을 받아들였다고 간주되기도 하지만, 선지서의 권위는 이미 사두개파가 형성되기 전에 확립되어 있었으므로 그들이 선지서를 받아들이지 않았다고 확신하기는 어렵다(DA, 1988: 303). 그런데 사두개파는 분명히 바리새파의 구전 율법의 타당성은 거부하였을 것이다.[207] 세례자 요한은 상반된 듯한 이 두 그룹을 모두 참된 하나님의 백성이 아닌 자들로 간주하였다.

8절 (회개에 적합한 열매) 세례자 요한은 '회개'에 적합한 열매를 맺으

---

203. Josephus에 의하면 바리새인들은 6천 명이 넘었다(DA, 1988: 301).

204. Hendriksen, 상, 329.

205. *J.W.* 2.162-66; *Ant.* 13.171-73, 297, 298; 18.12-17(Hendriksen, 상, 330; DA, 1988: 302).

206. DA, 1988: 302.

207. DA, 1988: 303.

라고 요구한다. 어떤 후기 랍비는 회개를 메시아의 사명과 관련시킨다.[208] 이러한 관점에서는 회개를 요구하는 세례자 요한이 메시아일 수 있다고 추측될 수도 있었을 것이다. '회개'('메따노이아')는 복음서에서 어원적인 의미(마음의 변화)가 아니라 성경의 용례가 보여 주는 바처럼 하나님께 돌아가는 것을 가리킨다.[209] 세례자 요한이 "회개하라."고 선포하였는데(2절) 유대인들이 자신들의 죄를 고백하는 반응을 보였다고 하는(6절) 문맥은 회개가 죄를 고백함을 포함한다고 보게 한다. 랍비 유대교에서 볼 때, 나중에 회개할 요량으로 죄를 지을 계획을 세우는 사람에게 회개는 효과가 없다(*m. Yoma* 8:9).[210]

회개는 죄를 고백하는 것으로 그쳐서는 안 된다. 회개에 적합한 열매를 맺어야 한다. 열매는 선행의 은유로 종종 사용된다(마 3:10; 7:16-20; 12:33; 눅 3:9; 13:6-9; 요 15:2, 4, 5, 8, 16).[211] 회개에 합당한 선행이 따라야 한다. 행동의 변화까지 따라야 진정한 회개가 되며 그래야 하나님의 진노를 피할 수 있다. 구약 성경은 열매를 요구하는 구절로 가득하다(호 9:16; 사 27:6; 렘 12:2; 17:8; 겔 17:8-9, 23). 요한의 동시대 유대인들도 회개는 실천으로 입증되어야 한다고 주장하였다(집회서 44:16; 48:15; *m. Yoma* 8:8-9).[212] 회개에 합당한 열매를 맺으라는 말씀은 왜 세례자 요한이 바리새인들과 사두개인들을 아브라함의 자손이 아니라고 했는지 알려 준다. 그들은 하나님의 뜻대로 살지 않기 때문이다.

9절 (선민의식을 버려야 함) 세례자 요한은 바리새인들과 사두개인들에

208. Keener, 2009: 120.
209. Keener, 2009: 120.
210. Keener, 2009: 120.
211. DA, 1988: 305.
212. Keener, 2009: 123.

게 "속으로 아브라함이 우리 조상이라고 생각하지 말라."고 가르친다. 아브라함의 자손(유대인)이라는 선민의식을 가지지 말라고 한 것이다. 회개에 합당한 열매가 없이는 아브라함의 자손이라는 사실이 결코 임박한 진노를 피하게 할 수 없음이 지적된다. 유대인들은 그들이 아브라함의 자손이라는 사실이 언약을 버리거나 배교를 하지 않은 한 구원의 충분조건이라고 여겼는데(레위의 유언 15:4 참고),[213] 세례자 요한은 이러한 생각을 버리라고 한다.

세례자 요한은 "하나님이 능히 이 돌들로도 아브라함의 자손이 되게 하시리라."고 한다. 아브라함의 자손이라는 신분이 결코 안전을 보장할 수 없는 이유가 설명된다.[214] 흙으로 아담을 만드신 하나님은 돌로 아브라함의 자손을 만드실 수 있다.[215] 아브라함의 자손은 돌들(이방인들)도 될 수 있는 것이기 때문에 이것을 대단한 것으로 여기고 의지하면 안 된다. '자손들'(**בניא**)과 '돌들'(**אבניא**)은 아람어로 보면 언어유희이다.[216] 히브리어로도 '돌'(**אבן**)-'아들'(**בן**) 언어유희는 출애굽기 28:12, 17, 21; 39:6, 7, 14; 여호수아 4:6-7; 예레미야애가 4:1-2; 스가랴 9:16; 이사야 54:11-13에 나타난다.[217] 이러한 언어유희는 셈어(히브리어나 아람어)로 된 말씀 전달 과정(구전 단계)을 반영한다.[218] 마태복음에 소개된 예수의 이 말씀은 아람어로 발화된 말씀을 잘 보존하여 번역한 결과라고 볼 수 있다.

이사야 51:1-2에서 '돌'은 아브라함을 가리킨다. 하나님은 생명 없는 돌과 같은 아브라함에게서 기적적으로 이삭이 태어나게 하셨듯이 하나님

213. DA, 1988: 307.
214. 헬라어 본문에는 접속사 '가르'(γάρ, 왜냐하면)가 있다.
215. Hendriksen, 상, 334.
216. Hagner, 1993: 50.
217. Snodgrass, 113-14.
218. Harrington, 56.

은 새로운 아브라함의 후손들을 만드실 수 있다.[219] 그러나 복수형으로 된 '돌들'은 아브라함을 가리키기보다는 여호수아가 요단강 도하를 기념하여 요단강가에 있는 길갈에 세운 열두 개의 돌들을 가리킬 수도 있다(수 4:20-22).[220] 만일 그렇다면 세례자 요한의 세례 장소는 이 돌들이 세워진 길갈에서 가까웠다고 볼 수 있다. 이 경우, 세례자 요한의 선포는 이스라엘을 상징하는 돌들이 이스라엘 백성이 되도록 하겠다는 뜻을 담게 된다.

그러나 아브라함의 자손이라는 생각을 버리도록 도전하며 돌들을 아브라함의 자손과 대조하는 세례자 요한의 가르침의 맥락은 '이 돌들'은 흔한 광야의 돌들로서 이방인들을 상징하는 것으로 의도되었다고 볼 수 있다. 이미 선지서와 묵시 문헌에서 사람들이 생명 없는 돌들에 비교되기도 하였으므로,[221] 유대인들의 언어 세계 속에서 돌이 무시당하는 이방인을 가리키는 것으로 이해되는 것은 충분히 가능하였을 것이다.

세례자 요한은 유대인들에게 잘못된 선민 의식을 버리도록 도전했다. 그들은 하나님의 뜻대로 살지 않으면서도 아브라함의 자손이므로 선민이라고 생각했으나 세례자 요한은 유대인들에게 이방인처럼 개종하는 세례를 받고 참된 하나님의 백성이 되고, 하나님의 백성답게 하나님의 뜻에 순종하도록 가르쳤다(보충 설명은 아래 해설 참고).

10절 (임박한 심판) 세례자 요한은 "이미 도끼가 나무뿌리에 놓였다."고 경고한다. 이러한 경고를 통하여 하나님의 나라가 가까이 왔다는 세례자 요한의 선포의 의미가 드러난다. 하나님의 심판이 임박했다는 뜻이다.

세례자 요한은 하나님의 뜻을 행하지 않는 유대인들에게 심판이 다가옴을 경고하였다. 그는 이 심판을 행하는 메시아가 곧 오시게 됨을 소개

219. DA, 1988: 308.

220. DA, 1988: 309.

221. Bovon, 123.

하였다(12절). 세례자 요한은 "좋은 열매를 맺지 아니하는 나무마다 찍혀 불에 던져지리라."고 비유적으로 심판을 선포한다. 불은 종종 종말론적 심판을 상징한다(사 66:24; 희년서 9:15; 1QpHab 10:5, 13 등).[222] 이러한 심판을 받는 사람은 선한 행실이 없는 사람이다. 즉, 심판의 기준은 행위이다. 열매는 그 나무가 어떤 나무인지 알려주기 때문이다(마 7:16-18). 열매가 행함을 가리킨다는 것은 마태복음 7:15-21에서 알 수 있다. 행위가 심판의 기준이 된다는 것은 마태복음의 주요 주제 중에 하나이다(7:21-23; 25:45-46).[223] 행위가 심판의 기준이 된다는 것은 은혜로 구원받는다는 것과 서로 모순되지 않는다. 은혜가 없다면 누구나 행위로 심판받을 수밖에 없다.

행위에 따라 심판을 한다는 것이 곧 행위 구원론은 아니다. 행함이 은혜로 인하여 가능하게 될 수 있기 때문이다. 순전한 행위 구원론은 랍비 유대교에서도 발견되지 않는다(Keener, 2009: 126). 랍비들은 '의'가 하나님의 윤리적 요구를 가리킨다고 보았지만, 은혜도 강조하였다.[224] 은혜의 강조는 아리스테아스의 편지(*The Epistle of Aristeas*)에 두드러지고, 쿰란 문헌은 은혜와 윤리를 모두 강조한다.[225] 그러나 유대 문헌에서는 행위 구원론의 흐름도 발견된다(에스라4서; 바룩2서 51:7).[226] 당시 유대교는 다양하였으며, 이 속에는 행위 구원론의 흐름이 있었으며, 은혜를 강조하는 흐름도 함께 있었다고 볼 수 있다.

11절 (성령과 불로 세례를 주실 분) 세례자 요한은 "회개를 위하여" 세례

---

222. DA, 1988: 310.

223. Hagner, 1993: 51.

224. Keener, 2009: 127.

225. Keener, 2009: 127.

226. Keener, 2009: 126.

를 주었다고 한다. '회개하게 하기 위하여'로 번역된 표현(εἰς μετάνοιαν)은 "회개와 관련하여"라고도 번역할 수 있다(Hagner, 1993: 51).

세례자 요한은 자기 '뒤에 오시는 이'를 소개한다. '뒤에 오시는 이'는 메시아를 가리키는 전문 용어인 '오시는 이'(ὁ ἐρχόμενος)의[227] 화용(化用, allusion)으로 볼 수 있다.[228] 시편(70인역) 117:26(개역은 118:26)은 "여호와의 이름으로 오는 자(ὁ ἐρχόμενος)가 복이 있음이여 우리가 여호와의 집에서 너희를 축복하였도다."고 하며 '오시는 이'를 언급한다. 신명기 18:15와 다니엘서 7:13에서도 '오시는 자'는 메시아적 인물을 가리킨다.[229] '뒤에'(ὀπίσω)는 70인역에서 시간적 개념으로 사용되었다(느 3:17; 11:8).[230] 그러므로 예수께서 요한 뒤에 오심은 예수께서 요한의 제자임을 뜻하지 않는다.[231] 더구나 '뒤에'라는 용어는 요한이 자신의 뒤에 오시는 분이 자신보다 우월한 분임을 명확히 하는 문맥 속에 있기 때문이다.

세례자 요한은 자기 뒤에 오시는 분이 능력이 많다고 소개한다. 능력이 많음은 솔로몬의 시편 17:37에서 메시아에게 적용되었다.[232] 이사야 11:1-2에서도 강함(ἰσχύς)은 메시아적 존재인 '가지'와 관련하여 사용되었다. 따라서 그분에게 능력이 많다는 소개는 그분이 메시아이심을 암시한다.

세례자 요한은 자신의 뒤에 오시는 분의 '신을 옮기기'도 감당하지 못

227. 마 11:3; 21:9; 23:39; 시 118:26(70인역은 117:26)

228. '화용'(化用)은 본문을 변화시켜 인용하는 것을 가리키는 훈고학의 용어이다. 요즈음 '인유'라는 용어가 그러한 의미를 가진 단어로서 종종 사용되고 있으나, 훈고학에서 사용되는 전통적 용어는 化用이다.

229. Maier, 78.

230. DA, 1988: 313.

231. Witherington, 73.

232. Hagner, 1993: 51.

하겠다고 한다. 바가복음(1:7)은 '그의 신의 끈을 풀기'라는 표현을 가진다. 유대인 사회에서 신발 끈을 푸는 일은 노예가 주인을 위하여 하는 일이었으며(*b. Ketuboth* 96a; *b. Pesahim* 4a 등), 타인의 의복을 운반하는 것도 복종의 신호였다.[233] 마태복음은 왜 신을 옮긴다는 표현을 사용했을까? 이 역시 노예가 하는 일이었기 때문이었을 것이다.[234] 탈무드(*b. Ketuboth* 96a)는 제자는 스승을 위하여 신발을 벗기는 일 외에도 종이 하는 일을 다 해야 한다고 하는데, 마태복음은 이러한 원리를 적용한 듯하다(DA, 1988: 315). 세례자 요한이 그분의 노예 역할도 감당할 수 없을 정도로 위대한 분은 메시아이실 수밖에 없다.

세례자 요한은 메시아가 오셔서 '성령과 불로' 세례를 주신다고 기대한다. 마가복음(1:8)은 '성령으로'라고 하지만, 마태복음 3:11은 누가복음처럼 '불로'를 추가한다. 여기서 (눅 3:16에서처럼) "불"은 심판을 상징한다.[235] 왜냐하면 앞의 10절에서 "불"은 나무를 태우는 심판의 불이고, 이어지는 12절에서 "불"은 쭉정이를 태우는 심판의 불로 등장하기 때문이다. 더구나 신명기 9:3은 불을 심판의 도구로 언급하기에 불이 심판을 상징할 수 있는 배경을 제공한다. 세례자 요한은 말라기 3:2이 언급하는 종말론적인 불에 기초하여 심판의 불을 언급하였을 수 있다(DA, 1988: 316).

세례자 요한은 자기 뒤에 오는 분이 알곡(좋은 열매를 맺는 자)을 모아 성령으로 세례를 주시고, 쭉정이(잘못된 열매를 맺는 자)는 모아 심판의 불로 세례를 주실 것이라고 기대한다. 세례자 요한은 기본적으로 하나님의 나라가 임할 때 구원과 심판이 함께 임한다고 보았을 것이다. 그러나 이러한 요한의 기대는 예수의 초림을 통하여 단번에 이루어지지 않고,

233. DA, 1988: 315.

234. Allen, 25.

235. 유대 문헌에서도 불은 미래의 심판을 상징한다(Keener, 2009: 129).

초림과 재림을 통하여 이중적으로 점진적으로 성취된다.

성령과 불은 "불같은 성령"을 뜻하는 중언법(hendiadys)으로서 의인을 정화하고 불의한 자들을 심판하는 역할을 한다고 여겨졌을 수도 있다.[236] 구약 성경에서 성령이 심판(사 11:4; 29:6; 30:28; 겔 13:13) 사역을 하시는 것으로 소개되거나, 심판과 정화를 모두 하시는 것으로 소개되기도 함은(사 4:4-5; 렘 4:11-12)[237] 이러한 해석을 지원한다. 그러나 랍비 문헌(*Mek.* on Exodus 18:1; *b. Zebahim* 116a)은 심판을 가져오는 종말론적 불의 홍수를 말한다.[238] 물론 스가랴 13:9은 은을 연단하는 기능을 하는 불을 언급하지만, 마태복음 3:11은 쭉정이와 나무를 태우는 불을 언급하는 맥락(12절)에서 불을 언급하므로 연단이나 정화의 기능을 하는 불을 가리킨다고 볼 수 없다. 12절에서 쭉정이를 태우는 불은 심판의 불이므로, 11절이 언급하는 불도 심판의 불이라고 볼 수 있다.

구약 성경에서 성령을 부어주는 분은 하나님이시므로(사 32:15; 44:3; 겔 36:25-27; 욜 2:28-32), 성령으로 세례를 주시는 분은 신적 권위를 가진 분이라고 볼 수 있다(강대훈, 상, 339). 이사야 63:11, 14은 성령께서 출애굽한 회중을 인도하셨다고 하며, 에스겔 39:27-29은 새 출애굽 때 성령이 부어진다고 한다. 그러므로 성령으로 세례를 주시는 분이 오신다는 요한의 선포는 새 출애굽을 행하시는 분이 오심을 뜻한다.

12절 (구원과 심판) 세례자 요한은 메시아께서 "쭉정이는 꺼지지 않는 불에 태울 것이라."고 경고한다. 최후 심판의 은유로서의 '꺼지지 않는 불'은 신구약 성경(사 34:10; 66:24; 렘 7:20; 막 9:43)과 랍비 문헌(Str-B, 4:1075-76 참고)에 나타난다.

---

236. DA, 1988: 317.
237. 강대훈, 상, 339.
238. DA, 1988: 316.

유대 문헌에서 심판 사역은 메시아의 사역에 속하는 것으로 기대되었다.[239] 구약 성경에서 추수, 타작, 키질은 심판의 이미지로 사용되었다.[240] 마태복음 9:37-38; 13:24-30에서도 그러하다.[241] 그러므로, 세례자 요한은 메시아가 오셔서 알곡을 모으는 구원 사역과 함께 종말론적 심판 사역도 하리라고 기대하였다고 볼 수 있다.

3. 해설

세례자 요한은 유대인들에게 잘못된 선민의식을 버리도록 요구하였다. 하나님의 뜻대로 살지 않으면서도 자신들이 아브라함의 자손으로서 하나님의 택한 백성이라고 생각한 유대인들에게 그들은 사실상 하나님의 백성이 아님을 일깨웠다. (오늘날에도 회개에 합당한 행함이 없으면서도 단지 자신이 세례받은 기독교인이라는 근거로 구원의 확신을 가진다면 유대인들이 빠진 잘못된 길을 가는 것이다.) 세례자 요한이 선포한 회개는 바리새인의 경우와 달리 언약 백성의 신분을 유지하고자 한 회개가 아니었다(DA, 1988: 306). 세례자 요한은 유대인들이 하나님의 백성이 아니라고 간주하고 그들이 참된 하나님의 백성이 되는 회개의 세례를 받도록 하였으므로, 그의 생각은 유대인들이 모두 구원받는다고 생각한 유대인들의 언약적 율법주의(*m. Sanhedrin* 10:1, "모든 이스라엘은 오는 세상에서 자리가 있다.")와는 달랐다(DA, 1988: 306). 쿰란 문헌은 불경건한

239. 에녹1서 69:27-29; 11QMelch 2; 바룩2서 72-74장; 에스라4서 12:31-34; 솔로몬의 시편 17:21-23(DA, 1988: 319).

240. 시 1:4; 잠 20:26; 사 41:14-16; 렘 15:7; 51:33; 호 6:11; 미 4:12-13; 욜 3:13; 계 14:14-20(DA, 1988: 319).

241. DA, 1988: 319.

이스라엘을 떠나 언약 공동체에 들어가는 회개의 기능을 말하는데(CD 4:2; 6:4-5; 8:16; 19:16; 20:17; 1QS 10:20; 1QH 2:9; 14:24; 4QpPs 37 3:1), 세례자 요한이 선포한 회개는 이러한 회개와 유사한 측면이 있다.[242] 기독교인도 잘못된 선민의식에 빠진 유대인들처럼 될 우려가 있다. 참된 하나님의 백성이 되는 회개가 필요하고, 회개에 부합하는 열매 맺는 삶을 살아야 할 것이다.

7. 세례자 요한에게 세례받으신 예수의 정체 (3:13-17)

1. 번역

13 그때 예수께서 갈릴리로부터 요단강으로 등장하셔서 세례자 요한에게
세례받고자 하셨다. **14** 그러나 요한은 그를 만류하고자 하며 말했다.

"내가 당신에게 세례받아야 하는데,
당신이 나에게 오십니까?"

15 그러나 예수께서는 반응하여 그에게 말했다.

"이제 허락하시오.
왜냐하면 이렇게 모든 의를 성취하는 것이
우리에게 적합하기 때문이오."

그때 그가 그에게 허락하였다. **16** 예수께서 세례받으시고 즉시 물에서 올
라오셨다. 그런데 보라, 하늘들이 [그에게] 열리고 그가 하나님의 영이 비
둘기처럼 내려와 그에게 오심을 보았다. **17** 보라, 또한 하늘로부터 음성이
말했다.

---

242. DA, 1988: 306.

"이는 나의 사랑하는 아들이다.

내가 그를 기뻐하노라."

2. 주해

13절 (예수께서 세례받으러 오심) 세례자 요한이 오실 분에 대하여 예언한 후(마 3:11), 예수의 등장이 소개된다. 이러한 문맥은 예수께서 세례자 요한이 예언한 오실 분으로서 성령과 불로 세례 주시는 분임을 알려 준다. 마태복음은 예수의 등장을 '빠라기네따이'(παραγίνεται)라고 표현한다. 이 단어가 70인역에서 사용된 용례를 고려하면 이 표현은 엄숙한 느낌을 전달한다고 볼 수 있다(DA, 1988: 321). 이 단어는 사무엘상 19:18; 30:21에서 다윗의 등장을 표현하기 위하여 사용되었을 뿐 아니라, 이사야 62:11에서는 구원자의 등장을 표현하기 위하여 사용되었기 때문이다.

14절 (세례자 요한의 반응) 세례자 요한은 예수께 "내가 당신에게 세례를 받아야 한다."라고 말한다. 이러한 반응은 세례자 요한이 예수의 정체를 알아보았음을 암시한다. 세례자 요한은 예수께서 바로 자신이 소개한 자신보다 능력이 많은 자로서 성령으로 세례를 주시는 분이라고 생각했기에(11절 참조) 물로 세례를 주는 자신이 오히려 그에게 성령으로 세례를 받아야 한다고 여겼을 것이다. 요한이 예수를 메시아로 여기고 있었다는 것은 마태복음 11:3에서도 전제된다.[243]

세례자 요한은 어떻게 예수께서 메시아이심을 알아보았을까? 자신의 어머니 엘리사벳을 통해 예수에 관한 비밀을 들었기 때문일 수도 있고, 선지자로서 성령의 인도를 받아서 알게 되었을 수도 있다.[244] 엘리사벳은

243. Hagner, 1993: 55.

244. Maier, 81.

마리아를 통해 태어날 아기를 '내 주'라고 불렀으며(눅 1:42, 43), 성령은 세례자 요한에게 누가 성령으로 세례 주는 분인지 식별할 수 있도록 알려 주셨다는(요 1:33) 복음서의 기록들은 이러한 추측을 지지하는 증거이다.[245]

요한에게 받는 세례는 죄를 자백하면서 하는 것이었기에(마 3:6), 예수께서 요한에게 세례를 받는다는 것은 예수께서 죄인임을 인정하는 의미를 가진다. 그래서 세례자 요한이 예수의 정체를 알았다면 예수께 이러한 의미를 가진 세례를 더더구나 주고자 하지 않았을 것이다.

15절 (세례자 요한을 설득한 예수) 예수께서는 자신이 세례를 받음으로써 '모든 의'를 이루어야 한다고 하며 세례자 요한을 설득한다. 마태복음에서 '의'의 용례를 관찰해 보면 이 단어는 문맥에 따라 인간이 하나님의 뜻을 행하는 의 또는 하나님의 뜻(계획)을 가리킨다. 마태복음 5:6에 의하면 '의'는 사람들이 그것에 주리고 목마를 수 있는 것이다. 마태복음 5:10은 사람들이 '의'로 인하여 박해받을 수 있음을 말한다. 마태복음 5:20에서 예수께서는 바리새인들과 서기관들의 '의'를 능가하는 사람들만이 천국에 들어간다고 하신다. 그러한 의는 마태복음 6:1에 의하면 사람들에게 보이려는 의도로 행하지 않는 '의'이다. 따라서 이러한 '의'는 행함으로서, 예를 들자면 구제(마 6:2-4), 기도(5-6), 금식(16-18) 등이다. 따라서 이웃에게 행하는 선행과 하나님 앞에서 행하는 종교적 행위가 모두 '의'에 포함된다. 마태복음 6:33은 하나님의 '의'를 언급한다. 이것은 문맥 속에서 먹을 것, 입을 것과 대조되며, 하나님의 나라(통치)와 평행된다. 따라서 하나님의 의는 하나님께서 통치하심과 관계된다. 하나님의 통치하심은 하나님의 뜻대로 이루어진다. 그러한 뜻은 의로운 것이며, 그 뜻을 따라 행

245. Hendriksen, 상, 347-48.

하는 것이 또한 '의'이다. 하나님의 의는 하나님의 뜻이며, 그 뜻을 따르는 것이 인간의 의이다. 하나님의 뜻을 바르게 파악하고 그 뜻을 단지 그것이 하나님의 뜻이기에 하나님 앞에서 행하는 것이 인간의 의이다.

사람들은 죄를 고백하며 세례를 받았다(6절). 요한의 세례는 회개의 표시로 받는 것이었다. 예수께서 요한의 세례를 받았다면 예수께도 회개가 필요했다는 것으로 오해될 수 있다. 그래서 요한이 예수께 세례 주는 것을 거부하였을 것이다. 회개를 목적으로 요한의 세례를 받은 것이 아니라면 무슨 목적일까? 그 목적이 15절에 제시된다. 그것은 "모든 의를 이루기 위한" 것이다. 그런데, '모든 의를 이루다'는 무슨 뜻일까? 하나님의 뜻에 따라 행함을 뜻할 수 있다. 하나님께서 요한의 세례를 받도록 하시기 때문에 이에 순종함을 뜻하는 듯하다. 하나님은 예수께서 고난받는 종으로서의 메시아임을 알려주신다(17절, 아래 주해 참조). 고난받는 종으로서 예수께서 고난을 받는 이유는 이사야 53장에서처럼 자기 백성들의 죄를 사하기 위한 것이다. 그러므로 죄인들과 자신을 동일시하며 요한의 세례를 받는 것이 하나님의 뜻이며, 이를 따라 행하는 것이 의를 이루는 것이다.

16절 (예수께서 세례를 받으심) 예수께서 세례받으실 때 하늘이 열렸다. 하늘이 열림은 계시가 이루어짐을 암시하는 언어이다.[246] 하늘이 열리고, 음성이 들리고, 성령이 임하는 것은 유대 배경 속에서 메시아적 존재에게 기대된 것이므로(레위의 유언 18:6-8),[247] 예수의 세례 장면에 발생한 일은 예수께서 메시아이심을 보여 주는 증거들로 간주될 수 있다.

예수께서 세례받으셨을 때 성령이 '비둘기'처럼 예수께 내려왔다. 양용의는 "창세기 8:11에서 비둘기는 노아에게 홍수 심판 후 하나님의 은혜

---

246. 겔 1:1; 사 64:1; 행 7:56; 10:11; 요 1:51(Hagner, 1993: 57).
247. 강대훈, 상, 350.

의 새로운 소식을 전하는 매체로 나타난다."고 지적한다.[248] 양용의는 아가서 2:12 탈굼(아람어 번역 성경)은 비둘기를 구원의 영이라고 의역함을 언급하고, "이는 당시 유대인들이 비둘기를 구원의 소식을 알리는 성령의 상징으로 이해하는 경향이 있었음을 보여 준다."고 해석한다(양용의, 2018: 89). 성령을 새 이미지로 묘사하는 것은 창세기 1:2에서 하나님의 영을 새 이미지로 묘사한 것과도 통한다(강대훈, 상, 349). 탈무드(*b. Hagigah* 15a)는 창세기 1:2이 언급하는 창조 때의 성령의 모습을 비둘기가 공중에 떠 있는 모습으로 비유한다.[249] 그러므로 예수께서 성령 받으시는 장면을 비둘기와 연관시키는 묘사는 예수를 새 창조를 가져오시는 분으로 소개하는 의미를 가질 수 있다(DA, 1988: 334).

성령의 임하심은 새 출애굽 주제도 가진다. 에스겔 39:27-29("원수들의 땅에서 그들을 모아 데리고 나올 때에, … 내가 이스라엘 족속에게 내 영을 부어 주었으니")에 의하면 성령의 임함은 새 출애굽 때 발생하는 사건이다. 따라서 지금 이스라엘의 대표인 예수께 성령이 임하였다는 것은 새 출애굽이 발생하고 있음을 암시한다. 또한 예수께 성령의 임하심은 특히 이사야 42:1("내가 붙드는 나의 종, 내 마음에 기뻐하는 자 곧 내가 택한 사람을 보라 내가 나의 영을 그에게 주었은즉")을 연상시키며, "여호와의 종"으로서의 예수의 정체를 드러낸다.[250] 예수께 성령이 강림하신 사건은 당시 유대인들에게 알려진다면 어떤 의미를 전달했을까? 이사야 61:1("주 여호와의 영이 내게 내리셨으니 이는 여호와께서 내게 기름을 부으사 가난한 자에게 아름다운 소식을 전하게 하려 하심이라. 나를 보내사 마음이 상한 자를 고치며 포로 된 자에게 자유를, 갇힌 자에게 놓임을

248. 양용의, 2018: 89.

249. DA, 1988: 334.

250. 양용의, 2018: 89-90.

선포하며"), 이사야 11:2가 성령이 메시아적 인물에게 강림한다고 기록하는데, 이에 따라 유대인들도 (솔로몬의 시편 17:37에서 보듯이) 메시아에게 성령이 임할 것을 기대하였다.[251] 따라서 성령이 예수께 강림하심은 예수가 '기름 부음을 받은 자'(즉 메시아)이시라는 사실을 그러한 기대를 가진 유대인들에게 알려 주시며, 포로들을 풀어주는 새 출애굽을 행하실 분이심도 알려 준다.

예수께서는 성령이 '자기 위에'(ἐπ' αὐτόν) 오심을 보셨다. 마가복음(1:10)은 성령이 예수 속으로(εἰς αὐτόν) 들어가셨다고 기록하는데, 마태복음은 성령이 예수 위에 오심으로 묘사한다. 왜 이렇게 하였을까? 이미 성령으로 잉태되셨기 때문에(마 1:20) 이때 비로소 성령께서 예수 안으로 들어가셨다고 오해하면 안 되기 때문이라고 볼 수 있다. 구약 성경(70인역)은 성령의 임하심을 묘사할 때 전치사 '에삐'(ἐπί)를 사용하는데(삿 11:29; 14:6, 19; 15:14 등), 이러한 표현 방식을 따른 것으로도 설명이 된다.[252] 예수께 성령이 강림하심은 기드온(삿 6:34), 삼손(15:14), 사울(삼상 10:6) 및 선지자들의 경우에서처럼 사역을 시작하는 분기점을 표시하는 의미를 가지기도 한다(DA, 1988: 335).

17절 (하늘에서 들린 음성) 하늘에서 들린 음성은 예수를 3인칭으로 지시하며 소개한다. 그러므로 이 음성을 세례자 요한도 들었다고 추측된다.[253]

랍비 유대교는 하늘에서 들린 음성을 '바트 콜'(בת קול)이라 부른다. 랍비 유대교에서 바트 콜은 선지자의 음성의 대체 정도가 아니다.[254] 왜냐

251. 강대훈, 상, 350.
252. DA, 1988: 334.
253. Hendriksen, 상, 352.
254. Keener, 2009: 133.

하면 바트 콜은 예언의 영이 이스라엘을 떠나기 전에 이미 활동하였다고 그려지기 때문이다.[255] 그렇지만, 바트 콜은 성경 및 선지자의 증언에 의해서 지지될 때 효력이 있으며, 성경의 증언에 종속되는 것으로 간주되었다.[256] 바트 콜은 또한 성령보다 열등한 것으로 여겨졌다.[257]

그러나 유대인들은 하늘에서 들린 음성을 하나님 자신의 음성으로 여기기도 했다.[258] 하늘에서 들린 음성은 구약 성경에서 하늘로부터 말씀하신다고 묘사된 하나님(출 20:22; 신 4:36)의 음성이라고 볼 수 있다.[259] 예수께 들린 하나님의 음성은 성령을 동반하였으며, 매개자 없이 직접 들린 것이므로[260] 하나님 자신의 음성이다.

하나님의 음성은 예수의 정체가 "하나님의 아들," 즉 메시아인데, 동시에 하나님의 "기뻐하는 자," 즉 여호와의 고난받는 종임을 알린다. "너는 내 아들이다."는 선언은 시편 2:7을 연상시키는데 시편 2편을 배경으로 보면 '하나님의 아들'은 메시아이며(시 2:2), "내가 기뻐한다."는 '기뻐하다'는 표현이 나오는 이사야 42:1(רצתה)을 연상시킨다. 이 표현은 이사야 탈굼에서 여호와의 종과 연관되어 사용되었다(41:8-9; 43:10, 20; 44:1-2).[261] 그러므로 이 표현은 예수의 정체가 이사야서에 나오는 여호와의 종임을 암시한다. 이 종은 이사야 49:3에서 이스라엘 백성과 동일시되며, 이사야 42:6에서는 이스라엘 백성을 위해 부름 받은 개인이다.[262]

---

255. *b. Hagigah* 13a; *b. Sanhedrin* 39b(Keener, 2009: 134).
256. Keener, 2009: 134
257. *t. Sotah* 13.2; *b. Yoma* 9b(DA, 1988: 335).
258. *b. Megillah* 3a; *b. Sanhedrin* 94a(DA, 1988: 335).
259. Johnson, 69.
260. DA, 1988: 335-36.
261. DA, 1988: 339.
262. Gibbs, 523.

마태복음에서 사용된 부정과거 형태의 '기뻐했다'(εὐδόκησα)는 과거를 뜻하기보다는 히브리어의 상태를 나타내는 완료형(a stative perfect)을 반영한다고 볼 수 있다.[263] 그러므로 이 부정과거형은 하나님께서 예수를 한때 기뻐했다는 뜻이 아니라 계속 기뻐하신다는 뜻을 가질 수 있다.

마태복음 3:17은 예수를 여호와의 종(사 42:1)의 사명을 가진 메시아(하나님의 아들)로 묘사한다고 볼 수 있다. 여호와의 종은 이방인들에게 하나님의 공의를 베풀며(42:2-4) 그 백성을 위하여 대신 고난을 당하게 되므로(사 53장), 예수께서 그러한 종이라면 그분이 대속의 고난을 통하여 백성을 출애굽시키고 이방인들에게 공의를 베푸시게 될 것을 기대할 수 있다.

'사랑하는'(ἀγαπητός)은 마태복음 12:18에서 70인역 이사야 42:1 본문의 '택한'(ἐκλεκτός)과 히브리어 본문의 '택한'(בחיר) 대신 사용되었다(눅 9:35의 ἐκλελεγμένος 참고).[264] 따라서 '사랑하는'은 '택한'과 동일한 뜻을 가지며 이사야 42:1의 '나의 택한 자'(ὁ ἐκλεκτός μου)와 관련된다고 볼 수 있다(Hagner, 1993: 59). 이사야 42:1은 마태복음 12:18에서도 인용되므로, 마태복음 3:17 역시 이 이사야 구절을 염두에 두었을 가능성이 있다고 볼 수 있다(DA, 1988: 337-38). 그렇다면 예수께서 하나님의 사랑하는 아들이라는 선언은 예수께서 이사야 42:1이 언급하는 여호와의 종임을 암시하는 말씀이라고 볼 수도 있다.

그런데 예레미야 31:20(70인역 38:20)에는 '내 사랑하는 아들'이라는 표현이 나오며 이 표현은 이스라엘을 가리킨다. "에브라임은 나의 사랑하는 아들 기뻐하는 자식이 아니냐." 여기서 에브라임은 다음 절에서 '이스라엘'로 다시 등장하므로 이스라엘을 대표하는 제유법적 표현이다. 그러

263. Hagner, 1993: 59.

264. Hagner, 1993: 59.

므로 '내 사랑하는 아들'이라는 표현은 예수께서 참이스라엘이심을 뜻한다(자세한 설명은 아래 해설 참고).

예수께서 이스라엘을 대표하며 이사야서에 나오는 고난받는 여호와의 종의 역할을 하는 메시아가 되도록 하나님께서 뜻하신 이유는 무엇일까? 하나님께서 그러하신 분이시기 때문일 것이다. 하나님께서 원하시는 메시아는 하나님의 성품을 반영할 수밖에 없다.

3. 해설

마태복음 2:18은 이미 예레미야 31:15(70인역 38:15)을 인용하였고, 마태복음 26:28도 예레미야 31:34(70인역 38:34)을 사용하므로, 마태복음 3:17에서도 예레미야 31장 본문(의 20절)이 마태복음 저자가 염두에 둔 배경이라고 볼 수 있을 것이다.[265] 예레미야 31:8-9(70인역 38:8-9)은 포로에서 돌아옴, 장자, 물을 지나감(70인역의 경우는 유월절도 언급)은 모두 출애굽을 연상시키는 주제이며, 예레미야 31:31-34(70인역 38:31-34)이 약속하는 새 언약도 시내산 언약을 연상시키는데, 마태복음 3장도 새 출애굽 주제의 흐름 가운데 있으므로, 예레미야 31장을 배경으로 해석할 수 있을 것이다.[266] 예레미야 31:20을 배경으로 해석하면 '내 사랑하는 아들'은 이스라엘을 가리킨다.

마태복음 2:15에서 하나님께서 이스라엘을 '내 아들'이라고 부르시는 호세아 11:1이 인용되면서 이스라엘-예수 모형론이 전개되는 것과 마태복음 4:1-11에서도 광야에서 시험받은 이스라엘과 예수 사이의 모형론이 형성되는 것을 볼 때, 마태복음 3장에서도 그러한 모형론을 기대할 수 있다

265. Gibbs, 516-17.

266. Gibbs, 517-18.

(Gibbs, 518).

이러한 연관성을 염두에 두고 해석할 때 하나님께서 예수를 '내 사랑하는 아들'이라고 부르신 것은 예수를 (참된) 이스라엘이라고 부르신 것으로 볼 수 있다. 즉 예수는 이스라엘을 대표하는 분이다. 그렇기 때문에 예수의 수난과 죽음이 하나님의 백성을 대신한 고난이 될 수 있다. 물론 이렇게 마태복음 3:17의 "내 사랑하는 아들"을 이스라엘-예수 모형론으로 해석하여 예수가 이스라엘의 대표로 선언되었다고 보는 것은 이것을 시편 2:7을 배경으로 하여 왕적 메시아를 가리킨다고 해석하는 것을 배제하지는 않는다(Gibbs, 519). 이스라엘의 왕은 이스라엘의 대표이기 때문이다(Gibbs, 519).

70인역 창세기 22:2에서 이삭을 가리키는 '너의 사랑하는 아들'(τὸν υἱόν σου τὸν ἀγαπητόν)과 마태복음 3:17의 예수를 가리키는 '내 사랑하는 아들' 사이의 유사성에서 이삭-예수 모형론을 읽는 시도도 계속되고 있다(Huizenga, 2008: 111). 그러나 창세기 22:2은 아브라함의 사랑하는 아들을 언급하는 반면 마태복음 3:17은 하나님의 사랑하는 아들을 가리키므로 이 두 본문 사이에는 엄밀한 평행이 성립하지 않는다. 따라서 마태복음 본문이 예수를 새 이삭처럼 소개한다고 보기보다는 새 이스라엘로 소개한다고 보는 것이 낫다.

8. 예수께서 시험당하심 (4:1-11)

1. 번역

4:1 그때 예수께서 마귀에게 시험받기 위하여 그 영에 의하여 광야로 인도
되셨다. **2** 사십 주야를 금식하시고 마침내 굶주리셨다. **3** 시험하는 자가 다

가와서 그에게 말했다.

"당신은 하나님의 아들이니,

이 돌들이 빵이 되도록 말하시오."

4 그분이 반응하여 말씀하셨다.

"(성경에) 기록되어 있소.

'사람이 빵으로만 살 것이 아니요,

하나님의 입을 통하여 나오는 모든 말씀으로 살 것이다'."

5 그때 마귀가 그를 거룩한 도시로 데려가 성전의 높은 곳 위에 세웠다. 6
그리고 그에게 말했다.

"당신은 하나님의 아들이니, 뛰어내리시오.

(성경에) 기록되어 있기 때문이오.

'그가 그의 천사들에게 너에 관하여 명할 것이다.

그들이 팔로 너를 들어 올릴 것이다.

그리하여 너의 발을 돌에 부딪치지 않도록 할 것이다'."

7 예수께서 그에게 말씀하셨다.

"(성경에) 또한 기록되어 있소.

'주 너의 하나님을 시험하지 말라'."

8 마귀가 또다시 그를 아주 높은 산으로 데려가서, 그에게 세상의 모든 나
라들과 그들의 영광을 보여 주었다. 9 그리고 그에게 말했다.

"이것들을 당신에게 모두 주겠소.

당신이 엎드려 나에게 절하기만 한다면 말이오."

10 그때 예수께서 그에게 말씀하셨다.

"물러가라, 사탄아. (성경에) 기록되어 있기 때문이오.

'주 너의 하나님께 절하고 오직 그분에게만 경배하라'."

11 그때 마귀가 그를 떠났다. 그 후에, 보라, 천사들이 나아와서 그에게 식사

시중을 들었다.

2. 주해

1절 (시험받으러 광야로 가신 예수) 예수의 세례받으심은 이스라엘의 홍해 건넘을 연상시키면서 서로 모형-원형의 관계를 가지며, 예수께서 광야에서 시험받으심도 이스라엘이 광야에서 시험받음(신 8:2)과 평행되어 이스라엘-예수 모형론의 관계를 가진다.[267]

예수께서 광야로 가심은 레위기 16:21-22이 언급하는 이스라엘 자손의 모든 죄를 지고 광야로 보내지는 염소가 상징하는 바를 이루는 측면도 있다(An, 13). 아론의 후손인 세례자 요한이 예수께 세례를 주고 예수께서 죄를 자복하는 회개와 관련된 요한의 세례(마 3:2, 6)를 받으신 것도 염소에게 아론이 안수하며 이스라엘의 죄를 그 염소에게 두는 것(레 16:21)을 모형으로 하여 해석될 수 있다.[268] 이렇게 해석하면 예수께서 그의 백성의 죄를 멀리 제거하시는 분으로 보게 된다.

하나님께서 이스라엘에게 의도하신 계획에 불순종한 이스라엘은 광야에서 시험에 실패하지만, 이 계획은 시험을 이기신 예수를 통해서 실현된다. 예수께서 그의 백성의 대표로서 시험을 받으셨다고 본다면(Keener, 2009: 138), 예수를 대표로 하는 새 이스라엘은 예수 안에서 하나님의 계획을 성취하리라 기대할 수 있다.

광야는 악령들이 거하는 위험한 곳으로 여겨지는 장소이므로(레 16:10 등)[269] 마귀에게 시험받는 장소로 적합한 곳이다. 광야는 또한 종말

---

267. 양용의, 2018: 92.

268. An, 13.

269. DA, 1988: 354.

론적 전쟁이 발생하는 장소로 기대된 곳이므로(1QM 1:3-4), 광야에서 사탄의 시험을 이기신 예수께서는 사탄과 전쟁하여 이기셨다고 할 수 있다. 유대인들은 예수가 사탄의 힘으로 귀신을 쫓아내는 사탄의 동맹이라고 비판하였지만(마 12:24), 종말의 전쟁 장소로 기대된 광야에서 발생한 예수와 마귀 사이의 전쟁에서 예수께서 승리하셨다. 따라서 이 시험 이야기는 예수와 사탄이 같은 편이 아님을 보여 주고, 왜 사탄의 부하들인 귀신들이 예수에 의하여 축출되는지 알려 준다. 귀신들의 왕이 예수께 패배하였으므로 귀신들이 예수 앞에서 축출된다.

마태복음은 예수께서 '성령에 이끌리어' 마귀에게 시험받으러 가셨다고 한다. 하나님의 시험하심은 넘어뜨리고자 하심이 아니라 헌신의 깊이를 입증하시기 위함이다.[270] 성령은 이스라엘의 출애굽 광야 여정에서 중요한 역할을 하였으므로(민 11:17, 25, 29; 느 9:20; 시 107:33; 사 63:10-14), 예수께서 성령에 이끌리어 광야로 가신 모습은 출애굽 모형론을 형성한다.[271] 그리하여 예수를 통하여 새로운 출애굽(해방)이 발생하고 있다고 보게 한다.

2절 (사십 일 금식) 예수께서는 '사십 일을 밤낮으로' 금식하셨다. 마가복음은 금식에 관하여 언급하지 않지만 마태복음은 금식하셨음을 언급한다. (눅 4:2도 예수께서 금식하셨음을 언급한다.) '사십 일'은 이스라엘의 '사십 년' 광야 생활과 모형론적 관계에 있다고 볼 수 있다(신 8:2-3). 40년이 40일과 모형론적으로 비교되는 것은 랍비적 모형론에서 어려운 것이 아니며, 구약 성경에서는 민수기 14:34("사십 일의 하루를 일 년으로 쳐서")와 에스겔 4:6("내가 네게 사십 일로 정하였나니 하루가 일 년이니라")에서 발견된다(Hagner, 1993: 64). 예수의 금식도 광야에서의 이스라

270. Keener, 2009: 138.

271. DA, 1988: 355 참고.

엘의 주림(신 8:3 "주리게 하시며")과 모형론적 관계에 있다.[272] 이러한 모형론은 예수를 새 이스라엘로 보게 하며, 예수를 통하여 새로운 출애굽이 발생한다고 보게 한다.

사십 주야를 언급하는 것은 출애굽기 34:28이 언급하는 모세의 금식과 평행되므로[273] 모세-예수 모형론을 형성한다. 엘리야도 사십 주야를 금식하였기에(왕상 19:8), 예수의 사십 주야 금식에는 엘리야 모형론도 담겨 있다고 볼 수 있다.[274] 노아의 홍수도 사십 일간 계속되었고(창 7:4, 12, 17; 8:6), 에스겔은 유대 나라의 심판을 상징하기 위해 사십 일간 오른편으로 누웠으며(겔 4:6), 유대인들의 문헌들에서 아담이나 아브라함도 사십 일간 금식하는 것으로 묘사되므로, 사십 일은 유대인들에게 전형적인 고난의 기간으로 여겨졌다고 볼 수 있다.[275]

예수께서 '주리신지라'라는 마태복음의 묘사는 예수의 인성도 보여준다.[276] 또한 이스라엘이 광야에서 주렸다고 하는 신명기 8:3을 연상시킨다. 그리하여 예수는 배고픔을 느끼신 참된 사람으로서 이스라엘을 대표할 수 있는 분으로서, 이스라엘처럼 광야에서 시험을 받았지만 그 시험을 이겨서 이스라엘을 회복하기 시작하셨다고 이해할 수 있게 한다.

3절 (마귀의 첫 번째 시험) 마귀는 예수의 정체를 '하나님의 아들'로 언급한다. '하나님의 아들'은 메시아를 가리키는 용어이다(마 16:16; 26:63). 에스라4서 7:28에 나오는 "나의 아들 메시아"라는 표현은 이러한 가능성을 암시한다.[277] 쿰란 문헌은 메시아가 하나님의 아들이라 불릴 것이라고

272. Hagner, 1993: 64.
273. Williamson, 1984: 51-2.
274. 강대훈, 상, 360.
275. DA, 1988: 358.
276. 양용의, 2018: 93-94.
277. Charlesworth, 150-51 참고.

말하며(4Q246 2:1), 다윗의 가지(메시아)를 사무엘하 7:12-14의 아버지-아들 이미지와 동일시하고(4Q174 1:10-11),[278] '하나님의 아들'이 메시아 칭호임을 암시한다.[279] 또한 '에이(εἰ) + 현재형'은 제1조건법이므로 '에이'(εἰ)를 '~이므로'(since)라고 번역할 수 있다(Hagner, 1993: 65). 그러므로 개역개정판이 '네가 하나님의 아들이어든'으로 번역한 부분은 '네가 하나님의 아들이므로'라고 번역될 수 있다. 이것은 "네가 만일 메시아라면"의 뜻이 아니라, "네가 메시아이므로 당연히"의 뜻을 가진다. 귀신들이 예수께서 하나님의 아들이심을 아는 것을 볼 때에(마 8:29), 귀신들의 두목인 사탄도(마 12:24) 당연히 예수의 정체를 알고 있다고 추측할 수 있다. 마귀가 예수께 메시아이심을 증명하라고 유혹하려면 기적을 지켜보는 관중이 있어야 하는데 그렇지 않은 것도, 그러한 증명을 하라는 유혹으로 볼 수 없는 이유가 된다(DA, 1988: 361).

예수께서 메시아이시므로 돌을 떡으로 만들라고 한 사탄의 요구는 메시아가 당연히 그러한 일을 행해야 한다는 주장을 전제한 것이다. 즉, 사탄은 먹는 문제를 해결하는 메시아 사상을 가지고 예수께 접근하여 이것을 받아들이도록 유혹한 것이다. 마태복음 3:16-17에 담긴 고난받는 종으로서의 메시아의 길을 부정하고 당시 사람들이 원하는 메시아의 길을 받아들이도록 한다. 만나는 빵으로 간주되었으므로(신 8:3),[280] 빵을 만들라는 시험은 출애굽 광야의 만나 기적을 연상시킨다. 마귀가 돌로 빵을 만들라고 유혹함은 만나 기적으로 대변되는 출애굽을 재현하는 메시아, 즉 유대인들이 기대하는 정치적 해방의 메시아의 길을 가라고 유혹함으로 볼 수 있다.

---

278. Edwards, 448.

279. 4QFlor 10-14; 4QpsDanA^{a}(Hagner, 1993: 59).

280. DA, 1988: 357.

키너(C. S. Keener)는 돌로 떡을 만들라는 것은 마술을 행하라는 유혹이라고 해석한다(Keener, 2009: 139). 예수께서 마술을 행하였다고 유대인들이 비판하였을 가능성을 염두에 둔다면[281] 이러한 해석이 마태복음의 의도를 반영한다고 볼 수도 있다. 이 경우 마태복음은 예수께서 마술과 거리가 먼 분임을 보여 주려 했다고 해석할 수 있다. 그러나 이러한 해석은 (마술과 메시아는 별로 관련이 없는 상황에서) '네가 메시아이므로'라는 전제를 달고 돌로 떡을 만들라고 사탄이 유혹한 문맥에 맞지 않는다.

돌은 십계명이 새겨진 돌판을 연상시키므로, 돌로 떡을 만들라는 유혹은 하나님의 계명들을 버리고 경제적 풍요를 추구하라는 유혹이라고 볼 수 있다. 예수께서 하나님의 말씀과 빵을 대조하는 신명기 8:3로 대답하신 문맥은 이러한 해석을 지지한다.[282] 예수께서 광야에서 배고픈 군중을 먹이신 오병이어 기적을 볼 때 예수께서는 경제적 필요를 외면하지 않으시는 분이다. 그렇지만 예수께서는 하나님의 말씀을 빵으로 대체하라는 마귀의 유혹도 받아들이지 않으셨다.

4절 (예수의 구약 인용) 예수께서는 구약 신명기 8:3로 답하신다. "사람이 떡으로만 살 것이 아니요 하나님의 입으로부터 나오는 모든 말씀으로 살 것이라." 예수께서는 사탄이 제시하는 경제 메시아의 길을 거부하시는데 그 근거를 구약 성경 특히 오경에서 찾으신다. 이렇게 경제 메시아의 길은 거부하지만 경제적 필요를 완전히 외면하지는 않으신다. "떡으로만 살 것이 아니요."는 먹을 것도 필요하다는 것을 인정하신 것이다. 다만 경제적 필요만을 추구하는 것은 거부하신다. 예수께서 후에 오병이어 기적을 일으키신 것은(마 14:13-21) 자기 자신을 위해서 빵을 추구하신 것이

281. Keener, 2009: 140.

282. 신현우, 2016: 83.

아니라, 무리를 위한 사랑을 실천하신 것이다.[283]

5절 (마귀가 예수를 성전 꼭대기에 세움) 마귀는 예수를 거룩한 성으로 데려간다. '거룩한 성'(거룩한 도시)은 마태복음 27:53에서처럼 예루살렘을 가리킨다.[284] 성전 꼭대기는 기드론 골짜기까지 45미터가 되는 성전의 남동쪽 끝 지점인 듯하다.[285]

6절 (마귀의 두 번째 시험) 예수께서 구약 말씀으로 경제 메시아의 길을 거부하시자, 사탄은 이제 구약을 인용하며 예수를 시험한다. 사탄은 시편 91:11-12을 인용하는데 이 시편은 여호와께 피하는 자는 화살이나(5절) 전염병이나(6절) 재앙을(10절) 당하지 않고 오히려 영화롭게 되며(15절), 악인들은 고난을 당한다는(8절) 내용이다. 따라서 사탄은 이 구절을 언급하며, 의인은 고난당하지 않는다는 사상을 가지고 고난받는 메시아의 길을 공격하였다고 볼 수 있다. 사탄은 시편 말씀을 이용하여 고난받는 메시아 사명을 부정하고 고난 대신 영광을 택하라고 유혹하였을 것이다. 인용되는 시편 본문에서 하나님의 보호를 받는 '너'는 다윗을 가리킨다고 볼 수 있다. 그렇다면 사탄의 논증은 하나님께서 다윗을 보호하실 것이라면 메시아를 더더구나 보호하실 것이라는 '더더구나'(*qal wachomer*) 논증이기도 하다.[286] 이처럼 사탄도 성경을 사용한다. 그러나 사탄은 하나님의 의도를 반대하기 위해 의미를 버리고 문자를 이용한다.

"하나님의 아들이라면(이므로) … 뛰어 내리라."는 사탄의 유혹은 마태복음 27:40의 "하나님의 아들이라면 십자가에서 내려오라."는 사람들

283. Bovon, 143.

284. Hagner, 1993: 66.

285. 강대훈, 상, 365.

286. Johnson, 74. 더더구나 논증은 히브리어로 *qal wachomer*, 라틴어로 *a fortiori* 또는 *a minori ad maius*라고 불리는 논증인데, 덜 중요한 것에 적용되는 것은 더 중요한 것에는 더더구나 적용된다고 추론하는 방식을 가리킨다.

의 비난과 평행을 이룬다.[287] 사탄의 유혹이나 사람들의 비난이나 모두 고난받는 메시아의 길을 부정하는 공통점을 가진다.

7절 (예수의 구약 인용) 이러한 고난 없는 메시아의 길로의 유혹에 예수께서는 신명기 6:16로 답하신다. 이 말씀은 "맛사에서 시험한 것같이" "여호와를 시험하지 말라."고 하는데, 문맥상 17절은 하나님의 명령을 지키라고 하며, 맛사에서 시험하였다는 것은 그 내용상 여호와께 불순종한 것이므로(출 17:1-7) 시험하지 말라는 것은 곧 순종하라는 뜻이다. 따라서 이 말씀을 인용하여 예수께서는 고난받는 메시아의 길은 하나님께서 명하신 것이므로 이에 순종해야 한다고 답하셨다고 해석할 수 있다.

출애굽기 17:7은 이스라엘이 맛사에서 하나님을 시험한 것이 무엇인지 알려 준다. "그가 그곳 이름을 맛사 또는 므리바라 불렀으니 이는 이스라엘 자손이 다투었음이요, 또는 그들이 여호와를 시험하여 이르기를 여호와께서 우리 중에 계신가 안 계신가 하였음이더라." 광야에서 고난을 당하게 되자 이스라엘 자손은 하나님께서 그들 가운데 계심을 의심하였는데, 이것이 하나님을 시험함이다.

마귀는 예수께 와서 하나님께서 메시아에게 고난을 주실 리 없다고 의심하도록 유혹한다. 하나님과 고난을 주심은 무관하다고 주장하며 고난의 길을 거부하도록 하는 마귀에게 예수께서 신명기 6:16을 인용하시며 하나님이 고난을 주실 리 없다고 생각하지 말아야 한다고 하심은 매우 적절한 대답이었다.

8-9절 (마귀의 세 번째 유혹) 메시아 사상에 관련된 두 가지 시험에 이어 사탄은 세상의 왕국들을 보여 주고 그것들을 주겠다고 한다. 마귀는 이 세상의 신(고후 4:4), 이 세상의 통치자(요 12:31; 14:30; 16:11) 등으로

287. Williamson, 1984: 51.

간주되기에 마귀는 이렇게 할 수 있는 존재이기는 하다(DA, 1988: 371).

마귀는 구약 성경의 말씀을 통해 지지받는 메시아 사상으로 예수를 넘어뜨리지 못하자, 이제는 구약을 인용하지 않고 최후의 시험을 한다. 사탄은 이번에는 '하나님의 아들이므로'라는 조건을 언급하지 않지만 세 번째 시험 역시 메시아 사상에 관계된 것이라 볼 수 있다. 당시 유대인들이 기대하던 메시아는 아마도 온 세상을 지배하는 메시아였다. 마귀는 이러한 메시아의 길로 유혹하면서, 이번에는 어처구니없게 자기를 경배하라고 한다. 잘못된 메시아의 길을 받아들이고 마귀도 경배하라고 요구한 것이다. 마귀에게 절하라는 것은 광야에서 우상을 숭배한 이스라엘처럼 하라는 유혹이다(출 32장).[288] 마귀에게 경배하는 것은 율법의 첫 계명(신 5:7; 출 20:3)을 어기라는 요구이기도 하다. 그러므로 이것은 율법을 폐기하라는 요구이기도 한다. 따라서 마귀는 자신에게 절하라고 함으로써 율법을 폐지하는 메시아가 되라고 요구한 것이다. 이렇게 마귀가 요구한 율법을 폐지하는 메시아의 길은 마태복음 5:17에서 명확하게 거부된다. 예수께서는 율법을 폐지하는 메시아가 아니고 완성하는 메시아이심을 분명히 선언하신다.

10절 (예수의 구약 인용) 예수께서는 이러한 제안을 거절하신다. 그 유혹하는 존재를 '사탄'이라고 부르며 떠나라고 하신다. 사탄이 지금까지 정체를 숨겼을지라도 이러한 요구를 하는 존재는 사탄일 수밖에 없다고 규정하신다. 사탄은 하나님 대신 자신이 경배받고자 하는 존재라는 전제가 이 본문 속에 있다. 예수께서는 사탄의 이러한 태도가 왜 틀렸는지 구약 성경을 인용하시며 알려 주신다. 신명기 6:13은 하나님만 경배하라고 하므로 사탄을 경배할 수는 없다.

---

288. DA, 1988: 372.

"사탄아 물러가라."(ὕπαγε, σατανᾶ)는 마태복음 16:23에서 메시아 예수의 고난을 반대하는 베드로에게 사용된 말 "사탄아 내 뒤로 물러가라."(ὕπαγε ὀπίσω μου, σατανᾶ)와 유사하다. 따라서 '사탄아 물러가라.'는 표현은 (고난받지 않고 승리하는) 군사적 메시아의 길에 대한 거부를 담고 있는 표현으로 볼 수 있다.

11절 (천사들의 식사 시중) 천사들이 예수께 '수종들었다'(διηκόνουν). '수종들다'로 번역된 단어는 "식사 시중을 들다"는 뜻이다. 그러므로 음식이 예수께 공급되었음이 암시된다. 하나님께서 광야의 이스라엘에게 만나를 주시고, 사십 주야를 금식한 엘리야에게 먹을 것을 주신 것처럼(왕상 19:5-8), 예수께도 천사들을 통하여 음식을 주신다.[289] 유대인들의 문헌(솔로몬의 지혜 16:20)은 하나님이 이스라엘을 천사들의 음식으로 먹이셨다고 한다.[290] 이러한 배경으로 볼 때에는 천사의 식사 시중 묘사는 예수께서 새 이스라엘임을 암시한다.

예수께서는 광야에서 빵을 구하시지도 않고 천사들의 도움을 구하지도 않은 채 오직 하나님의 계획을 따랐는데, 하나님께서는 천사들을 통하여 음식을 공급하셨다. 마태복음 6:33은 먼저 하나님의 의를 구하면 모든 것을 더하신다고 하시는데, 하나님의 의를 먼저 구한 예수께도 모든 것이 더하여졌다.

3. 해설

예수께서 마귀와 싸우시며 성경을 인용하고, 마귀도 성경을 인용하는 모습은 두 랍비가 성경을 인용하며 논쟁하는 모습과 유사하며, 아브라함

289. DA, 1988: 374.

290. Heil, 2006: 75.

이 성경을 인용하며 사탄(마귀)와 논쟁하는 것을 묘사하는 탈무드의 이야기와 유사하다.[291]

사탄은 잘못된 메시아의 길(경제 메시아, 고난받지 않는 메시아, 율법을 폐지하는 메시아의 길)로 예수를 유혹하였다. 아브라함, 요셉, 모세, 다윗, 욥이 공적인 사역 이전에 시험받은 것처럼 예수께서도 시험받았다(Keener, 2009: 138). 그리스도인 독자들에게 예수의 시험 기사는 시험에(6:13; 26:41) 어떻게 이겨야 하는지 모범을 보여 준다.[292] 또한 예수께서 사탄의 요구를 거절하신 이 기사는 예수가 메시아이심을 주장하는 것을 사탄적으로 간주한 유대인들에게 대항하는 변증적 차원을 가진다.[293] 예수께서는 사탄이 원하는 메시아의 길을 거부하셨다. 사탄적인 메시아 사상을 가진 자들은 오히려 유대인들임을 마태복음은 시험 기사를 통하여 암시한다.

이스라엘이 광야에서 당한 시험들은 음식(만나)에 관하여 하나님을 의지하기(신 8:2-3), 하나님을 시험하지 않기(신 6:16), 다른 신을 섬기지 않기(신 6:10-15)였기에 예수께서 당하신 시험들과 유사하다.[294] 시험의 내용의 유사성은 예수께서 당하신 시험이 출애굽기에서처럼 빵(출 16장), 주를 시험함(출 17장), 우상숭배(출 32장)와 관련됨에서도 분명히 드러난다.[295] 이러한 유사성은 이스라엘-예수 모형론을 형성한다. 이스라엘은 시험에 실패하였지만, 예수는 유사한 시험에 이기시며 이스라엘의 실패를 극복하시고 구원의 길을 여신다.

---

291. *b. Sanhedrin* 89b(DA, 1988: 352).
292. Keener, 2009: 139.
293. Bovon, 144 참고.
294. Evans, 1990: 66.
295. Stegner, 27.

당시 유대인들은 메시아가 오면 빵을 하늘로부터 공급하며 놀라운 표증들을 행하며 이방 나라들을 이스라엘에 굴복시킬 것이라고 기대했다.[296] 이러한 배경으로 볼 때 사탄의 시험은 당시 대중들이 쉽사리 받아들일 방식의 표증들을 보이고 그들이 원하는 메시아의 길을 가라는 유혹으로서의 측면도 가졌다고 할 수 있다.

9. 예수께서 사역을 시작하심 (4:12-17)

1. 번역

12 요한이 체포되었음을 듣고 그는 갈릴리로 떠나가셨다. 13 그리고 나사렛
을 떠나서 스불론과 납달리 지역에 있는 해변의 가버나움에 가서 거주하셨
다. 14 그리하여 이사야 선지자를 통하여 하신 말씀이 성취되었다.

15 "스불론 땅과 납달리 땅,
바다 길, 요단강 건너편,
이방인들의 갈릴리여,
16 어둠 속에 앉아 있는 백성이
큰 빛을 보았고,
죽음의 그늘이 덮인 지역에 앉아 있는 자들에게
빛이 비취었다."

17 그때부터 예수께서 선포하시기 시작하셨다.
"회개하라. 하늘들의 나라가 가까이 와 있기 때문이다."

296. Evans, 1990: 67.

2. 주해

12절 (갈릴리로 떠나가신 예수) 예수께서는 "갈릴리로 물러가셨다." 예수께서 세례자 요한에게 세례를 받으신 곳과 시험을 받으신 광야는 갈릴리가 아니라 요한이 활동한 요단강과 유대 광야 지역이었을 것이다. 예수께서는 요한이 잡히신 후에 그 지역을 떠나 갈릴리로 가신다. 예수보다 먼저 등장한 세례자 요한이 체포당하는 모습은 그 후에 오시는 예수께서 당하실 모습을 미리 보여 준다(DA, 1988: 376). 예수께서도 그와 같이 고난을 당하실 것이다.

13절 (가버나움에서 사신 예수) 예수께서는 나사렛을 떠나 가버나움으로 가서 사신다. 예수께서는 사역을 시작하시기 전에 나사렛에서 계속 사셨다. 그러나 예수의 사역은 가버나움이라는 도시에서 시작된다. 가버나움은 인구가 약 12,000명이었다고 추측된다.[297] 마태복음은 가버나움을 스불론과 납달리 지역이라고 소개한다.[298] 이것이 언급된 목적은 이 지역을 언급하는 이사야의 예언과 연결시키기 위하여 그 배경 정보를 독자들에게 주기 위함이었을 것이다.

마태복음은 예수의 집을 언급하지 않으므로, 엘리야가 사렙다 과부 집에 거하였고, 엘리사가 수넴 여인의 집에서 거주한 것처럼(왕상 17:8 이하; 왕하 4:8 이하), 예수께서도 그렇게 누군가의 집에 거주하셨다는 주장도 있으나,[299] 본문에서 그렇게 볼만한 충분한 증거는 없다.

14-16절 (이사야서 인용) 예수께서 가버나움으로 가심은 이사야서의 글을 성취한다. 인용된 이사야서 본문은 이사야 9:1-2이다. 이 구절은 '요단

---

297. DA, 1988: 378.

298. 수 19:35에 의하면 긴네렛(갈릴리)은 납달리 지역에 속한다(Maier, 97).

299. Maier, 98.

강 건너편'을 언급하는데 이 표현은 주로 요단강 동편을 가리키는 표현이다. 그런데 여기서는 요단강 서편 지역인 스불론과 납달리 땅을 요단강 건너편이라고 부르므로, 요단강 동편의 관점을 보여 준다.[300] 그렇다면 아마도 마태복음은 요단강 동편에서 기록되었을 것이다.[301]

인용된 이사야서 구절은 '이방인들의 갈릴리'를 언급한다. 예수 당시에도 갈릴리는 상당수의 이방인들이 살고 있었다(갈릴리에 관한 설명은 아래 해설 참고). 갈릴리 호수를 지나는 길은 BC 1500년경 이집트 군대가 지나갔던 길이고, BC 610년에 이집트 왕이 시리아를 정복하려고 지나갔던 길이기도 하며, 갈릴리 호수에 접한 스불론과 납달리 땅은 이스라엘 역사에서 외세의 침입이 많았던 지역이다.[302]

이사야 9:1-7은 탈굼(아람어 번역)에서 메시아에 관한 본문으로 간주되므로(*Tg. Isa.* on 9:6),[303] 마태복음이 이 본문을 인용하며 성취되었다고 제시함은 예수께서 메시아이심을 유대인 독자들이 알아차리도록 하는 표시이다.

인용된 이사야서 구절에서 '백성'은 문맥상 유대인들을 가리킨다. 마태복음에서도 이 단어(λαός)는 유대인들을 가리킨다(마 1:21; 4:16, 23; 13:15; 21:23; 27:25).[304] 이 이사야 본문은 메시아가 베들레헴과만 관련된다는 서기관들의 주장(마 2:5)을 논박하는 증거로도 작용한다(Keener, 2009: 147).

---

300. DA, 1988: 382.

301. 여기서 '요단강 건너편'이 요단강 동편인 데가볼리 지역을 가리킨다고 볼 경우에는 예수께서 후에 요단강 동편 지역인 데가볼리 지역에 가심이(마 8:28) 이 이사야서 말씀의 성취에 해당하게 된다.

302. Maier, 99.

303. 강대훈, 상, 377.

304. Hagner, 1993: 74, 80.

17절 (예수의 선포) 예수의 선포 내용은 "회개하라. 왜냐하면 천국이 가까웠기 때문이다."였는데, 이것은 세례자 요한의 선포와 동일하다(3:2). 마가복음은 "하나님의 나라가 가까이 와 있다. 회개하라."고 기록하는데, 어순은 다르지만 내용은 동일하다.

'회개하다'(μετανοέω) 동사는 중간기 문헌 집회서(시락서) 48:15에서 이미 죄에서 돌이킨다는 의미로 사용되었고, 신약 성경 히브리서 6:1에서 죄짓는 행위를 중단함을 뜻하며, 누가복음 3:8; 사도행전 26:20만이 아니라 마태복음(3:8)에서도 선행을 시작함을 뜻한다.[305] 따라서 이 동사는 마태복음에서도 그러한 뜻으로 사용되었을 것이다.

회개해야 하는 이유는 천국이 가까웠기 때문이다. '천국'(하늘들의 나라)은 '하나님의 나라'와 동의적 표현임이 이 표현들이 서로 평행되게 사용된 마태복음 19:23-24을 통해 드러난다.[306] '하나님의 나라'라는 표현 대신 '하늘들의 나라'라는 표현을 사용한 것은 하나님의 이름을 언급하지 않기 위한 것일 수도 있지만, 이 표현에 하나님(아버지)의 나라와 메시아(아들)의 나라를 모두 포함할 수 있기 때문일 수도 있다.[307] '하나님의 나라'는 솔로몬의 시편 17:3에서 '하나님의 권능'과 평행을 이루며, 술어로 사용된 '가까이 와 있다'는 시간에 대하여 종종 사용되므로,[308] '하나님의 나라'의 동의어인 '하늘들의 나라'는 하나님의 (새로운) 통치 시대를 가리키는 표현이라고 볼 수 있다.

'가까이 와 있다'(ἤγγικεν, '엥기껜')는 이미 도착한 것이 아니라 가까

305. 신현우, 2021: 149-50.
306. 양용의, 2018: 102.
307. DA, 1988: 391.
308. 신현우, 2021: 144-46.

이 와 있음을 뜻한다.[309] '엥기껜'(ἤγγικεν)은 야고보서 5:8 "주의 재림이 가까이 와 있다."(ἡ παρουσία τοῦ κυρίου ἤγγικεν)라는 표현에서 보듯이 아직 도착하지 않은 것을 전제한 표현이기 때문이다.[310]

마태복음 4:17과 16:21에 등장하는 '그때부터 예수께서 ~하기 시작하셨다'는 어구로 마태복음을 세 부분으로 나누기도 한다.[311] 이러한 구분으로 볼 때에는 마태복음 4:17에서 마태복음의 첫 부분이 끝난다.

3. 해설

BC 732년에 북조 이스라엘이 망한 후 갈릴리에는 이방인들이 들어왔으며(왕하 15:29; 17:24-34; 대상 5:26), 후에 하스몬 왕조 때 유대인들이 갈릴리에 상당수 이주하여 살았고, BC 104년경에 갈릴리 거주민들은 유대교로 개종하도록 강요받았으나(*Ant*. 13.318) AD 1세기에도 갈릴리에는 이방인들이 섞여 살고 있었다.[312] 스트라보(Strabo)의 기록에 의하면, 갈릴리에는 이집트인, 아랍인, 페니키아인, 그리스인들이 살았다.[313] 그런데 요세푸스에 의하면 이곳에 사는 유대인들은 율법을 잘 지키는 유대인들이었다(DA, 1988: 384).

309. Keener, 2009: 149.
310. 자세한 논증은 신현우, 2021: 145-47 참고.
311. 양용의, 2018: 100; Hagner, 1993: 74 참고.
312. 강대훈, 상, 377.
313. DA, 1988: 384.

10. 제자들을 부르심 (4:18-22)

1. 번역

18 갈릴리 바닷가를 걸어가시다가 그는 두 형제를 보셨다. 베드로라고 불
리는 시몬과 그의 형제 안드레였다. 그들은 바다에 그물을 던지고 있었다.
그들은 어부였다. 19 그가 그들에게 말씀하셨다.

"내 뒤에 오라.

내가 너희를 사람들의 어부로 만들겠다."

20 그들이 즉시 그물들을 버려두고 그를 따랐다. 21 거기서 더 간 후에 다
른 두 형제들을 보았다. 세베대의 아들 야고보와 그의 형제 요한이었다. 그
들은 배 안에서 그들의 아버지 세베대와 함께 그들의 그물들을 수선하고
있었다. 그가 그들을 부르셨다. 22 그들은 즉시 배와 그들의 아버지를 버려
두고 그를 따랐다.

2. 주해

18절 (시몬과 안드레) 예수께서 갈릴리 해변에서 제자들을 부르신 이유는 이 지역이 스불론과 납달리 지역이며(마 4:13), 하나님께서 빛을 비추겠다고 약속한 땅이기 때문이다(신현우, 2021: 160). 갈릴리 호수를 '바다'(θάλασσα)라고 표현한 것은 히브리어 표현(**יָם־כִּנֶּרֶת**, 킨네렛 바다)을 따른 것이다(민 34:11; 수 13:27).[314] 예수께서 납달리 지역에서 복음 사역을 할 제자들을 부르심은 창세기 49:21("납달리는 놓인 암사슴이라 아름

314. 신현우, 2021: 160.

다운 소리를 빌하는도다.")을 배경으로 하였을 것이다.[315]

마태복음은 시몬과 안드레의 직업을 소개한다. "그들은 어부이다"(ἦσαν γὰρ ἁλιεῖς). 이것은 마가복음과 동일하다. 이것은 그물을 던진 이유를 기술하는 절이 아니라, 저자가 독자에게 전달하는 배경 정보이다. 이들은 직업상 어부들이었다는 정보를 전달하기 위해 접속사 '가르'(γάρ, 왜냐하면)를 사용하였을 것이다. 그렇다면 '가르'(γάρ)는 이유를 도입하는 접속사가 아니라 저자의 설명을 도입하는 접속사로서 담화 표지(discourse marker)에 해당한다고 볼 수 있다.[316] 당연하게 보이는 이 정보를 굳이 제공한 이유는 이들이 직업상 어부였음을 밝혀서, 예수께서 어부들을 제자로 부르셨음을 명시하기 위함이었을 것이다(신현우, 2021: 163).

어부를 제자로 부르신 예수의 모습은 가문 좋고 부유한 사람들만 가르치려고 했던 샴마이 학파 등과 대조된다.[317] 예수께서 제자들을 부르신 것도 랍비들의 경우 제자들이 랍비에게 와서 배움을 구한 것과 대조된다(강대훈, 상, 383). 예수께서는 엘리야가 엘리사를 제자로 부른 것처럼 제자들을 부르셨다. 이것은 예수께서 랍비들과 달리 카리스마적인 선지자 스타일을 가지셨음을 알려 준다.

어부 시몬을 베드로라 부른 것은 사도 중에 있는 다른 한 명의 시몬과 구분하기 위함으로 볼 수 있다.[318] 베드로는 아람어로 '케파'인데 그리스도교 이전 문헌에서는 오직 한 번 발견된다.[319] 하필 '베드로'(바위, 돌멩이)

315. Derrett, 114-15.
316. 신현우, 2021: 162-63 참고.
317. Keener, 2009: 150.
318. 강대훈, 상, 382.
319. DA, 1988: 396.

라는 이름을 사용한 것은 어떤 의미를 가지는가? 이 단어는 반석으로 비유된 아브라함에게서 떼어낸 돌멩이에 해당하는 이스라엘(사 51:1-2)을 연상시킨다. 따라서 이 단어는 새 이스라엘을 뜻할 수 있다. 예수께서는 베드로를 비롯한 사도들이 새 이스라엘의 대표임을 이 단어를 통하여 암시하셨을 것이다.

1세기에 갈릴리 호수에서 잡힌 물고기는 시리아 안티오크와 이집트의 알렉산드리아에까지 팔릴 정도로 갈릴리 지역의 어업을 번창시켰다.[320] 그러므로 어부로 부름 받은 제자들은 극빈층은 아니었다고 볼 수 있다. 이들이 던진 '그물'(ἀμφίβληστρον)은 끝부분에 돌들을 달아 던져서 물고기를 잡는 그물을 가리킨다.[321]

엄격한 유대인은 자녀에게 그리스식 이름을 붙여주지 않았는데 안드레는 헬라어 이름이다(Maier, 103). 안드레는 시몬과 함께 이방인들이 많은 벳새다 출신이고(요 1:44), 필립(빌립)과 함께 예수께 그리스 사람을 데려오기도 한 것을 볼 때(요 12:22), 헬라어를 할 수 있었다고 추측된다.[322] 2세기 교부 파피아스의 증언을 전한 유세비우스에 의하면, 안드레는 소아시아(터키 지방)에서 거주하였고, 남러시아 지역에서 선교활동을 했다(Maier, 105-6).

19절 (사람들의 어부) 예수께서는 제자들을 부르실 때 "나의 뒤에 오라."(δεῦτε ὀπίσω μου)고 말씀하셨다. 이러한 방식은 에훗, 사울, 맛따티아스가 전투를 위해 군사를 소집할 때 사용한 용어를 연상시키므로(삿 3:28; 삼상 11:7; 마카비1서 2:27), 예수를 카리스마적 지도자로 이해하게

320. 강대훈, 상, 382.

321. DA, 1988: 396.

322. Maier, 105.

한다.[323] 시몬과 안드레는 이 말씀을 이방과의 전쟁을 위한 부름으로 오해했을 수 있다(신현우, 2021: 164). 그러나 예수의 전쟁은 다른 종류의 전쟁이었다.

예수께서는 어부들에게 '사람들의 어부'가 되게 하겠다고 약속하신다. '사람들의 어부'는 사람들을 잡는 어부라는 뜻이다. 이 표현은 구약 성경 예레미야 16:16("내가 많은 어부를 불러다가 그들을 낚게 하며")을 통해서 이해될 수 있다. 여기서 어부가 사람들을 낚는다는 것이 무슨 뜻인지는 그 문맥(렘 16:14-15)을 통해서 알 수 있다.

> 여호와의 말씀이니라. 그러나 보라 날이 이르리니 다시는 이스라엘 자손을 애굽 땅에서 인도하여 내신 여호와께서 살아계심을 두고 맹세하지 아니하고 이스라엘 자손을 북방 땅과 그 쫓겨났던 모든 나라에서 인도하여 내신 여호와께서 살아계심을 두고 맹세하리라. 내가 그들을 그들의 조상들에게 준 그들의 땅으로 인도하여 들이리라.

예레미야서의 문맥에서 사람들을 낚는 '어부'는 이스라엘 사람들이 포로로 잡혀가서 사는 모든 나라에서 그들을 이스라엘 땅으로 인도하는 사역을 하는 사람들이다. 이러한 배경으로 '사람들의 어부'가 되게 하겠다고 하신 예수의 약속을 이해할 수 있다. 예수께서는 시몬과 안드레에게 사람들의 어부라는 비유적 표현을 통해 이스라엘을 회복시키는 새 출애굽 사역자로 삼겠다고 약속하셨다.

예수께서 제자를 부르신 목적은 새 출애굽 사역을 감당시키고자 하심이었다. "내가 너희로 사람들의 어부가 되게 하리라."고 하신 예수의 약속

323. 신현우, 2021: 164.

은 구약 성경을 아는 제자들에게 그렇게 이해되었을 것이다. 이스라엘의 회복을 위하여 새 출애굽을 기다리던 그들은 이러한 부르심에 즉각 응답하였다(18절).

예수께서는 새 출애굽 사역을 하려고 하셨으며 이러한 목적을 위해 사역을 맡길 사람들을 부르셨다. 이러한 부름을 받은 사람은 곧 응답하고 예수를 따랐는데, 이것은 이러한 목적에 동의하였기 때문이며, 예수께서 그러한 사역을 감당할 수 있는 분이라고 믿었기 때문일 것이다.

오늘날 교회에서 제자 훈련을 한다. 그런데, 제자 훈련의 목적은 예수의 경우에서처럼 새 출애굽이어야 할 것이다. 세상에서 사탄에게 노예화되어 죄를 지으며 살던 사람들이 해방되어 하나님의 백성으로 거듭나도록 하는 사역을 위해 제자 훈련이 존재한다. 마태복음 28:19-20은 모든 백성을 제자 삼는 사역의 내용이 무엇인지 알려 준다. 그것은 성부, 성자, 성령의 이름으로 세례를 주고 예수의 모든 명령을 가르쳐서 지키도록 하는 것이다.

20절 (예수를 따름) 시몬과 안드레는 곧 예수를 따랐다. 부름 받은 자들은 이미 예수의 복음 선포를 들었고 예수를 알고 있었을 가능성이 있고, 예수께서는 이미 알고 있는 자들을 제자로 부르셨을 것이다.[324] 그렇다면 그들이 왜 부르심에 즉각적으로 반응하여 예수를 따랐는지 설명이 된다. 부모에게 인사하고 잔치를 벌이고 엘리야를 따른 엘리사의 경우와 달리 (왕상 19:19-21) 즉시 예수를 따른 제자들의 모습은 예수께서 엘리야보다 더 큰 분임을 암시한다.[325]

고린도전서 9:5은 베드로가 아내와 함께 다녔다고 하고, 마가복음

324. DA, 1988: 395.
325. 신현우, 2021: 174-75.

1:29-31은 그가 장모를 보시고 집에서 살았다고 한나.[326] 따라서 베드로의 경우에서 보듯이 다른 제자들의 경우에도 예수를 따르기 위하여 가족과 집을 버렸다고 볼 수는 없다.

21-22절 (야고보와 요한을 부르심) 예수께서 곧이어 부르신 제자들인 야고보(יעקב, 야곱), 요한(יוחנן, 요하난)과 그들의 아버지 세베대(זבדיה, 제바드야)의 이름은 히브리식이다.[327] 이들의 이름은 이들이 헬라식 이름을 가진 안드레와 히브리어 이름 시므온(שמעון)에 해당하는 헬라식 이름을 가진 시몬(Σίμων)보다 좀 더 유대인들의 전통을 유지하려고 하였다고 추측하게 한다.[328]

3. 해설

당시 교사들은 제자들이 선택하였는데, 예수께서는 역으로 제자들을 선택하셨다(Keener, 2009: 150). 이것은 열왕기상 19:19-21에 나타난 선지자의 방식과 유사하다.[329] 대개의 경우 1세기 교사들은 교육을 위한 학교 건물을 갖지 못했고 자기의 집이나 제자들의 집을 활용하여 교육했다.[330] 일반적인 경우는 아니지만, 어떤 교사들은 제자들과 함께 여행했다.[331] 12-3월 사이의 비가 내리는 계절은 여행하기에 적합하지 않았으므로 이 기간에는 예수의 제자들이 가사를 돌보기 위해 집으로 돌아갔을 가능성을 키너는 제시한다(Keener, 2009: 152). 어떤 학자들은 예수의 제자

326. DA, 1988: 402.
327. Cranfield, 70.
328. 신현우, 2021: 175.
329. Keener, 2009: 150.
330. Keener, 2009: 152.
331. Keener, 2009: 152.

들을 떠도는 견유학파와 유사하다고 간주했는데, 견유학파는 여행을 한 유일한 철학자들은 아니었고, 율법교사들도 가르치기 위해 여행했으며, 견유학파는 유대인들이 사는 팔레스타인 지역에서 너무도 희소했기에 이러한 비교는 부적절하다(Keener, 2009: 154).

11. 병자들을 고치심 (4:23-25)

마태복음 4:23-5:2에서는 산상설교를 도입하는데, 여기에 나오는 단어와 어구('무리,' '산,' '앉다,' '제자들이 나아오다,' '제자들,' '말하다')가 예수의 가르침을 소개하는 마태복음 10장, 13장, 18장, 24-25장의 도입부에서도 사용되곤 한다.[332] 마태복음 4:23('… 가르치시고, 그 나라의 복음을 선포하시며, … 고치셨다')은 9:35과 거의 동일하여 수미상관(*inclusio*)을 형성하며,[333] 4:23-9:35을 예수의 가르침과 사역을 소개하는 하나의 덩어리로 묶는다. 그리하여 여기에 담긴 내용이 복음 선포와 치유임을 알려준다. 실제로 이 부분의 내용은 하나님 나라 복음(5-7장)과 치유 사역(8-9장)이다.

1. 번역

> **23** 그 후에 갈릴리 전역을 계속 돌아다니시며 그들의 회당들에서 가르치시고 그 나라의 복음을 선포하시며 백성 가운데서 모든 질환과 병을 고쳐주셨다. **24** 그러자 그의 소문이 시리아 전역에 퍼졌다. 사람들은 그에게 각종 병으로 아픈 모든 자들과 통증으로 고통당하는 자들과 귀신 들린 자들과 간질병자들과 중풍병자들을 데려왔다. 그가 그들을 치료해 주셨다. **25** 많

332. DA, 1988: 411.

333. DA, 1988: 411; 양용의, 2018: 105.

은 무리가 갈릴리와 데가볼리와 예루살렘과 유대와 요단강 건너편으로부터 그를 따랐다.

2. 주해

23절 (예수의 갈릴리 사역) 마태복음은 예수의 가르침의 내용이 "그 나라의 복음"이었음을 언급한다. '그 나라'는 17절에서 언급된 '하늘들의 나라'이다. 이 나라의 복음의 내용은 17절에서 이미 요약되었다. 이 복음은 (하늘들로 상징된) 하나님께서 통치하시는 새로운 시대가 가까이 와 있다는 소식이다. '복음'(εὐαγγέλιον)은 전쟁 승리를 가리키는 용어이며 이 단어의 동사형은 70인역 이사야서에서 출애굽 소식과 관련되기도 하므로[334] 예수께서 선포하신 복음의 내용은 사탄과의 전쟁에서 이기셨다는 소식이며, 새로운 출애굽이 발생한다는 소식이라고 볼 수 있다.

마가복음은 가르침 사역과 함께 축귀 사역을 언급하지만(막 1:39), 마태복음은 축귀 사역을 언급하지 않고 대신 치유 사역을 언급한다. 질병 치유는 이사야 53:4과 관련이 됨이 마태복음 8:17에 명시된다.[335] 이러한 관련성은 예수께서 이사야 53장이 언급하는 고난받는 종의 역할을 하심을 알려 준다. 질병은 유대교에서 죄와 연관되므로, 질병 치유는 죄로부터 백성을 구원하는 사역으로 간주될 수 있었다(DA, 1988: 415).

예수께서 가르침 사역을 하신 장소는 '회당'이었다. 회당은 유대인들이 모여 율법을 공부하는 장소였다. 안식일마다 모여 율법을 공부하고 기도해야 함을 율법이 요구한다고 보는 해석이 요세푸스의 글에 반영되어

334. 신현우, 2021: 46-47.

335. Hagner, 1993: 80.

있다.[336] 회당은 공부의 장소이자 공동체 법정, 자선, 성전 건축을 위한 모금, 숙소, 연회 등을 위한 장소로 기능했다.[337] 랍비들이 아니라 유대인 공동체가 회당을 2세기와 그 이후에 관장했으며, 장로들이 명성 있는 교사들을 초청하여 설교하도록 한 듯하다(Keener, 2009: 157). 세례자 요한은 광야로 나오는 사람들에게 선포하였으나, 예수께서는 회당으로 찾아가 가르치시는 대조를 보이신다.[338] '그들의 회당들'이라는 표현은 유대인들의 회당들을 가리키는데, 이것은 아마도 야고보서 2:2처럼 그리스도인들의 회당이 존재하는 시대에 마태복음이 기록되었음을 반영할 수도 있다 (DA, 1988: 414).

마태복음 4:23은 산상설교를 소개하기 전에 예수의 치유와 복음 전파 사역을 소개하여 예수께서 베푸시는 자비의 틀 속에 산상설교의 요구가 담기게 한다(DA, 1988: 415).

24절 (시리아에 퍼진 소문) 마태복음은 예수에 관한 소문이 온 시리아에 퍼졌다고 한다. 가버나움은 시리아의 다마스쿠스와 대로로 연결되어 있으므로,[339] 가버나움에서 행하신 예수의 사역은 다마스쿠스로 소문이 나기 쉬운 지리적 조건을 형성하고 있었다(마태복음이 시리아를 언급한 이유에 관한 설명은 아래 해설 참고).

제2성전기 유대 문헌은 메시아의 통치가 질병을 끝낼 것을 기대한다.[340] 그러므로 예수의 질병 치유는 예수가 메시아이심을 알려주는 증거로 간주될 수 있었다.

---

336. Keener, 2009: 157.

337. Keener, 2009: 157

338. DA, 1988: 413.

339. Hendriksen, 상, 407.

340. 바룩2서 29:6-7; 73:1-2; 에스라4서 7:123; 4Q521(강대훈, 상, 391).

귀신 들린 자 치유에 관한 언급은 왜 이루어졌을까? 축귀는 구약 성경 스가랴 13:2("만군의 여호와가 말하노라. 그 날에 내가 우상의 이름을 이 땅에서 끊어서 기억도 되지 못하게 할 것이며 거짓 선지자와 더러운 귀신을 이 땅에서 떠나게 할 것이라.")의 예언과 관련되기 때문이었을 것이다. 예수의 축귀 사역은 이 예언의 말씀의 성취로서 가나안 땅에서 더러운 귀신이 떠나게 하는 사역이었던 것이다.

스가랴 13:2에 의하면 이러한 축귀는 '그 날에' 발생한다. '그 날'은 언제인가? '그 날'은 스가랴 12장(3, 6, 8, 9, 11절)에 언급되는데, 이 날은 주변 민족들에 의하여 "예루살렘이 에워싸일 때"이다(2절). 그런데, 이 날에 예루살렘은 보호받고(8절), 이방 나라들은 진멸될 것이다(9절). 따라서 '그 날'은 이스라엘이 외세로부터 구원을 받는 때이다. 이 날은 유대인들이 기대한 새 출애굽의 날의 모습이었을 것이다.

그런데 이 스가랴 본문은 이 승리의 날에 예루살렘에 큰 애통이 있다고 한다. 예루살렘 주민들이 "그들이 그 찌른 바 그를 바라고 그를 위하여 애통"할 것이다(10절). 승리의 날에 예루살렘 주민들이 그들이 찌른 자를 위하여 애통하리라는 예언은 예수께서 십자가에 못 박히고 창에 찔린 사건을 연상시킨다. 초기 기독교인들의 경우에는 역으로 예수의 십자가 고난 이야기를 들을 때 이 스가랴서 말씀을 연상하게 되었을 것이다. 이러한 연상으로부터 예수의 십자가 고난의 의미가 해석된다. 예수께서 십자가에 못 박히심은 이스라엘이 구원받는 사건이다.

이러한 이스라엘의 구원의 날에 더러운 귀신이 이스라엘 땅에서 떠나게 된다. 그러므로 예수께서 십자가 고난을 당하시는 날은 귀신들의 세력에 대한 승리의 날이며, 이스라엘이 영적인 구원을 받는 새 출애굽의 날이다. 이러한 사역을 하러 오신 예수를 귀신들은 알아보고 "우리를 멸하러 왔나이까?"라고 한다(1:24). 귀신들이 모두 제거될 '그 날'이 점점 다가

오고 이제부터 벌써 귀신들은 쫓겨나기 시작한다.

이러한 관점에서 보면 축귀 사역은 새 출애굽 사역이다. 그러므로 새 출애굽을 위한 예수의 사역이 축귀 사역으로 가득한 것은 당연한 일이다. 축귀 사역은 예수의 십자가에서 완성되는 사역으로서, 예수의 공생애가 시작될 때 벌써 시작되는 사역이다.

예수의 십자가는 사탄의 세력에 대한 승리이므로 사탄의 졸개들인 귀신들은 예수의 십자가 앞에서 쫓겨날 수밖에 없다. 복음에는 축귀의 능력이 있다. 그러므로 복음을 전할 때 일부러 축귀 사역을 거부할 필요는 없을 것이다. 축귀는 복음의 본질에 의하여 나타나는 자연스런 현상이기 때문이다.

예수의 축귀는 희년서, 에녹1서, 열두 족장들의 유언, 모세의 유언 등의 유대 문헌을 배경으로 볼 때 예수의 메시아이심의 증거로 간주될 수 있는 현상이다. 이 문헌들에 담긴 기대에 의하면 마귀는 구원의 시대가 열릴 때 패배할 것이며(희년서 10:8; 17:15; 18:13; 48:2-12; 4Q225), 메시아가 등극할 때 마귀는 심판당할 것이고(에녹1서 51:3; 53:5-6; 61:8; 62:2-9), 마귀와 그의 군대는 결박당할 것이며(에녹1서 10:4-6; 55:4), 마귀와 마귀의 영들은 쫓겨나며(납달리의 유언 8:4; 단의 유언 5:1), 귀신들은 짓밟히고(레위의 유언 18:11-12), 영원한 불에 던져질 것이다(유다의 유언 25:3)(강대훈, 상, 391). 예수께서는 축귀를 통하여 이러한 기대를 성취하기 시작하신다.

25절 (많은 무리가 예수를 따름) 마태복음 4:25은 '갈릴리와 데가볼리와 예루살렘과 유대와 요단강 건너편'에서 많은 무리가 예수를 따랐다고 한다. 이 지역들은 당시에 유대인들이 사는 전 지역을 가리키기 위해 언급한 것으로 볼 수 있다. 유대인들이 사는 지역을 언급하는 문맥상 여기서 데가볼리는 이방인들이 사는 대표적인 지역으로서 언급되지는 않았을 것이다(DA, 1988: 420). 데가볼리도 이스라엘 열두 지파의 일부(르우벤 지파, 갓 지파)가 살던 땅으로서 언급되었을 것이다.

여기서 언급된 '요단강 건너편'은 페레아(Perea) 지역을 가리키는 듯하다(*Ant*. 12.222).[341] 마태복음의 저자는 예수를 따른 무리들의 범위가 이스라엘 전 지역에 걸쳐 있었음을 가리키기 위해 구체적인 세부 지역들을 언급하였을 것이다.

3. 해설

마태복음 4:24이 예수께서 알려지신 범위를 언급하며 이스라엘 땅 대신 시리아를 언급한 이유는 무엇일까? 아마도 예수에 관한 소문이 이방인들에게도 퍼졌음을 알리기 위함이었을 것이다(DA, 1988: 417). 아울러 이것은 마태복음이 시리아에 거주하고 있는 독자들을 위하여 의도한 흔적일 수도 있다. 마태복음이 기록된 장소도 독자들이 살고 있는 시리아 지역일 수 있다. 시리아는 유대인들이 많이 살던 지역이므로(*J.W.* 7.43),[342] 유대인들을 위해 기록된 마태복음이 시리아 지역에서 그 지역의 유대인들을 위해 기록되었을 가능성이 있다.

물론 마태복음이 언급하는 시리아 지역은 로마의 시리아령으로서의 팔레스타인과 25절에 언급된 지역들(갈릴리, 데가볼리, 유대, 요단강 건너편)을 가리킬 수도 있다(Harrington, 73). 만일 그렇다면, 이러한 관점은 AD 70년 이후의 지리적 구획을 반영한다고 볼 수 있다.[343] 그러나 여기서 '시리아'는 다마스쿠스(다메섹)에서 안티오크(안디옥)에 이르는 팔레스타

341. DA, 1988: 420.
342. 강대훈, 상, 390.
343. Hendriksen, 상, 407 참고.

인 땅의 북북동 지역을 가리킬 수도 있다(DA, 1988: 417).

제2장
마태복음 5-7장
예수의 가르침 1: 산상설교

복음서에 담긴 예수의 말씀 중에서도 산상설교(마 5-7장)는 예수의 가르침의 압축판이라 할 수 있다. 산상설교에는 예수의 율법 해석과 윤리가 정교하게 구조화되어 담겨 있는데, 서기관들의 율법 적용보다 수준 높은 새로운 기준 제시와 바리새인들의 삶의 방식을 넘어서는 윤리의 새 차원을 열어준다.

고대 저자들은 말씀들을 재구성하는 자유를 누렸는데, 키너는 마태복음 저자도 예수의 말씀을 모을 때 유사한 자유를 활용하였다고 본다(Keener, 2009: 162). 예레미아스는 산상설교를 5:20에 담긴 주제를 기준으로 서기관(5:17-48), 경건한 평신도(6:1-18), 제자(6:19-7:27)로 구분한다.[1] 이것을 참고하면 산상설교의 구조는 도입 설명(5:1-2), 서언(5:3-20), 서기관들의 의(5:21-48), 바리새인들의 의(6:1-18), 제자들의 삶의 원리(6:19-7:12), 결언(7:13-27), 종결 설명(7:28-29)으로 분석될 수 있을 것이다(김상훈, 60-61).

1. Keener, 2009: 163.

1. 청중 (5:1-2)

1. 번역

5:1 예수께서 무리를 보시고 그 산으로 올라가셨다. 그가 앉으시니 그의 제자들이 그에게 나아왔다. 2. 그가 그의 입을 열어 그들에게 계속하여 가르치셨다.

2. 주해

1절 (산에 올라가 앉으신 예수) 예수께서 자신을 따르는 무리를 보셨다. 여기서 '무리'는 갈릴리, 데가볼리, 예루살렘, 유대와 요단강 건너편에서 온 많은 사람들을 가리킨다(마 4:25). 이 지역은 과거에 이스라엘 열두 지파가 살았던 땅 전역을 가리키므로, 이 무리는 이스라엘을 대표한다. 이 무리는 산상설교의 청중으로서 예수의 가르침을 듣고 놀랐다(마 7:28). 따라서 산상설교는 소수의 제자들만을 위해 주어진 것이 아니라 십자가의 피로 새 언약을 체결하실 그리스도께서 새 이스라엘 전체에게 주신 메시아의 율법으로 간주될 수 있다. 이러한 해석은 산상설교의 배경이 되는 정관사로 지시된 '그 산'이 율법이 수여된 시내산(출 19-20장; 34장)을 연상시킴에 의해서도 지지받는다.[2]

70인역에서는 '산에 올라가다'는 표현이 24회 나오는데 그중에 대부분이 모세와 관련된다.[3] 신명기 9:9에서 '그가 산에 남아 있었다'는 부분은 '그가 산에 앉았다'고 번역할 수 있고, 랍비들도 그렇게 이해하기도 하

---

2. Hagner, 1993: 86 참고.
3. DA, 1988: 423.

였기에, 예수께서 산에서 앉으심은 모세의 모습을 연상시킨다.[4] 따라서 예수께서 산에 올라가 앉으심은 예수를 새로운 모세로서 이해하도록 묘사하며, 이어지는 산상설교를 메시아의 율법으로 간주하게 한다. 마태복음에서 모세 모형론은 분명하게 드러난다. 모세의 어린 시절, 이집트 탈출, 광야로 들어감, 시내산 율법 수여에 이르는 사건들은 순서대로 예수의 어린 시절, 이집트에서 돌아옴, 광야 시험, 산상설교를 통하여 평행되어, 산상설교를 메시아의 율법으로 이해하게 한다(DA, 1988: 427). 그리하여 메시아의 백성은 이 메시아의 율법을 실천하여야 함이 암시된다(자세한 설명은 아래 해설 참고).

산상설교가 주어진 장소는 '핫틴의 뿔'(Horns of Hattin)이라고 불리는 산으로서 갈릴리 바다 서편에서 6.5km, 가버나움 남서쪽으로 13km 정도 떨어진 산이거나, 가버나움에서 좀 더 가까운 산으로서 탑가(Tabgha) 서편의 산비탈이었을 수 있다.[5]

예수께서는 가르치시기 전에 앉으셨다. 유대인들의 학교에서는 선생이 의자에 앉고 학생들은 그 앞의 바닥에 앉는다.[6] 이러한 문화 속에서 예수께서 앉으심은 가르침을 주시기 위한 모습이다.

2절 (가르침의 시작) 예수께서 입을 열어 가르치기 시작하셨다. '입을 열었다'는 공적인 연설을 시작하였다는 셈어적 표현이다(Hagner, 1993: 86). 사도행전 8:35("빌립이 입을 열어"); 10:34("베드로가 입을 열어")에도 이러한 표현이 등장한다.[7] 마태복음 5:2과 7:29은 '그들을 가르치다'는

4. DA, 1988: 424.
5. Hendriksen, 상, 422.
6. Harrington, 78. 교사는 서서 성경 본문을 읽고 앉아서 가르쳤다(Keener, 2009: 164).
7. Hagner, 1993: 86.

표현이 반복되어 수미상관을 형성하며 산상설교를 하나의 단위로 묶어준다.[8]

3. 해설

초기 교회에서는 산상설교를 지키지 않아고 된다고 여겨지지 않았다. 신약 서신이나 디다케(*Didache*) 같은 문헌, 교부들의 글도 산상설교와 같은 예수의 가르침을 순종할 것을 요구한다.[9] 마태복음 자체도 마지막 구절에서 예수의 가르침을 (세례받은) 모든 민족에게 지키도록 가르치라고 한다.

마태복음 28:20을 고려할 때, 산상설교를 실천하도록 명령받은 대상은 세례를 받은 자들(즉 그리스도인들)이라고 볼 수 있다. 이것은 예수를 믿지 않는 세상 사람들에게 명령된 것이 아니라 예수를 믿는 하나님의 백성에게 명령된 것이다. 이것은 인류 전체나 국가를 위한 윤리가 아니라 하나님 나라의 백성들(예수의 제자들)을 위한 윤리이다(Keener, 2009: 162). 또한 산상설교는 소수의 엘리트 제자들에게만 지키도록 요구된 것이 아니라 이방 그리스도인들을 포함한 모든 하나님의 백성(새 이스라엘)에게 주어진 것이다. 따라서 산상설교는 수도사와 같은 소수의 선택된 자들만 따라야 하는 가르침이 아니라, 그리스도인 전체(교회)에 적용해야 하는 가르침으로 간주되어야 한다. 산상설교는 모든 그리스도인과 교회에게 주시는 그리스도의 가르침이다.[10]

---

8. DA, 1988: 426.
9. Keener, 2009: 161.
10. Gundry, 65 참고.

2. 은혜의 복음 (5:3-6)

마태복음 5:3-10은 '하나님의 나라가 그들의 것이기 때문이다.'라는 표현으로 시작하고 마친다. 이 부분은 다음과 같은 교차평행 구조를 가진다.[11] 그러므로 이것은 하나의 단위로 묶일 수 있으며, 복을 선언하는 내용을 담고 있다.

A(3절, 하나님의 나라)
B(4절, 신적 수동태)
C(5절, 미래 시제)
D(6절, 신적 수동태)
D′(7절, 신적 수동태)
C′(8절, 미래 시제)
B′(9절, 신적 수동태)
A′(10절, 하나님의 나라)

마태복음의 지복 선언은 누가복음(2인칭 형태로 되어 있음)과는 달리 3인칭 형태로 되어 있다. 이것은 유대인들의 지복 선언의 일반적인 문체에 일치한다.[12] 마태복음의 첫 네 지복 선언은 헬라어로 볼 때 'ㅃ'(π)음으로 시작하는 특징도 가진다.[13] 앞의 네 복과 뒤의 네 복이 각각 36개의 헬라어 단어로 되어 있다.[14] 그리하여 앞의 네 개의 복은 따로 하나로 묶일 수 있다. 마태복음 5:3-6(36 단어)은 은혜의 복음을 다루고, 마태복음 5:7-

11. DA, 1988: 429.
12. Harrington, 82.
13. Keener, 2009: 165.
14. DA, 1988: 429.

10(36 단어)은 새 이스라엘의 윤리를 다룬다.

마태복음 5:3-12은 이사야 61장과 평행을 이루는 곳이 많다. 마태복음 5:3의 '가난한 자'(사 61:1), 4절의 '위로'(사 61:2), 5절의 '그 땅을 기업으로 받을 것이다'(사 61:7), 6절의 '의'(사 61:3, 8, 11), 11-12절의 '기뻐하라'(사 6:10)가 그러한 곳들이다(DA, 1988: 437).

팔복은 예수께서 선포하는 은혜의 복음으로 시작한다. 영적으로 가난한 자, 즉, 죄의 빚을 진 자는 이제 행복하다. 왜냐하면, 그들은 죄의 빚을 탕감받고 사탄의 포로로부터 해방되어 하나님의 나라를 받게 되기 때문이다(5:3). 나라를 잃은 이스라엘이 이제 나라를 회복하게 되는데, 그 나라는 종말론적인 하나님 나라이다. 나라를 잃고 포로 되어 우는 백성에게 기쁜 소식이 들려온다. 하나님은 나라를 회복하여 주심을 통해 그들을 위로하실 것이다(5:4). 이것은 과거에 잃은 나라보다 더 위대한 나라이므로, 그들의 슬픔은 변하여 기쁨이 될 것이다. 고토를 빼앗긴 힘없는 사탄의 포로들에게 기쁜 소식이 전파된다. 이제 그들이 하나님으로부터 새 땅을 상속받을 것이다(5:5). 하나님께서 친히 저 연약한 자들의 아버지가 되시어 하나님의 나라를 기업으로 주신다. 나라를 잃고 광야를 헤매며 주리고 목말라 있는 무리에게 기쁜 소식이 전해진다. 이제 그들은 나라를 얻고 만족함을 얻을 것이다(5:6).

1. 번역

3. "복 되도다, 영적으로 가난한 자들이여!

하늘들의 나라가 그들의 것이기 때문이라.

4. 복 되도다, 우는 자들이여!

그들이 위로함을 받을 것이기 때문이라.

5. 복 되도다, 온유한 자들이여!

그들이 그 땅을 상속받을 것이기 때문이라.

6. 복 되도다, 의에 주리고 목마른 자들이여!

그들이 배부르게 될 것이기 때문이라.

2. 주해

3절 (영적으로 가난한 자) 산상설교는 행복 선언으로 시작한다. 이 행복 선언의 대상은 영적인 측면에서 가난한 자들이다. 구약 성경을 배경으로 보면 가난한 자의 운명은 빚진 자, 빚으로 인해 기업(토지)을 팔아넘긴 자, 빚으로 인해 노예 된 자가 되는 것이다. 이러한 자들에게 기쁜 소식은 다름이 아니라, 빚 탕감(신 15:1), 기업 회복(레 25:10, 28), 노예 상태로부터의 해방(신 15:12-15; 레 25:47-55)이다. 이러한 기쁜 소식은 빚 탕감의 해, 즉 면제년이 도래하거나, 희년이 되거나, 고엘(가장 가까운 친족)이 대신 빚을 탕감하거나 속전을 지불하고 기업을 회복시키거나 노예 상태로부터 해방시킬 때 발생한다. 예수께서는 이러한 구약의 사회적 해방을 배경으로 하여 영적인 기쁜 소식을 영적으로 가난한 자들에게 선포하신다.

구약 성경에서 '가난한 자'는 압제당하는 하나님의 백성을 가리킨다(사 61:1 등).[15] 당시 유대인들은 자기들이 '가난한 자들' 또는 '심령이 가난한 자들'이라고 생각했으므로,[16] 심령이 가난한 자들에 대한 행복 선언은 로마의 압제 아래 있는 유대인들에게 해방의 소식으로 여겨졌을 것이다.

가난한 자들에게 전하는 기쁜 소식은 이사야 61:1을 연상시킨다. 이 본문은 압제당하는 하나님의 백성에게 해방의 소식을 전하는 메시아적

15. DA, 1988: 443.

16. 솔로몬의 시편 10:6; 15:1; 쿰란 문헌 1QM(War Scroll) 14:7(Harrington, 78).

인물을 언급한다. "주 여호와의 신이 내게 임하셨으니 이는 여호와께서 내게 기름을 부으사 가난한 자에게 아름다운 소식을 전하게 하려 하심이라." 이 본문을 배경으로 할 때, 예수의 첫 번째 행복 선언은 하나님께서 가난한 자에게 복을 선포하시는 예수께 기름을 부으셨음을, 즉 예수께서 메시아이심을 암시한다.[17]

영적으로 가난한 자들은 누구인가? '가난한 자'는 이사야 61장의 '가난한 자'를 배경으로 보면[18] 포로 된 자를 가리킨다. 그렇다면 영적으로 가난한 자는 영적인 측면으로 볼 때 포로 된 자이다. 그러한 자는 마귀에게 포로 된 자이다. 그들은 영적으로 빚진 자, 영적으로 노예 된 자, 영적으로 기업을 잃은 자들이다. 영적으로 하나님께 빚진 죄인, 사탄에게 노예가 되어 있는 자, 영적인 기업을 잃은 자가 행복하다는 역설적인 선언으로 산상설교는 시작된다. 이것은 심령이 가난해야 한다는 윤리적 가르침이 아니라 하나님께서 사탄의 노예 상태에 있는 인류를 해방시키고 하나님의 자녀를 삼아 천국을 기업으로 주신다는 은혜의 복음이다.

쿰란 공동체는 고난의 기간 중에 있는 자신들의 상태를 '영의 가난'이라고 표현하였다(1QM 14:7; 4:3).[19] 이러한 배경도 '영적으로 가난한 자'가 영적으로 포로 된 자를 뜻한다고 해석할 수 있게 한다.

'하늘'은 하나님을 가리키는 우회적 표현이므로, '하늘들의 나라'(천국)는 하나님의 나라를 가리키는 표현이다. 하나님의 나라는 문맥에 따라 여러 가지로 해석될 수 있지만, 나라의 주권을 잃은 유대인들에게는 회복될 이스라엘 나라가 바로 하나님의 나라였을 것이다. 따라서 하나님의 나

---

17. DA, 1988: 466 참고.
18. 팔복이 이사야 61장을 배경으로 함에 관한 자세한 설명은 강대훈, 상, 404-5를 보라.
19. 강대훈, 상, 407.

라가 그들의 것이라는 선언은 유대인들이 주권을 회복함을 암시할 수 있다.

그러나 행복 선언의 대상이 영적으로 가난한 자이므로, 하나님의 나라도 영적인 이스라엘의 회복으로 볼 수 있다. 영적인 측면에서 가난한 자들은, 곧 죄의 빚을 진 자들이며, 그들은 죄인들로 간주된 이방인들을 포함한다. 그러나 '하나님의 나라가 ~의 것이다'라는 표현은 '하나님의 나라에 들어가다'와 동의어로 사용되고(눅 18:16-17), '하나님의 나라에 들어가다'는 '구원받다,' '영생을 상속하다'와도 동의어이므로(마 19:24-25, 29), '하늘들의 나라가 ~의 것이다'는 "구원받다"를 뜻한다고 볼 수 있다.

3절은 하늘들의 나라가 그들의 것이라고 현재형으로 선언하는데, 다른 절들에는 주어지는 복의 이유들이 미래형으로 제시되어 있다. 이러한 동사의 사용은 히브리 시의 평행법의 용법을 따른 것으로 볼 수 있다.[20] 현재형과 미래형을 평행시켜 사용하면 복의 이유들이 현재적이면서 동시에 미래적인 측면을 가짐을 표현할 수 있다.[21] 구원은 죄인들에게 현재적으로 임하고 미래적으로도 임한다. 구원에는 이미 받는 측면(예. 칭의)과 미래에 받게 되는 측면(예. 영생)이 있다.

4절 (우는 자) 이사야 61:2에 "우는 자들"이 등장하는데, 이들에게 기쁜 소식이 전파된다. 여기서, 우는 자들은 나라를 잃고 포로가 된 자들이다(사 61:1).[22] 이사야 61:2은 하나님께서 이들을 위로하실 것이라고 하는데, 예수께서는 위로를 언급하실 때 이 구절을 염두에 두셨을 것이다.[23] 유대

20. 히브리 시의 시제 평행법에 관해서는 Méndez, 561-62를 보라.
21. 평행된 두 시제를 병합하는 해석에 관해서는 Méndez, 567을 보라.
22. 렘 31:13에서도 슬픔과 포로 생활이 연관된다(강대훈, 상, 409).
23. Keener, 2009: 166. 후기 유대 전통은 종말론적 메시아를 위로자로 간주하기도 한다(Keener, 2009: 166).

인들은 나라를 잃고 바벨론에 포로 되어 잡혀가 바벨론 강가에 앉아 울었다. "우리가 바벨론의 여러 강변 거기 앉아서 시온을 기억하며 울었도다"(시 137:1). 바벨론 강변에 앉아 나라를 잃은 설움에 울며 유대인들은 "예루살렘아 내가 너를 잊을진대 내 오른손이 그 재주를 잊을지로다."라고 한다(시 137:5). 이러한 자들에게 위로란 이스라엘의 회복으로만 가능할 것이다. 이사야 40:1에서 하나님께서는 위로의 말씀을 전하신다. "너희는 위로하라 내 백성을 위로하라." 이 위로의 내용은 이사야 39:6의 바벨론 포로 예언을 배경으로 본다면 바벨론 포로들을 고토로 돌아오게 하심으로 볼 수 있다. 실제로 쿰란 공동체는 식민지 백성의 상태를 이사야 61장의 언어로 표현하였고, 하나님의 위로를 기다렸다.[24]

이러한 배경 속에서, 로마의 반식민지 상태에서 이스라엘의 회복을 고대하는 유대인들에게는 본문이 일차적으로 독립과 해방의 메시지로 다가올 수 있다. 본문은 울고 있는 유대인들에게 이스라엘의 회복을 약속하고 있는 것처럼 다가온다. 물론 회복되는 이스라엘은 새 이스라엘로서 모든 민족을 예수의 제자로 삼아 이루어지는 영적이고 보편적인 이스라엘이다.

4절은 우리에게 울라고 명하는 윤리적 교훈이 아니다.[25] 이것은 울 수밖에 없는 비참한 현실에 처한 자들에 대한 위로의 말씀이다. 죄에 대해 회개하며 애통하는 것은 위로라는 상을 받을 수 있는 공로가 아니다. 이 위로를 주시는 분은 하나님이다. 본문의 '위로를 받을 것이다'를 비롯하여 지복 선언에 나오는 수동태는 신적 수동태로서 하나님께서 행동의 주체임을 암시한다고 볼 수 있다.[26] 하나님의 위로는 죄인들에게 주어지는

24. 1QH 18:14-15; 11QMelch 2:20(강대훈, 상, 409).

25. DA, 1988: 449.

26. Keener, 2009: 167.

은혜이다. 우리는 이 은혜의 복음을 공로의 율법으로 바꾸지 말아야 한다.

5절 (온유한 자) 온유한 자가 땅을 기업으로 받을 것이라고 선언된다. '땅을 기업으로 받는다'는 매우 구약적인 언어이다. 하나님께서는 이스라엘을 이집트로부터 해방하시고 가나안 땅을 기업으로 주셨으며, 이스라엘 백성은 대대로 이 땅을 상속받았다. 그런데, 5절의 "그 땅을 기업으로 상속받을 것이다"는 70인역 이사야 61:7의 "그 땅을 기업으로 상속받을 것이다"와 일치한다.[27] 여기서, "그 땅을 기업으로 상속"받는 자는 이사야 61:1-3에 나오는 가난한 자, 포로 된 자, 슬픈 자이다. 즉, 약속의 땅 가나안을 잃고 이방인들에게 포로 된 자들이다. 이들은 힘없는 자들, 즉 온유한 자들이지만,[28] 하나님의 은총에 의하여 고토를 되찾게 된다.

마태복음 5:5은 3절과 평행을 이룬다. '온유한'(πραΰς)과 '가난한'(πτωχός)은 모두 히브리어 '아나브'(ענו)의 번역어로서 70인역에 등장하는 단어로 뜻이 비슷한 말이다.[29] 따라서 "온유한 자"는 3절에 나오는 "가난한 자"와 평행을 이룬다고 볼 수 있다.[30] 그렇다면 마태복음 5:5의 '온유한 자'는 평행되는 5:3의 '가난한 자'와 같은 뜻을 가진다고 볼 수 있다. '온유한'(πραΰς)이 마태복음(11:29; 21:5)에서 사용된 용례들이 예수를 온

---

27. 5절은 언어적으로는 시 37:11("그러나 온유한 자들은 땅을 차지하며 풍성한 화평으로 즐거워하리로다.")과도 유사하다. 여기서 '온유한 자'는 시 37:9에 담긴 평행적 표현 "여호와를 소망하는 자들은 땅을 차지하리로다."를 통해서 볼 때 "여호와를 소망하는 자"를 가리킨다. 이러한 자는 시 37:7이 자세히 묘사하듯이 "여호와 앞에 잠잠하고 참고 기다리"는 자이다. 그는 분노하지 않으며, 불평하지 않는 자이다(시 37:8).
28. '온유한 자'는 "억압과 착취로 인하여 아무 것도 가지지 못한 낮은 상태"에 처한 자이다(시 37:14; 사 61:1-2)(양용의, 2018: 114).
29. 강대훈, 상, 411.
30. 5절은 시 37:11("온유한 자는 땅을 차지하며")과 평행되는데 여기서 '온유한'(πραΰς)에 해당하는 히브리어(ענו)는 70인역 사 61:1에서 '가난한'(πτωχός)으로 번역되었다(Hagner, 1993: 92 참고).

유한 통치자로 소개하지만, 이러한 용례들은 온유함이 그 자체로 왕적 통치와 관련된다고 간주되는 근거가 될 수는 없다. 여기서 온유함은 예수의 독특한 통치자로서의 모습을 가리킬 수 있다. 히브리어 '아나브'는 약하고 착취당하는 자들의 모습을 묘사하며(암 2:7; 사 11:4), 온순하다는 뜻을 가지지 않는다(강대훈, 상, 415). 따라서 '온유한 자'는 아마도 "힘없는 자"를 가리킨다(DA, 1988: 449).

또한 3절의 '가난한 자'처럼 '온유한 자'도 영적인 측면으로 해석될 수 있다. 영적으로 온유한 자는 영적인 측면에서 가난한 자와 동일하게 죄인을 가리킨다. 이들은 출애굽한 이스라엘이나 포로 된 이스라엘처럼 땅이 없는 자들이다. 이들은 땅을 얻을 자격이나 힘이 없는 자들이다. 이들에게 종말론적 구원으로서의 새 땅이 주어진다.[31] 5절은 3절처럼 죄인들에게 하나님의 은혜를 선포하는 복음의 메시지이다.

5절과 3절이 평행이라면, '그 땅'은 3절의 '하늘들의 나라'와 평행되므로 '새 땅'을 가리킨다. 죄인들에게 새 땅 즉 하나님 나라가 주어진다는 것은 기쁜 소식이 아닐 수 없다. 우리는 온유함을 윤리적인 덕이나 공로로 생각하여 우리가 온유해지면, 새 하늘과 새 땅에 들어갈 수 있을 것이라고 본문을 곡해해서는 안 된다. 70인역 시편 36:11은 온유한 자들을 악인과 대조시키며 그들이 땅(γῆ)을 상속받을 것이라고 한다. 그러나 여기에는 '땅' 앞에 정관사가 없는 반면 이사야 61:7은 마태복음 5:5에서처럼 '그 땅'(τὴν γῆν)을 상속받을 것이라고 한다. 그러므로 새 출애굽을 묘사하는 이사야 61:7을 배경으로 마태복음 본문을 이해하는 것이 더 적합하다.[32] 땅을 정복하기에 힘이 없는 자들(온유한 자들)에게 하나님은 새 하늘과

31. Gnilka, 123 참고. 쿰란 문헌은 땅을 얻음을 종말론적 구원 얻음의 의미로 사용한다(강대훈, 상, 416).

32. DA, 1988: 451 참고.

새 땅을 선물로 주실 것이다.

6절 (주리고 목마른 자) 주리고 목마름은 구약 성경과 유대 문헌에서 능동적 추구를 표현하기도 한다(DA, 1988: 451). 그러나 6절은 의를 추구하라는 윤리적 교훈이라기보다는 의에 주리고 목마른 자들, 즉 의가 결핍되어 있는 자들에게 선포되는 기쁜 소식으로 간주될 수 있다.[33] 6절은 4절과 평행을 이룬다고 보이기 때문이다. 나라를 잃고 우는 자들은 의, 즉 하나님과의 관계를 잃고 목마른 자들과 동일한 사람들이다. 하나님께서 이스라엘의 하나님이 되고 이스라엘은 하나님의 백성이 되는 관계를 상실하여 나라를 잃게 된 유대인들은 바벨론에 포로로 잡혀가 울며 하나님과의 관계 회복에 주리고 목마르게 되었을 것이다. 이제 그들이 배부르게 된다는 것은 의의 관계가 회복된다는 선언이다. '배부를 것이다'는 신적 수동태로 볼 수 있다. 그렇다면, 이 관계를 회복하시는 분은 하나님이다.

6절의 언어가 시편 107:5, 9의 언어를 연상시킨다는 사실 역시 위의 해석을 지지해 준다.[34] "주리고 목마름으로" 피곤한 자들에게 하나님은 "만족하게 하시며" "좋은 것으로 채워" 주신다. 그런데, 주리고 목마른 자들은 광야 길을 방황하며 거할 성을 찾지 못하는 무리이다. 즉, 출애굽한 후에 광야 생활을 하던 무리이다. 이 광야 생활을 배경으로 당시 유대인들의 (주권을 상당히 잃은) 포로 생활과 같은 상태를 연상시키는 표현인 '주리고 목마름'은 이제 마귀에게 포로 된 사람들의 상태를 묘사한다.

예수께서는 의의 관계를 회복하시기 위하여 십자가에서 자신의 몸을 제물로 삼아 새 언약 체결의 제사를 드리셨다. 이를 통하여 하나님은 우리의 아버지가 되시고, 우리는 하나님의 자녀가 되는 새 언약의 관계, 즉 의가 이루어졌으며, 우리는 이제 영적으로 배부를 수 있게 되었다.

---

33. Gnilka, 124 참고.

34. Hagner, 1993: 93 참고.

물론 '의'가 마태복음 5:20; 6:1에서처럼 하나님의 뜻에 부합한 행동을 가리킨다고 볼 수도 있다.[35] 이 경우에도 '의에 주리고 목마른 자'는 하나님의 뜻대로 살고자 애쓰는 자로 볼 수 있지만, 의를 이미 획득한 자로 볼 수는 없다(DA, 1988: 453). 의에 주리고 목마른 자는 의를 행하며 살지 못하는 죄인의 모습에 관한 묘사로 볼 수 있다. 이렇게 해석해도 마태복음 5:6의 의미는 크게 달라지지 않는다. 이 경우에는 배부를 것이라는 선언은 의가 없는 죄인을 의롭게 하시고 하나님의 뜻을 따라 살 수 있도록 변화시킨다는 선언으로 볼 수 있다.

의에 주리고 목마른 자, 즉 의가 결핍된 죄인들에게 의가 충만하게 주어질 것을 선포하는 6절 말씀도 기쁜 소식이다. 우리가 의에 갈급하면, 이것을 공로로 삼아 하나님께서 의로움을 주신다는 공로 사상이 본문에 있는 것이 아니다. 의에 목마른 자에게 의로 배부르게 하시는 분은 하나님이다. 하나님의 은혜로 의가 이루어진다는 복음이 본문에 담겨 있다.

3. 해설

하나님의 나라가 죄인들에게 은혜로 주어진다는 역설이 복음이다. 산상설교는 이러한 은혜의 복음으로 시작한다. 우리는 이 은혜의 선포를 윤리로 환원시키지 말아야 한다. 우리가 영적으로 가난하기 때문에 구원받는 것이 아니라, 우리가 영적으로 가난함에도 (즉 죄인임에도) 불구하고 은혜로 구원받는다. 우리는 은혜를 겸허히 받아들이면서 시작하여야 한다. 하나님의 나라는 우리의 겸손에 대한 상이 아니라, 하나님께서 값없이 주시는 은혜이다.

35. DA, 1988: 453.

유대인들은 계명을 은혜를 배경으로 하여 이해하는데, 예수께서도 하나님의 나라의 요구를 은혜의 빛 속에서 주시고자 의도하셨음이 분명하다.[36] 물론 예수께서 선포하신 하나님 나라의 은혜가 행함을 배제하는 은혜가 아니었음도 분명하다(Keener, 2009: 162).

3. 새 이스라엘의 윤리 (5:7-12)

은혜의 기쁜 소식으로 시작한 지복 선언은 이 소식을 듣고 나라를 되찾은 하나님의 백성들이 어떠한 삶의 모습을 가질 때 하나님께서 인정하시는가에 대한 가르침으로 이어진다. 그러한 삶의 모습은 명령이 아니라 묘사로 이루어진다. 그들은 하나님께서 그들에게 자비를 베푸신 것처럼 이웃에게 자비를 베푼다(5:7). 그들은 하나님의 백성으로서 하나님의 뜻을 분별할 수 있도록 깨끗한 마음을 가지고 살아간다(5:8). 그들은 하나님께서 그들에게 평화를 이루어 주신 것처럼, 세상에 평화를 이루는 삶을 산다(5:9). 그들은 의를 위하여 핍박을 받는다(5:10). 이러한 삶의 모습은 그들이 참으로 하나님의 구속받은 백성이라는 증거이므로, 종말론적인 구원의 확실성을 바라보며 참으로 기뻐할 수 있는 이유가 된다.

1. 번역

7. 복 되도다, 자비를 베푸는 자들이여!

그들에게 자비가 베풀어질 것이기 때문이라.

8. 복 되도다, 마음이 깨끗한 자들이여!

그들이 하나님을 볼 것이기 때문이라.

36. Keener, 2009: 161.

9. 복 되도다, 평화를 이루는 자들이여!

그들이 하나님의 아들들이라고 불릴 것이기 때문이라.

10. 복 되도다, 의 때문에 박해를 받는 자들이여!

하늘의 나라가 그들의 것이기 때문이라.

11. 사람들이 나 때문에 여러분을 비난하고, 박해하고,

여러분을 대항하여 모든 악한 말을 할 때에는

여러분에게 복이 있습니다.

12. 기뻐하고 즐거워하십시오.

하늘에서 여러분의 보상이 많기 때문입니다.

그들이 여러분들 이전에 선지자들을 그렇게 박해하였기 때문입니다.

2. 주해

7절 (자비를 베푸는 자) 6절까지의 네 가지 복은 은혜의 선포인 반면에, 7절부터 제시되는 네 가지 복은 예수께서 주시는 윤리적 교훈이다.[37] 그중 첫 번째 가르침은 자비를 베풀라는 것이다. 자비는 언약 관계에 대한 신실함의 구체적 표현이다(DA, 1988: 455). 이웃에게 자비를 베푸는 사람에게 하나님은 자비를 베풀 것이다. "긍휼히 여김을 받을 것이다."는 신적 수동태로 간주할 수 있기 때문에 이처럼 해석될 수 있는 것이다. 7절의 배경은 가난한 자를 긍휼히 여기는 자에게 복이 선언되는 잠언 14:21이다.[38]

7절부터 나오는 네 가지 행복 선언은 은혜의 복음을 받아들인 새 하나님의 백성들에게 주시는 삶의 방식이다. 은혜로 인하여 믿음으로 하나님의 백성이 되지만, 일단 하나님의 백성이 되면 하나님의 뜻을 따라 하나

37. Gundry, 73 비교.

38. Harrington, 79.

님의 백성의 삶의 방식대로 살아야 한다. 자비를 베푸는 삶이 바로 그러한 삶의 방식이다. 이것은 하나님의 백성으로서 하나님의 자비하심을 본받는 것이다. 하나님께서 하나님의 백성에게 자비를 베푸셨고 또한 베푸실 것이기 때문에, 하나님의 백성은 자비를 베푸는 삶을 살아야 한다. 이것은 은혜로 죄의 빚을 탕감받은 자가 당연히 행해야 하는 의무이지만, 하나님께서는 이를 행하는 자를 칭찬하실 것이다.

8절 (마음이 깨끗한 자) 시편 73:1에서 '마음이 청결한 자'는 하나님께만 소망을 둔 자를 가리킨다(시 73:2-28).[39] 마음이 청결한 자는 "하나님 앞에서 전적인 진실함과 나누이지 않은 충성심"을 가진 자이다.[40] '마음이 깨끗한 자'는 또한 시편 24:4의 "마음이 청결하며"를 연상시킨다. 시편 24편에서 마음이 청결한 자는 여호와의 산에 오를 자이며 그 거룩한 곳(성전)에 설 자이다(시 24:3-4). 산상설교의 문맥에서는 마음이 깨끗한 자는 음란한 생각을 하지 않는 자이며(마 5:27-30), 행동만이 아니라 마음의 의도까지 선한 사람이다(6:1-18).[41] 또한 재물을 하늘에 쌓아 두어 마음이 땅이 아니라 하늘에 있고, 재물이 아니라 하나님을 섬기는 사람이다(6:19-21, 24).

출애굽기 33:20에 의하면 아무도 하나님을 볼 수 없으므로, 하나님을 본다는 표현은 시편 24:3-4을 배경으로 성전(하나님께서 계시는 곳)에 들어가 거할 수 있다는 뜻으로 해석할 수 있다.[42] 종말에 구원받은 자들은 하나님을 볼 것이다(계 22:4).[43] 따라서 '하나님을 봄'은 종말론적인 구원을

39. Keener, 2009: 170.
40. 양용의, 2018: 117.
41. DA, 1988: 456.
42. Gnilka, 124 참고.
43. Hagner, 1993: 94; Keener, 2009: 167.

뜻하는 표현이다.

9절 (평화를 이루는 자) 평화를 이루는 것도 윤리적인 덕이다. 여기서 평화는 단지 전쟁이 없는 상태라기보다는 히브리어 "샬롬," 즉 정의와 평화와 복지가 어우러진 상태를 가리킬 것이다. 이러한 샬롬을 만드는 자들을 하나님께서는 하나님의 자녀라고 부르신다. 샬롬은 하나님과의 바른 관계에서 나오는 결과이기 때문이다. 따라서 샬롬을 만드는 자들은 하나님과의 새 언약적 관계에 있는 자들, 즉 하나님의 자녀이다. 아들 됨과 평화를 이룸이 연결된 것은 역대기상 22:9-10에서도 발견된다.[44] 여기서 평화를 만드는 분은 메시아적 인물인 하나님의 아들이다. 그러므로 평화를 만드는 사람들은 하나님의 아들처럼 평화를 만드는 자들이므로 역시 하나님의 아들들이라고 불릴 것이다.

하나님의 백성이 세상에서 해야 하는 일은 샬롬을 만드는 일이다. 샬롬을 만드는 일을 하면 하나님의 자녀이며, 샬롬을 파괴하는 일, 즉 불의, 분쟁, 탈취를 자행하면 하나님의 자녀라고 인정받을 수 없을 것이다.

10절 (의 때문에 박해받는 자) 의를 위하여 핍박을 받는 것도 새 이스라엘의 덕으로 제시된다. 핍박을 무릅쓰고, 하나님과의 바른 언약 관계, 즉 의를 지속하며 언약 관계가 요구하는 것, 즉 의를 행하는 자들을 하나님께서 인정하신다.

"하늘들의 나라가 그들의 것이기 때문이다."는 3절과 10절에 수미상관을 이루면서 반복되어, 3절부터 10절을 한 단락으로 묶는다.[45] 이 수미상관은 팔복 선언의 초점이 '하늘들의 나라'임을 알려 준다.[46] 11-12절은 10절에 붙여진 주해적 설명으로 볼 수 있고, 3-10절은 하나의 단락을 이

44. DA, 1988: 459.
45. Hagner, 1993: 95.
46. 양용의, 2018: 108.

룬다고 간주할 수 있다.

11절 (예수 때문에 박해받는 자) 11절은 10절에 관한 부연 설명이다. 10절이 말하는 의로 인한 핍박은 예수로 인한 핍박이다. 예수를 믿고 따르는 삶의 방식으로 인한 핍박이다. 이것은 의가 예수와 깊은 관련을 가진다는 것을 알려 준다. 예수의 십자가 고난으로 인해 하나님과 새 언약 관계, 즉 의가 오기 때문일 것이다.[47]

12절 (기뻐할 이유) 12절도 10절에 관한 부연 설명이다. 의를 위하여 핍박을 받는 자들이 행복할 수 있는 이유는 그들이 하나님의 상을 받기 때문이다. 또한, 선지자들도 그처럼 박해를 받았기 때문이다. 예레미야 선지자(렘 26:20-24; 38:6-13)는 박해받은 선지자의 대표적인 예이다. 느헤미야 9:26; 예레미야 2:30은 선지자들이 죽임 당하였음을 언급한다. 열왕기상 18:4, 13; 19:10, 14에서는 이세벨이 여호와의 선지자들을 죽였음을 서술하고, 역대기하 24:20-21은 선지자 스가랴의 죽음을, 역대기하 36:16은 선지자들이 비웃음 당함을 언급한다.

의를 위하여 핍박을 받는 자들은 선지자들이 하나님의 인정을 받은 것처럼 인정받을 것이기 때문에 기뻐할 수 있다. 그들이 받는 상의 내용은 문맥상 세상에서 받는 "모독," "핍박," "악한 말"과 대조된다. 따라서 그것은 "위로," "칭찬," "인정"(vindication)이다. 마귀는 세상을 이용하여 예수를 따르는 자를 죄인이라고 정죄하지만, 하나님께서는 의롭다고 인정하신다. 세상 속에 의로 인하여 핍박당하는 소수에게 하나님의 인정하심은 큰 위로가 된다.

본문은 세상에서 의를 위하여 고난받는 선지자적인 삶의 방식을 권장한다. 이러한 삶의 동기는 예수로 인한 것이다. 예수를 따르는 자는 선지

---

47. 11절에서 '거짓으로'가 없는 사본들이 원문인 듯하다. '거짓으로'는 필사자들이 일반화를 피하기 위해 추가하였을 것이다(Harrington, 80).

자적 삶을 살 것이다. 예수의 삶의 스타일이 그러했기 때문이다(아래 해설 참고). 예수를 따르는 자는 마침내 하나님의 인정을 받을 것이다. 예수께서 부활하심으로 하나님의 인정을 받으셨듯이 선지자적 고난 뒤에는 부활의 영광이 기다릴 것이다.[48]

3. 해설

마태복음은 예수를 마음이 온유한 자(11:20-24), 자비를 베푸는 자(9:13, 27; 12:7; 20:30), 화평하게 하는 자(5:43-45; 26:52), 조롱당하는 자(26:68)로 묘사한다.[49] 예수께서는 자신의 가르침대로 사신 분으로서 복 있는 자의 원형이다. 따라서 산상설교의 가르침을 따르면 예수의 삶의 모습을 따르게 된다.

4. 빛과 소금 (5:13-16)

사탄으로부터 해방되어 그리스도의 종이 된 그리스도인들은 착한 행실을 통하여 세상 사람들이 하나님께 영광을 돌리도록 해야 한다(5:13-16). 예수께서는 빛과 소금에 비유하여 그리스도인들이 세상 속에서 하는 역할을 가르치신다.

1. 번역

13 여러분은 땅의 소금입니다.

---

48. 이상 지복 선언에 관한 주해는 필자의 글, 신현우, 2005b: 53-60을 보완 발전시킨 것이다.
49. Keener, 2009: 172.

만일 소금이 맛을 잃으면 무엇으로 짜게 되겠습니까?

더 이상 아무런 쓸모가 없어 밖에 던져져 사람들에게 밟힐 뿐입니다.

14 여러분은 세상의 빛입니다.

산 위에 놓인 도시가 숨겨질 수 없습니다.

15 등불은 켜서 큰 그릇으로 덮어 두지 않고 등경 위에 둡니다.

그렇게 하여 집 안에 있는 모든 것을 비춥니다.

16 이처럼 여러분의 빛을 사람들 앞에서 비치게 하십시오.

그렇게 해서 사람들이 여러분의 선한 행실을 보도록 하십시오.

그렇게 하여 그들이 하늘에 계신 여러분의 아버지를 칭송하도록 하십시오.

2. 주해

13절 (땅의 소금) 예수께서는 제자들이 땅에서 하는 역할을 소금에 비유하신다. 소금은 정화(왕하 2:19-23), 충성(스 4:14), 평화(막 9:50), 지혜(랍비 문헌) 등과 관련된다.[50] 소금은 14-16절에 나오는 빛과 평행되는데, 여기서 빛을 비춤은 선한 행실 일반을 가리킨다.[51] 그러므로 소금의 짠맛도 세상 사람들과 구별되는 선한 행실 일반을 가리킨다고 볼 수 있다.

본문에서 개역개정판이 '맛을 잃다'로 번역한 단어는 '모라이노'(μωραίνω, 어리석게 하다)이다. 이 단어는 "어리석다"와 "맛을 잃다"의 뜻을 모두 가진 아람어의 번역으로 볼 수 있다(DA, 1988: 474). 여기서는 이 단어가 소금에 대하여 사용되었으므로, '맛을 잃다'로 번역할 수 있을 것이다.

---

50. DA, 1988: 472-73.

51. DA, 1988: 473.

소금이 맛을 잃음은 예수의 제자들(교회)이 세상의 소금 역할을 더 이상 하지 않는 것에 대한 비유라고 볼 수 있다.[52] 그렇다면 본문 말씀은 언약을 어긴 결과 나라를 잃고 열방 가운데 흩어진 이스라엘의 경우처럼 교회도 버림받을 수 있음을 경고한다고 볼 수 있다(DA, 1988: 474 참고).

14절 (세상의 빛) 예수께서는 제자들이 세상에서 하는 역할을 빛에 비유하신다. '세상의 빛'은 이사야 42:6; 49:6을 배경으로 한다. 언약 백성은 이방인들에게 구원을 맛보게 하는 역할을 한다. 이스라엘의 빛이라 하지 않고 세상의 빛이라고 한 것은 이방 선교를 전제한다고 볼 수 있다(DA, 1988: 472).

예수께서 구약 성경에 예언된 빛이시라면(마 4:16; 사 9:2; 참고. 마 17:2), 그의 제자들도 그러하다(마 10:40-42).[53] 율법이나 성전, 이스라엘이 아니라 예수의 제자들이 빛이라는 가르침은 유대인들에게는 귀에 거슬렸을 것이다(DA, 1988: 471-72).

예수께서는 제자들을 '산 위에 있는 도시'에 비유하신다. '산 위에 있는 도시'라는 표현은 산 위에 건설된 도시 예루살렘을 연상시킨다.[54] 그러나 '도시' 앞에 정관사가 없으므로 반드시 예루살렘을 염두에 두었다고 볼 수 없으며, 어느 도시를 의미하더라도 전달되는 비유적 의미는 동일하다.[55] 빛이 숨겨질 수 없듯이 산 위에 있는 도시는 드러날 수밖에 없다.

15절 (등불의 용도) 예수께서는 제자들을 세상의 빛에 비유한 의미를 설명하신다. 등불을 켜면 말(모디오스) 아래 두지 않고 등경 위에 두게 된다. '모디오스'(μόδιος)는 라틴어 모디우스(*modius*)의 차용어인데, 곡식

52. DA, 1988: 474.
53. Keener, 2009: 175.
54. Harrington, 80.
55. DA, 1988: 475.

등의 부피를 재는 그릇(되, 말)을 가리키는 말이다(DA, 1988: 477). 모디오스로 덮어 두면 등불의 빛은 감추어지고 산소 공급이 중단되어 꺼진다. 제자들이 세상에서 빛을 비추지 않는 것은 이렇게 하는 것처럼 어리석은 일이다.

16절 (선한 행실) 빛은 잠언 6:23 등 많은 문헌에서 가르침을 뜻하는 비유적 언어이다.[56] 그러나 마태복음 5:16에서는 빛이 비치면 선한 행실을 사람들이 보게 된다고 하므로, 빛이 선한 행실을 비유한 것이 분명하다. "너희 빛이 사람 앞에 비치게 하여 그들로 너희 착한 행실을 보고"는 겉보기에는 "사람에게 보이려고 그들 앞에서 너희 의를 행하지 않도록 주의하라."(6:1)는 말씀과 모순되는 듯이 보인다. 5:16을 따라 선행을 사람들이 보게 해야 하는가? 6:1을 따라 선행을 사람들에게 숨겨야 하는가? 5:16은 선행을 일부러 사람에게 보이려고 하지 않아도 선한 사람의 행위는 숨겨지지 않고 결과적으로 드러난다는 뜻으로 볼 수 있다. 산 위에 있는 동네가 숨겨지지 못한다는 5:14의 지적이 이러한 해석을 지지한다. 선행을 사람들에게 보이는 궁극적인 목적이 그들이 하나님께 영광을 돌리게 하는 것이라면 그것은 권장된다. 그러나 그것이 자신의 영광을 위한 것이라면 그것은 부정된다(6:2).

3. 해설

예수께서는 제자들이 세상의 빛이므로, 빛을 세상에 비추어야 한다고 가르치셨다. 그리고 그 빛이 선한 행실임을 명확히 알려주셨다. 예수의 제자가 되면 선한 행실을 하게 된다. 그렇게 하지 않으면 마치 등불을 켜서

56. DA, 1988: 476.

그릇으로 덮어버리는 것처럼 어리석다. 이것은 우리에게 불을 붙여 빛을 비출 수 있게 해 주신 은혜에 대한 올바른 반응이 아니다. 금식, 구제, 기도를 하나님만 아시도록 비밀리에 할지라도(6:1-18) 그리스도인의 선한 삶의 모습은 세상에 드러날 수밖에 없다. 그렇게 할 때 세상은 하나님께 영광을 돌리게 된다(5:16). 이것이 하나님께 영광을 돌리는 삶이다.

5. 율법의 완성 (5:17-20)

예수의 가르침은 구약의 가르침을 폐지하지 않고 완성한다(5:17-18). 그러므로 예수의 가르침을 따르는 그리스도인은 구약의 말씀을 하나도 버리지 말고 해석하고 적용하고자 힘써야 한다(5:19). 예수께서는 바리새인들의 의보다 더 나은 의, 서기관들의 의보다 더 나은 의를 요구하신다. 예수의 가르침을 따르는 그리스도인들의 구약 해석 및 적용은 서기관들과 바리새인들의 수준을 능가해야 한다(5:20).

1. 번역

17 내가 율법이나 선지자들을 폐지하려고 왔다고 생각하지 마십시오.
폐지하러 온 것이 아니라 완성하러 왔습니다.
18 참으로 여러분에게 말합니다.
하늘과 땅이 사라지기까지, (율법이) 모두 다 이루기까지,
일점일획도 율법으로부터 사라지지 않을 것입니다.
19 그러므로 누구든지 이 가장 작은 계명들 중에 하나라도 느슨하게 하고
그렇게 사람들에게 가르친다면,
그는 하늘들의 나라에서 가장 작은 자라고 불릴 것입니다.
그러나 누구든지 (그러한 계명이라도) 행하고 가르친다면,

그는 하늘들의 나라에서 큰 자라고 불릴 것입니다.

20 내가 여러분에게 (다음처럼) 말하기 때문입니다.

여러분의 의가 서기관들과 바리새인들의 의보다 낫지 않으면

결코 하늘들의 나라에 들어가지 못할 것입니다.

2. 주해

17절 (율법을 완성하러 오신 예수) 예수께서는 '율법과 선지자들'을 폐하러 오시지 않았고 오히려 완성하러 오셨다고 밝히신다. '율법과 선지자'는 구약 성경을 가리키는 전통적 표현이다.[57] '율법'은 모세오경을 가리키며(마 12:5; 마카비4서 1:34; 2:5-6, 9; 9:2; *Ant*. 17.151), '선지자들'은 나머지 구약 성경을 가리킨다(참고. 눅 16:29, 31).[58]

예수께서는 자신이 '왔다'고 말씀하셨는데, '왔다'라는 단어는 예수께서 자신을 신적 기원을 가진 사명을 받은 선지자적 존재로 여겼음을 보여주는 표현이다(DA, 1988: 483). 그 사명은 율법 폐지가 아니라 율법의 완성이었다.

율법과 선지자들을 완성한다는 말씀은 무슨 뜻인가? '완성하다'(πληρόω)는 단어는 70인역에서 '말레'(מלא)의 번역어로서 궁극적 목표의 성취를 뜻한다.[59] 이 동사는 마태복음에서 구약 예언의 성취 또는 구약 본문의 의미의 성취(1:22; 2:15, 17, 23; 4:14; 8:17; 12:17; 13:35; 21:5; 26:54, 56; 27:9), 하나님의 뜻의 성취(순종)(3:15), 또는 가득 참(13:48; 23:32)을

57. 마카비2서 15:9; 마카비4서 18:10; 요 1:45; 롬 3:21; *t. Baba Metzia* 11.23(DA, 1988: 484; 양용의, 2018: 123).

58. DA, 1988: 484.

59. 양용의, 2018: 123.

뜻한다. 5:17에서 이 동사는 선지서만이 아니라 율법을 포함하여 구약 성경과 관련해 사용되었으므로 그 본문의 의미의 성취를 뜻하는 듯하다. 이 성취의 방법은 순종을 통하여 또는 가르침을 통하여 이루어질 수 있는데, 문맥상 5:21-7:27의 예수의 가르침이 율법과 선지자의 가르침의 의미를 충만하게 성취하는 것임을 뜻한다.[60]

예수께서 율법과 선지자들을 폐하지 않는다는 말씀은 무슨 뜻인가? '폐하다'(καταλύω) 동사는 마태복음에서 건물의 파괴를 표현하기 위해 사용된다(24:2; 26:61; 27:40). 구약 성경(율법과 선지자)을 파괴한다는 것은 그 가르침의 내용을 왜곡하거나 무효화시키는 방식으로 가르치거나 행동하는 것을 뜻한다고 볼 수 있다. 서기관들의 가르침과 바리새인들의 행위는 구약 성경의 의도를 왜곡하여 구약 성경을 폐지하는 예로 제시된다.

초기 기독교인들은 반율법주의 입장을 가졌다고 공격받았는데,[61] 예수께서 율법을 폐지하러 오시지 않았다는 말씀은 이러한 공격에 대한 변증에 활용할 수 있는 본문이었을 것이다.

18절 (율법의 일점일획) 예수께서는 "참으로 나는 너희에게 말한다."고 하시며 말씀을 이어가신다. 이 말씀에서 '참으로'(아멘)를 빼더라도 이것은 발화자의 권위를 전제하는 표현이다(마 3:9; 행 5:38; 롬 11:13; 희년서 36:11; 갓의 유언 5:2; 에녹1서 92:18; 94:1; 99:13; 욥의 유언 37:1).[62]

예수께서는 하늘과 땅이 사라지기까지 율법의 일점일획도 없어지지

60. 정훈택도 같은 입장이다. "예수님이 율법에 순종하심으로 율법의 요구를 이루셨다고 해석하는 것은 전체 본문에 맞지 않는다. 예수님의 가르침이 곧 율법의 완성이라고 하는 것이 더 나을 것이다"(정훈택, 63).

61. Keener, 2009: 177.

62. DA, 1988: 490.

않는다고 하신다. 구약 성경과 유대 문헌에서 하늘과 땅은 하나님이 재창조하실 때까지 존속한다고 간주되었다(사 65:17; 벧후 3:13; 계 21:1; 에녹1서 91:16).[63] 그런데 '하늘과 땅이 사라지기까지'라는 시간적 제한은 율법이 영원하지는 않음을 암시한다.[64] 그러나 예수의 순종과 죽음으로 율법이 이미 다 성취되었다는 해석은 긴 시간을 암시하는 '하늘과 땅이 사라지기까지'라는 표현에 부합하지 않으며,[65] 하나님 나라 시대에 율법을 계속 가르쳐야 함을 전제하는 19절에도 어긋난다. 만일 예수로 인해 시작된 새 언약 시대가 오기까지만 율법이 유효하다면, 예수께서 사실상 율법을 폐지하러 오신 것이다. 그런데 예수께서는 율법을 폐하러 오지 않으셨다고 하므로(17절) 율법은 새 언약 시대에도 유효하다고 보아야 할 것이다.

예수께서는 율법이 '모두 다 이루기까지' 율법이 없어지지 않는다고 하신다. 모두 이루어진다는 표현은 마태복음 24:34-35에서처럼 예언의 성취를 가리킬 수도 있다(DA, 1988: 487). 그러나 예언이 아니라 율법을 다루는 마태복음 5장의 문맥 속에서 이 표현은 예언의 성취보다는 율법의 의도의 성취를 가리킨다고 보는 것이 더 적합하다.

예수께서는 율법의 '일점일획'도 없어지지 않는다고 하신다. '일점일획'이란 표현은 예수께서 언급하신 율법이 구전 율법이 아니라 기록된 율법을 가리킴을 알 수 있게 한다(DA, 1988: 491). 유대인들은 율법의 불변성을 믿었으나 세부적인 변경이 필요함을 인식하였다.[66] 마태복음은 예수께서 이러한 입장보다 더 율법을 존중하심을 보여 준다.

19절 (율법을 가르치고 지켜야 함) 이 계명들 중에 지극히 작은 것도 행

63. Nguyen, 15.
64. *b. Sanhedrin* 97ab; *b. Niddah* 61b 참고(DA, 1988: 490).
65. DA, 1988: 494.
66. *Midr. Ps.* 146.7(DA, 1988: 492).

하고 가르쳐야 한다. 여기서 '이 계명들'은 18절에서 율법이 언급된 문맥상 율법의 계명들을 가리킨다.[67] 하나님 나라 시대(새 언약 시대)에도 율법은 가르쳐져야 하고 지켜져야 한다. 율법을 열심히 가르치고 지키는 자가 하늘들의 나라(하나님 나라 시대)에도 큰 자이다.[68]

율법이 폐지되었다고 가르치고 이를 어기는 자는 천국에 들어가지 못하는 자로 볼 수도 있다. 왜냐하면 그들은 율법을 왜곡하여 가르치는 서기관들과 잘못 실천하는 바리새인들보다도 못하다고 볼 수도 있는데, 그러한 자는 구원받지 못하기 때문이다(20절). '천국에서 작은 자'란 천국에 들어가기는 함을 전제하는 표현일 수도 있으나, 하나님 나라 시대에 작은 자라는 뜻으로 볼 수도 있다.

20절 (서기관과 바리새인보다 더 나은 의) 예수를 따르는 제자들의 의는 서기관들과 바리새인들보다 나아야 한다. 그렇지 못하면 "결코 천국에 들어가지 못한다." 여기서 '천국에 들어가다'는 표현은 '구원을 얻다'는 표현과 동의어임을 마태복음 19:23-25에서 알 수 있다. 서기관들과 바리새인들의 의보다 더 낫지 못한 의는 그들의 의보다 더 낮은 의이다. 그러한 의가 무엇인지는 그들의 가르침에 관하여 비판하는 21-48절을 통하여 알 수 있다.

그들의 의보다 더 나은 의가 무엇을 가리키는지도 이어지는 21-48절이 제시하는 높은 기준을 통해서 드러난다. 이것은 율법이 제시하는 기준보다 더 높은 기준을 따르는 의임을 알 수 있다.

---

67. Hagner, 1993: 108.

68. 정훈택의 다음 지적은 마 5:19의 정신을 잘 적용한다. "선생은 가르치는 것을 스스로도 행할 수 있어야 한다. 그러나 스스로 행하지 못하더라도 말을 할 수 있어야 한다. 자신이 못한다는 것 때문에, 하나님의 뜻을 말하거나 가르치지도 않는 것은 가장 큰 잘못이다"(정훈택, 311).

3. 해설

예수께서 율법을 폐지하러 오시지 않으셨다고 명확히 말씀하셨음에도 불구하고 율법폐지론은 오늘날에도 끈질기게 남아 있고 많은 그리스도인들을 현혹하고 있다. 예수께서 율법을 지키시고, 백성의 죄를 대신 지고 형벌을 받으심으로 율법을 성취하셨을 뿐 아니라, 예수의 가르침 자체가 율법을 완성하는 가르침이다. 이 가르침은 성부, 성자, 성령의 이름으로 세례받은 모든 백성(그리스도인)에게 가르쳐서 지키도록 해야 한다(마 28:20). 그런데, 산상설교를 포함해서 예수의 가르침을 지켜야 한다는 명확하고 단순한 명령이 신학적 궤변을 통하여 거부당하기도 한다. 예수의 단순한 명령보다 복잡한 신학적 진술이 유행하며 그리스도인들을 현혹한다. 그러나 그리스도의 명령을 거부하는 한 어떤 교묘한 신학적 진술이라 할지라도 그것에는 그리스도교의 핵심 가르침이 있다고 볼 수 없다.

서기관들의 의보다 더 나은 의 (5:21-48)

마태복음 5:21-48 본문은 서기관들의 의보다 더 나은 의가 어떠한 것인지 알려 준다. 5:47에 나오는 '더 나은'(περισσὸν)은 5:20의 '더 낫다'(περισσεύσῃ)와 연결되어 이러한 연관성을 암시한다.[69] 이 본문에 담긴 예수의 가르침은 율법의 정신과 의도를 파괴하는 서기관들의 가르침과 달리 율법의 정신과 의도를 바르게 적용하는 가르침이다.

예수의 가르침은 언급된 유대인들의 가르침에 대조되지만 구약 율법

69. DA, 1988: 499.

에는 모순되지 않고 구약 율법보다 더 철저한 기준을 제시한다. 이혼을 금지하고 잘못된 맹세 방식을 금지한 예수의 가르침도 그러하다. 구약 성경은 이혼이나 맹세를 명령하고 있지 않기에, 이를 금하는 예수의 가르침이 구약 율법을 폐지하지는 않는다(DA, 1988: 507).

서기관들은 구약 율법의 의도를 왜곡하여 해석하고 적용함으로써 구약 율법의 정신을 파괴하였다. 그러나 그리스도인들은 구약 율법의 의도를 바르고 철저하게 적용하신 예수의 가르침을 따라야 한다(5:21-48).

6. 살인에 관하여 (5:21-26)

1. 번역

21 여러분은 옛날 사람들에게 다음처럼 말해졌다는 것을 들었습니다.
'살인하지 말라. 누구든지 살인하면 재판을 받을 만할 것이기 때문이다.'
22 그러나 나는 여러분에게 말합니다.
누구든지 그의 형제에게 분노하는 자는
(회당) 재판을 받을 만할 것입니다.
누구든지 그의 형제에게 '바보'라고 말하는 자는
의회 재판을 받을 만할 것입니다.
누구든지 '멍텅구리'라고 말하는 자는
불지옥에 들어갈 만할 것입니다.
23 그러므로 그대의 헌물을 제단에 가져가다가
그대의 형제가 그대에게 원한을 품고 있는 것이 기억나면,
24 그대의 헌물을 그곳 제단 앞에 놓아두고
가서 먼저 그대의 형제와 화해하고,

그 후에 와서 그대의 헌물을 바치십시오.

25 그대를 고소하려는 자가 함께 길에 있을 때에 빨리 합의하십시오.

그렇게 하지 않으면 고소하려는 자가 그대를 판사에게 넘기고,

판사는 집행인에게 넘겨서 감옥에 던져지게 될 것입니다.

26 진실로 그대에게 말합니다.

그대가 마지막 한 고드란트까지[70] 갚기 전에는

결코 그곳에서 나오지 못할 것입니다.

2. 주해

21절 (살인에 관한 서기관들의 가르침) 예수께서는 살인에 관한 서기관들의 가르침을 언급하신다. "옛 사람에게 말한 바 살인하지 말라 누구든지 살인하면 재판을[71] 받을 만하다는 것을 너희가 들었다." 개역개정판이 '옛 사람에게 말한 바'라고 번역한 부분은 '옛 사람들에 의하여 말해진 바'라고 번역할 수 있는 헬라어로 되어 있다. 그런데 힐렐, 샴마이 등의 랍비들은 '옛 선조들'이라고 불렸으므로[72] "옛 사람들에 의하여 말해진 것"은 랍비들의 가르침을 가리킬 수 있다. 또한 여기서 '들었다'(ἠκούσατε)는 표현은 랍비 문헌에서 "전통으로 받다"는 뜻으로 사용되므로(*m. Sanhedrin* 11.2),[73] 인용되는 부분의 내용이 유대 전통을 언급한다고 볼 수 있다. 그런데 '말해졌다'(ἐρρέθη)는 표현은 구약 성경에 담긴 하나님의 말씀과 관련

70. 데나리온(하루 품삯)의 64분의 1

71. 23인으로 구성된 지방 산헤드린의 재판을 가리킨다(*m. Sanhedrin* 1:4; Hagner, 1993: 116).

72. Hendriksen, 상, 481.

73. DA, 1988: 510.

하여 사용되기도 하였다(롬 9:12).[74] 양용의는 여기서도 그렇다고 보고 이 표현이 신적 수동태라고 주장하였다(양용의, 2006: 19).

그러나 이어진 인용이 누구의 말인지는 문맥을 살펴서 결정해야 한다. 여기서 인용된 것은 구약 성경 그대로가 아니므로, 유대인들이 들은 구두 전승을 가리킬 수 있다. 출애굽기 20:13; 신명기 5:17은 "살인하지 말라"라고만 한다. 따라서 살인하면 심판(κρίσις, 재판)을 받는다는 가르침은 유대인들이 구두 전승 속에서 서기관들에게서 들은 가르침이라고 볼 수 있다. 이것은 율법을 왜곡한 것은 아니고 적용한 것이다.

22절 (분노와 욕설에 관한 예수의 가르침) 예수께서는 "그러나 나는 말한다."라고 하시며 말씀을 이어가신다. 이 표현은 랍비들이 다른 랍비들의 율법 해석을 반대하는 자신의 해석을 도입할 때 쓰는 말이다.[75] 그러므로 예수께서 이 표현으로 서기관들의 율법 해석을 반대하는 예수의 가르침을 도입하셨다고 볼 수 있다.

다수의 사본들에 '라가라 하는 자는' 앞에 '이유 없이'가 더해져 있는데, 이것은 나중에 추가된 것으로 보인다.[76] 이러한 첨가는 예수의 가르침이 너무 철저하여 이를 완화시키고자 한 결과로 볼 수 있다.

예수의 가르침은 서기관들의 가르침보다 훨씬 철저하다. 형제(즉 동료 유대인[77])에게 노하면 재판을 받을 만하고(ἔνοχος, 마 26:66 참고), '라가'라고 욕을 하면 산헤드린(71명으로 구성된 예루살렘 의회[78])에 잡혀갈

74. DA, 1988: 506.
75. 양용의, 2006: 21.
76. Black, 1-8 참고; Harrington, 86.
77. Harrington, 86. 시 22:22 참고. 동료 유대인에게 화내지 말라는 가르침은 그리스도인들에게 동료 그리스도인들에게 화내지 말라고 적용될 수 있다.
78. Hagner, 1993: 116.

만하고, '미련한 놈'이라고 욕을 하면 게헨나(지옥) 불에 들어갈 만하다.[79] 이것은 율법의 가르침을 극단적으로 철저화하는 가르침이다. 화내는 자를 모두 재판하는 것은 법정이 감당하기 불가능한 것이므로, 이러한 가르침은 과장법을 사용하여 표현된 것이라고 볼 수 있다(Cruise, 97).

여기서 '게헨나'(γέεννα)는 몸이 들어갈 수 있는 곳이면서(5:29, 30; 10:28) 사람이 죽일 수 없는 영혼(ψυχή)이 들어갈 수 있는 곳이다(10:28). 마태복음 18:8-9에서 지옥(게헨나) 불에 던져지는 것은 생명에 들어가는 것과 대조되어 쓰였는데, 마태복음에서 생명에 들어감은 천국에 들어감과 같은 뜻으로서 구원을 얻는다는 뜻이다(마 19:16, 23, 25). 따라서 게헨나에 들어간다는 것은 구원을 받지 못한다는 뜻을 가진다. '게헨나'는 본래 힌놈의 골짜기를 가리켰는데, 이곳은 몰렉에게 자녀들을 불살라 바치는 곳이었기에(대하 28:3; 33:6), 또는 이곳에 지하 세계의 입구가 있다고 여겨졌기 때문에, 악인들이 죽은 후 가는 곳을 가리키는 비유적 언어로 사용될 수 있었을 것이다(DA, 1988: 515).

'라가'(ῥακά), '미련한 놈'(μωρέ)이란 욕은 어떤 욕설일까? '라가'는 아람어 '레카'(ריקא)의 번역어로서 "바보"를 뜻하는데 당시 문화 속에서는 이러한 욕은 매우 큰 모독이었다.[80] 그러나 이 욕은 해칠 의도를 담지는 않았고 가정에서도 종종 사용되었다.[81] 이 단어는 비었다는 뜻을 가지는데, 머리가 비었다는 뜻으로 사용되는 경우 욕이 될 수 있다(Geiger, 140). 이러한 욕은 야고보서 2:20에서도 "(머리가) 텅빈 사람아"(ἄνθρωπε κενέ)라는 말에서도 사용되었다고 볼 수 있다. 야고보는 예수의 가르침에

79. 쿰란 문헌(1QS)의 경우에도 공동체 일원에게 심한 말을 하는 것에 대한 벌들을 나열하고 있다(DA, 1988: 513).

80. Hagner, 1993: 116.

81. 강대훈, 상, 461.

과장법이 있음을 알았을 것이며 문자적으로 적용되어야 한다고 간주하지 않았기에 이렇게 하였을 것이다.

'미련한 놈'을 뜻하는 '모레'(μωρέ)는 '레카'(ריקא)의 헬라어 번역으로 볼 수 있는데[82] 문맥상 '라가'보다 더 심한 욕으로 간주된다. 그러나 예레미아스의 연구에 의하면 이 욕도 당시에 매우 심한 욕은 아니었다고 한다.[83] 마태복음에서 '미련한'(μωρός)은 모래 위에 집을 짓는 자(7:26), 눈먼 서기관과 바리새인들(23:17), 기름을 준비하지 않은 처녀들(25:3)에 대하여 사용되었다. 이들은 분별력이나 판단력이 결여된 사람들이다.

그런데 마태복음 7:26에서 '미련한'(μωρός)이라는 표현은 모래 위에 집을 지은 사람에게 적용되었는데, 이러한 사람은 예수의 가르침을 행하지 않는 자를 비유한 것이고, 마태복음 25:2 이하에서 기름을 준비하지 않는 처녀들에 적용되는데(Garlington, 69), 이 처녀들은 예수의 재림을 대비하지 못하다가 예수로부터 "내가 너희를 알지 못하노라."는 선언을 듣는 자들이다(마 25:12). 그러므로 '미련한 자들'이라는 욕은 마태복음에서 단지 지적 수준이 떨어진다는 뜻이 아니라 구원받지 못할 자들이라는 어감을 가진다.[84] 기독교인이 다른 기독교인에게 구원받지 못할 자라는 의미를 담아 '미련한 자'라고 한다면 그것은 심각한 잘못이다.

가인의 경우에서 보듯이 분노는 살인을 낳을 수 있다(창 4:5, 8). 이러한 분노와 분노를 표출하는 언어에 살인에 대한 것과 동등한 재판의 과정을 가하는 것은 율법보다 더 철저한 것이다. 그렇지만 이것은 율법을 폐하는 방향이 아니라 율법을 완성하는 방향으로 철저화한 것이다. 이러한 철저화는 살인이라는 행동을 그 원인까지 제거하여 살인을 하지 않도록

82. Hagner, 1993: 117.

83. 강대훈, 상, 461.

84. Garlington, 83 참고.

하기 위한 것이다. 이것은 율법에 울타리를 쳐서 율법을 지키도록 하는 예수의 할라카(율법 적용 규범)에 해당한다. 예수의 할라카를 지키는 사람은 율법을 어기게 될 염려가 없다. 분노와 욕설을 금하면 살인을 하게 될 위험은 없다. 양용의는 예수의 가르침이 구약의 살인 금지 규정을 무효화하지 않고 더 철저하게 적용한다고 해석하는데,[85] 이러한 해석은 정당하다. 예수의 가르침은 구약 율법을 대체하지 않고 오히려 완성한다.

심한 욕설을 하면 구원받지 못한다는 것은 과연 예수께서 문자적으로 의도하신 것일까? 아니면 욕의 위험성에 관하여 진지하게 경고하시기 위하여 과장법을 사용하시는 것일까? 예수의 다른 가르침이나 행동에 부합하지 않는 가르침에는 과장법이 사용되었다고 볼 수 있다(Cruise, 94). 예수께서 '독사의 새끼들아'라는 표현을 서기관들과 바리새인들에게 사용하신 것(마 23:33)은 후자의 해석을 택하게 한다. 예수께서는 분노를 행동으로 표출하기도 하셨고(21:12), 바리새인들을 "미련한 자들"(μωροί)이라고 부르시기도 하셨으므로(23:17),[86] 예수의 가르침은 분노와 욕설에 대한 무조건적 금지로 이해되어서는 안 된다.

23-24절 (제사보다 우선하는 화해) 예수께서는 제단에 예물을 드리는 일보다 화해가 우선임을 언급하신다. 예수께서 언급하는 '원망들을 만한 일이 있는 것'(ἔχει τι κατὰ)은 화해의 필요성을 언급하는 문맥상(24절) 화해가 필요한 대립 상태를 가리킨다. 성전에서 제사드리려고 오래 순서를 기다렸다가 마침 순서가 되었는데 화해해야 할 형제가 생각나는 경우에 화해부터 하고 제사해야 할 만큼 화해는 중요하다(이석호, 135).

화해를 청해야 하는 쪽은 재판관에게 넘겨지고 감옥에 들어가게 되는

85. 양용의, 2006: 27-28.

86. Keener, 2009: 185.

것을 언급하는 문맥상(25절) 잘못을 행한 쪽이다.[87]

25-26절 (고발당하기 전의 화해) 빚을 갚지 않아서 고발당할 위기에 있는 자의 경우가 언급된다. 그는 고발당하기 전에 화해해야 한다. 빚 때문에 감옥에 가두는 것은 유대인들의 법이 아니라 로마법을 배경으로 한다.[88] 빚으로 인한 투옥의 경우 갇히는 기간은 25절이 언급하듯이 한시적으로 빚을 다 갚을 때까지이다(Eubank, 163-67).

3. 해설

살인하지 말라는 율법의 계명을 예수의 가르침은 완성한다. 예수께서는 형제(하나님의 백성)에게 분노하지 말라고, 욕하지 말라고 하신다. 또한 형제와 화해하는 것이 하나님께 제물을 드리는 것보다 우선한다고 지적하신다. 형제에게 고발당할 일(빚을 갚지 않는 등)을 했을 경우에도 재판을 받기보다는 화해해야 한다. 이러한 가르침은 율법이 요구하는 수준보다 더 높은 수준을 요구하는 것이며, 이것은 예수의 가르침을 통한 율법의 완성의 방식이다.

서기관들은 살인하면 재판을 받아보아야 한다고 가르친다. 이러한 가르침의 수준보다 더 낮은 수준은 살인을 해도 괜찮다는 가르침이다. 이것이 바로 20절이 언급한 서기관들보다 더 낮은 의의 수준이다. 이러한 수준에 있는 자는 은혜로 거듭남을 경험한 칭의된 하나님의 백성일 리가 없다. 20절 말씀대로 그러한 경우에는 절대로 천국에 들어가지 못할 것이다.

예수께서는 서기관들의 가르침을 비판하시며 재판을 받을 만한 경우

87. DA, 1988: 517.

88. Harrington, 87.

는 살인의 경우만이 아니라, 형제(하나님의 백성) 사이의 분노, 욕설도 해당한다고 말씀하신다. 그러므로 화해는 이러한 경우에도 적용되어야 한다. 그리스도인 사이에 화내고 욕하면서 화해하지 않고 예배를 드리는 것은 옳지 못하다. 먼저 잘못한 것을 사과하고 예배를 드려야 할 것이다.

7. 간음에 관하여 (5:27-30)

1. 번역

27 여러분은 '간음하지 말라.'는 말을 들었습니다.
28 그러나 나는 여러분에게 말합니다.
누구든지 여자를 보고 그녀를 취하려고 한다면
이미 그의 마음속에서 그녀를 간음한 것입니다.
29 그대의 오른눈이 그대를 죄짓게 한다면,
그것을 뽑아서 그대로부터 던져버리십시오.
왜냐하면 그대의 지체들 중에 하나를 잃고
그대의 온 몸이 지옥에 던져지지 않는 것이
그대에게 유익하기 때문입니다.
30 그대의 오른손이 그대를 죄짓게 한다면,
그것을 잘라서 그대에게서 던져버리십시오.
왜냐하면 그대의 지체들 중에 하나를 잃고
그대의 온 몸이 지옥에 던져지지 않는 것이
그대에게 유익하기 때문입니다.

2. 주해

27절 (구약 인용) '간음하지 말라'(οὐ μοιχεύσεις)는 구약 성경(70인역 출 20:13)을 그대로 인용한 것이다. 그러나 이어지는 예수의 가르침은 이 가르침을 반대하지 않고 더 강화한다.

28절 (예수의 가르침) 음욕을 품고 여인을 보는 것이 금지된다. '음욕을 품고'로 번역된 부분(πρὸς τὸ ἐπιθυμῆσαι αὐτὴν)은 '그녀를 취하려고/탐하려고'로 번역할 수 있다. '여인'으로 번역된 헬라어 단어는 "소녀"(κοράσιον)나 "젊은 여인"(παρθένος)을 가리키는 단어가 아니라 '귀네'(γυνή)이므로 결혼한 여자를 가리킬 수 있다.[89] 그러므로 이 구절은 이웃의 아내를 탐하지 말라는 제10계명을 연상시킨다. 여인(남의 아내)을 취하고자 하는 의도를 마음에 품고 있으면 이것은 간음미수죄이다. 예수께서는 여인의 아름다운 매력이나 차림새를 문제 삼지 않으시고 여인을 바라보는 남자의 의도를 문제 삼으신다.[90]

예수께서는 여인을 취하려는 목적으로 바라보는 행위를 마음의 간음으로 간주하신다. 그리고 간음 등의 죄의 결과는 지옥에 던져지는 것이다(30절). 물론 하나님께서 모든 죄를 용서하실 수 있지만, 이러한 죄를 지으면서 자동적인 죄 용서를 기대할 수는 없다. 오히려 본문 말씀대로 구원으로부터 탈락하게 된다는 심각한 경고를 받아야 한다.[91]

여인을 '보는'(βλέπων) 것은 어떠한 행동을 가리키는가? 키너는 현재형에 담긴 계속적 의미를 살려서 주해하며 '보는'은 여인의 아름다움을

89. Maier, 188 참고.

90. Brower, 306.

91. 탐욕을 가지고 여인을 보지 말라는 가르침은 이삭의 유언 4:53에서도 발견된다 (DA, 1988: 522).

알아채는 것이 아니라 이것을 "묵상하며 가지려고 애쓰는 것"을 가리킨다고 본다(Keener, 2009: 189).

29-30절 (죄를 방지하기 위한 방책) 간음을 막기 위해서는 마음에 간음하려 하는 의도가 생기지 않도록 해야 한다. 그러한 의도를 가지는 순간 그것은 일종의 간음이기 때문이다. 그런데 간음의 욕망은 눈으로 봄으로써 생기게 될 수 있다. 그래서 예수께서는 차라리 봄을 차단하라고 하신다(29절). 손으로 만짐으로써 욕망이 생기게 될 수도 있다. 그래서 예수께서는 그러한 접촉도 차단하는 것이 구원을 받지 못하는 것보다 낫다고 하신다(30절). 신체를 절단하라는 것은 문자적인 의미로 받아들이면 안 된다. 구약 성경은 스스로 신체를 훼손하는 것을 금하기 때문이다(신 14:1; 23:1).[92] "너희는 너희 하나님 여호와의 자녀이니 죽은 자를 위하여 자기 몸을 베지 말며"(신 14:1). 또한 죄의 원인이 몸의 일부가 아니라 마음에 있다고 하는 마태복음의 원격 문맥(15:19)도 죄 문제를 해결하고자 몸의 일부를 문자적으로 절단하라고 해석할 수 없게 한다(정훈택, 66). 이 본문은 하나님은 헌신된 마음을 원하시므로(신 5:29; 30:6), 의도에 대해서도 심판하실 것이라는 뜻으로 이해할 수 있다.[93]

3. 해설

간음하려는 의도를 가지고 여인을 바라보는 것도 금지하는 예수의 가르침은 간음을 금지하는 구약 율법의 가르침을 폐지하지 않는다.[94] 오히려 간음의 범주를 넓힘으로써 구약 율법의 간음 금지를 더욱 철저화한다.

92. Edwards, 293
93. Keener, 2009: 183.
94. DA, 1988: 522.

제10계명도 이웃의 아내를 탐하는 것을 금하는 내면적 차원을 가지므로 탐하기 위하여 보는 것을 금하는 예수의 가르침이 율법의 해석이나 적용을 넘어서 새로운 계명을 도입하는 가르침이라고 볼 수 없다.[95] 예수의 가르침은 율법이 추구하는 것을 바르게 해석하고 적용하여 완성하는 가르침이다.

8. 이혼에 관하여 (5:31-32)

1. 번역

31 또 '누구든지 자기의 아내를 이혼시키려면
그녀에게 이혼증서를 써주라.'고 말해졌습니다.
32 그러나 나는 여러분에게 말합니다.
누구든지 자기의 아내를 음행의 사유 없이 이혼시키는 자는
그녀가 간음 당하게 하는 자입니다.
또한 누구든지 이혼당한 여인과 결혼하는 자도 간음하는 자입니다.

2. 주해

31절 (서기관들의 가르침 인용) 인용된 가르침은 구약 성경 구절이 아니다. "누구든지 아내를 버리려거든 이혼증서를 줄 것이라."는 구약 율법이 명하는 것이 아니다. 이혼증서를 써주는 것은 신명기 24:1 이하에 전제되고 있는 것일 뿐이며, 명령된 것이 아니다.

95. Brower, 301-2.

이 신명기 구절은 이혼이 허용되는 상황에서 재결합이 허용되지 않는 경우를 명시하는 본문이다. 이 구절은 이혼을 함부로 하지 말고 신중하게 하도록 하여 이혼을 억제하는 기능을 한다. 그러므로 이혼을 금지하는 예수의 가르침은 율법이 허용하던 것을 금지하는 것이므로 율법과 모순되지 않으며, 이혼을 함부로 하지 못하게 한 율법의 의도의 철저화에 해당한다.

32절 (이혼 금지) 예수께서는 음행의 사유가 있는 경우를 제외하고는 이혼을 금지하신다(음행에 관한 자세한 설명은 아래 해설 참고). 전치사 '빠렉토스'(παρεκτός)가 '모든'(πᾶς)과 함께 사용되는 경우에는 예외를 뜻하므로(행 26:29 등), 여기서도 상대방의 음행을 사유로 하여 이혼하는 경우는 예외로 함을 뜻한다고 보아야 한다.[96] '음행의 사유'로 번역되는 표현(λόγου πορνείας)은 여기에 담긴 '말'(λόγος, word)이라는 표현으로 인해 신명기 24:1의 '부적절한 것'(ערות דבר)을 가리킬 수 있다.[97] 이 히브리어 표현에서 '것'(thing)으로 번역될 수 있는 '다바르'(דבר)는 '말'을 뜻할 수도 있기 때문이다. 샴마이 학파는 신명기 24:1에서 이혼 사유로 제시된 '부적절한 것'을 순결하지 않음을 가리킨다고 해석했다.[98] 따라서 마태복음에서 이혼 사유로 순결하지 않음을 가리킬 수 있는 단어인 '음행'(πορνεία)이 제시된 것은 샴마이 학파와 일맥상통하는 측면이 있다(DA, 1988: 530).

이러한 예수의 가르침은 이혼을 금지하지 않은 구약 율법보다 철저하며, 이혼 사유를 상당히 폭넓게 본 당시 유대교와 비교할 때 훨씬 더 철저하다. 힐렐(Hillel) 학파는 아내가 빵을 굽다가 태우기만 해도 이혼시킬 수

---

96. Guenther, 91-92.

97. DA, 1988: 530 참고.

98. *m. Gittin* 9:10; *b. Gittin* 90ab; *Sipre* on Deuteronomy 24:1 참고(DA, 1988: 530).

있다고 보았다.[99] 후에 랍비 아키바(Akiva)는 남편이 자기 아내보다 더 아름다운 여인을 발견하면 아내를 이혼시킬 수 있다고 보았다.[100] 당시 유대교 전통의 주된 흐름은 남편에게 불순종한다거나 다른 남자와 대화를 나누었다는 등 사실상 어떤 이유로도 남편이 아내와 이혼할 수 있도록 허용했다.[101] 반면에 아내는 이혼하려면 법정에 요청하여 남편의 허락을 받아내야 했다(신현우, 2021: 478-79).

아내를 이혼시키면서 남편이 두 명의 증인의 서명을 받아서 아내에게 주는 이혼증서는 재혼허가서였다.[102] 미쉬나(*m. Gittin* 9:3)에 의하면 이 증서에는 "그대는 어느 남자와도 자유롭게 결혼할 수 있다."라고 기록되어 있다.[103] 이혼증서는 이혼당하는 여인을 위한 최소한의 배려였다.

구약 율법에 의하면 간음한 자는 돌에 맞아 죽으므로, 간음이 발생하면 혼인 관계는 끝난 것으로 볼 수 있다.[104] 따라서 이 경우에는 당연히 이혼이 가능하며, 무죄한 쪽은 재혼도 가능할 것이다. 에라스무스와 대부분의 프로테스탄트 학자들은 이 마태복음 본문을 이렇게 해석했다(DA, 1988: 529). 특히 음행 사유가 있는 쪽이 먼저 재혼하는 경우에는 다른 쪽은 더더구나 정당하게 재혼할 수 있다고 볼 수 있다(Maier, 194-95). 이처럼 예외적인 경우를 제외하고 이혼을 금지하는 예수의 가르침은 이혼을 기본적으로 허용하는 구약 율법보다 더 철저한 것이다. 구약 율법(신 24:1-4)은 이혼을 신중하게 하도록 하여 여인을 보호하려고 하였는데, 예수의 가

99. *m. Gittin* 9:10; *Sipre Deuteronomy* 269.1.1(Keener, 2000: 6).

100. Evans, 2001: 83-84.

101. 신현우, 2021: 475-76.

102. 미쉬나(*m. Gittin* 9:4)에 의하면 이혼증서는 남편이 기록하고, 날짜를 적고, 두 증인이 서명하면 효력이 있었다.

103. France, 393.

104. Maier, 193.

르침은 이러한 의도를 더 철저화한 것이다.

예수께서는 정당한 사유 없이 아내를 이혼시키면 아내가 '간음하게' 하는 것이라고 지적하신다. 당시에 버림받은 여인은 생계를 유지하기 위해 재혼할 수밖에 없으므로,[105] 이혼시키는 것은 결국 간음하게 하는 것이다. 즉 음행의 사유가 없이 여인을 버리는 경우 아직 이혼이 성립하지 않은 것으로 간주되며, 따라서 그 후에 이루어지는 재혼은 간음에 해당한다.

예수께서는 "누구든지 버림받은 여자에게 장가드는 자도 간음함이니라."고 하신다. 왜 버림받은 여자와 결혼하면 간음하는 것인가? 버림받은 사유가 음행이면, 그러한 여인과 결혼하는 것은 잘못된 것이라고 볼 수 있다.[106] 레위기 21:7(겔 44:22 참고)은 제사장에게 '이혼당한 여인'을 취하지 말도록 명하는데, 이러한 여인은 부정한 여인, 기생과 함께 언급되므로 음행으로 인하여 이혼당한 여인을 가리킨다고 볼 수 있다.[107]

그렇지만, 그러한 여인과 결혼하는 것이 왜 간음인가? 그 여인은 음행을 통하여 다른 남자와 이미 비공식적으로 부부 관계를 형성하였기에 그 여인은 남의 여인이라고 할 수 있기 때문일 것이다. 또한 정당한 사유(음행)가 없이 이혼을 한 경우에도, 아직 이혼된 것으로 간주될 수 없기 때문에 그러한 여인과 결혼하면 간음이라고 볼 수 있다. 그렇지만, 남편이 음행하였기 때문에 이혼하게 된 여인의 경우에는 그 여인과 결혼하는 것을 간음으로 간주할 수 없을 것이다. 이러한 경우에는 그 여인이 재혼하는 것은 합당하다고 볼 수 있다.

105. Hagner, 1993: 125.
106. DA, 1988: 532.
107. 신현우, 2016: 275.

3. 해설

음행(πορνεία)은 간음이나 혼전 성관계[108] 등 부적절한 성적 행위를 가리킨다. 음행은 고린도전서 5:1에서처럼 근친상간(incest)도 가리킬 수 있다(DA, 1988: 529). '음행'은 모든 종류의 부적절한 성적 행위를 가리킬 수 있는데, 어거스틴(Augustinus)은 더 나아가 불신앙, 탐욕, 우상숭배까지 여기에 포함된다고 보았다.[109] 그러나 정당한 이혼의 조건을 정하는 이 마태복음 본문에서 이 단어는 여인이 결혼 후에 행한 간음이나 정혼 기간에 행한 다른 남자와의 성관계를 가리킨다고 보인다.[110] 물론 이 단어는 정혼 전의 성관계를 가리킬 수도 있을 것이다.

9. 맹세에 관하여 (5:33-37)

1. 번역

33 또한 여러분은 옛날 사람들에게 다음처럼 말해졌다는 것을 들었습니다.
'맹세를 어기지 말고 너의 맹세를 주께 지켜라.'
34 그러나 나는 여러분에게 말합니다.
맹세를 전혀 하지 마십시오.
하늘로도 하지 마십시오.
왜냐하면 그것은 하나님의 권좌이기 때문입니다.

---

108. Hagner, 1993: 124.
109. DA, 1988: 531.
110. Janzen, 79.

35 땅으로도 하지 마십시오.
왜냐하면 그것은 그분의 발판이기 때문입니다.
예루살렘으로도 하지 마십시오.
왜냐하면 그것은 그 크신 왕의 도시이기 때문입니다.
36 그대의 머리로도 하지 마십시오.
왜냐하면 그대는 머리카락 한 터럭도 희거나 검게 할 수 없기 때문입니다.
37 그러나 여러분의 (맹세의) 말은 '예 예,' '아니오 아니오'로 하십시오.
이것들보다 더 심하게 (맹세)하는 것은 그 악한 자로부터 나오는 것입니다.

2. 주해

33절 (서기관들의 가르침 인용) 예수께서는 "헛 맹세를 하지 말고 네 맹세한 것을 주께 지키라."는 가르침을 인용하신다. 이것은 구약 민수기 30:2; 신명기 23:21과 유사하다. "사람이 여호와께 서원하였거나 결심하고 서약하였으면 깨뜨리지 말고 그가 입으로 말한 대로 다 이행할 것이니라"(민 30:2). "네 하나님 여호와께 서원하거든 갚기를 더디하지 말라"(신 23:21). 그러나 인용된 가르침이 구약 구절과 동일하지는 않다. 따라서 이것은 서기관들의 가르침을 언급하신 것으로 볼 수 있다. 33-36절에서 비판되는 맹세 방식은 서기관들의 가르침과 관련된 것이라고 볼 수 있기에 (아래 참고), 33절에서 언급된 가르침도 이러한 서기관들의 가르침을 요약한 것이라고 볼 수 있다.

개역개정판에서 '헛 맹세하다'로 번역된 단어(ἐπιορκήσεις)는 "맹세를 어기다"를 뜻할 수도 있고 "거짓으로 맹세하다"를 뜻할 수도 있는데, 레위기 19:12을 본문의 배경으로 본다면, "거짓으로 맹세하다"를 뜻한다고 볼 수 있다.[111] 그러나 "너의 맹세를 주께 지키라."와 대조되어 이 단어가 사용된 문맥은 이 단어의 뜻이 "맹세를 어기다"를 뜻한다고 볼 수 있게 한다.[112]

예수께서는 맹세하지 말라고 가르치신다. 맹세를 하지 않으면 맹세를 어길 염려가 없어지기 때문일 것이다. 따라서 맹세하지 않는 것은 구약의 가르침을 폐하는 것이 아니다. 에세네파도 맹세를 피했다.[113] 그러나 그들이 모든 맹세를 금하지는 않았다.[114] 요세푸스는 에세네파의 말은 맹세보다 더 믿을 만하다고 평가했다.[115] 이러한 배경에서 볼 때 예수의 가르침은 맹세하지 않고 하는 말도 신뢰할 수 있도록 하라는 뜻이라고 해석할 수 있다.

34-36절 (잘못된 맹세 방식을 금지하심) 예수께서는 하늘, 땅, 예루살렘, 머리 등으로 맹세하는 것을 금지하시며, 이 모든 것이 하나님과 관계된 것임을 언급한다. 랍비 문헌 미쉬나는 하늘, 땅, 머리로 맹세하는 것이 효력이 없다고 주장하는 랍비의 견해를 소개한다.[116] 또한 미쉬나(*m. Nedarim* 2:2)에 의하면 하나님의 이름으로 서원하지 않으면 율법에 어긋난 가르침을 서원할 수 있었다. 예수께서는 이러한 가르침에 담긴 맹세의 오용을 비판하신 듯하다. 효력 없는 방식의 맹세를 하고 이를 어기거나, 율법의 명령에 어긋난 것을 행하겠다는 서약을 하늘, 땅, 예루살렘을 걸고 한 후 이를 단지 맹세이기 때문에 지킨다면 이것은 악을 행하는 것이다. 예수께서는 구약 성경 자체가 아니라 이러한 맹세의 오용을 비판하셨다

---

111. DA, 1988: 534.
112. Lee, 35.
113. Keener, 2009: 193.
114. DA, 1988: 535.
115. Keener, 2009: 193.
116. *m. Nedarim* 1:3; *m. Sanhedrin* 3:2; 참고. *t. Nedarim* 1.3(DA, 1988: 536-37).

고 볼 수 있다.[117]

맹세를 금하신 예수의 가르침은 맹세하지 않으면 안전하다고 권하는 신명기 23:22과 통하는 측면이 있다(DA, 1988: 535). 신약 성경은 다른 곳에서(눅 1:73; 행 2:30; 롬 1:9; 고후 1:23; 갈 1:20; 빌 1:8; 히 6:13-20; 계 10:6) 맹세를 싫어하지 않는다.[118] 마태복음 23:16-22은 맹세의 가치를 전제한다.[119] 따라서 예수의 맹세 금지는 잘못된 맹세를 금지하는 과장법적 표현이라고 볼 수 있다(DA, 1988: 536).

37절 (허용된 맹세 방식) 예수께서는 '예, 예' 또는 '아니오, 아니오.'로 맹세하도록 하신다. 이것은 바벨론 탈무드(*b. Shebuoth* 36a)에서 맹세의 형식으로 간주된다(DA, 1988: 538). 이것은 아마도 예수 당시에도 맹세의 형식이었을 것이다. 이러한 방식 이상으로 맹세하는 것은 '악한 자'로부터 난 것이다. 개역개정판에서 '악'으로 번역된 단어는 '악한 자,' 즉 사탄(마귀)을 가리킨다.[120]

3. 해설

율법이 맹세를 반드시 하라고 명하지는 않으므로, 예수께서 맹세를 하지 말도록 금하시고, 맹세할 경우에는 "예, 예" 또는 "아니오, 아니오"로 하도록 하신 것은 율법을 폐지하는 가르침이 아니다. 설령 예수께서 33절에서 인용하신 것이 구약 성경의 내용이라고 보아도, 예수께서 비판하신 내용을 살펴보면 구약 율법 자체가 아니라, 이를 오용하는 서기관들의 가

117. DA, 1988: 536 참고.
118. DA, 1988: 535.
119. DA, 1988: 536.
120. Hagner, 1993: 128.

르침이다.

맹세를 지키지 않도록 허용하여 맹세를 오용하게 하는 서기관들의 가르침을 비판하는 예수의 가르침은 맹세하지 않은 말도 신뢰할 수 있게 하라는 가르침이다. 하나님의 이름을 언급하며 맹세하지 않아도 신뢰할 수 있게 진실을 말하라는 가르침이며, 굳이 맹세해야 하는 상황에서도 하나님의 이름이 전혀 없는 방식의 맹세로 만족할 수 있어야 한다는 가르침이다.

재세례파 중에 이러한 예수의 가르침을 적용한다면서 법정에서 하는 증인 맹세를 피하고자 법정 증언을 거부한 것은 예수의 가르침의 의도를 파악하지 못하고 문자적 적용을 한 것이다. 이것은 바리새인들의 문자적 율법 적용의 방식과 크게 다를 것이 없다. 더구나 문자적으로 적용하더라도 방법이 없는 것은 아니다. 법정 증언을 위해 진실을 말하기로 맹세할 때, '그대는 거짓 없이 진실만을 증언하기로 맹세하십니까?'라고 질문하게 하고 '예, 예' 또는 '아니오, 아니오'로 대답하는 방식으로 맹세하면 문자적으로도 산상설교의 가르침을 따르게 된다. 재세례파가 산상설교를 따르고자 한 점은 크게 존중해야 한다. 그러나 산상설교를 파악하고 적용할 때 있었던 약간의 실수는 비록 옥의 티라 할지라도 교정되어야 할 것이다.

10. 복수에 관하여 (5:38-42)

1. 번역

38 여러분은 '눈에는 눈 이에는 이'라는 말을 들었습니다.

39 그러나 나는 여러분에게 말합니다.

악한 자에게 맞서지 마십시오.

오히려 [그대의] 오른뺨을 치는 자에게 다른 뺨도 돌려대십시오.

40 그대가 재판에 지게 하여 속옷을 빼앗고자 하는 자에게

겉옷까지 허락하십시오.

41 누구든지 그대에게 강제로 1.5킬로미터를 가게 하면,

그와 함께 3킬로미터를 가십시오.

42 그대에게 구하는 자에게 주십시오.

그대에게 꾸려는 자에게 거절하지 마십시오.

2. 주해

38절 (구약 인용) 인용된 '눈은 눈으로 이는 이로'는 구약 성경을 인용한 것이다. 개역개정판에 있는 '갚으라'는 표현은 번역을 위해 추가한 것이다. 구약 성경에서 '눈은 눈으로 이는 이로'는 재판의 원리로 제시된 것이다(출 21:24; 레 24:20; 신 19:21).

'너희가 … 들었으나, 나는 너희에게 말한다.'는 율법을 반대하는 표현이 아니라 "성경은 단지 이것을 말하지만, 나는 해석을 제공한다."는 뜻으로 읽을 수 있다(Keener, 2009: 182). 그러므로 단지 구약 성경이 그대로 인용되었다고 해서 이어지는 예수의 가르침이 인용된 율법 조항을 반대한다고 볼 수는 없다.

예수께서는 재판을 위한 정의의 원리가 개인적 복수의 원리로 오용되고 있는 것을 비판하셨다고 볼 수 있다.[121] 구약 성경(레 19:18)을 따르면

121. 정훈택도 같은 입장이다. "예수님은 재판장이 공평하게 재판할 수 있도록 재판규례로 주신 구약 성경의 말씀을 복수의 법으로 바꾸어 사용하고 있던 당시 유대인들의 관습을 비판하"셨다(정훈택, 67). Davies와 Allison도 같은 견해를 취한다(DA,

개인이 직접 복수하는 방식을 취하지 말아야 한다.[122] 예수께서 비판하신 것은 구약 율법이 아니라 구약 율법의 오용이다. 개인의 삶의 영역에서는 재판에 사용되는 '눈은 눈으로'라는 정의의 원리를 사용하기보다 자비의 원리를 사용해야 한다.

39절 (복수 금지) 예수께서는 '악한 자'를 대적하지 말라고 가르치신다. 여기서 개역개정판이 '악한 자'로 번역하는 부분은 "악한 행위"라고 번역해야 문맥에 맞다.[123]

'대적하지 말라'는 가르침은 법정을 통해서 대적하지 말라는 뜻으로 볼 수도 있는데,[124] 만일 그렇다고 보면 사적인 복수는 더더구나 금지된다. 예수의 가르침은 과장법과 비유를 사용하여 (개인적 또는 법정적) 복수 금지를 강조한 것으로 볼 수도 있다. 그런데 '대적하다'(ἀνθίστημι) 동사는 70인역, 요세푸스, 필로에 의해 폭력적 대항을 가리키는 의미로 사용되었기에,[125] 예수의 가르침은 물리적 폭력을 사용하여 복수하는 행위에 초점을 맞추고 있다고 보인다.

그런데 소송을 통해서 속옷을 빼앗고자 하는 자에게 겉옷을 주라는 말씀이 이어지는 문맥(5:40)을 고려하면, 법정에서 맞서기보다 악한 자를 대적하지 말라는 가르침은 개인적 문제에 관해서는 법정을 통해서도 복수하지 말라는 뜻이라고 볼 수도 있게 한다.[126] 바울은 이러한 가르침을 적용하여 신자가 신자를 대항하여 세상 법정에 가지 말라고 한다(고전 6:6-7). 그러나 바울도 교회 내에서 분쟁을 해결하는 판단을 하도록 하므로(고

1988: 540).

122. 이석호, 149.

123. Hagner, 1993: 130-31.

124. DA, 1988: 543.

125. Wells, 18.

126. 정연락, 221-23.

전 6:5), 공정한 판결을 받는 것이 전적으로 금지되었다고 볼 수는 없다.

예수께서는 '오른편 뺨을 치거든' 다른 편도 돌려대라고 하신다. 오른손으로 오른뺨을 치려면 손등으로 쳐야 한다. 이것은 폭력이기보다는 모욕의 표현이다.[127] 이것은 손바닥으로 치는 것보다 배나 모욕적이었고, 침을 뱉거나 옷을 벗기는 것만큼 모욕적인 행위였다.[128] 이러한 모욕을 감내하는 것은 자신의 영광을 추구하지 않고 하나님의 영광만을 추구할 때 가능할 것이다(Keener, 2009: 198).

'다른 편'을 돌려대라는 것은 무슨 뜻일까? 만일 '다른 편'이 "등"을 가리키는 아람어의 오역이라면, 복수하지 말고 돌아서라는 뜻으로 볼 수 있다.[129] 그러나 이것은 전승에 관한 추측일 뿐이다. 주해는 본문 뒤에 있는 전승의 의미보다는 본문 자체의 의미를 드러내는 것이다. 마태복음 본문은 복수하지 않는 것보다 더 적극적인 행동을 가르친다. 이것은 손등으로 뺨을 건드리며 모욕하는 사람에게 손바닥으로 뺨을 때리는 폭력까지 허용하라는 가르침이다. 이렇게 해석할 때 속옷을 가지고자 하는 자에게 겉옷까지 가지게 하며(40절),[130] 억지로 오 리를 가게 하는 자와 십 리를 동행하라는 가르침(41절)이 주어지는 문맥에 부합한다. 이러한 가르침은 억압하는 자에게 사랑을 보이라는 교훈이다.[131] 이러한 예수의 가르침은 오리겐(Origen)의 지적대로 뺨을 치는 자에게 내어주라는 예레미야애가 3:30과 일치하므로 구약 성경과 모순되지 않는다.[132]

---

127. Harrington, 88; Keener, 2009: 197.

128. *m. Baba Kamma* 9:6(강대훈, 상, 479).

129. Harrington, 88.

130. 겉옷은 율법이 보호하는 소유물인데(출 22:26-27; 신 24:12-13), 예수께서는 이러한 것마저 내어놓으라고 하신다(Keener, 2009: 198).

131. Keener, 2009: 200.

132. DA, 1988: 543.

그런데 예수께서는 자신이 뺨을 맞았을 때 다른 뺨을 돌려대지 않고 잘못이 있으면 증거를 대라고 지적하셨으므로(요 18:23), 예수의 가르침은 문자적으로 이해되어서는 안 되고, 사적인 복수 금지를 강조하기 위하여 과장법을 사용하여 표현한 것으로 보아야 할 것이다(정연락, 222).

40-41절 (선으로 악을 이기는 원리) 예수께서는 눈은 눈으로 복수하는 원리를 개인의 삶에 적용하는 것보다 악을 선으로 갚는 원리를 적용하도록 가르치신다. 속옷을 빼앗고자 하는 자에게 겉옷까지 주고, 오 리를 가게 하는 자에게 십 리를 가주는 것은 이러한 원리를 표현한다.

외투는 가난한 사람의 이불로 사용되었기에 고소하는 사람은 겉옷은 요구할 수 없었고, 저당으로 잡더라도 해지기 전에 돌려주어야 했다(출 22:26; 신 24:13). 그런데 그러한 겉옷까지 주라는 것은 악을 선으로 갚으라는 가르침을 생생하게 비유적으로 말씀하신 것이다.

42절 (구한 자에게 주는 원리) 예수께서는 "네게 꾸고자 하는 자에게 거절하지 말라."고 하신다. 이것은 신명기 15:8("반드시 네 손을 그에게 펴서 그에게 필요한 대로 쓸 것을 넉넉히 꾸어주라.")과 같은 가르침이다. 따라서 이것은 면제년(신 15:1)의 효력을 전제한 가르침이기도 하다. 면제년이 오면 가난한 자에게 꿔준 빚을 탕감해야 한다. 또한 면제년이 다가오더라도 가난한 자가 꿔달라고 하면 그가 굶주리지 않도록 꿔주어야 한다. 이렇게 줌은 거저 줌이나 다름없다. 예수의 가르침은 구하는 자에게 '주라'는 구제 명령을 포함하므로, 꿔주고 돌려받기를 기대하지 않는 경우를 포함한다.

3. 해설

재판에 사용하는 비례적 정의의 원리를 개인의 삶을 영위하는 원리로 삼아서는 안 된다. 매사에 이웃과 나 사이에 공평하게 주고받으며 살기보다는 손해 보며 베풀면서 사는 원리를 택해야 한다. 자비의 원리의 적용은 복수를 하지 않음은 물론, 모욕하고 괴롭히는 자에게 선으로 대응하는 것이다. 나아가 나의 도움을 필요로 하는 자에게 아무런 보상의 기대 없이 도와주는 것이다. 이러한 삶은 어리석게 보이지만 그리스도인이 명령받은 사랑을 실천하는 삶의 모습이다.

11. 원수에 관하여 (5:43-48)

1. 번역

43 여러분은 '네 이웃을 사랑하고 네 원수를 미워하라.'는

말을 들었습니다.

44 그러나 나는 여러분에게 말합니다.

여러분의 원수들을 사랑하십시오.

여러분을 박해하는 자들을 위하여 기도하십시오.

45 그리하면 하늘들에 계신 여러분의 아버지의 아들들이 될 것입니다.

왜냐하면 그분은 그의 태양을 악한 자들과 선한 자들에게 뜨게 하시며

비를 의로운 자들과 불의한 자들에게 내리시기 때문입니다.

46 여러분이 여러분을 사랑하는 자들을 사랑하면

무슨 보상을 받겠습니까?

세리들도 동일하게 행하지 않습니까?

47 여러분이 여러분의 형제들만 환영하면

더 낫게 행하는 것이 무엇입니까?

이방인들도 동일하게 행하지 않습니까?

48 그러므로 여러분은 하늘에 계신 여러분의 아버지가 온전하신 것처럼 온전하십시오.

2. 주해

43절 (원수를 미워하라는 서기관들의 가르침 인용) 예수께서는 "네 이웃을 사랑하고 네 원수를 미워하라."는 가르침을 언급하신다. "네 이웃을 사랑하라."는 말씀은 구약 성경에 있고(레 19:18), 이 사랑의 범위에 거류민들이 포함되며(레 19:33-34), 개인적 원수도 포함된다고 암시된다(출 23:4-5).[133] 그러나 "네 원수를 미워하라."는 말씀은 구약 성경에 없다. 그러므로 이 부분을 포함한 언급은 구약 성경이 아니라 당시 서기관들의 가르침을 인용한 것이라고 보아야 한다. 실제로 쿰란 문헌에서 빛의 자녀를 사랑하고 어둠의 자녀를 미워하라는 내용이 발견된다.[134]

44절 (원수를 사랑하라) 예수께서는 원수까지 사랑하라고 하시는데 이것은 이웃의 범위를 원수에게까지 넓혀 레위기 19:18을 적용하신 것이다. 유대인들에게 이웃은 유대인들이고 이방인은 원수에 해당하므로,[135] 원수를 사랑하라는 가르침은 이방인도 사랑하라는 가르침으로 들렸을 것이다. 이러한 적용은 율법을 폐지하는 것이 아니라 율법의 정신을 철저하게 적용한 것이다.

예수께서는 박해자를 위해 기도하라고 가르치신다. 우리를 박해하는 자를 위해서 기도하는 것은 원수를 사랑하라는 가르침과 평행을 이루고 있다. 그러므로 박해자는 원수의 일종이며, 그를 위해서 기도하는 것은 사

---

133. Keener, 2009: 203.

134. 1QS 1:10-11; 참고. 1:4; 9:21-23(DA, 1988: 549-50; Hagner, 1993: 134).

135. Hagner, 1993: 134.

랑의 실천 중의 하나로 제시된 것이다. 이러한 원수 사랑의 가르침은 유대교에는 전례가 없는 것이다.[136] 44절은 "너희 원수"라고 하므로 초점은 개인적인 원수가 아니라 예수의 제자들을 박해하는 공동체적 원수라고 볼 수도 있다(정연락, 227). 46-47절에서 보듯이 원수는 예수의 제자들을 사랑하지 않는 자들이며, 형제(예수의 제자들)가 아닌 자들을 포함한다.[137] 그러므로 원수를 사랑하라는 가르침을 적용할 때 원수 속에 비기독교인들을 포함시켜야 할 것이다. 예수께서는 실제로 자신을 십자가에 처형하는 자들을 위해 기도하셨으므로(눅 23:34) 박해하는 자들을 위해 기도하라는 예수의 가르침에 과장이 있다고 볼 필요가 없다.

45-47절 (원수를 사랑해야 하는 이유) 원수까지 사랑해야 하는 이유가 제시된다. 하나님은 악인에게도 해를 비추시며, 불의한 자에게도 비를 내려주신다고 한다. 즉 하나님께서 하나님의 원수에 해당하는 자들에게도 자비하심을 하나님의 백성은 본받아야 한다. 이것이 이방인들과 다른 하나님의 자녀가 되는 길이다.

48절 (온전하라) 예수께서는 하나님처럼 온전하라고 명하신다. '온전'(τέλειος)은 무슨 뜻인가? 이것은 히브리어 '타밈'(**תמים**)의 번역어이며, 율법을 온전히 지킴(신 18:13)을 뜻한다.[138] 쿰란 문헌(1QS 8:1)은 그러한 용례를 보여 준다.[139] 그런데 문맥상 이것은 하나님의 자비로우심이 편파적이지 않고 전체적임을 가리킨다. 원수까지 사랑하는 것은 이러한 하나님의 모습을 본받는 것이다. 이 단어는 마태복음 19:21에서 율법을 지킴에 있어서 매우 철저한 상태를 뜻한다. 이 구절의 문맥 속에서 이것은

---

136. 강대훈, 상, 483.

137. 정연락, 227-28.

138. Hagner, 1993: 135.

139. DA, 1988: 562.

토지를 부당하게 많이 취하여 이웃이 가난에 빠지게 하는 행위를 회개하는 것을 가리킨다. 자신의 소유와 평안만이 아니라 이웃의 소유와 평안까지 염두에 두는 자비가 온전함의 내용을 구성한다.

3. 해설

서기관들은 원수를 미워하라고 하지만, 예수께서는 원수도 이웃의 범위에 포함하여 사랑하라고 하신다. 예수께서는 이러한 원수의 범위에 박해하는 자를 포함시킨다(44절). 유대인들에게는 이방인이 원수에 해당하므로, 원수를 사랑하라는 가르침은 이방 민족도 사랑하라는 가르침이다. 이러한 가르침을 그리스도인이 적용할 때에는 그리스도인이 아닌 사람들도 사랑하라는 가르침으로 적용할 수 있다.

12. 바리새인들의 의보다 더 나은 의 (6:1-18)

마태복음 5:20에서 언급된 서기관들의 의와 바리새인들의 의가 5:21-6:18에서 예시된다. 마태복음 5:21-48은 서기관들의 의보다 더 나은 의를 다루며 어떤 행동을 하여야 할지에 대한 가르침을 담고 있고, 6:1-18은 바리새인들의 의보다 더 나은 의를 다루며 어떤 의도를 가지고 행동해야 하는지에 대한 가르침을 담고 있다.[140] 5:21-48은 무엇을 해야 하는지에 관한 것이고, 6:1-18은 어떻게 해야 하는지에 관한 것이다(DA, 1988: 621).

바리새인들의 의와 관련하여 기도, 금식, 구제가 예시되는데, 이것은 마음을 다하고, 목숨을 다하고, 힘(재물)을 다하여 하나님을 사랑하라는 계명과 관련된다. 마음은 기도와 관련되고, 목숨은 금식과, 힘은 구제와

140. DA, 1988: 621 참고.

관련된다.[141] 바리새인들은 이러한 행위를 하였지만 하나님을 사랑하는 순수한 동기가 아니라 사람들에게 칭찬을 받기 위하여 하였다. 그러나 예수의 제자들(그리스도인들)은 오직 하나님께 보이고자 선을 행해야 한다 (6:1-18).

1. 번역

도입

6:1 여러분의 의를 사람들에게 보이려고

그들 앞에서 행하지 않도록 조심하십시오.

그렇지 않으면,

하늘들에 계신 여러분의 아버지로부터 보상을 받지 못할 것입니다.

구제

2 그러므로 그대는 구제할 때에, 그대 앞에 나팔을 불지 마십시오.

위선자들이 회당과 길거리에서 그렇게 하는데

그들은 사람들에게 칭찬받으려고 그렇게 합니다.

나는 진실로 여러분에게 말합니다.

그들은 자기들의 보상을 (이미) 받았습니다.

3 그러나 그대는 구제할 때에

그대의 오른손이 무엇을 하는지 그대의 왼손이 모르게 하십시오.

4 그리하여 그대의 구제를 은밀하게 하십시오.

그리하면 은밀하게 보고 계시는 그대의 아버지께서 그대에게 갚아주실

---

141. Hagner, 1993: 138.

것입니다.

기도

5 여러분은 기도할 때, 위선자들처럼 하지 마십시오.
왜냐하면 그들은 회당들과 큰 거리 모퉁이에 서서
기도하기를 좋아하기 때문입니다.
그들은 그리하여 사람들에게 보이고자 합니다.
나는 진실로 여러분에게 말합니다.
그들은 그들의 보상을 (이미) 받았습니다.
6 그러나 그대는 기도할 때
그대의 벽장에 들어가서 그대의 문을 닫고
숨어 계시는 그대의 아버지께 기도하십시오.
은밀하게 보고 계시는 그대의 아버지께서 그대에게 갚아주실 것입니다.
7 그러므로 여러분은 기도할 때에
이방인들처럼 많은 말을 하지 마십시오.
그들은 말을 많이 해야 들릴 것이라고 여기기 때문에 그렇게 합니다.
8 그러므로 여러분은 그들처럼 하지 마십시오.
여러분의 아버지께서는 여러분이 그분에게 요청하기 전에
여러분에게 필요한 것이 무엇인지 아시기 때문입니다.
9 그러므로 여러분은 이렇게 기도하십시오.
'하늘들에 계신 우리 아버지
당신의 이름이 거룩히 여겨지게 하소서.
10 당신의 나라가 오게 하소서.
당신이 원하시는 바가 하늘에서처럼 땅에서도 이루어지게 하소서.
11 내일을 위한 우리의 양식을 오늘 우리에게 주소서.

12 우리가 우리에게 빚진 자들에게 탕감하여 준 것처럼

우리의 빚을 우리에게 탕감하여 주소서.

13 우리를 시험에 빠지지 않게 해 주시고

우리를 그 악한 자로부터 구해주소서.'

14 여러분이 사람들에게 그들의 잘못을 용서하면,

여러분에게도 여러분의 하늘 아버지께서 용서하실 것입니다.

15 그러나 여러분이 사람들에게 용서하지 않으면

여러분의 아버지께서도 여러분의 잘못을 용서하지 않으실 것입니다.

금식

16 여러분은 금식할 때 위선자들처럼 우울하게 보이지 마십시오.

그들은 사람들에게 금식하고 있음을 드러내려고

자기들의 얼굴을 구깁니다.

참으로 여러분에게 말합니다.

그들은 자기들의 보상을 (이미) 받았습니다.

17 그러나 그대는 금식할 때

머리에 기름을 바르고 그대의 얼굴을 씻으십시오.

18 그리하여 사람들에게 금식하고 있음을 드러내지 말고

숨어 계시는 하나님께 보이고자 하십시오.

몰래 보시는 그대의 아버지께서 그대에게 갚으실 것입니다.

2. 주해

도입 (6:1)

1절 (의를 행하는 목적) 바리새인들의 의는 사람들에게 보이려고 행하

는 선행이다. 이보다 더 나은 의는 사람들에게 보이려는 의도가 없이 행하는 선행이다.

구제 (6:2-4)

2-4절 (구제할 때의 의도) 구제는 6:1에서 언급된 '의'의 일종으로 예시된다. 구제는 구약 성경(잠 14:21, 31; 사 58:6-8)에서 권장하는 내용이며 율법(신 14:28-29; 24:19-22)에서 제도화한 내용이다.[142] '외식하는 자'는 구제할 때에 사람들에게 보이려고 한다. 그래서 그들은 구제할 때 나팔을 불었다. 구제가 요구된 금식일에는 나팔을 불었으므로 이러한 연관성 속에서 구제할 때 나팔을 부는 관습이 있었을 수 있다.[143] 가난한 자들을 위한 자선 기부자는 회당이나 가난한 자들이 모이는 곳에서 공개되곤 했다.[144] 이러한 공개를 예수께서 나팔을 부는 것으로 비유하셨을 수 있다.

'외식하는 자'는 서기관들과 바리새인들을 가리킬 수 있는데(마 23:13, 15, 23 25, 29) 산상설교에서 서기관들에 관해 5장에서 다루었으므로 서기관들의 의와 바리새인들의 의를 언급한 5:20을 염두에 둘 때 구조상 6장부터는 특히 바리새인들에 관련된다고 볼 수 있다. '외식'은 유대 문헌에서 종종 도덕적 가식을 가리킨다.[145]

'외식하는 자'에 해당하는 헬라어는 그 자체로 부정적인 의미를 가진 단어는 아니다.[146] 그러나 구약 70인역에서 이 단어는 불경건한 사람을 가리키며, 신약 성경에서도 그러하다(DA, 1988: 580). 유대인들은 이 단어

142. Harrington, 94.

143. DA, 1988: 579.

144. Hendriksen, 상, 518.

145. Keener, 2009: 206.

146. DA, 1988: 580.

를 "~하는 체하는" 자 또는 "속일 의도로 연기하는" 자를 가리키는 부정적인 뜻으로 사용하였다.[147]

예수를 따르는 사람들은 바리새인들의 의보다 더 나은 의를 행해야 한다. 그렇게 하려면 구제할 때 사람들이 모르게 하여야 한다. 그래야 하나님의 상을 받는다. 공개적 구제에 대한 상이 사람들의 칭찬이므로 은밀한 구제에 대한 하나님의 상은 하나님의 칭찬일 것이다(DA, 1988: 584).

기도 (6:5-15)

5절 (바리새인들의 기도) 유대인들은 주로 서서 기도하였다(삼상 1:26; 느 9:4; 렘 18:20; 막 11:25).[148] 유대인들은 오후 제사 시간에 나팔을 불면(*m. Sukkah* 5:5; *m. Tamid* 5:5), 모두 그들이 하던 일을 중단하고 기도를 해야 했다.[149] 이 시간에 거리에 나가서 기도하는 사람들도 있었을 것이다. 바리새인들도 그렇게 하였는데, 사람들에게 보이기 위함이었다. 그러나 예수를 따르는 사람들은 기도할 때 사람들이 모르게 해야 한다. 본문이 비판하는 것은 예배 시간에 순서를 맡아서 하는 기도에 관한 것이 아니라 개인 기도 시간에 자신의 기도하는 모습을 많은 사람들에게 보이려고 하는 것이다.[150]

6절 (기도의 장소) 예수께서는 '따메이온'(ταμεῖον)에서 기도하라고 가르치신다. 개역개정판에서 '골방'으로 번역한 단어는 '따메이온'이다. 이 단어는 보물 창고를 가리킬 수도 있는 말이며, 70인역에서 주로 침실을

---

147. 마카비2서 5:25; 6:21-28; 마카비4서 6:15-23; 집회서 1:28-29; 솔로몬의 시편 4:5-6; *J.W.* 1.471, 516, 520 등(강대훈, 상, 490).

148. DA, 1988: 585.

149. DA, 1988: 584-85.

150. Harrington, 94.

가리킨다.[151] 그런데 갈릴리 지역 고고학 발굴에 의하면 농가에는 안쪽의 은밀한 방이 없었다(Osiek, 726). 이스라엘 땅에서 유대인들의 집에서 문을 가진 방은 벽장뿐이었다.[152] 따라서 이 단어는 벽장을 가리킨다고 볼 수 있다.

7절 (이방인의 기도 방식) 예수께서는 이방인들이 기도할 때 말을 많이 하여 응답받고자 한다고 지적하신다. 이방인들은 기도하며 많은 신들의 이름을 불렀는데, 이것은 그중에 하나라도 효과가 있기를 기대했기 때문이다.[153] 기도할 때 함부로 말하지 말고 말을 적게 하라는 가르침은 전도서 5:2에도 나오며, 탈무드(*b. Berakoth* 61a)는 "사람의 말은 하나님께 (할 때) 언제나 적어야 한다."고 한다.[154]

8절 (하나님의 백성의 기도 방식) 하나님께서는 우리에게 필요한 것을 이미 아신다. 이러한 지적은 이방인처럼 말을 많이 하는 기도가 불필요한 이유를 알려 준다. 이러한 사상은 이미 이사야 65:24("그들이 부르기 전에 내가 응답하겠고 그들이 말을 마치기 전에 내가 들을 것이며")에 담긴 것이다.[155] 하나님께서 이미 아시므로, 우리는 기도할 때 우리에게 필요한 것을 구하기 위해 말을 많이 할 필요가 없다. 필요한 것을 아뢰면 된다. 필요한 것을 간단하게 아뢸 필요도 없다는 취지로 본문을 읽으면 안 된다. 왜냐하면 7절은 불필요하게 말을 반복하는 중언부언을[156] 금하는 것이지 필요한 것을 구하는 것 자체를 금하지 않기 때문이다.

9절 (주께서 가르치신 기도) 주께서 가르치신 기도문은 3중 구조로 되어

151. Osiek, 727.
152. Keener, 2009: 210.
153. Keener, 2009: 212-13.
154. DA, 1988: 588.
155. Harrington, 95.
156. Hagner, 1993: 147

있다. 세 개의 2인칭으로 된 간구(9c-10) 후에 세 개의 1인칭 복수형으로 된 간구(11-13)가 나온다.[157]

예수께서는 하나님을 '우리의 아버지'라 부르도록 가르치셨다. 기도할 때 하나님을 아버지라고 부르는 것은 유대인들에게 일상적인 것은 아니었기에 이렇게 기도하라는 것은 특별한 의미를 가진다(자세한 설명은 아래 해설 참고). 하나님을 아버지라고 부르며 기도하라는 가르침은 예수의 제자들(하나님의 백성)이 하나님의 자녀임을 알려주는 것이다. 기도는 자녀가 아버지에게 구하듯이 구하는 것이다. 그러므로 이러한 관계 속에서의 기도는 중언부언하게 되지 않는다. 하나님은 기도를 들어주시며 들어주시지 않는 것도 하나님의 깊으신 뜻 가운데 택하신 응답에 해당한다. 우리는 자녀가 아버지에게 구하듯 필요한 것을 구할 수 있지만, 주시지 않아도 원망하지 말아야 한다.

예수께서는 하나님의 "이름이 거룩히 여김을 받게 하소서."라고 기도하도록 가르치신다. 하나님의 이름이 거룩히 여김을 받는 것은 5:16이 언급하는 하나님의 백성이 선하게 행하는 것을 보고 사람들이 하나님께 영광을 돌리는 것을 가리킨다고 볼 수 있다. 그렇다면, 하나님의 이름이 거룩히 여겨지도록 하려면 하나님의 백성들이 착한 행실을 해야 한다. 착한 행실은 하나님께서 원하시는 행실들이다. 그 행실은 산상설교에 담겨 있는데, 형제에게 노하지 않고, 부당하게 이혼하지 않으며, 간음하려는 의도마저도 갖지 않으며, 맹세를 남용하지 않으며, 복수하지 않으며, 원수까지도 사랑하는 행위이다. 또한 은밀하게 구제하는 행위 등이다.

구약 성경을 배경으로 보면 하나님의 이름을 더럽게 한 것은 7년 만에 노예를 해방시키는 법을 어김으로 발생했다(렘 34:14-16). 따라서 하나님

157. Harrington, 97.

의 이름을 거룩하게 하려면 노예 해방법과 같은 율법을 잘 지켜야 한다. 하나님의 백성이 하나님의 계명을 어기고 방탕한 삶을 살면 하나님의 이름을 더럽히게 된다.

10절 (하나님의 나라의 임함과 하나님의 뜻의 성취) 예수께서는 하나님의 "나라가 오게 하소서."라고 기도하도록 가르치신다. '하나님의 나라'는 출애굽기 15:18; 신명기 33:5 등 구약 성경에 반영된 하나님의 다스리심을 가리킨다. 하나님의 나라가 온다는 것은 하나님께서 통치하시는 시대가 온다는 뜻으로 볼 수 있다. '오다'라는 동사를 사용한 것은 '나라'가 시간적인 뜻임을 알려 준다. 따라서 하나님의 나라는 하나님께서 통치하시는 새 시대이다. 이러한 시대는 가까이 왔다고 약속되었고(4:17; 10:7) 이 시대는 축귀를 통하여 미리 효력이 발생하기도 한다(12:28). 이 시대는 십자가와 부활을 통해서 오는데(마 26:29 주해 참고), 성령을 통해서 경험되어지므로(12:28), 이러한 시대가 오도록 비는 기도는 성령의 능력을 체험하기를 비는 기도이기도 하다.

예수께서는 하나님의 "뜻이 하늘에서 이루어진 것 같이 땅에서도 이루어지게 하소서."라고 기도하게 하신다. 하늘은 예수로 인하여 박해받는 자들에게 상이 있는 곳이다(5:12). 따라서 땅에서도 하나님의 뜻이 이루어진다면 박해받는 자들이 땅에서도 하나님의 위로를 받게 된다. 하늘에서 얻을 구원을 땅에서 미리 맛보게 된다. 종말을 현재에 미리 구현하는 것이다. 그러므로 이것은 '나라가 임하시오며'에 평행을 이루며 유사한 의미를 다른 표현으로 반복한 것이다.

'하늘'은 9절에 나오는 '하늘'과 수미상관을 형성하여 기도문의 전반부를 후반부로부터 구분시킨다(DA, 1988: 606). 이러한 구분에 따라 11-13절은 이 기도문의 후반부이다.

11절 (내일의 양식) 예수께서는 "오늘 우리에게 내일의 빵을 주옵소서."

라고 기도하라고 하신다. 빵(ἄρτος, '아르또스')은 제유법으로서 음식을 가리킨다.[158] 따라서 '양식'이라는 번역은 적합하다. 그런데 빵은 구약 성경에서 만나와 동일시되었기에(출 16:4, 8, 12, 15, 22, 32 등) 만나를 연상시킨다.[159] 기도문에서 언급된 빵은 메시아가 오시면 주시리라 기대된 빵을 가리킨다고 볼 수도 있는데,[160] 이러한 빵을 구하는 것은 메시아가 오시기를 비는 기도에 해당할 수 있다.

개역개정판에서 '일용할'로 번역된 단어 '에삐우시오스'(ἐπιούσιος)는 "필요한"이라는 뜻 외에도, "오늘을 위한" 또는 "내일을 위한"이란 뜻을 가질 수도 있다(DA, 1988: 607-8). 그런데 "내일을 위한"이라는 뜻이 문맥에 부합한다. 왜냐하면 10절의 하늘, 땅의 대조에 이어 오늘과 내일의 대조가 등장하는 것이 구조상 더 자연스럽기 때문이다. 내일을 위한 양식을 그 전날 받은 것은 광야에서 안식일 전날에 다음 날을 위한 만나까지 받을 때 일어났다(출 16:22-30).[161] 그러므로 내일을 위한 양식을 달라는 것은 안식일을 달라는 기도이다. 안식일은 새 시대를 상징한다(히 4:10).[162] 안식일은 이미 주어졌으므로 안식일을 달라는 기도는 안식일이 상징하는 새 시대를 달라는 기도이다. 즉 하나님 나라가 임하시기를 비는 기도이다. 역시 같은 내용을 다른 소재로 표현한 것이다.

12절 (빚 탕감) 예수께서는 빚 탕감을 위하여 기도하도록 가르치신다. "우리가 우리에게 빚진 자를 탕감하여 준 것 같이 우리의 빚을 탕감하여 주옵소서." 개역개정판이 '죄'로 번역한 '오페일레마'(ὀφείλημα)는 죄가

158. Stein, 326.
159. DA, 1988: 609.
160. Evans, 1990: 181.
161. DA, 1988: 609,
162. DA, 1988: 609.

아니라 본래 빚을 뜻하는 단어이다. 죄를 뜻하는 말은 6:14에 나오는 '빠라프또마'(παράπτωμα)이다. 율법은 안식년에 가난한 자를 위한 빚 탕감을 하도록 명하였다(신 15:1). 이러한 법을 지켜온 사람들이 이제 하나님께서 우리의 빚을 탕감하도록 기원한다. 이것은 우리가 하나님께 진 빚(즉 죄)을 탕감받는 안식년이 오기를 비는 기도이다. 우리가 하나님께 진 빚은 죄이다. 하나님께 지은 죄를 빚이라는 단어로 표현하는 것은 유대 문헌에서 일상적이다.[163] 쿰란 문헌(11QtgJob 34:4)과 미쉬나(*m. Aboth* 3:17)도 그러한 용례를 보여 준다(DA, 1988: 611).

하나님의 나라를 비는 기도 후에, 안식년의 빚 탕감을 언급하며 하나님의 죄 사함을 간구하는 가운데, 하나님의 나라는 안식년을 모형으로 하여 영적인 안식년으로 묘사된다. 하나님의 나라는 죄 사함이 발생하는 안식년이다. 스스로의 힘으로 도저히 갚을 수 없는 죄의 빚을 하나님께서 탕감하는 은혜의 시대, 이것이 바로 하나님의 나라이다.

13절 (시험과 사탄으로터의 보호) "우리를 시험에 들게 하지 마시옵고"라는 기도에서 시험에 든다는 것은 시험에 넘어지는 것을 뜻한다(마 26:41 참고). 이것은 문맥상 악한 자(사탄)에게 사로잡혀 사탄이 시키는 대로 행함을 가리킨다. '시험'은 히브리인들이 시험받은 출애굽 광야를 연상시키므로, 이 기도는 광야에서 시험에 진 이스라엘과 달리 시험에 이기도록 간구하는 기도이다.[164] 이 기도는 하나님께서 우리를 시험에 들도록 원인 제공을 하지 말라는 것이 아니라, 시험에서 지지 않고 승리하게 해 달라는 기도이다.[165] '시험에 들게 하지 마소서.'는 이어지는 '악한 자에게서 구하소서.'와 평행되므로 악한 자(마귀)의 유혹이나 압제로부터 구

---

163. Harrington, 95.

164. Keener, 2009: 225.

165. Stein, 327; Evans, 1990: 182.

해 달라는 뜻을 내포한다.

개역개정판이 '악에서 구하시옵소서.'라고 번역한 곳에서 '악'(τοῦ πονηροῦ)은 마태복음 13:19, 38에서처럼 '악한 자'를 가리킨다.[166] 마태복음에서 '악한 자'는 13:38-39에서 보듯이 마귀(사탄)를 가리킨다.[167] 누가복음 22:28-32은 '시험'에 이어서 '사탄'을 언급하므로 이러한 해석을 지원한다.[168] 사탄에게서 구해 달라는 기도는 '우리를 시험에 들게 하지 마시옵고'라는 평행문과 관련해서 이해할 때 사탄이 주는 시험에서 지지 않고 승리하게 해 달라는 간구이다.

기도문에서 '나라와 권세와 영광이 아버지께 영원히 있사옵나이다. 아멘.'은 후에 필사자들이 추가한 것인데, 역대기상 29:11-12("여호와여 위대하심과 권능과 영광과 승리와 위엄이 다 주께 속하였사오니")에 토대하며, 유대인들이 기도를 마치는 방식과 일치한다(Harrington, 95). 이 부분은 실제로 예배 때 기도하며 사용하던 것이 역으로 마태복음 본문에 들어온 것이다. 그러므로 예배 때에 이 부분을 사용하며 기도문을 마치는 것은 초기 교회부터 이어져 오는 전통을 잘 따르는 방식이므로, 문제 될 것이 없다. 다만 이 기도문을 사용할 때 흔히 추가하는 '대개'라는 말은 후기 사본들에 추가되어 있음을 의미하는 사본학적 표지이므로, 기도문에서 굳이 언급할 필요는 없을 것이다. 굳이 사용하더라도 이 말이 무슨 용도인지 알고 사용해야 할 것이다.

14-15절 (남의 잘못을 용서해야 함) 14-15절은 12절에 대한 부연 설명으로서 용서의 중요성을 강조한다. 우리는 구약 성경(신 15:1)에 따라 가난한 자들의 빚을 탕감하여야 한다. 그런데 예수께서는 남의 죄도 용서하라

166. DA, 1988: 614.

167. Keener, 2009: 223.

168. DA, 1988: 615.

고 하신다. '형제들'이 아니라 '사람들'을 용서하라고 하신 것은 용서가 제자 공동체의 범위를 넘어 세상까지 포함함을 알려 준다(강대훈, 상, 521). 이제 하나님으로부터 우리의 죄를 사함받는 시대(하나님 나라)가 도래하였다. 하나님의 죄 사함을 맛본 자들은 남의 죄를 용서해야 한다.

서로 용서하는 공동체가 있을 때 메시아의 가르침은 힘 있게 실천될 수 있다(DA, 1988: 620 참고). 교회가 바로 이러한 공동체이다. 서로 용서하지 않는 교회는 빛과 소금의 역할을 할 수 없을 것이다. 하나님은 그러한 사람을 그러한 교회를 용서하지 않으실 것이다.

금식 (6:16-18)

16-18절 (금식의 목적) 금식을 할 때에도 바리새인들처럼 사람에게 보이려고 하지 말고 하나님께 보이도록 해야 한다. 예수께서는 금식할 때 머리에 '기름'을 바르라고 하신다. 그렇게 하면 금식하는 것을 다른 사람들이 모를 것이다. 머리에 기름을 바르는 것은 이사야 61:3("슬픔 대신 희락의 기름")에서처럼 기쁨과 경축을 의미한다.[169] 머리에 기름을 바른 것은 유대인들에게 일상적인 것이었으므로(삼하 14:2 등), 머리에 기름을 바르라는 말씀은 (금식하는 티를 내지 말고) 일상적인 모습을 보이라는 말씀이다(DA, 1988: 619). 세수하는 것은 일반적으로 식사를 위한 준비였으므로(창 43:31),[170] 이것도 금식하는 티를 내지 말라는 뜻으로 볼 수 있다.

3. 해설

하나님을 '아버지'라 부르는 것은 경건한 유대인들의 특징이기도 하

169. Harrington, 96.

170. DA, 1988: 619.

였다.[171] 아람어 '이바'(아비지)는 아이들만 아니라 어른들도 사용하였으므로, 친근성의 표현이라고 단정할 수는 없다(DA, 1988: 602). 랍비 문헌에도 하나님을 '하늘에 계신 우리 아버지'라고 부르는 표현이 발견된다.[172] 그러나 유대인들의 문헌은 아주 드물게 하나님을 '나의 아버지'라고 부른다.[173] 구약 성경에서 '아버지'는 단 15번 하나님에 대하여 사용되지만, 기도 속에서 사용된 적은 없다.[174] 스타인(R. H. Stein)은 그 이유 중에 하나가 고대 근동 종교들이 하나님을 자주 '아버지'라고 불렀기 때문이라고 추측한다(Stein, 324). 랍비 호니는 하나님을 '아바'(아버지)라고 부르며 기도했다.[175] 그러나 유대인들에게 하나님을 아버지로 부르며 기도하는 것은 일상적이지 않았을 것이므로, 그렇게 기도하라는 예수의 가르침에는 특별한 강조점이 있다고 볼 수 있다.[176]

새 이스라엘의 삶의 방식 (6:19-7:6)

6:19-7:6은 새 이스라엘의 삶의 방식에 관하여 다룬다. 우선 재물에 관하여 가르치고(6:19-34), 언어 사용에 관하여 가르친다(7:1-6). 재물 사용과 언어 사용은 서기관의 의, 바리새인의 의에 관하여 가르치신 후에 다루어진 것으로서 산상설교의 핵심 주제이다.

171. DA, 1988: 601.
172. Keener, 2009: 217.
173. 집회서 23:1, 4; 솔로몬의 지혜 2:16(Keener, 2009: 218).
174. Stein, 324.
175. *b. Taanith* 23b(DA, 1988: 601-2).
176. DA, 1988: 602 참고.

13. 재물이냐 하나님이냐? (6:19-24)

그리스도인의 삶의 원리는 우선 물질에 관한 태도와 관련된다. 그리스도인은 재물을 추구하는 원리가 아니라 하나님의 통치와 뜻을 따르는 원리를 따라 살아야 한다(6:19-34).

1. 번역

19 여러분의 보물을 땅에 쌓지 마십시오.
그곳에는 좀이 먹고 녹이 슬며,
도둑이 뚫고 들어와 훔칩니다.
20 여러분의 보물을 하늘에 쌓으십시오.
그곳에는 좀이 먹지 않고 녹이 슬지 않으며,
도둑이 뚫고 들어 오지도 훔치지도 않습니다.
21 그대의 보물이 있는 곳에 그대의 마음도 있을 것이기 때문입니다.
22 몸의 등불은 눈입니다.
그러므로 만일 그대의 눈이 건강하면
그대의 온몸이 밝을 것입니다.
23 그렇지만 만일 그대의 눈이 나쁘면
그대의 온몸이 어두울 것입니다.
그러므로 그대 안에 있는 빛이 어두우면
그 어두움이 얼마나 심하겠습니까?
24 아무도 두 주인을 섬길 수 없습니다.
왜냐하면 한쪽을 미워하고 다른 쪽을 사랑할 것이기 때문입니다.
또는 한쪽을 존중하고 다른 쪽을 무시할 것이기 때문입니다.
여러분은 하나님을 재물과 함께 섬길 수 없습니다.

2. 주해

19절 (보물을 땅에 쌓지 말라) 예수께서 재물에 관한 가르침을 주신다. 문제 삼으신 것은 재물을 소유하는 것이 아니라 재물을 쌓아 두는 것이다.[177] '동록'(βρῶσις)은 녹을 가리키거나 벌레를 가리킨다. 이것이 녹이라면 함께 언급된 보물이 금속이고, 벌레라면 보물은 옷을 가리킨다(Harrington, 101).

20-21절 (보물을 하늘에 쌓아 두라) 보물을 하늘에 쌓아 두는 방법은 무엇인가? 마태복음 19:21에 의하면 소유를 팔아 가난한 자들에게 주면 하늘에서 보물을 가지게 된다. 이때 팔아야 하는 소유는 (구약 토지법을 어기고 정당한 분량 이상으로 부당하게 가지고 있는) 부동산(토지)일 것이다(레 25장 참고). 동산이라면 팔지 않아도 나누어 줄 수 있기 때문이다. 부당하게 소유하고 있는 재산을 처분하고 가난한 자들을 구제하는 것이 보물을 하늘에 쌓는 방법이다. 그렇다면 정당하게 벌고 소유한 재물로 가난한 자들을 구제하는 것은 더더구나 보물을 하늘에 쌓는 방법이다.

22절 (건강한 눈 비유) 재물에 관한 가르침의 맥락에서 눈에 관한 비유가 주어진다. 눈이 성하면 온 몸이 밝다. 마태복음은 건강한 눈이 밝음의 근원이라고 본다. 눈을 등불에 비유한 이 비유에는 눈이 태양처럼 광선을 발하여 밝게 한다는 고대의 시각 이론이 전제되어 있다(DA, 1988: 635).

'눈'은 유대 문헌에서 의도를 뜻한다.[178] '건강한(ἁπλοῦς) 눈' 또는 '선한 눈'은 물질 사용에 있어서 관대함을 가리킨다(집회서 35:9).[179] 이기적

177. DA, 1988: 630.

178. DA, 1988: 640.

179. 양용의, 2018: 155; Keener, 2009: 232.

임을 뜻하는 '나쁜 눈'과 대조되어 사용되기 때문이다.[180] 이 해석은 이 단어(ἁπλοῦς)가 관대함을 가리키는 로마서 12:8의 용례에 의해서도 지지된다.[181] 그러므로 눈 비유는 관대한 재물 사용이 중요하다는 의미를 전달한다.

23절 (나쁜 눈 비유) 눈이 나쁘면 온 몸이 어둡다. '나쁜 눈'은 탐욕스러움, 이기적임을 가리키는 표현이다.[182] 이것은 (자기 이익에는 집착하되) 남에 대해 관대함이 없음을 뜻한다.[183] 신명기 15:9은 악한 눈과 가난한 형제를 돕지 않음을 연관 짓는다. 마태복음 20:15은 악한 눈을 주인의 관대함을 비난하는 마음과 관련시킨다. 6:23은 이러한 나쁜 눈(재물에 관한 이기심)이 어두움의 근원이라고 한다.

'네게 있는 빛'(τὸ φῶς τὸ ἐν σοὶ, 네 안에 있는 빛)은 눈에서 나오는 빛이 사물을 비춤으로써 보게 된다는 고대인들의 시각 이론에 부합하는 표현이다.[184] 이것은 문맥상 21절이 언급한 '마음'을 가리킨다. 눈이 나쁘면 온 몸이 어둡다. 마음이 어두우면 더더구나 어둡다. 마음은 재물에 의하여 어두워진다. 이것은 육신의 눈이 나쁜 것보다 더욱 심각하게 우리로 하여금 방향을 잃고 표류하게 한다. 이러한 마음을 밝혀주는 빛은 무엇일까? 시편 119:105은 하나님의 말씀이 그러한 빛이라고 한다.

24절 (하나님과 재물을 겸하여 섬기지 못함) 하나님과 재물을 둘 다 섬길 수는 없다. '재물'로 번역된 단어는 '마모나스'(μαμωνᾶς)이다. 이 단어는 아람어에서 재물, 돈, 부를 가리키는 용어로 사용된다.[185] 재물을 땅에 쌓

---

180. DA, 1988: 638.

181. Moss, 761 참고.

182. Hagner, 1993: 158; Keener, 2009: 232; DA, 1988: 638.

183. Harrington, 101.

184. Carroll, 257.

185. Harrington, 96. 101; Keener, 2009: 233.

아 두려 하고 하늘에 쌓지 않으려는 자는 재물을 섬기려는 사람이다. 재물을 하늘에 쌓으려는 사람은 하나님을 섬기려는 사람이다. 재물을 땅에도 하늘에도 모두 쌓는 것이 불가능한 것은 아니겠지만 이 둘이 충돌할 때에는 하늘에 쌓는 쪽을 선택해야 한다. 그러할 때 재물을 택하고 하나님을 버리는 사람들은 하나님이 아니라 재물을 섬기는 사람이다. 그러한 사람은 결코 하나님을 섬기는 자가 아니다. 재물의 축복을 바라면서 하나님을 섬기는 경우가 있을 수 있다. 그러나 하나님께서 재물을 주시지 않을 경우에라도 우리는 사탄에게 절하여 재물을 취하는 길을 택하지 말고 계속 하나님을 섬겨야 한다.

예수께서는 재물을 섬기면 안 된다는 것을 강조하기 위해 두 주인을 섬길 수 없다는 비유를 주신다. 한쪽은 미워하고 다른 한쪽을 사랑할 수밖에 없다고 하신다. 여기서 '미워하다'는 단어는 마태복음 10:37의 용례를 통해서 볼 때 "덜 사랑하다"는 뜻이다.[186] 재물을 하나님과 동등한 수준으로 사랑할 수는 없다. 그렇게 하면 우상숭배이다.

건강한 눈을 가진 사람의 경우는 재물을 하늘에 쌓는 경우이며, 나쁜 눈을 가진 사람의 경우는 재물을 땅에 쌓는 사람의 경우에 관한 비유라고 볼 수 있다.[187] 재물을 하늘에 쌓는 사람은 하나님을 섬기는 사람이며, 재물을 땅에 쌓은 사람은 재물을 섬기는 사람이다.

3. 해설

율법의 해석과 적용에 관한 가르침과 종교적 경건(구제, 기도, 금식)에 관한 가르침이 이어진 후, 주어진 첫 번째 가르침은 재물에 관한 것이다.

---

186. Hagner, 1993: 159.

187. DA, 1988: 641.

사람이 길을 파악하고 가는 데 눈이 중요하듯이 재물에 관한 태도는 인생의 여정의 판단에 핵심적인 역할을 한다. 재물을 섬기는 이기적인 태도는 인생의 길을 어둡게 하고, 하나님을 섬기고 재물에 대한 욕심을 버리는 자비로운 태도는 인생의 길을 밝힌다. 경제는 중요한 것이다. 그러나 재물을 하늘에 쌓는 경제 윤리가 없으면 사람은 재물의 노예로 전락하게 된다.

14. 재물과 관련된 염려에 관하여 (6:25-34)

6:25-34는 7:7-11과 유사하게 더더구나 논증(*qal wachomer*)을 사용한다(DA, 1988: 626).

1. 번역

25 이 때문에 나는 여러분에게 말합니다.
여러분의 목숨을 위하여 무엇을 먹을까 [무엇을 마실까]
여러분의 몸을 위하여 무엇을 입을까 걱정하지 마십시오.
목숨이 음식보다 더 중요하고
몸이 의복보다 더 중요하지 않습니까?
26 하늘의 새들을 보십시오.
파종도 하지 않고 추수도 하지 않고 창고에 모으지도 않지만,
여러분의 하늘 아버지께서 그것들을 먹이십니다.
여러분은 그것들보다 더 소중하지 않습니까?
27 여러분 중에 누가 걱정함으로써
자기의 목숨을 하루라도 연장할 수 있습니까?
28 옷에 관하여 왜 걱정합니까?
들꽃들이 어떻게 자라는지 관찰해 보십시오.

그것들은 노동도 방적도 하지 않습니다.

29 나는 여러분에게 말합니다.

솔로몬이 그의 모든 영광으로도

이것들 중에 하나보다 더 잘 입지 못하였습니다.

30 오늘 있다가 내일 화덕 속으로 던져지는 들풀도

하나님께서 이처럼 입히시므로

여러분을 더더구나 입히시지 않겠습니까?

믿음이 작은 사람들이여!

31 그러므로 무엇을 먹을까, 또는 무엇을 마실까,

또는 무엇을 입을까 하면서 걱정하지 마십시오.

32 왜냐하면 이 모든 것들은 이방인들이 구하는 것이기 때문입니다.

여러분의 하늘 아버지께서는

여러분에게 이 모든 것이 필요하다는 것을 아시기 때문입니다.

33 여러분은 우선 [하나님의] 그 나라와 그분의 의를 구하십시오.

그리하면 이 모든 것들을 여러분에게 더해 주실 것입니다.

34 그러므로 여러분은 내일을 위하여 걱정하지 마십시오.

왜냐하면 내일이 자기 자신을 걱정할 것이기 때문이고,

그날의 고난은 그날에 충분하기 때문입니다.

2. 주해

25절 (먹을 것 입을 것을 걱정하지 말라) 예수께서는 "너희의 목숨을 위하여 무엇을 먹을까 염려하지 말라."고 하신다. 가난한 자에게 음식 걱정은 굶어 죽지 않고 어떻게 목숨을 유지할까 하는 걱정이다. 부자에게는 음식 걱정이 어떤 음식을 먹으면 건강하게 오래 살까 하는 걱정이다. '목숨을 위하여'에는 두 가지 의미가 다 포함될 수 있다.

예수께서는 음식 걱정을 하지 말아야 하는 이유를 "목숨이 음식보다 중요하다."고 제시하신다. 목숨을 위해 걱정하는 것보다 음식을 위해 걱정하는 것이 더 심하면 주객전도가 된다는 뜻일 수 있다. 목숨을 위한다면서 좋은 음식 맛있는 음식을 찾아다니다가 오히려 목숨을 해친다면 어리석은 일이다. 먹고 사는 문제 해결은 중요하다. 그러나 이 문제가 해결되어도 사람들은 더 잘 먹는 것을 추구한다. 아무리 경제가 성장해도 여전히 경제가 가장 중요하다고 계속 말한다. 사람의 목숨이 소중하다는 것은 망각한다. 그러나 우리는 사람의 목숨이 경제보다 우선한다는 것을 잊지 말아야 한다.

예수께서는 "몸을 위하여 무엇을 입을까 염려하지 말라."고 하신다. 빈자에게 의복 걱정은 몸을 추위로부터 보호하여 생존하기 위한 걱정이다. 부자에게 의복 걱정은 몸의 맵시를 내기 위해 어떤 옷을 입을까 하는 걱정이다. '몸을 위하여'에는 이 두 가지 의미가 다 포함될 수 있다.

예수께서는 의복 걱정을 하지 말아야 하는 이유를 "몸이 의복보다 중요하다."고 제시하신다. 몸을 위해 걱정하는 것보다 옷을 걱정하는 것이 더 심하면 주객 전도가 된다. 옷은 몸에 걸치는 것이다. 옷보다 중요한 것은 몸이다. 옷에 너무 신경을 쓰다가 이것을 잊으면 안 된다. 멋진 맵시를 위해 불편한 옷을 입다가 더 소중한 몸을 상하게 해서는 안 될 것이다.

의식주는 중요한 것이다. 이 문제가 해결되어도 사람들은 의식주가 중요하다고 하며 더 좋은 옷을 입고자 한다. 그러나 옷보다 중요한 것은 몸임을 잊지 말아야 한다. 사람의 신체는 경제 활동의 수단이 아니라 목적이다.

목숨과 몸이 음식과 옷보다 더 소중하다는 예수의 지적에는 '더더구나 논증'(*qal wachomer*)이 숨어 있을 것이다. 더 소중한 목숨과 몸을 주신

하나님께서 덜 소중한 음식과 옷을 더더구나 주시지 않겠느냐는 논증이다.[188]

26-30절 (염려하지 말아야 하는 이유) 먹을 것 입을 것이 부유한 사람에게는 선택의 문제이지만, 가난한 사람의 경우에는 생존의 문제이다. 그러나 하나님은 공중의 새와 들풀도 먹이시고 입히시므로,[189] 먹을 것 입을 것을 걱정하지 말아야 한다. 그것들보다 더 소중한 자녀들을 하나님께서 더더구나 먹이시고 입히실 것이기 때문이다(DA, 1988: 648).

자연을 관찰하여 영적인 교훈을 얻는 방식은 구약 성경에서도 발견되며(잠 6:6-11), 유대 문헌에서도 자연 계시의 개념은 별로 문제시되지 않는다.[190] 하나님께서 피조물을 돌보신다는 개념은 시편 147:9에서도 발견되며, 매우 유대교적인 것이다(DA, 1988: 650).

가난한 사람만이 아니라 부유한 사람들의 경우에도 음식과 옷을 걱정한다. 더 좋은 음식, 더 좋은 의복을 위해 걱정한다. 그러나 하나님은 공중의 새와 들풀보다 더 좋은 것으로 우리에게 입혀주시고 계신다. 그러므로 우리는 만족하여야 하며 더 좋은 것을 가지려는 걱정을 하지 말아야 한다. 경제 문제를 걱정하는 모습은 믿음이 작은 자의 모습이다(30절). 그러나 먹을 것 입을 것을 걱정하지 않는 삶의 모습은 에덴에서의 아담의 모습이며, 회복된 새 시대의 삶의 모습이다(DA, 1988: 651).

개역개정판에서 '키'로 번역된 단어는 '헬리끼아'(ἡλικία)이다. 이 단어는 '키' 또는 '수명'을 뜻한다.[191] 공간적인 키와 시간적인 수명은 서로 호

188. DA, 1988: 648.
189. 30절에서 '에이'(εἰ)는 직설법 동사와 함께 사용되었기에 "이므로"(since)의 뜻을 가질 수 있다(DA, 1988: 655).
190. DA, 1988: 649.
191. Harrington, 96, 102.

환하여 쓰인다. 공간적 단위를 시간적 단위를 표현하기 위해 사용하는 것은 시편 39:5에서도 발견되며 셈어적 표현이다.[192] '키를 한 자라도'는 문맥상 "인생의 길이를 한 시간이라도"를 뜻한다고 볼 수 있다.[193] 키에 한 자(규빗, 약 50cm)를 더하는 것은 상당한 것이므로,[194] 이것은 인간이 작은 일도 할 수 없음을 언급하는 문맥에 부합하지 않기 때문이다. 걱정을 통하여 수명을 아주 조금 늘리지도 못한다. 이것은 25절이 명한 목숨을 위하여 무엇을 먹을까 걱정하지 말라는 명령의 이유에 해당한다. 걱정이 목숨 연장에 전혀 도움이 되지 않으므로 목숨을 위하여 걱정하지 말아야 한다.

예수께서는 비유 소재로 "내일 아궁이에 던져지는 들풀"을 언급하신다. 들풀은 이스라엘 땅에서는 빵 구울 때 연료로 사용했는데 나무가 희소했기 때문이다.[195] 이러한 들풀도 솔로몬의 옷보다 더 잘 입히시는 하나님께서 소중한 하나님의 자녀들을 더 잘 입히실 것이다.

31-33절 (하나님의 백성이 추구해야 할 것) 무엇을 먹을까 마실까 무엇을 입을까 걱정하는 것은 이방인들이 추구하는 것이다. '추구하다'(ἐπιζητέω) 동사의 접두어 '에삐'(ἐπι)는 강조보다는 방향을 표현한다.[196] 경제적 풍요를 추구하는 것은 이방인들의 추구이다. 하나님의 백성은 부를 추구하는 존재가 아니라 우선적으로[197] 하나님의 나라와 의를 추구하는 사람들이어야 한다. 하나님은 재물이 필요한 것을 아신다. 따라서 이러한 것을 먼저

---

192. DA, 1988: 653.
193. Hagner, 1993: 164.
194. Keener, 2009: 237 참고.
195. Stein, 355.
196. DA, 1988: 658.
197. 33절에서 '쁘로똔'(πρῶτον)은 시간적 순서라기보다는 더 중요함의 순서를 가리킨다고 볼 수 있다(DA, 1988: 660).

구할 필요가 없다. 이러한 것들은 하나님의 나라와 의를 추구할 때 더해 주신다. 하나님의 나라는 하나님의 권능(통치)을 가리킬 수 있으며(솔로몬의 시편 17:3),[198] 하나님의 의는 하나님의 나라의 성격을 규명하기 위해 평행을 이루며 반복한 것이다. 하나님의 의는 여기서 하나님의 나라(통치)와 평행되므로 동일한 의미를 상호 보완하며 전달한다. 여기서 하나님의 나라와 평행되어 사용된 하나님의 의는 하나님의 구원하시는 행동을 가리킬 수도 있으나 하나님께서 통치하시며 요구하시는 것을 가리킨다고 볼 수도 있으므로, 하나님의 의를 추구하는 것은 곧 하나님의 통치를 추구하는 것을 뜻할 수 있다.[199] 따라서 하나님의 나라와 하나님의 의를 추구하라는 말씀은 하나님의 공의로운 통치를 추구하라는 뜻이다. 우리는 경제적 풍요를 추구하지 말고 (율법을 통하여 구체적으로 표현된) 하나님의 공의가 구현되기를 구해야 한다. 그래야 경제 문제도 해결된다. 하나님의 의로운 통치 원리를 담은 율법의 정신을 잘 적용한 사회는 경제적 풍요를 누리게 된다는 것은 구약 성경이 약속하는 바이기도 하다(신 28:12). 그러나 공의를 버리고 불의를 통해서 경제적 풍요를 추구하는 민족이나 나라는 망하게 된다.

34절 (내일을 염려하지 말라) 재물을 추구하는 이유는 내일에 대한 염려 때문이다. 내일을 염려하기 때문에 더 많은 재물을 땅에 쌓아 두려고 하는 것이다. 예수께서는 내일 일을 염려하지 말라고 한다. 그렇게 하면 재물을 의지함에서 벗어나 진정 하나님을 섬기게 될 것이다. 그렇지만 오늘의 염려까지 없앨 수는 없다. 하나님의 백성도 세상에서는 하루하루의 고난을 감수하고 살아가야 한다.

---

198. 신현우, 2021: 144.

199. DA, 1988: 661.

3. 해설

산상설교는 경제 윤리를 매우 중요한 것으로 취급한다. 하나님의 나라와 의(즉 의로운 통치)를 추구하는 것이 재물을 추구하는 것보다 우선해야 한다. 이것이 하나님을 섬기는 길이다. 만일 재물을 하나님의 의로운 통치보다 더 추구한다면 그것은 재물을 섬기는 것이며, 우상 숭배이다. 세상은 경제가 가장 중요하다고 한다. 아무리 경제가 발전해도 계속 경제가 중요하다고 한다. 더 잘 입고 더 잘 먹는 것을 추구하는 것에 관심이 많다. 얼마나 경제가 발전하면 사람의 목숨과 몸이 더 소중함을 깨달을 것인가? 사회에 우선 중요한 것은 정의로운 하나님의 통치가 구현되는 것임을 깨닫고 하나님의 의로운 통치가 땅에 구현되기를 추구할 때 경제 문제도 함께 해결될 것이다.

15. 비판에 관한 교훈 (7:1-6)

그리스도인의 삶의 원리는 이웃에 관한 태도와도 관련된다. 그리스도인은 다른 그리스도인들의 잘못을 지적하기 전에 나 자신의 잘못을 교정해야 한다. 그 후에 다른 그리스도인들의 잘못을 정확하게 지적하여 고쳐주어야 한다. 그러나 그러한 지적을 받을 자격이 없는 자들에게는 권면할 필요가 없다.

1. 번역

7:1 여러분은 정죄받지 않으려면 정죄하지 마십시오.

2 왜냐하면 여러분이 하는 그 정죄로

여러분이 정죄받을 것이기 때문입니다.

여러분이 사용하는 됫박으로
여러분에게 재어 줄 것이기 때문입니다.
3 왜 그대의 형제의 눈 속에 있는 티는 보면서
그대의 눈에 있는 통나무는 알아채지 못합니까?
4 그대는 어찌하여 그대의 형제에게
'그대의 눈에서 티를 빼내게 허락하라.'고 말합니까?
보십시오! 그대의 눈 속에는 통나무가 있습니다.
5 위선자들이여, 먼저 그대의 눈에서 통나무를 빼내십시오.
그 후에야 제대로 볼 수 있게 되어
그대의 형제의 눈에서부터 티를 빼낼 것입니다.
6 거룩한 것을 개들에게 주지 말고
여러분의 진주들을 돼지들 앞에 던지지 마십시오.
그리하여 그들이 발로 그것들을 짓밟고
여러분을 공격하지 않도록 하십시오.

2. 주해

1절 (정죄받지 않으려면 정죄하지 말라) 예수께서도 종종 비판적 지적을 하신 것을 염두에 두고 볼 때 1절 말씀은 아무런 비판을 하지 말라는 가르침이 아닌 듯하다.[200] 개역개정판에서 '비판하다'로 번역된 단어는 '끄리노'(κρίνω)이다. 이 동사는 종종 '정죄하다'는 의미를 가지는데, 여기서도 그렇게 쓰인 듯하다.[201] 따라서 이 구절은 정죄하지 말라는 가르침이다. 남을 정죄하면 (즉 용서하지 않으면) 하나님께 정죄를 받게 될 것이다(신적

200. DA, 1988: 668.
201. 양용의, 2018: 161-62; DA, 1988: 669.

수동태). 이렇게 읽으면 1절은 남을 용서하지 않으면 하나님께 용서받지 못한다는 6:15의 가르침과 일치한다.

본문은 사람이 하나님의 자리에 앉아 최종적인 판단을 하듯이 하는 정죄를 금하지만 형제(하나님의 백성)의 잘못을 고치기 위한 긍정적 목적을 가진 비판은 허용한다. 5절은 우선 자신을 점검한 후에 형제의 잘못을 지적할 수 있음을 암시한다. 본문은 자신의 오류는 생각하지 않고 자신이 어떤 판단 기준으로 비판을 하는지 생각하지도 않고 왜곡된 자신의 눈에 비친 형제의 잘못을 비판하는 것을 지적한다(4절). 이러한 문맥은 '비판하지 말라'는 예수의 말씀이 어떤 의미인지 파악할 수 있게 한다. "이것은 모든 충고, 정당한 비평을 쓸모없는 것으로 돌리시는 말씀이 아니다. 똑같은 기준을 자신과 남에게 공평하게 적용하라는 교훈이다"(정훈택, 87). 남을 비판할 때 사용하는 비판의 잣대는 결국 비판하는 자에게 적용되게 되어 있다. 우리는 남을 비판할 때에, 나 자신을 비판할 때 사용할 수 있는 동일한 기준으로 비판해야 한다. 그러한 비판을 받기 원하지 않으면 비판하지도 말아야 한다. 내가 원하지 않는 것을 남에게 행하지 말아야 한다.

신약 성경이 다른 사람들에 관하여 어떤 의견을 가지는 것이 금지되지 않았음은 "공의롭게 판단하라."는 예수의 말씀(요 7:24), 교회 안에 있는 사람들을 판단하라는 바울의 가르침(고전 5:12) 등에서 명확하게 나타난다(Hendriksen, 중, 16-17).

2절 (동일한 판단 기준이 나에게도 적용됨) 남에게 적용하는 판단의 기준으로 나도 판단받게 된다. 나에게 적용하는 판단의 기준과 남에게 적용하는 판단의 기준이 다른 경우에, 결국 남에게 적용한 기준으로 나도 판단받게 될 것이다. 이것을 각오하고 남을 판단할 때에도 공정한 기준을 적용해야 한다. 남을 너그러운 기준으로 판단하거나 용서하면, 결국 나도 그렇게 너그럽게 대우받을 것이다. 이러한 원리는 하나님께서 우리를 대하시는 원리에 해당할 뿐 아니라, 인간 사회 속에서도 적용되는 원리이다. 내가 거래할 때 사용하는 됫박을 타인도 사용할 것이라는 원리는 유대인들의 격언에도 나오는 것이기 때문이다. 미쉬나(*m. Sotah* 1:7)에 그러한 격언이 나타난다.[202] 유사한 격언이 미쉬나, 토세프타, 예루살렘 탈무드, 바벨론 탈무드, 미드라쉬, 탈굼 등 유대 문헌에 광범위하게 나타난다.[203]

4절 (내로남불하지 말라) 형제의 작은 잘못은 지적하면서 자신의 큰 잘못은 간과하는 우를 범하지 말아야 한다. '형제'는 시편 22:22의 용례를 배경으로 볼 때, 하나님의 백성을 가리킨다고 볼 수 있다. 그렇다면 4절은 하나님의 백성 상호 간에는 서로 비판적으로 권면할 수 있음을 전제함을 알려 준다. 문제가 되는 것은 자신에게 적용하는 기준과 남에게 적용하는 기준이 다름에 있다. 자신은 너그럽게, 남에게는 가혹하게 서로 다른 기준으로 판단하면 안 된다.

5절 (먼저 자신의 잘못을 고치라) 예수께서는 먼저 자신의 큰 잘못을 고친 후에 형제의 작은 잘못을 지적하여 고쳐주라고 하신다. 자신은 더 큰 잘못을 범하면서 남의 작은 잘못을 지적하는 자를 예수께서는 '위선자'라고 부르신다. '위선자'는 마태복음에서 종종 바리새인들을 가리키므로, 여기서도 바리새인을 염두에 둔 것으로 보인다. 마태복음 9:10-13; 12:1-8에서도 바리새인들은 잘못되게 남을 정죄하는 사람들로 등장한다.[204] 그러나 바리새인이 아니더라도 하나님의 백성 중 다른 사람의 사소한 잘못을 비판하면서 자신의 큰 잘못을 교정하지 않는 자는 결국 이 본문이 언급하는 위선자에 해당한다.

202. "With what measure a man metes it shall be measured to him again."("어떤 사람이 재는 척도로 그에게 다시 측정되어 주어질 것이다.")(Danby, trans., 294).

203. Rüger, 174-82.

204. DA, 1988: 668.

6절 (거룩한 것을 개에게 주지 말라) 예수께서는 거룩한 것을 개에게 주거나 진주를 돼지에게 던지지 말라고 하신다. 랍비 문헌에서 진주는 지혜나 값진 가르침을 은유한다(DA, 1988: 677). 비판에 관하여 가르치는 문맥상 '거룩한 것,' '진주'는 건설적 비평이나 권고를 가리킨다고 볼 수 있다(정훈택, 89). 이러한 비판을 할 때 조심해야 하는 것은 비판을 들을 귀가 있는 사람을 비판하는 것이다(6절). 들을 귀가 없는 사람은 오히려 그 비판을 듣고 앙심을 품고 우리를 찢어 상하게 할 것이기 때문이다(6절). 유사하게, 잠언 23:9도 미련한 자에게 말하지 말라고 하며, 그가 지혜로운 말을 무시할 것이라고 한다.

돼지는 이스라엘 사람이 아닌 자들의 상징으로 사용되어 온 것이다.[205] 문맥 속에서 볼 때에도, '개,' '돼지'는 '형제'(하나님의 백성)와 대조되는 이방인들을 가리킨다고 볼 수 있다. 그렇다면 6절은 이방인들(하나님의 백성이 아닌 자들)을 율법이나 예수의 말씀으로 비판할 필요가 없다는 뜻으로 해석할 수 있다. '개'가 배교자, 악한 자, 또는 박해자를 가리킨다고 볼 수도 있다.[206] 그렇다면, 본문은 듣고자 하지 않는 자를 교정하고자 할 필요가 없다는 의미일 것이다(잠 9:8; 23:9)(Keener, 2009: 243-44).

3. 해설

산상설교는 재물에 관련된 윤리를 언급한 후 비판에 관한 윤리를 다룬다. 재물은 하늘에 쌓아야 하며, 비판은 먼저 자기 자신을 향해야 한다. 자신의 큰 잘못에 대해서는 너그럽고 남의 작은 잘못에 대해서는 가혹한 자기 중심성을 벗어나야 한다. 남에게 너그럽고 자기 자신에게 엄격한 모

205. DA, 1988: 677.

206. Keener, 2009: 243.

습을 가져야 한다. 그러한 모습이 빛과 소금으로서 세상에 존재하는 그리스도인의 특징이다. 그리스도인들은 상호 간에 권면하여 지적할 수 있지만, 먼저 자신의 잘못을 고친 후에 그렇게 하도록 힘써야 한다. 그러나 세상 사람들의 잘못을 지적할 때에는 조심해야 한다. 그들에게 귀한 진주와 같은 지적을 해 주어도 그들이 그것을 알아채고 고마워하지 않을 수 있다. 상호비판은 우선적으로 그리스도인의 공동체 안에서 먼저 자신의 잘못을 고백하고 고치는 것으로 시작해야 한다. 교회가 세상을 비판하는 것만 일삼는 것은 진주를 돼지에게 던지는 것처럼 어리석은 일이 될 수 있다. 특히 산상설교의 가르침은 교회와 그리스도인이 실천할 일이지, 세상 사람들에게 요구할 일은 아니다. 교회와 그리스도인들이 산상설교를 따르지 않으면서, 세상 사람들에게는 산상설교를 따르라고 말한다면 엄청난 과오가 될 것이다. 세상 사람들은 언약 백성이 아니므로, 언약의 축복이 없지만 언약의 의무도 없다. 그러나 언약 백성은 언약의 축복을 누리며 언약의 의무도 가진다. 산상설교를 존중하고 그것을 기준으로 하여 살아야 하는 것도 그러한 언약의 의무 중에 포함된다.

16. 바른 행함의 근본 원리 (7:7-12)

마태복음 7:7-14은 바른 행함의 근본 원리를 다룬다. 그것은 첫째 남이 나에게 하기 원하는 대로 남에게 베풀어 주는 것이며(7-12절), 둘째 좁은 문으로 들어가는 것이다(13-14절).

1. 번역

7 요청하십시오. 그리하면 여러분에게 주어질 것입니다.

찾으십시오. 그러면 발견할 것입니다.

두드리십시오. 그러면 여러분에게 열릴 것입니다.

8 왜냐하면 누구든지 요청하는 자가 받을 것이고

찾는 자가 발견할 것이고

두드리는 자에게 열릴 것이기 때문입니다.

9 여러분 중에 누가 자기 아들이 빵을 요청하면

그에게 돌을 줄 사람이 있겠습니까?

10 또는 생선을 요청하는데 뱀을 줄 사람이 있겠습니까?

11 그러므로 여러분은 악함에도 불구하고

여러분의 자녀들에게 좋은 선물들을 줄 줄을 압니다.

그렇다면 하늘에 계신 여러분의 아버지께서는

더더구나 그분에게 요청하는 자들에게 좋은 것들을 주실 것입니다.

12 그러므로 사람들이 여러분에게 행하기를 원하는 것들을

여러분도 그들에게 행하십시오.

왜냐하면 이것이 율법과 선지자들(의 가르침)이기 때문입니다.

2. 주해

7-11절 (구하라) 예수께서는 구하고, 찾고, 문을 두드리라고 가르치신다. '구하다'(αἰτέω)는 신약 성경에서 종종 "기도하다"는 뜻으로 사용된다.[207] '찾으라'(ζητεῖτε)도 구약 성경에서 하나님의 얼굴을 찾도록 명하는 문맥에서는 "기도하라"는 뜻으로 사용된다.[208] 문을 두드림은 탈무드(*b. Megillah* 12b)에서 기도를 가리키는 비유적 표현으로 사용되었다.[209] 그러

---

207. 마 18:19; 막 11:24; 요 11:22; 엡 3:20; 약 1:5-6; 4:3(Stein, 327).
208. 삼하 21:1; 시 24:6; 27:8; 호 5:15(Stein, 327).
209. Stein, 327.

므로 구하라, 찾으라, 문을 두드리라는 말씀은 기도하라고 강조하는 표현이라고 볼 수 있고, 그리하면 주시며, 찾으며, 열린다면 말씀은 기도가 응답될 것임을 뜻한다고 볼 수 있다.

구하면 하나님께서 주실 것이다(7-8절). 하나님께서 기도를 들으신다는 것은 구약 선지서에서도 두드러지게 나타난다(사 30:19; 58:9; 65:24; 렘 29:12-14; 호 2:21 등).[210] 악한 사람들도 자식들이 좋은 것을 구하면 준다(11절). 그러므로 선하신 하나님은 더더구나 하나님의 자녀들이 좋은 것을 구하면 주실 것이다(11절). 여기에 사용된 논증 방법은 '더더구나 논증'(*qal wachomer*)이며 '너희'로 언급된 이 본문의 내재적 독자가 하나님의 자녀임을 전제하고 있다. 즉 산상설교의 적용 대상은 하나님의 자녀이며 세상 사람들이 아니다.

이 본문에서 구하라는 내용은 좋은 것이다. 하나님은 좋은 것을 그 자녀들에게 주실 것이다. 그러나 하나님께서는 우리가 나쁜 것을 구할 때 그것을 주시지는 않을 것이다. 이 단락의 결론은 12절이다. 하나님의 자녀로서 남이 구하는 것을 주시는 하나님을 본받으라는 가르침이다. 남이 나에게 구하는 것을 어떻게 알 것인가? 내가 남에게 원하는 것이 무엇인지 생각해 보면 알 수 있다. 이것은 12절의 전제가 무엇인지도 알려 준다. 하나님께서는 하나님께서 우리에게 원하시는 좋은 것을 우리에게 주시는 분이시다. 우리는 이 하나님을 본받아서 우리가 남에게 원하는 것을 남에게 베풀어 주어야 한다.

하나님께서 우리에게 원하시는 것은 하나님의 뜻대로 사는 것이다. 마태복음 문맥에서 볼 때 구해야 하는 것은 하나님의 나라와 그의 의이다(마 6:33).[211] 우리가 이것을 구할 때 하나님은 더더구나 주실 것이다. 또한

---

210. Harrington, 103.

211. Keener, 2009: 244.

산상설교는 행하기 어렵지만 이것을 행할 능력을 간구하면 (성령을 통하여) 우리가 행할 수 있도록 해 주실 것이다.

12절 (황금률) 이 구절은 '그러므로'(οὖν)로 시작한다. 이것은 본 절이 5:17에서 시작한 산상설교 본론의 결론임을 암시한다고 볼 수 있다.[212] 율법과 선지자들에 관한 언급은 5:17과 7:12에 모두 나오므로 수미상관을 형성한다.[213] 그렇다면 5:17-7:12은 하나의 큰 단락을 이루며 7:12은 그 결론일 수 있다. 그러나 12절은 11절의 결론으로 볼 수도 있다. 이렇게 보면 12절은 하나님께서 구하는 자에게 좋은 것을 주시는 것처럼 하나님의 백성은 남이 원하는 것을 베풀어 주어야 한다는 가르침이다(DA, 1988: 678).

예수께서는 "무엇이든지 남에게 대접을 받고자 하는 대로 너희도 남을 대접하라."고 하신다. 이 구절은 동일하게 상호 관계(reciprocity)의 원리를 가진 1절("정죄받지 않으려면 정죄하지 말라.")과 수미상관을 형성한다.[214] 12절은 황금률이라 불리는 원리를 담고 있는데 이것은 "네 이웃을 네 몸같이 사랑하라."는 레위기 19:18에 기초한다.[215] 힐렐도 율법의 핵심을 비슷하게 요약했다. "네가 싫어하는 것을 이웃에게 행하지 말라. 이것이 토라의 전체이며 나머지는 그것의 주석이다"(*b. Shabbath* 31a).[216] 토비트서(4:15)에도 "네 자신이 싫어하는 것을 남에게 행하지 말라."고 황금률이 부정 형식으로 표현되어 등장한다.[217] 초기 기독교인들도 이러한 소극적 황금률 표현을 사용하기도 하였다(디다케 1:2; 행 15:29의 서방 사본들)(Harrington, 105).

---

212. 양용의, 2018: 165-66; DA, 1988: 688.
213. DA, 1988: 685, 689.
214. Keener, 2009: 239.
215. Harrington, 105.
216. Harrington, 105.
217. Harrington, 105.

우리가 남에게 원하는 것은 무엇인가? 산상설교에서 가르치는 삶을 사는 것이 아닌가? 즉 잘못된 비판을 하지 않고, 원수(= 이방인)에게도 자비를 베풀어 주고, 복수하지 않으며, 맹세를 남용하지 않고, 분노하지 않고, 간음하고자 하는 의도마저 버리는 것이다. 그렇다면 우리도 산상설교를 따라 사는 삶으로 이웃을 대해야 한다.

예수께서는 황금률이 '율법이요 선지자들'이라고 하신다. 율법과 선지서의 가르침은 우리가 남이 우리에게 하기를 원하는 대로 남에게 행하는 길을 가르친 내용이다. 황금률은 모든 율법이 그것으로부터 연역적으로 도출되는 근본 원리는 아니지만 가장 중요한 율법의 요구이다.[218] 이것은 율법의 요약이며 모든 율법의 정신을 알려 준다. 율법의 모든 계명은 이 원리에 의존하며, 이 원리는 율법이 지향하는 방향을 알려 준다 (Harrington, 106). 율법과 선지서의 가르침을 완성시키는 예수의 산상설교의 가르침도 우리가 이웃에게 원하는 바대로 우리가 이웃에게 행하도록 가르친다.

3. 해설

악한 사람들도 자녀가 구하는 것을 주고자 한다. 선하신 하나님은 더더구나 하나님의 자녀인 그리스도인들에게 구하는 것을 주실 것이다. 그리스도인들은 하나님의 자녀로서 이러한 하나님의 모습을 닮아 남에게 필요한 것을 베풀어야 한다. 남이 우리에게 구하지 않아도 그들이 무엇을 구하는지 알 수 있다. 우리가 그들에게 받기를 기대하는 것이 바로 그들이 우리에게 기대하는 것이다. 우리가 이웃에게 원하는 것을 이웃에게 베

218. DA, 1988: 689-90.

풀어 줄 때 우리는 이웃을 우리 자신처럼 사랑하게 된다. 그리하여 율법의 요구를 이룰 수 있게 된다.

17. 잘못된 길과 거짓 선지자 판단 기준(7:13-20)

예수의 제자들이 바른 길을 분별하기 위해 사용할 수 있는 원리는 우선 자신이 이웃에게 무엇을 원하는지 파악하는 것이다. 내가 이웃에게 원하는 그것을 이웃에게 행하면 된다(7:12). 또 하나의 분별 원리는 찾는 사람이 적은 좁은 길을 선택하는 것이다(7:13-14). 아울러 그리스도인들은 그들에게 가르치는 사람들도 분별할 수 있어야 한다. 그들을 분별하는 기준은 그들의 말이 아니라 열매(행함)이다(7:16).

1. 번역

바른 길 식별 기준

13 좁은 문을 통하여 들어가십시오.
왜냐하면 파멸로 인도하는 문은 크고 그 길은 넓어서
그것을 통하여 가는 사람들이 많기 때문입니다.
14 생명으로 인도하는 문은 얼마나 좁고
그 길은 얼마나 험난한지요.
그래서 그것을 발견하는 자들이 적습니다.

거짓 선지자 식별 기준

15 여러분은 거짓 선지자들을 조심하십시오.
그들은 양들의 옷을 입고 여러분에게 오지만
내면은 잔인한 늑대들입니다.

16 여러분은 그들의 열매들로부터 그들을 분별하십시오.

가시나무에서 포도를 수확하고

엉겅퀴에서 무화과를 따겠습니까?

17 이처럼 좋은 나무는 모두 좋은 열매들을 맺고,

나쁜 나무는 나쁜 열매들을 맺습니다.

18 좋은 나무가 나쁜 열매들을 맺을 수 없고,

나쁜 나무가 좋은 열매들을 맺을 수 없습니다.

19 좋은 열매를 맺지 못하는 나무는

모두 베어져 불 속에 던져질 것입니다.

20 그러므로 그들의 열매들로 그들을 분별하십시오.

2. 주해

13-14절 (바른 길 식별 기준) 생명의 길과 멸망의 길이 대조된다. 두 길 모티프는 구약 성경(신 11:26; 30:15; 렘 21:8; 잠 28:6, 18 등)에 뿌리를 두고 있다(Harrington, 107). 이것은 유대 문헌들에서도 두드러지게 등장한다.[219] 그리고 이것은 초기 그리스도교 문헌에도 등장한다.[220]

생명의 길을 찾는 사람이 적다는 말씀은 바른 행함이 어떤 것인지 찾는 또 하나의 원리를 알려 준다. 그 원리는 많은 사람들이 따르는 방식을 피하는 것이다. 남이 나에게 베풀기 원하는 대로 남에게 베푸는 삶을 사는 사람은 극히 드물다. 그렇지만 이러한 길을 가다가 함께 가는 사람이 적다고 낙심하면 안 된다. 많은 사람들이 가는 길이 안전하다고 여기거나

219. 솔로몬의 지혜 5:6-7; 에스라4서 7:3-15; 1QS 3:18-4:26(Harrington, 107); 다른 문헌 정보는 Keener, 2009: 250 참고.

220. 디다케 1-6; *Barnabas* 18-20(Harrington, 107).

그곳에 진리가 있다고 생각하면 안 된다. 진리는 그것을 따르는 사람들의 수가 많음에 의하여 발견되는 것이 아니다. 많은 사람이 가는 길은 잘못된 길일 가능성이 매우 높다. 오히려 소수가 택한 길이 구원의 길일 수 있다. 하나님 나라에 들어가는 사람은 오직 소수뿐이라는 생각은 유대 문헌에도 담겨 있다.[221]

문이 '좁다'고 표현할 때 사용된 헬라어 '스떼노스'(στενός, 좁은)는 고린도후서 4:8; 6:12에서처럼 압제당하는 상황을 묘사할 수 있다(DA, 1988: 700). 이러한 압제당하는 좁은 문을 찾는 사람은 적을 수밖에 없다. 그러나 마태복음 8:11은 많은 사람이 구원받는다고 하므로, 적다는 표현도 셈어적인 과장으로 볼 수 있다.[222] 이것은 상대적으로 적음을 뜻할 것이다.

14절은 헬라어 '띠'(τί)로 시작하는데, 이 단어는 "얼마나"라는 뜻으로 사용되었다. 이 단어가 "무엇"(what)이라는 뜻으로 사용되지 않고 "얼마나"(how)의 뜻으로 사용된 것은 셈어적 용법(מָה)이다.[223] 이러한 용법을 고려하며 번역하면 14절 초두는 "생명으로 인도하는 문은 얼마나 좁고 그 길은 얼마나 험난한지요."라고 번역할 수 있다.

15절 (겉과 속이 다른 거짓 선지자) 거짓 선지자를 조심해야 한다. 그들은 겉과 속이 다르다. 선지자의 모습을 하고 있으나 실상은 노략질하는 이리와 같다. 이리(늑대)는 구약 성경과 유대 문헌에서 악한 자를 상징한다.[224]

16-20절 (거짓 선지자 식별 방법) 16-20절에서는 '열매로 그들을 안다'는 표현이 수미상관을 이룬다(Harrington, 108). 그러므로 열매로 안다는

221. 에스라4서 7:20, 47; 8:1; 9:15, 22; 바룩2서 44:15; 48:33(Harrington, 108).
222. DA, 1988: 700.
223. DA, 1988: 699.
224. 강대훈, 상, 560.

것은 이 단락의 핵심 내용을 전달한다. 거짓 선지자들을 식별하는 방법은 그들의 열매(행위)를 살피는 것이다. 그들의 말로만 그들을 식별하려 하면 안 된다. 반드시 행위를 살펴보아야 한다. 참된 선지자는 그 행위가 하나님의 뜻에 부합한다. 행위를 통해 거짓 선지자를 판별하는 기준은 구약성경(사 3:10; 렘 17:10)에도 담겨있다.[225]

문맥상 거짓 선지자들은 넓은 문, 넓은 길을 가르치는 자들이며[226] 산상설교를 따르는 행함이 없는 자들이라고 볼 수 있다. 그들은 편한 길을 제시하며 하나님의 참된 요구를 무시하는 자들이다.[227]

17절에서 개역개정판이 '못된 나무'로 번역한 부분에서 '못된'에 해당하는 단어는 '사쁘로스'(σαπρός)이다. 이 단어는 쓸모없다는 뜻을 가진다.[228] 나쁜 열매를 맺는 나무가 쓸모없듯이 나쁜 열매를 맺는 사람은 쓸모없다. 이것은 거짓 선지자를 판별하는 기준을 제시하는 말씀이므로, 사람이 바뀔 수 없다는 결정론을 주장하는 구절로 볼 필요는 없다(DA, 1988: 710 참고).

3. 해설

예수께서는 황금률에 이어 또 하나의 삶의 기준을 제시하신다. 황금률이라는 내적 기준을 따르면 율법의 정신을 적용하는 삶을 살게 된다. 이와 함께 사용할 수 있는 도덕률의 외적 기준은 많은 사람들이 가는 길로 가지 않는 것이다. 사람들은 대부분 자기중심적이어서 남을 나처럼 배

225. Harrington, 108.
226. 양용의, 2018: 169.
227. Keener, 2009: 251.
228. DA, 1988: 710.

려하는 황금률을 따라 살지 않는다. 황금률을 따라 사는 사람은 많지 않다.

예수께서는 거짓 선지자를 식별하는 기준을 제시하신다. 선지자는 하나님의 뜻을 전하므로 하나님의 백성의 삶의 방식에 영향을 미친다. 거짓 선지자를 식별하지 못하고 그들의 가르침을 따라 살게 되면 잘못된 길로 가게 된다. 그러므로 거짓 선지자를 식별하는 것은 매우 중요하다. 거짓 선지자는 외양으로 식별되지 않는다. 겉보기에는 그들이 양처럼 보인다(15절). 그들을 식별하는 기준은 그들의 열매이다(16절). 그 열매는 겉으로 보이는 축귀, 치유 등이 아니라(22절) 하나님의 뜻대로 행하는 삶이다(21절). 불법(율법을 어김)을 일삼는 삶의 모습은 거짓 선지자의 증거이다(23절).

18. 행함의 중요성 (7:21-29)

산상설교는 복의 선언으로 시작하여 경고로 마친다. 마태복음 7:21-27에 담긴 경고는 5:3-12에 담긴 복의 선언과 균형을 이룬다(DA, 1988: 694).

입으로 하는 신앙고백, 축귀, 치유 등은 진정한 열매가 아니다(7:21-23). 참된 인도자임을 입증하는 참된 열매는 하나님의 뜻대로 행하는 삶이다(7:21). 하나님의 뜻대로 행하는 것은 선지자 노릇을 하는 자에게만이 아니라 모든 그리스도인에게 중요하다. 하나님의 뜻대로 행하는 자만이 구원을 받기 때문이다(7:21). 선지자 노릇(즉 복음 전파,[229] 따라서 설교가

229. 마태복음에서 세례자 요한과(11:9; 14:5; 17:12-13) 예수는 선지자로 묘사되고(13:57; 21:11, 46), 제자들에게 '전파하라'고 명령되므로(10:7), 선지자 노릇은 복음 전파를 가리킨다고 볼 수 있을 것이다(Hagner, 1993: 187).

여기에 포함됨), 축귀, 권능(치유[230])은 구원을 받을 수 있는 행위가 아니다 (7:22). 하나님의 뜻대로 살지 않으면서 이러한 것들을 행하는 것은 불법을 행하는 것이다(7:23). 하나님의 뜻대로 행하려면 산상설교를 비롯한 예수의 가르침대로 행하여야 한다. 이제 삶의 기준이 단지 율법이 아니라 그것을 완성하는 예수의 가르침 특히 산상설교가 된다. 산상설교를 듣고 행하는 사람은 반석 위에 집을 지은 사람과 같다(7:24). 그러한 사람은 하나님 나라에 들어간다(7:21). 즉 구원받는다. 산상설교는 구속받은 새 이스라엘의 삶의 원리이며, 구원받는 자의 삶의 원리이다. 이러한 삶의 원리를 부정하는 자는 하나님의 백성이 아니다. 그러한 자가 예수를 주(즉 메시아)라고 부르며 신앙을 고백하고,[231] 교회 생활을 하고 은사를 받아 방언하고 예언하고 치유하고 축귀를 한다고 해도 아무 소용이 없다. 그렇게 하면서 하나님의 뜻대로 살지 않는 자는 불법을 행하는 자이다. 예수께서는 그들에게 "내가 너희를 도무지 알지 못하니 불법을 행하는 자들아 내게서 떠나가라."고 하시며 외면하실 것이다(7:23).

1. 번역

행함의 중요성

21 나에게 '주여, 주여'라고 말하는 자가

모두 하늘들의 나라에 들어가지는 않을 것입니다.

오히려 하늘들에 계신 나의 아버지께서 원하시는 바를

---

230. 권능은 기적적인 치유를 가리킨다(Hagner, 1993: 188).

231. 양용의, 2018: 170 참고. Harrington(108)은 '주'가 우선적으로 선생님을 부르는 용어라고 하며, 21절이 예수를 선생님으로만 여길 것이 아니라 그의 가르침을 실천해야 함을 강조한다고 한다. 그러나 22-23절에서 예수는 심판하시는 주로 등장하므로, '주'는 단지 선생님이 아니라 메시아 칭호로 보아야 할 것이다.

행하는 자가 들어갈 것입니다.

22 저 날에 많은 자들이 나에게 말할 것입니다.

'주여, 주여, 우리가 당신의 이름으로 예언하지 않았습니까?

당신의 이름으로 귀신들을 쫓아내지 않았습니까?

그리고 당신의 이름으로 많은 권능들을 행하지 아니하였습니까?'

23 그러면 그때에 내가 그들에게 선언할 것입니다.

'나는 너희를 전혀 알지 못한다.

불법을 행하는 자들아, 나로부터 떠나라.'

24 그러므로 나의 이 말들을 듣고 그것들을 지키는 자들은

모두 자신의 집을 반석 위에 지은 현명한 사람과 같을 것입니다.

25 비가 내리고 홍수가 나고 바람이 불어 그 집에 들이쳐도

무너지지 않습니다.

왜냐하면 반석 위에 세웠기 때문입니다.

26 그런데 나의 이 말들을 듣고 그것들을 행하지 않는 자는

모두 자신의 집을 모래 위에 지은 어리석은 사람과 같을 것입니다.

27 비가 내리고 홍수가 나고 바람이 불어 그 집에 들이닥치면

무너지고, 그 무너짐이 심합니다."

청중의 반응

28 예수께서 이 말씀들을 마치셨을 때, 무리가 그의 가르침에 놀라고 또 놀
랐다. 29 왜냐하면 권세 있는 자처럼 그들에게 가르치셨고 그들의 서기관
들처럼 가르치지 않으셨기 때문이다.

2. 주해

21-22절 (참된 열매) 예수께서는 19절이 언급한 아름다운 열매가 무엇인지 21절에서 알려주신다. 하나님의 뜻대로 행함이 그러한 열매이다. 이 열매는 거짓 선지자 식별 기준일 뿐 아니라 천국에 들어가는 자가 결정되는 최후 심판의 기준으로 제시된다.

22절부터는 최후 심판의 모습이 예시된다. 이 예시에서 예수께서 심판관으로 등장하는 점에 주목해야 한다.[232] 22절에 사용된 '그 날에'는 최후 심판 때를 가리키는 표현이다(암 8:9; 9:11; 사 2:20; 슥 14:4; 살후 1:10; 딤후 4:8).[233] 이 심판 때에 기독교인도 심판을 받을 수 있다. 본문에서 예수께 '주여'라고 부르는 사람들은 스스로 기독교인이라 주장하는 자들이다.[234] '주여, 주여'라고 반복하는 표현은 70인역에서 야훼(여호와) 하나님을 가리키는 표현으로 사용된다. 예를 들면 70인역 시편 108:21 (κύριε κύριε, 개역개정판은 109:21)에서 '주여 주여'는 '야훼 나의 주' (יהוה אדני)의 번역이며, 70인역 신명기 3:24(κύριε κύριε); 에스겔 21:5(κύριε κύριε); 34:15, 31; 37:21(κύριος κύριος)에서는 '나의 주 야훼'(אדני יהוה)의 번역이다.[235] 이러한 표현들처럼 구약 위경 아브라함의 언약(9:4; 10: 6, 9, 11), 모세의 묵시 25:3에서도 '주 야훼'는 '주'와 '야훼'를 반복하여 사용하는 히브리어 표현에서 온 듯하다.[236] 따라서 예수를 '주여 주여'라고 부르는 자들은 예수를 야훼 하나님이라고 부르는 자들로서

232. Keener, 2009: 253.

233. Hagner, 1993: 187; Keener, 2009: 253 비교.

234. DA, 1988: 702.

235. Staples, 2-3, 12-13 참고.

236. Staples, 2-3, 12.

예수의 신성을 고백하는 자들이다.

예수를 '주여 주여'라고 부르는 이 사람들은 예수의 이름으로 엄청난 사역도 한다. '당신의 이름으로'는 "당신의 권위로서" 또는 "당신의 대리자로서"라는 뜻이다(10:41-42; 18:5; 참고. 21:9).[237] 그러나 이러한 사역이 구원을 보증할 수 없다. 본문에서처럼 사무엘상 19:24은 예언하는 자도 버림받을 수 있음을 경고한다(Keener, 2009: 252).

예수께서는 '많은 사람'이 거짓 선지자로서 변명하게 된다고 하신다. 이것은 선지자의 경우에도 많은 사람들이 거짓 선지자의 길을 가고 참된 선지자의 길을 가는 사람이 적음을 암시한다.

23절 (예수의 판결) 예수께서는 거짓 선지자들을 불법을 행하는 자들이라고 부르신다. '불법을 행하는 자'는 율법을 따르지 않는 자를 가리킨다. 그러한 자는 마태복음 5:17-20에서 폐지되지 않는다고 선언된 율법을 어기는 자이다.[238] 폐지되지 않은 율법이 폐지되었다고 가르치며 율법을 따라 행하지 않는 자는 마태복음 5:19에 언급되었는데, 그들이 바로 불법을 행하는 자들이며, 거짓 선지자들이다.

예수께서는 거짓 선지자들에게 그들을 '알지 못한다'고 하신다. '안다'는 선택하였다는 뜻이므로(렘 1:5; 암 3:2),[239] 알지 못한다는 것은 선택하지 않았다는 뜻이다. 즉 구원받지 못한다는 뜻이다. 마태복음 25:12에서도 '알지 못한다'는 표현이 등장하는데 여기서도 구원론적 의미로 사용되었다.

24-27절 (산상설교를 실천해야 함)[240] 예수께서는 가르침을 마치시며

---

237. Keener, 2009: 252; DA, 1988: 716.

238. Keener, 2009: 252.

239. Hagner, 1993: 188.

240. 유사하게 토라를 공부하고 선행을 함에 관해서는 *m. Aboth* 3:18; *ARN* 24 참고

'나의 이 말들'을 행하는 자와 행하지 않는 자를 두 가지 종류의 집에 비유하신다. 여기서 '나의 이 말들'은 산상설교를 가리킨다(DA, 1988: 720). 산상설교를 지키지 않는 자들은 비와 홍수에 무너지는 집에 비유된다. 시편 66:10-12; 이사야 30:27-30 등에서 비와 강은 하나님의 심판의 상징이다.[241] 당시 유대인들은 어떤 교사의 가르침을 따르지 않기 때문에 심판받는다고 말하지는 않았다(Keener, 2009: 257). 그러나 예수께서는 그렇게 함으로써 자신의 말의 위치를 하나님의 율법의 위치에 올려놓는다.[242] 구약의 율법은 축복과 저주로 마치는데, 예수의 산상설교도 그러하다.[243] 이러한 측면은 예수의 산상설교를 하나님께서 예수를 통하여 주신 메시아의 율법으로 이해하게 한다.

모래 위에 집을 짓는 사람은 어리석다(26절). '어리석은'에 해당하는 헬라어 '모로스'(μωρός)는 마태복음에서 진리를 깨닫지 못하는 자나(23:17, 19) 아는 것을 행하지 않는 자에게 적용되는 용어이다(25:2, 3, 8).[244]

28-29절 (청중의 반응) 7:28-8:1은 4:23-5:2과 큰 무리의 따름, 산, 가르침 등으로 평행을 이루어 수미상관을 형성한다(DA, 1988: 724). 이러한 수미상관 구조는 9:35-10:5과 11:1에서도 열두 제자, 도시들, 가르침, 선포함의 반복으로 나타나고, 13:1-3과 13:53에서도 비유들을 언급함으로 나타난다.[245]

28절의 "예수께서 이 말씀을 마치시매"는 신명기 32:45의 "모세가 이

(Harrington, 109).

241. DA, 1988: 722.

242. Keener, 2009: 255.

243. Keener, 2009: 256.

244. DA, 1988: 723.

245. DA, 1988: 725.

모든 말씀을 온 이스라엘에게 말하기를 마치고"에 평행된다.[246] 이러한 평행을 통해 예수는 새 모세로, 산상설교는 새 신명기로 소개되는 모형론이 형성된다.

산상설교를 들은 청중은 놀라움으로 반응하였다. 그 이유는 예수의 가르침이 서기관들의 가르침과 달랐기 때문이다. 서기관들은 권위가 없게 가르쳤지만 예수께서는 스스로의 권위를 가지고 가르치셨다("나는 너희에게 이르노니," 5:22, 28, 32, 39, 44).[247] 예수의 가르침은 그 내용에 있어서도 서기관들의 가르침과 달랐지만(위 5장 주해 참고) 그 방식에 있어서도 서기관들과 달랐다. 서기관들은 스승들의 가르침을 인용하며 그들의 권위에 의존하였지만 예수께서는 그렇게 하시지 않으셨다. 서기관들은 서기관 에스라(느 8:1, 4; 12:26, 36)의 후예들로서 성경 해석의 전문가들이었다.[248] 그들의 가르침의 방식은 마태복음 15:1-6에 암시되어 있다. 그들은 스승들로부터 구전을 통해 전수받은 전통을 중요시하였으며, 이것을 기록된 구약 성경과 동일하게 존중하였다. 2세기 이후 랍비들이 스승들의 가르침을 인용하면서 스승들의 권위에 의존하여 가르쳤듯이 1세기 서기관들도 아마 그렇게 하였을 것이다. 예수의 가르침이 서기관들과 달랐다는 것은, 예수께서 랍비들의 가르침에 의존하지 않았음을 암시한다(마 15:1-20 참고).

3. 해설

예수께서는 하나님의 뜻을 행함이 심판의 기준이 됨을 명확히 밝히신

246. Harrington, 109.

247. Hagner, 1993: 193.

248. Williamson, 1983: 50.

다(21절). 열매를 보면 그 열매를 맺은 나무를 알 수 있듯이(17-18절), 하나님의 뜻을 따라 행함을 보면 그렇게 하는 사람의 믿음을 알 수 있다. 많은 거짓 선지자들이 선지자 사역을 하며 축귀와 치유를 행하였음을 내세울 것이지만, 예수께서는 그들이 불법을 행하는 자(하나님의 뜻이 계시되어 있는 율법이 폐지되었다고 가르치고 그것을 행하지 않는 자)임을 지적하실 것이다(23절).

예수께서는 율법만이 아니라 산상설교가 실천되어야 함을 확실히 하신다. 산상설교를 행하지 않는 자는 모래 위에 집을 지은 자와 같이 어리석고, 그것을 행하는 자는 반석 위에 집을 지은 자와 같이 지혜롭다.

율법폐지론이 널리 유포되고 있는 거짓 선지자들의 시대, 산상설교를 실천하지 않는 모래 위에 지은 집의 시대에 우리는 살고 있다. 많은 사람들은 넓은 길로 간다. 이 시대도 예외는 아니다. 그러나 우리 시대에도 좁은 문, 좁은 길을 찾는 사람들은 있을 것이다.

제3장
마태복음 8-9장
예수의 사역 2: 치유

8-9장은 예수의 사역 이야기를 담고 있다. 데이비스와 앨리슨(W. D. Davies & D. C. Allison)에 의하면 8-9장의 기적 이야기들은 삼중 구조로 되어 있다.[1] 세 개의 마무리 단락들은 제자도를 다루는데, 이것은 예수의 기적 사역이 제자도와 밀접한 관련이 있음을 암시한다(양용의, 2018: 178).

치유 이야기 1	8:1-4	8:23-27	9:18-26
치유 이야기 2	8:5-13	8:28-34	9:27-31
치유 이야기 3	8:14-17	9:1-8	9:32-34
마무리 단락	8:18-22	9:9-17	9:35-38

이러한 기적 이야기들은 한 개(8:23-27, 바다를 잔잔하게 하심)를 제외하고 모두 치유나 축귀 이야기이다. 그러므로 이 기적 이야기들은 사탄의

1. 양용의, 2018: 146에서 재인용하여 약간 변경을 가함. 김상훈, 97-8의 구조 분석도 이와 유사하다.

통치로부터 해방되는 새로운 출애굽 이야기들이라 할 수 있다(양용의, 2018: 178). 모세의 열 가지 기적이 유사하게 세 그룹으로 묶여 있는 것도[2] 이러한 해석을 지지한다. 9:18-26이 두 가지 치유 기사(혈루병 치유와 죽은 소녀 살리심)를 담고 있음을 고려하면 소개된 기적이 열 가지인 점도 모세의 열 가지 기적과 예수의 열 가지 기적을 모형론적으로 연결하려는 의도가 마태복음 본문에 담겨 있다고 볼 수 있게 한다.

8:1-17은 삼중 구조로 된 치유 이야기들 중의 첫 부분으로서 나병환자 치유(1-4절), 백부장의 하인 치유(5-13절), 베드로의 장모 및 많은 사람의 치유(14-17절)로 구성되어 있다. 8:18-22은 마무리 단락으로서 제자의 길을 알려 준다.

8:23-9:8은 두 번째 삼중 구조로서 바다를 잠잠하게 하심(8:23-27), 축귀(8:28-34), 중풍병자 치유(9:1-8)로 구성되어 있다. 마무리 단락인 9:9-17은 제자도와 관련된다.

9:18-34은 세 번째 삼중 구조로서 혈루병 치유와 죽은 소녀 살리심(9:18-26), 맹인 치유(9:27-31), 농아 치유(9:32-34)로 구성된다. 마무리 단락인 9:35-38은 제자도와 관련된다.

1. 나병환자 치유 (8:1-4)

예수께서는 자신이 메시아이심을 입증하는 많은 표적을 행하셨다. 나병환자 치유(8:1-4)는 그러한 표적 중에 대표적인 것이다. 마태복음 8:1-4의 나병환자 치유 기사는 마가복음(1:40-45)보다 단순하게 되어 있다.

---

2. Keener, 2009: 258.

1. 번역

8:1 그가 그 산으로부터 내려온 후에 많은 무리가 그를 따랐다. **2** 그런데 보라! 한 나병환자가 다가와서 그에게 절하고 또 절하며 말했다.

"주여, 만일 당신이 원하시면, 저를 깨끗하게 하실 수 있습니다."

3 그가 손을 내밀어 그를 만지며 말했다.

"내가 원하오. 깨끗해지시오!"

그러자 즉시 그의 나병이 깨끗하여졌다. **4** 예수께서 그에게 말씀하셨다.

"아무에게도 말하지 않도록 조심하시오!

다만 가서 그대 자신을 제사장에게 보이고,

사람들에게 입증하기 위하여 모세가 명한 헌물을 바치시오."

2. 주해

1절 (하산) 예수께서 산에서 내려오셨다. "그가 그 산으로부터 내려온 후에"는 70인역 출애굽기 34:29을 연상시킨다(DA, 1991: 9). 그리하여 모세와 시내산을 기억나게 함으로써 예수를 모세와 같은 선지자로 소개한다.

예수를 많은 무리가 따랐다. '수많은 무리가 그를 따랐다.'는 표현은 마태복음 4:25에도 등장하여 4:25-8:1을 하나로 묶어주는 수미상관 구조를 형성한다.[3] 이 수미상관 구조 속에 묶인 내용이 산상설교이다.

2절 (나병환자의 등장) 2절은 나병환자 치유 이야기를 '보라!'로 도입한다. 도입을 위한 세부사항이 없는 것은 랍비들의 기억 이야기의 특징이기

3. DA, 1991: 9.

도 하다(DA, 1991: 10).

나병환자들은 하나님의 심판 아래 있는 것으로 여겨졌다.[4] 유대 문헌은 나병을 악령에 의한 것으로 보기도 하였는데,[5] 탈무드(*b. Horayoth* 10a)는 나병 귀신을 언급하기까지 한다(Lane, 86). 나병은 고치기 힘든 병으로 여겨졌는데,[6] 나병을 고치는 것은 죽은 자를 살리는 것과 유사하게 어려운 것으로 여겨졌다.[7] 나병환자는 죽은 자나 다름없이 여겨졌기 때문이다.[8] 이러한 나병환자를 고치심은 마태복음 11:5에 의하면 메시아 표증이다.

예수 시대의 이스라엘 땅에는 한센병이 존재하지 않았던 듯하다(Witherington, 103). 본문이 말하는 나병은 현대적 의미의 한센병이 아니라 다양한 피부병을 가리킨다(Boring, 71). 이것은 건선(psoriasis)과 백피(vitiligo)의 유형들을 포함한다고 볼 수 있다(DA, 1991: 11). 구약 성경(레 13:46, "병 있는 날 동안은 늘 부정할 것이라 그가 부정한즉 혼자 살되 진영 밖에서 살지니라.")은 나병환자가 진 밖에서 따로 살도록 명한다. 그래서 나병환자는 예루살렘이나 성으로 둘러싸인 도시들에서 살 수 없었다.[9] 그러나 그러한 곳들을 제외하고는 그들이 선택한 곳에서 살 수 있었다(Lane, 85). 그들은 그들을 분리하는 칸막이가 있을 경우 회당 모임에도 참석할 수 있었을 것이다.[10] 그러나 나병환자가 다른 사람들에게 접근하는

---

4. 대하 26:20; Hagner, 1993: 198.
5. DA, 1991: 11.
6. 왕하 5:7; 양용의, 2018: 180.
7. Keener, 2009: 261.
8. 민 12:12; *b. Nedarim* 64b(Hagner, 1993: 198).
9. DA, 1991: 11.
10. *m. Negaim* 13:12(Lane, 85).

것은 율법에 의해 금지되었다.[11] 따라서 나병환자가 예수께 가까이 다가온 것은 치유를 받기 위해 규범을 어긴 행위였다(Witherington, 102).

나병환자는 예수께 절한다. 절은 왕이나 신적 존재에 합당한 경의였으므로[12] 나병환자가 예수께 절한 것은 그가 예수를 왕적 존재로 여겼음을 암시한다. '오다'와 '절하다'가 함께 사용된 것은 제의적 의미를 가지므로 이러한 표현을 통하여 마태복음은 예수를 새로운 제의의 중심으로 소개하고 있다고 볼 수 있다(DA, 1991: 10).

나병환자는 예수께서 원하시면 자신의 나병을 치유할 수 있다고 말한다. '원하시면'은 예수께서 치유 요청을 거절하실 수 있음을 전제한 표현이다. 구약 성경에 의하면, 하나님께서 허락하거나 거절할 권리가 있음을 인정하는 것은 신앙의 부족으로 여겨지지 않았다.[13] 원하시면 할 수 있는 능력이 예수께 있다는 것은 욥기 42:2을 배경으로 볼 때 예수를 신적 존재로 간주하는 관점을 담고 있다고 할 수 있다.[14] 그러나 이 표현은 또한 나병환자가 자신이 치유받기에 합당한 존재인지 의심한 표현이라고 볼 수 있다.

3절 (나병 치유) 열왕기하 5:1-14를 보면 엘리사는 나병에 걸린 나아만에게 손을 대지 않는다. 그러나 예수께서는 나병환자에게 손을 대신다. 유대인들에게 나병환자는 살아 있는 시체로 간주되었기에,[15] 이것은 평범한 행동이 아니었다. 레인(W. Lane)은 예수께서 나병환자에게 손을 댄 것은 정결법과 사랑의 법이 충돌할 때에는 사랑의 법이 우선함을 보여 준다고

---

11. Hooker, 79; 레 13:45-46.
12. Harrington, 112.
13. 창 18:27, 30-32; 삼하 10:12; 단 3:18; Keener, 2009: 260.
14. DA, 1991: 12 참고.
15. 민 12:12; 욥 18:13; 11QTemple 45:17-18 참고(Witherington, 103).

한다(Lane, 87). 그러나 나병환자에게 손을 대는 것은 레위기 5:3에 의하면 제의적 불결함을 얻을 수 있는 행위였다(Harrington, 113). 만일 치유의 능력이 작용하지 않는다면 나병환자에게 손을 대는 것은 전염 방지를 목적으로 하는 율법의 정신을 무시하는 것이 될 것이다. 그러나 치유의 능력이 작용할 때에는 율법의 정신과 충돌되지 않는다.[16] 예수의 경우에는 나병환자가 나았기에 율법(정결법)의 정신을 위배하시지 않았으며 오히려 (자비의 법을) 지키셨다고 볼 수 있다.

마태복음 8:3은 열왕기하 5:11-14을 연상시키는 표현들을 사용한다.[17] 엘리사와 유사하게 사역한 예수의 모습을 소개함으로써 예수를 엘리사와 같은 선지자적 인물로 보게 한다.

- 마태복음 8:3(ἐκτείνας τὴν χεῖρα ἥψατο αὐτοῦ, "손을 내밀어 그를 만졌다")
- 열왕기하 5:11(ἐπιθήσει τὴν χεῖρα αὐτοῦ ἐπὶ τὸν τόπον, "그의 손을 그곳에 얹었다")

- 마태복음 8:3(καθαρίσθητι, "깨끗해져라")
- 열왕기하 5:13(καθαρίσθητι, "깨끗해져라")

- 마태복음 8:3(ἐκαθαρίσθη, "깨끗해졌다")
- 열왕기하 5:14(ἐκαθαρίσθη, "깨끗해졌다")

나병 치유는 열왕기하 5:8에서 선지자의 표증이므로 예수께서 최소한

16. 신현우, 2021: 210.
17. Cave, 250 참고.

선지자적 존재임을 입증하는 증거이다(DA, 1991: 11). 민수기 12장에 의하면 모세가 기도하여 나병을 치유하므로 나병 치유는 모세와 같은 선지자에게 기대되는 표증이기도 하였다.[18] 마태복음 11:5은 나병 치유를 메시아 표증으로 제시한다. 따라서, 이 나병 치유 기적은 예수께서 메시아이신 증거 중에 하나로 제시된다고 볼 수 있다.

4절 (치유 확인 절차를 밟도록 하심) 예수께서는 나병환자에게 제사장에게 몸을 보이라고 하신다. 제사장에게 보이라고 하신 목적은 제사장에게 보여 정결 규례를 행하기까지 유대인들의 사회로 돌아올 수 없으므로(레 14:2-8) 질병에서 치유된 자를 사회적 고립으로부터도 회복되게 하시려 함이다.[19] 유대인들의 문헌이 전하는 전통에 의하면 나병이 치유된 사람은 자기 지역 제사장에게 보인 후 예루살렘에 가서 정결하다는 선언을 받고 지정된 제물을 드리게 되어 있었다(*t. Negaim* 8:2).[20] 랍비 문헌은 예수 당시 시대에도 제사장만이 나병환자가 정결하게 되었다고 선언할 수 있었다고 추측하게 한다.[21]

제사장에게 몸을 보이고 예물을 드리는 것은 "그들에게 입증하기 위하여" 행하는 일이다. 여기서 '그들'은 누구일까? '그들'은 4절에서 단수로 언급된 제사장이라기보다는 일반 사람들이다. 사람들에게 입증되는 것은 예수께서 율법을 지킨다는 것 또는 나병환자가 치유되었다는 것이다.[22]

예수께서는 치유된 나병환자에게 자신이 행한 이 치유를 비밀에 부치

18. DA, 1991: 11.
19. Williamson, 1983: 60-61.
20. Lane, 87.
21. *m. Negaim* 3:1(Lane, 85).
22. DA, 1991: 16.

도록 명하신다. 마태복음 안에서 예수께서는 여러 번 치유 기적을 아무에게도 알리지 말라고 명하시는데(9:30; 12:16; 16:20; 17:9), 이것은 잘못된 메시아 사상에 입각한 오해를 피하기 위한 것으로 볼 수 있다.[23]

당시에 메시아 주장을 한 인물들이 스스로 주장하기보다 다른 사람들의 주장에 의존하고자 했다는 것은 1세기 중동 지역의 자기 자랑에 대한 거부감과도 관련이 있을 수 있다.[24] 그런데 예수께서는 특이하게 (십자가 부활 이전에는) 타인을 통한 증언도 금하셨다. 이것은 군사적 메시아로 오해되는 것을 피하기 위함이었다고 볼 수 있다.

3. 해설

예수의 나병 치유 사역은 나병 환자에게 손을 대시면서 이루어진다. 그 결과 나병이 예수께로 전염되지 않고 오히려 나병환자가 정결하게 되는 일이 발생한다. 이러한 모습은 율법이 전제하는 (불결이 전염되는 원리가 작용하는) 세상의 모습과 다르다. 그러나 이 치유는 율법이 추구하는 정결의 보존에 역행하지 않는다. 오히려 불결을 정결하게 바꿈으로써 정결을 확장하여 율법의 목적을 초과 달성한다. 율법을 폐지하지 않고 완성하시는 모습은 예수의 가르침만이 아니라 사역에서도 관찰된다.

2. 백부장의 하인 치유 (8:5-13)

예수께서는 단지 유대인에게만이 아니라 이방인에게도 치유를 행하셨다(8:5-13). 이것은 예수를 통해 도래하는 하나님 나라에 이방인들도 참

23. 양용의, 2018: 181.
24. Keener, 2009: 262.

여하게 됨을 알려주는 표적이다(8:11).

1. 번역

5 그가 가버나움에 들어가신 후에 한 백부장이 다가와서 그에게 간청하였
다. 6 그가 말했다.

"주여, 저의 하인이 중풍병에 걸려
심히 고통당하며 집에서 누워 있습니다."

7 그가 그에게 말씀하셨다.

"내가 가서 그를 고치겠소."

8 그 백부장이 반응하여 말했다.

"주여, 저의 지붕 아래 당신이 들어오는 것을 저는 감당할 수 없습니다.
그저 말씀만 하십시오.
그러면 저의 하인이 치유될 것입니다.
9 왜냐하면 저는 권세 아래 있는 사람인데도
저의 아래 병사들을 거느리고 있고,
이 병사에게 '가라'고 하면 가고, 다른 병사에게 '오라'고 하면 옵니다.
또한 저의 종에게 '이것을 하라'고 하면 합니다."

10 예수께서 듣고 놀라셨다. 그리고 따르는 자들에게 말씀하셨다.

"내가 진실로 여러분에게 말합니다.
이스라엘 중에서 아무에게서도 이런 믿음을 발견하지 못했습니다.
11 나는 여러분에게 말합니다.
많은 사람들이 동방과 서방으로부터 와서
아브라함과 이삭과 야곱과 함께 하늘들의 나라에서
기대어 누울 것입니다.

12 그러나 그 나라의 자녀들은 바깥 어두운 곳으로 내던져질 것입니다.
그곳에서 애곡하고 이를 갈 것입니다."
13 예수께서 그 백부장에게 말씀하셨다.
"가시오, 그대가 믿은 대로 그대에게 이루어질지어다."
그 시에 [그의] 하인이 나았다.

2. 주해

5절 (백부장의 등장) 예수께서 가버나움에 가셨을 때 한 백부장이 나아온다. 갈릴리는 AD 44년까지는 로마의 직접 관할지역이 아니었으므로 이 백부장은 아마도 헤롯 군대의 백부장이었을 것이다.[25] 헤롯 가문은 유대인이 아니었기에 군대를 위해 비유대인을 고용했을 것이다(Maier, 276). 1세기 유대 지역에 주둔한 군대도 로마 정규군이 아니었고, 비로마 시민으로 구성된 보조군이었다.[26] 그렇지만 10절은 이 백부장이 이방인임을 전제하고 있으므로 이 백부장을 유대인이라고 보아서도 안 된다.

6절 (백부장의 말) 백부장은 예수께 '주여'라고 부른다. 마태복음 13:27; 21:30(헬라어 본문) 등에서 '주'는 세속적 의미를 가지며, 다른 곳에서 이 단어는 신앙고백을 위해 사용되지도 않았는데, 마태복음에서 언제나 긍정적 의미로 사용된 것은 분명하다.[27] 마태복음 8:25; 14:28-30에서 이 단어는 예수의 권세와 연관되어 사용된다(DA, 1991: 20).

백부장은 자신의 '하인'이 중풍병에 걸렸다고 한다. 개역개정판이 '하인'으로 번역한 헬라어 단어 '빠이스'(παῖς)는 하인만이 아니라 '아들'을

25. Evans, 1990: 118; Maier, 276.
26. Saddington, 142.
27. DA, 1991: 20.

가리킬 수도 있다.[28] 요한복음 4:51에서 이 단어는 명백하게 '아들'을 가리키지만, 대개는 종을 가리킨다.[29] 70인역에도 이 단어는 대개 종을 뜻하는 단어로 사용되었다(DA, 1991: 21).

제닝스와 리우(T. W. Jennings & T. B. Liew)는 여기 언급된 백부장의 '빠이스'가 그의 동성 연인을 가리킨다고 주장하였다(Jennings & Liew, 477-78). 그들은 백부장이 자신의 집을 예수께서 방문하는 것을 회피한 이유가 예수께서 자신의 동성 연인을 차지할까 우려했기 때문이라고 주장하였다.[30] 이러한 주장의 근거로 그들은 로마 군인에게는 결혼이 금지되었기에 로마군에 동성애가 널리 퍼져 있었으리라는 추측을 제시하였다.[31] 그들은 로마군에 존재한 동성애의 증거로서 마르티알(Martial)의 시를 언급하지만(*Epigr.* 1.31), 이 시에 등장하는 백부장이 동성애자임이 분명하지 않다.[32] 더구나 앞에서 지적한 바와 같이 이 백부장은 로마군이 아니므로, 로마군과 관련된 정보는 이 백부장과는 무관하다.

제닝스와 리우는 마태복음 8:5-13을 해석하는 배경으로서 로마 장군 메살라(Messalla), 시인 티불루스(Tibullus), 티불루스의 여자친구 델리아(Delia)에 관한 이야기를 담은 티불루스의 시를 인용한다(*Tibullus* 1.1.53-58).[33] 그러나 이 시에서 메살라와 델리아 사이에는 애정 관계가 감지되지 않는다(Saddington, 140). 또한 이 시는 어떠한 동성애 관계도 담고 있지 않다. 따라서 이 시는 마태복음 8:5-13을 동성애와 관련되었다고 해석하도록 하는 어떤 배경도 제공하지 않는다(Saddington, 140 참고).

---

28. Hagner, 1993: 204.
29. DA, 1991: 21.
30. Jennings & Liew, 483-84.
31. Jennings & Liew, 470, 476.
32. Saddington, 141.
33. Jennings & Liew, 483.

7절 (예수의 제안) 예수께서는 "내가 가서 고쳐 주리라."고 제안하신다. 딸의 치유를 요구하는 이방 여인에게 처음에는 부정적 반응을 예수께서 보이신 것(마 15:24)을 염두에 두고 볼 때,[34] 예수의 말씀은 고쳐주겠다는 약속이라기보다는 고쳐주어야 하겠느냐는 의문문으로 간주할 수도 있다.[35] 이것은 이방인과의 장벽을 언급하며 더 큰 믿음을 요구한 말씀으로 볼 수 있다.[36] 예수께서 이방인을 돕는 것을 주저하신 것으로 보면, 마태복음 10:6; 15:24에 담긴 우선 유대인 사역부터 하고자 하시는 예수의 모습과 일치한다.[37] 그러나 백부장이 반응하여 집에 오는 것을 감당하지 못하겠다고 하며 예수께 말씀만으로 치유하시라고 말하는 문맥은 예수의 말씀이 치유의 의사를 표현한 것으로 보게 한다.

8-9절 (백부장의 대답) 백부장은 예수께서 자신의 집에 오심을 감당할 수 없다고 말한다. 그는 유대인이 이방인과 교제하는 것을 금하는 전통을 염두에 두고 말하고 있다(Hagner, 1993: 204).

백부장의 말 중에 "나는 권세 아래 있는 사람인데도"는 양보절로 볼 수 있다(DA, 1991: 24). 예수께서는 하나님의 권세 아래 있으니 더 큰 능력을 가졌다는 뜻이거나 예수께서는 어떤 권세 아래 있지 않으니 더 큰 능력을 가졌다는 뜻인데, 어느 경우이든 예수의 권세는 강조된다(Stein, 220).

10절 (예수의 칭찬) 예수께서는 백부장의 대답에 놀라셨다. 마태복음에서 '놀라다'(θαυμάζω) 동사가 예수께 대하여 사용된 것은 이곳뿐이다. 마가복음 6:6에서 예수께서는 고향 사람들의 믿음 없음에 놀라시는데, 마태

34. DA, 1991: 22.
35. Harrington, 113; Keener, 2009: 266.
36. Keener, 2009: 267.
37. DA, 1991: 22.

복음에서는 이방인의 큰 믿음에 놀라셨다고 한다.

예수께서는 백부장의 믿음과 같은 것을 "이스라엘 중 아무에게서도" 보지 못했다고 한다. 이 말씀은 이 백부장이 이방인임을 알려 준다. 여기서 '이스라엘'은 유대인들을 가리킬 것이기 때문이다.

예수께서 칭찬하신 백부장의 '믿음'은 예수께서 말씀만으로 치유하실 수 있다고 확신한 믿음이다(8절). 유대인을 위해 우선적으로 사역하시는 제한은 마태복음 8:5-13; 15:21-28에서 보듯이 이방인의 믿음의 반응에 의하여 (본격적인 이방 선교 때가 오기 전에 미리 맛보도록) 극복된다(DA, 1991: 25).

11-12절 (이방인들이 구원받음) 유대인들은 아브라함의 자손임에 근거하여 구원을 기대하였다(3:9).[38] 예수의 가르침은 이러한 기대를 무너뜨린다. 이방인들이 하나님의 백성이 되어 구원을 받을 것이지만,[39] 오히려 유대인들은 새 하나님의 백성으로부터 배제되어 이방인이 되고 구원을 받지 못할 것이다. 그들은 '이를 갈 것이다.' '이를 갈다'는 마태복음에서 종말론적 심판을 받음을 가리키는 용어이다.[40]

10절에 믿음이 언급되는 것은 이러한 현상의 근거가 무엇인지 알려 준다. 이제 믿음이 새로운 기준이 되기 때문에 이러한 현상이 발생한다. 믿음에 근거하여 구원받기에 이방인도 구원에 참여할 수 있다. 백부장의 하인 치유는 곧 다가올 이방 선교의 선취이다(Keener, 2009: 270).

동방과 서방으로부터 와서 천국에 앉는 많은 사람들은 시편 107:3을 배경으로 볼 때 타국에 흩어진 유대인들, 특히 동쪽 바벨론과 서쪽 이집

38. Keener, 2009: 269.
39. 이방인들이 모이는 것은 사 56:3-8 등에서 예언되고 있다(Keener, 2009: 270).
40. Hagner, 1993: 206.

트를 가리킬 수 있다.[41] 유대 문헌(바룩서 4:36-37)에서 언급되는 동쪽과 서쪽에서 모이는 자들은 흩어진 이스라엘 백성이다.[42] 그러나 이방인 백부장의 하인을 치유하는 마태복음 본문의 문맥에서는 동방과 서방에서 오는 많은 사람들은 이방인이라고 볼 수 있다.

이방인이 하나님 나라 잔치에 참여한다는 것은 구약 성경에서 명확하지 않으며(사 25:6 이하), 시편 107편, 이사야 25-27장, 49장, 에스겔 37-39장은 메시아 잔치에 (이방인들이 아니라) 흩어진 유대인들이 순례를 와서 참여하는 것을 기대하게 한다(DA, 1991: 27). 그러나 예수께서는 이방인들이 회복되는 이스라엘에 포함될 것을 선언하신다.

그러나 "그 나라의 자녀들"은 심판을 받을 것이다. '그 나라의 자녀들'은 9:13의 '의인,' 11:25의 '지혜로운 자'처럼 스스로 하나님 나라 자녀라고 생각하는 바리새인 등을 가리킨다.[43] 그들은 어두운 곳으로 쫓겨날 것이다. '어둠'은 희년서 7:29에서 심판의 장소로 소개되는 스올을 가리킨다.[44] 이러한 배경으로 볼 때, 12절이 언급하는 '어두운 곳'은 심판의 장소를 가리킨다고 추측할 수 있다.

13절 (백부장의 하인이 치유됨) 백부장의 하인이 예수의 말씀에 의하여 치유된다. 예수께서는 백부장의 믿음대로 치유되라고 명하셨는데, 그대로 되었다. 믿음과 치유의 연결은 마태복음 9:29; 15:28에도 나타난다.[45]

---

41. DA, 1991: 27.
42. 강대훈, 상, 594.
43. DA, 1991: 28.
44. Tanner, 447.
45. Hagner, 1993: 206.

3. 해설

이 치유는 엘리사가 이방인 나아만을 만나지 않고도 고친 사건(왕하 5:1-14)과 원거리 치유라는 점에서 유사하다.[46] 이러한 유사성은 이방인에게 자비를 베푸는 사역이 이미 구약 시대에 선지자의 사역 속에 존재하였음을 기억하게 한다. 그리하여 이방 선교의 정당성을 깨닫게 한다.

3. 베드로의 장모 및 많은 사람 치유 (8:14-17)

예수께서 많은 사람의 병을 치유하신다. 질병 치유는 예수께서 메시아이심을 입증하는 표적이면서 예수께서 질병을 짊어지신 메시아이시기에 생겨나는 결과였다.

1. 번역

14 예수께서 베드로의 집으로 들어가서 그의 장모가 누워 열병을 앓고 있는 것을 보셨다. 15 그가 그녀의 손을 잡자 열병이 그녀를 떠났다. 그녀는 일어나 그에게 계속하여 식사 시중을 들었다. 16 저녁이 되자 사람들이 그에게 귀신 들린 자들을 많이 데려왔다. 그는 말씀으로 귀신들을 내쫓고 병자들을 모두 치유하셨다. 17 그렇게 하여 이사야 선지자를 통하여 하신 말씀이 성취되었다.

"그가 우리의 약함을 가져가시고 질병을 짊어지셨다."

46. Evans, 1990: 118; Carroll, 158.

2. 주해

14절 (베드로의 장모) 베드로의 장모가 열병에 걸렸다. 열병은 구약 성경에서 오직 신명기 28:22에서 언급된다.[47] 여기서 열병은 율법에 불순종한 벌로 제시된다. 신약 성경에서는 열병이 요한복음 4:52과 사도행전 28:8에서 언급된다.[48] 요한복음 4:49을 볼 때 열병은 매우 치명적인 질병임을 알 수 있다.[49] 그래서 안식일임에도 불구하고 (목숨이 위험한 질병이므로) 열병 치유가 전혀 문제시되지 않았다고 볼 수 있다. 유대인들은 귀신이 열병을 일으킨다고 여기기도 했다(솔로몬의 유언 7:5-7).[50] 이러한 배경을 통해서 볼 때에는 열병 치유도 귀신으로부터 환자를 해방하는 사역으로 간주될 수 있었다.

15절 (열병이 치유됨) 예수께서 베드로의 장모의 손을 만지시자 그녀의 열병이 치유된다. 열병 걸린 사람에게 손을 대는 것에 대해 부정적으로 여긴 전통을 생각한다면 손을 대며 치유한 예수의 모습은 사람을 관습보다 더 소중하게 여기시는 면모를 보여 준다.[51] 가족 외의 여인의 손을 잡는 것은 유대인의 관습에 부합하지 않지만,[52] 목숨이 위험한 열병(요 4:49, 52)을 치유하기 위해서는 이러한 관습을 어겨도 되었을 것이다.

베드로의 장모는 치유된 후 일어나서 예수께 '식사 시중들었다.' 개역개정판에서 '수종들더라'로 번역된 단어(διηκόνει)는 "식사 시중을 들다"를 뜻하는 단어인데 미완료형이므로 "계속하여 식사 시중을 들었다" 또

47. DA, 1991: 34.
48. DA, 1991: 34.
49. 이 열병은 말라리아였다고 추측할 수도 있다(강대훈, 상, 598-99).
50. DA, 1991: 35.
51. Keener, 2009: 271.
52. Witherington, 98.

는 "식사 시중을 들려고 했다"는 뜻을 가질 수 있다(시도의 미완료). 이러한 묘사는 이 여인이 완전히 치유되었음을 보여 준다. 탈무드(*b. Kiddushin* 70a)는 여인에게 시중받지 말도록 권하지만, 예수 시대에 이러한 생각이 보편적으로 받아들여졌다고 볼 수는 없다(DA, 1991: 35).

16절 (축귀와 치유) 사람들이 귀신 들린 자들을 예수께 많이 데리고 왔고 예수께서는 말씀으로 축귀하시고 병자들을 치유하셨다. 단지 말로 축귀를 한 것은 당시 축귀 형태와 비교할 때 독특한 것이었다(Keener, 2009: 272).

날이 저물어서야 사람들이 이들을 데려온 것은 예수께서 베드로의 장모를 고치신 날이 안식일임을 암시한다. 사람들은 베드로의 집으로 몰려왔을 것이다. 집을 개방하는 것은 고대 중동 문화에서 가치 있게 평가되었다(Keener, 2009: 271-72).

17절 (구약 인용) 마태복음 8:17은 예수의 치유 사역이 이사야 53:4의 성취라고 한다. 마태복음은 기존의 헬라어 번역을 인용하는 대신 이사야 본문을 히브리어에서 번역한 것을 싣는다.[53] 질병 치유는 예수께서 우리를 대신하여 연약한 것을 친히 담당하신 것에 해당한다. 이사야 53장은 예수의 대속의 고난과 관련되므로, 질병 치유가 이사야 53장과 연결된 것은 질병 치유 역시 예수의 십자가 고난과 관련되는 것으로 해석한 것이다. 이러한 관점에서 볼 때 예수의 고난은 우리의 죄 사함만이 아니라 우리의 질병 치유를 위하여 당하신 고난이다. 또한 예수의 공생애 동안의 치유 사역도 사람들의 질병을 대신 짊어지신 고난이다. 이것이 예수의 치유 사역에 관한 마태복음의 관점이다.

마태복음은 이사야 53:4을 예수의 치유 사역과 연관시킴으로써 예수

53. Keener, 2009: 273.

의 정체를 암시한다. 예수는 이사야 53장이 묘사하고 있는 여호와의 고난받는 종이시다. 그러므로 예수는 그의 백성의 죄를 위하여 대신 고난을 당하신 분이다(사 53:5, 11).

3. 해설

마태복음 8:17은 예수의 치유 사역이 이사야 53장이 기록한 고난받는 종으로서의 예수의 사역의 일부라고 한다. 예수께서는 고난받는 종으로서 죄 사함을 위해 대신 죽임을 당하셨다. 그런데 이사야 53:4은 고난받는 종이 질병도 대신 짊어지셨다고 한다. 예수의 치유 사역은 바로 이 사명을 감당하시는 사역이라고 마태복음은 소개한다. 병을 대신 짊어지시는 치유 사역의 끝이 죄를 대신 짊어지시는 십자가 사역이었다. 그러므로 예수께서 우리의 죄를 사하시고자 죽임 당하셨음을 믿는다면 예수께서 우리를 치유하시고자 고난당하셨음을 믿어야 할 것이다.

4. 제자의 길 (8:18-22)

예수를 따르는 일은 세상에 머리를 기댈 곳도 없는 분을 따르는 일이다. 그러나 예수를 따르는 일은 미루지 말아야 한다.

1. 번역

18 예수께서 자신의 주변에서 무리를 보시고 건너편으로 떠나도록 명하셨다. 19 한 서기관이 다가와 그에게 말했다.

"선생님, 당신이 어디로 떠나시든지 저는 당신을 따르겠습니다."

20 이에 예수께서 그에게 말씀하셨다.

"여우들에게 굴이 있고 공중의 새들에게 둥지가 있지만
그 인자에게는 머리를 기댈 곳이 없소."
21 [그의] 제자들 중에 다른 이가 그에게 말했다.
"주여, 우선 떠나가서 저의 아버지를 묻도록 저에게 허락해 주십시오."
22 그러나 예수께서는 그에게 말씀하셨다.
"나를 따르시오.
죽은 자들이 그들 자신의 죽은 자들을 묻도록 내버려 두시오."

2. 주해

18-19절 (한 서기관이 예수를 따르겠다고 함) 한 서기관은 예수를 따르겠다고 말한다. 여기서 따른다는 말은 문맥상 제자가 되겠다는 뜻이다.[54]

20절 (머리를 기댈 곳도 없으신 예수) 서기관은 예수께서 '어디로 가시든지' 따르겠다고 말했는데 예수께서는 자신이 가시는 곳을 '머리 둘 곳이 없다'는 말씀으로 알려주신다. 고난받는 메시아 사상을 받아들이는 사람이 아무도 없는 가운데 예수께서는 제자들도 이해하거나 받아들이지 않는 길을 가고 계신다. 제자가 되려는 사람에게 거절하는 듯한 예수의 모습은 사무엘하 15:19-20에 담긴 (정처 없는) 다윗의 모습을 연상시킨다.[55]

예수께서는 자신을 '그 인자'(그 사람의 아들)라고 지칭하신다. 이 용어는 아람어로 '나'라는 의미를 가질 수 있는 표현을 헬라어로 직역하고 정관사를 추가한 것이므로 "그 나"라는 뜻을 가질 수 있다. '인자 같은 이'가 다니엘서 7:13-14에 등장하므로, '그 인자'는 다니엘서에 나오는 인자 같은 이로서의 정체를 가진 인자(나)라는 뜻일 수 있다('인자'가 메시아

54. Harrington, 119.
55. Keener, 2009: 274.

칭호였는지에 관한 설명은 아래 해설 참고).

거할 곳이 없는 '그 인자'는 유대 전통 속의 지혜와 다르다. 유대 전통은 지혜가 이스라엘(집회서 24:7 이하) 또는 천상의 천사들 가운데서(에녹1서 42:1 이하) 마침내 거할 곳을 찾는다고 한다(DA, 1991: 43).

21-22절 (부친 봉양 후에 예수를 따르겠다고 한 제자) 아버지를 장사 지내는 것은 방금 죽은 아버지의 장례식을 행하는 것을 가리키는가? 유대인 사회에서는 죽은 자를 장사하는 일이 24시간 안에 이루어져야 했고, 이 일은 아들에게 부여된 의무였으므로(창 47:29-31; 50:5; 토비트 4:3-4; 6:14-15),[56] 유대인이 이러한 당연한 의무에 관해 예수께 요청하였을 리 없고, 예수께서 이러한 의무를 부정하였다고 볼 수도 없다.[57] 만일 아버지가 이미 죽으신 것이라면 장례에 필요한 기간을 언급하며 요청하였을 것이다.[58] 그러므로 아버지를 장사하는 것은 아버지가 돌아가실 때까지는 집에 머무는 것을 뜻한다고 볼 수 있다. 아버지가 금방 죽은 경우에는 이렇게 밖에 나와서 예수께 질문하고 있을 수 없었을 것이다.[59] 베일리(K. E. Bailey)가 관찰하여 보고한 '부모를 장사할 때까지'라는 표현이 부모가 죽을 때까지 봉양함을 가리키는 중동 지역의 언어적 표현 방식이라는 사실은 이러한 해석을 지원한다.[60] 이 표현이 1년 후에 장남이 무덤에 가서 뼈를 용기에 담아 벽의 홈에 밀어 넣는 재장례를 가리킨다고 볼 수 있다는 의견도 있다(Keener, 2009: 276). 그러나 이 경우는 이 일을 위해 예수를 따르는 것을 미루어야 할 설득력 있는 이유가 되지 못한다.

---

56. 양용의, 2018: 189.
57. 이 예수의 말씀은 과장법을 사용하였다고 볼 수도 있다(Harrington, 119).
58. DA, 1991: 55.
59. Keener, 2009: 275.
60. 이민규, 594-95.

죽은 자들은 아무 것도 할 수 없으므로, 그들에게 장사하도록 하라는 말씀은 여기서의 '죽은 자'가 영적으로 죽은 자들을 가리킨다고 볼 수 있다.[61] '죽은 자'라는 표현을 비유적으로 사용하는 신약 성경(엡 2:1, 5; 골 2:13; 딤전 5:6; 요일 3:14) 및 유대 문헌(집회서 22:11-12)은 이러한 해석을 지원한다(이민규, 593). 장사하는 일은 죽은 자들이 하도록 하라는 가르침은 예수를 따르지 않는 자들이 영적으로 죽은 것이나 다름없음을 암시한다.[62] 영적으로 죽은 자들은 육체적으로 죽은 자들을 장사하기 위해 기다리며 예수를 따르기를 미루거나 따르지 않는다. 만일 1년 후의 재장례를 가리키는 것이라면, 죽은 자들이 죽은 자를 장례하게 하라는 말씀은 죽은 자들의 뼈들이 이 재장례를 하도록 내버려 두라는 뜻으로 볼 수도 있다.[63]

구약 성경은 대제사장이나 나실인에게는 장사하는 것을 허락하지 않는다(레 21:11; 민 6:6-7). 그러므로 예수의 명령은 예수를 따르는 것은 대제사장이나 나실인이 되는 것처럼 구별되는 것임을 암시한다고 볼 수도 있다. 구약 성경의 관점에서 볼 때 부모보다 우선하는 것은 오직 하나님뿐이었으므로,[64] 부모를 상대화하는 예수의 요구는 자신의 신적 권위 주장으로 볼 수 있다.

이 본문을 엘리사가 부모께 인사하고 오는 것을 엘리야에게 청하여 허락받은 기사와 비교하면(왕상 19:20), 예수께서 부모에게 인사는커녕 장례마저 포기하고 오라고 요청한 것은 엘리야-예수 모형론을 통해 예수께서 엘리야보다 더 큰 분이라는 것을 암시한다.

---

61. DA, 1991: 56.
62. Evans, 1990: 165; Keener, 2009: 275 참고.
63. 강대훈, 상, 609.
64. Keener, 2009: 277.

3. 해설

'사람의 아들'(인자)만이 아니라 '사람'이라는 표현도 유대 전통 속에서 메시아와 연관된 용어였다(DA, 1991: 49). 그런데 '인자' 칭호가 에녹1서 37-71장에 등장하기는 하지만, 이 문헌은 그리스도교 이전의 책이라고 볼 수 없기에 1세기 유대교에서는 '인자'가 잘 확립된 메시아 칭호라 할 수 없다.[65] 더구나 에녹1서 37-71장에서 '인자'는 독립된 칭호라기보다는 다니엘서 7장의 인자 같은 이를 가리키는 '저 인자'이다(DA, 1991: 45). 이처럼 확정되지 않은 용어를 사용함에 있어서 예수의 '그 인자' 사용은 '아멘,' '아바'의 경우처럼 "나," "어떤 사람," 또는 "인간"을 뜻하는 당시 용법을 넘어서 독특하게 메시아적으로 사용된 측면이 있었을 것이다.[66] 1세기 후반 작품 에스라4서(7:28-29)에서 인자는 하나님의 아들 메시아이며, 이 작품 13장에서 메시아는 인자 같은 이로 묘사되지만, 그는 군사력으로 로마 제국을 멸망시킬 것으로 기대된다.[67] 그러나 예수는 그러한 군사적 메시아는 아니었다. 그럼에도 불구하고 '인자'는 예수의 사용 속에서 세상의 심판자의 모습으로 종종 등장한다.[68] 예수는 군사적 메시아로 오시지는 않았지만 온 세상을 심판하실 분으로 다시 오실 것이다.

5. 풍랑을 잔잔하게 하심 (8:23-27)

예수께서는 바다도 잠잠하게 하시는 신적 능력을 보이시면서 보통 메시아가 아니라 신성을 가진 메시아이심을 드러내신다.

---

65. DA, 1991: 45.
66. DA, 1991: 47 참고.
67. 강대훈, 상, 106-7.
68. DA, 1991: 51.

1. 번역

23 그가 배에 탈 때 그의 제자들이 그를 따랐다. **24** 그런데 보라! 큰 풍랑이 바다에 일어나 배가 파도에 뒤덮이게 되었다. 그러나 그는 계속 주무시고 계셨다. **25** 이에 그들이 다가와 그를 깨우며 말했다.

"주여, 구해 주십시오. 우리가 죽겠습니다."

26 이에 그가 그들에게 말씀하셨다.

"왜 무서워하느냐? 믿음이 작은 자들아!"

그때 그가 일어나 바람과 바다를 꾸짖으셨다. 그러자 아주 조용해졌다. **27** 사람들이 놀라 말했다.

"도대체 이 사람은 웬 사람이냐?

바람과 바다도 그에게 순종하다니!"

2. 주해

23-25절 (배에서 주무시고 계신 예수) 예수께서 배에서 "주무시고 계셨다." 고대 근동 문헌들은 잠을 자는 것을 지고한 권능의 상징으로 간주하였다.[69] 주무시는 하나님을 깨우는 내용은 시편 44:23-24 등에서도 발견되므로 주무시는 예수를 깨우는 마태복음 본문의 묘사는 예수의 신성을 암시할 수 있다.[70]

그러나 피곤하여 주무시는 모습은 우선적으로 예수의 인성을 보여 주

69. DA, 1991: 72.
70. 강대훈, 상, 614.

며,[71] 배에서 잠을 자는 모습은 요나의 경우를 연상시킨다.[72] 머리 둘 곳도 없으신 예수는 역설적으로 어디서나 곤히 주무신다.[73] 풍랑 후에 도달한 곳이 이방 지역인 가다라 지방인 것도(28절) 요나 모형론에 해당한다.

그런데 마태복음 본문은 바다를 잔잔하게 하신 예수께서 요나보다 더 큰 분이며, 이방 지역에 하나님의 말씀을 선포한 요나의 사역보다 더 큰 이방 선교 사역이 예수를 통하여 이루어질 것을 암시한다.[74]

26절 (바다를 잠잠하게 하신 예수) 예수께서는 제자들에게 "믿음이 작은 자들아"라고 하신 후 바다를 꾸짖어 잠잠하게 하신다. 마가복음은 "어찌 믿음이 없느냐?"(4:40)라고 기록한다. 이것은 믿음이 작다는 뜻이다. 마가복음 9:24에서도 믿음이 없음은 믿기는 하지만 그 믿음이 작음을 가리키는 표현이다. 마태복음은 제자들에게 작은 믿음이나마 있음을 분명히 하는 표현을 한다.

마태복음 6:30은 먹을 것, 입을 것을 염려하는 사람들이 믿음이 작은 자들이라고 한다. 14:31은 물 위를 걷다가 바람을 무서워하여 물에 빠진 베드로를 믿음이 작은 자라고 한다. 17:20은 귀신을 쫓아내지 못한 제자들을 믿음이 작다고 한다. 8:26에서는 무서워함과 믿음의 작음을 연결하고 있다. 이처럼 마태복음은 대체로 믿음이 작음을 걱정이나 무서움과 연관시키고 있다. 이것은 기본적으로 목숨을 잃을까 하는 걱정이다. 17:20은 이러한 태도를 가지고 사는 자는 축귀에도 실패함을 보여 준다.

예수께서는 제자들에게 "왜 무서워하느냐?"고 말씀하신다. 제자들이 무서워함은 배에 탄 무리들이 무서워함을 기록한 요나서 1:10을 연상시

71. Boring, 146.
72. Guelich, 266.
73. Hagner, 1993: 221.
74. 신현우, 2021: 311.

킨다.[75] 그리하여 이 사건을 요나서와 연관시켜 이해하도록 돕는다.

구약 성경(시 46편; 사 17:12-14)에서 종말의 때에 있을 이방 나라들에 대한 승리는 바다에 대한 승리로 비유되고, 하나님과 그 대적자의 싸움도 유사하게 표현되는데(사 50:2-3), 이를 배경으로 보면 예수께서 바다를 다스리신 모습은 하나님을 대적하는 세력에 대해 승리하신 모습이다(DA, 1991: 75).

예수께서는 바람과 바다를 꾸짖으셨다. 구약 성경(시 18:15; 104:7; 106:9; 사 50:2; 나 1:4)은 하나님께서 바다를 꾸짖으심을 묘사하므로, 예수께서 바다를 꾸짖으심은 예수의 신성을 암시한다.[76] 마태복음은 예수께서 어떻게 꾸짖었는지 소개하지는 않는데, 이것은 이 용어가 마법 공식처럼 사용되는 것을 방지하고 예수의 사역이 마법과 연관되는 인상을 피하기 위함이었을 것이다(DA, 1991: 74).

하나님은 물을 꾸짖어 다스리시며(시 104:7),[77] 홍해도 꾸짖어 마르게 하셨기에(70인역 시 105:9, 개역 106:9),[78] 예수께서 바다를 꾸짖어 잠잠하게 하신 사건은 예수의 신성을 현시하며, 예수께서 새 출애굽을 일으키실 것을 기대하게 한다.

마태복음에서 예수께서는 귀신을 꾸짖어서 제압하시므로, 바다를 꾸짖어서 제압하시는 예수의 모습은 바다와 귀신 사이의 관계를 추측하게 한다. 그리하여 바다를 잠잠하게 하신 사건을 단순한 자연 기적이 아니라 사탄을 제압하시는 의미를 내포한 사건으로 해석하게 한다(자세한 설명은 아래 해설 참고).

75. Witherington, 176.
76. 강대훈, 상, 615-16.
77. Bock, 2015: 185.
78. Collins, 262.

27절 (사람들이 놀람) 사람들이 바다가 잠잠해지는 것을 보고 놀랐다. 예수께서 행하신 일을 통하여 전에는 알려지지 않았던 예수의 새로운 능력이 나타났기에 놀랐을 것이다.[79] 마태복음에서 '사람들'은 제자들을 가리키는 표현으로 사용된 곳이 없으므로(Larsen, 187), 여기서 제자들을 가리키는 듯한 문맥에서 사용된 것은 특이하다. 이들은 아마도 마가복음 4:36이 언급하는 다른 배들에 있던 사람들일 수 있다.[80]

요나의 경우와 달리 예수께서는 물에 던져질 필요 없이 바람과 바다를 꾸짖으셔서 바다를 잔잔하게 하신다. 이것은 예수의 정체에 관한 의문을 일으키는데 구약 성경을 통해 그 답을 찾으면 예수께서 신적인 분이심을 인정하게 된다. "주께서 바다의 파도를 다스리시며 그 파도가 일어날 때에 잔잔하게 하시나이다"(시 89:9). 바다에게 명령하여 복종시킬 수 있는 분은 바다를 창조하신 하나님이시다(시 65:7; 89:8-9; 104:7; 욥 26:11-12; 사 51:9-10).[81]

또한, 하나님으로부터 모든 권세를 받으신 '그 인자'에게는 자연을 통치할 권세가 있다. 쿰란 문헌(4Q521)은 신명기 18:18에 담긴 생각을 발전시키며 하나님의 메시아에게 하늘과 땅이 복종할 것을 기대한다.[82] 이러한 사상을 배경으로 보면 바다를 잔잔하게 하신 예수는 메시아이시다.

3. 해설

예수께서는 바람과 바다를 꾸짖어서 잠잠하게 하신다. 바람과 바다를

79. DA, 1991: 75.
80. Larsen, 189.
81. Hooker, 140; Osborne, 81; Witherington, 176.
82. Marcus, 2000: 340

꾸짖음은 이들이 천상적 존재들에 의하여 지배된다고 보는 유대인들의 생각이나(에녹1서 72-82장 참고), 바람이 다스리는 자들의 이름들을 제시하는 에녹3서 14장, 바람을 관장하는 영을 언급하는 희년서 2:2 등을 배경으로 해석해 볼 수 있다.[83] 또한 마태복음(17:18 등)에서 '꾸짖다'는 예수께서 축귀하심을 묘사할 때 사용하므로, 예수께서 바람과 바다를 꾸짖음은 풍랑 뒤에 있는 귀신의 세력을 전제하는 표현으로 볼 수 있다.[84]

구약 성경에서 바다는 혼돈의 세력과 연관된 상징성을 가진다(시 89:8-11; 107:23-30).[85] 고대 근동에서는 바다가 카오스와 악을 상징한다.[86] 고대 이스라엘에서도 흉흉한 바다는 때로 혼돈의 세력들을 상징하였다.[87]

이처럼 고대인들에게 바다는 악의 세력을 상징하므로 귀신에게 사용된 '꾸짖다'는 단어가 바다에 대하여 충분히 사용될 수 있었다.[88] 이러한 배경 속에서 예수께서 바다를 꾸짖어 잠잠하게 하신 사건은 예수께서 자연을 지배하시는 능력을 가지셨을 뿐 아니라 그것이 상징하는 마귀의 세력을 물리치시는 능력을 가지신 분임을 알려 준다.

6. 가다라 지방에서의 축귀 사역 (8:28-34)

바다에서 풍랑을 잠잠하게 하시며 요나를 연상시킨 사건 후에 예수께서 요나처럼 이방 지역에서 사역하신 사건이 이어진다. 이러한 연결은 이방 선교 사역이 정당함을 예수의 사역을 통해서도 보여 주는 역할을 한

83. DA, 1991: 74.
84. Hagner, 1993: 222; 강대훈, 상, 616.
85. 강대훈, 상, 616.
86. Harrington, 123.
87. Evans, 1990: 132.
88. Hooker, 139.

다. 그런데 예수께서 이방 지역에서 하신 첫 사역은 축귀 사역이었다. 이것은 축귀가 예수의 사역 중에서 매우 중요한 의미를 가짐을 알려 준다.[89] 예수의 축귀 사역은 마귀가 예수께 패배하였음을 암시하고, 하나님의 통치가 임하고 있음을 보여 준다.

1. 번역

28 그가 건너편 가다라 사람들의 지방으로 가셨는데 귀신 들린 자 두 명이
무덤들로부터 나와서 그에게 맞섰다. 그들은 아주 난폭해서 아무도 그 길
을 통하여 지나갈 수 없었다. 29 그런데 보라! 그들이 소리 지르며 말하였
다.

"왜 우리에게 (이러시오?) (우리가) 당신에게 (뭘 어쨌소?)
하나님의 아들이여,
때가 되기 전에 우리를 괴롭히려고 여기로 오셨소?"

30 그런데 그들로부터 멀리 많은 돼지들의 떼가 풀을 뜯고 있었다. 31 그
귀신들은 그에게 간청하고 또 간청했다.

"우리를 내쫓으려면 우리를 돼지 떼 속으로 보내주쇼!"

32 그가 그들에게 말했다.

"가라!"

그들이 나가서 그 돼지들 속으로 떠나갔다. 그런데 보라! 그 떼가 모두 비
탈을 달려 내려가 바다 속으로 들어가 익사했다. 33 방목하던 자들이 달아
나서 도시로 떠나가 귀신 들린 자들에 관한 일과 함께 모든 일을 보고하였
다. 34 그러자, 보라! 온 도시가 예수를 만나려고 나왔다. 그들은 그를 보고

---

89. Marcus, 2006: 349.

자기들의 지역으로부터 떠나시도록 요청하였다.

2. 주해

28절 (가다라 지방으로 가심) 예수께서 갈릴리 호수 건너편 '가다라 지방'으로 가셨다. 가다라는 갈릴리 호수에서 남동쪽으로 8-10km 떨어진 지점에 있다.[90] 오리겐과 유세비우스에 의하면 본문의 배경이 된 지역은 아마도 게르게사(Gergesa, 지금의 Kursi)였을 것이다.[91] 그러나 이곳도 가다라 지방이라고 부를 수 있었을 것이므로 문제될 것은 없다. 가다라 지방이 호수 지역을 포함하였음은 배의 형상이 새겨진 가다라의 주화가 발견됨을 통하여 지지된다(Maier, 294). 마가복음은 이 지역을 거라사인들의 지역이라고 하는데 역시 동일 지역을 가리킬 수 있다(자세한 설명은 아래 해설 참고).

마태복음은 두 명의 귀신 들린 자를 언급한다. 마가복음과 달리 귀신 들린 사람은 두 사람이다. 마태복음은 이렇게 귀신 들린 사람 둘을 언급하는 대신에 마가복음에 언급된 축귀 관련 사건 하나(막 1:23-26)를 언급하지 않는데, 이것은 소경 치유 기사에서도 그러하다(막 8:22-26).[92] 키너는 이처럼 두 개의 기사들 중에서 하나를 빼고 대신 등장인물을 둘로 하는 방식이 당시에 희귀하지 않은 기록 방식이었다고 한다(Keener, 2009: 282). 그러나 이 사건에서 치유받은 귀신 들린 자들이 본래 둘이었는데, 마가복음은 단순화하여 한 명에 관하여 기록하였다고 볼 수도 있다.

귀신 들린 자들의 거처는 무덤이었다. 민수기 19:11-14을 적용하면 무

---

90. Harrington, 120.

91. Edwards, 155.

92. Keener, 2009: 282.

덤에서 사는 자는 이스라엘로부터 끊어지게 된다. 탈무드는 미친 사람의 모습을 나열하며 무덤에서 밤을 보내는 것을 포함한다.[93] 아마도 그 지역 사람들도 이 귀신 들린 자들이 미쳤다고 여겼을 것이다(Lane, 182).

29절 (귀신들이 소리침) 귀신들은 "왜 우리에게 (이렇게 하소?) (우리가) 당신에게 (뭘 어쨌소?)"라고 소리친다. 이 표현은 공관복음에서 사용될 때 귀신이 예수의 신적 정체를 알아챔과 연관되어 등장한다.[94]

귀신들은 자기들을 괴롭히려고 '때가 이르기 전에'(πρὸ καιροῦ) 오셨느냐고 따진다. 신약 성경에서 '때가 이르기 전에'라는 표현은 고린도전서 4:5에만 한 번 더 등장한다. 여기서 이 표현은 "주께서 오실 때까지"(ἕως ἂν ἔλθῃ ὁ κύριος)로 설명된다. 이러한 설명에 의하면 예수께서 재림하실 때가 바로 그 '때'에 해당한다. 마태복음에서 이 표현이 동일한 의미로 사용되었다고 볼 수는 없지만, 역시 재림 때를 가리킬 가능성이 있다. 그렇다면 귀신들은 예수께서 재림하실 최후 심판 때 벌을 받는다고 알고 있는데, 왜 그전에 미리 예수께서 그들을 괴롭히러 오셨느냐고 따졌다고 볼 수 있다.

30-31절 (귀신들이 돼지 떼에 들어가기를 요청함) 귀신들은 돼지 떼에 들어가게 해 달라고 요청한다. 더러운 귀신들이 더러운 동물들 속에 거하고자 선택한 것은 당연한 것일 수 있다.[95] 돼지 떼의 존재는 이 지역이 이방인들이 많이 사는 지역임을 알려 준다. 레위기 11:8; 신명기 14:8에 의하면 돼지고기 먹는 것은 금지된다. 미쉬나에 의하면 돼지를 기르는 것도 금지된다. "누구든지 어디서든지 돼지를 사육해서는 안된다"(*m. Baba Kamma*

93. Lane, 182. n.7.
94. DA, 1991: 81.
95. Hooker, 144.

7:7).[96] 따라서 돼지 떼의 존재는 이 기사가 이방 지역을 배경으로 함을 암시한다.[97]

32절 (귀신들이 돼지들을 익사시킴) 귀신들은 허락을 받고 돼지 떼에 들어가 돼지들을 호수에 익사시킨다. 귀신들은 물과 연관되기도 하므로, 귀신 들린 돼지들이 물을 향하여 가는 것은 귀신들이 자기들의 장소로 되돌아가는 것으로 볼 수 있다.[98] 귀신들의 숙주 파괴 경향은 이미 귀신 들린 사람에게서 드러났으며 이제 그 결실을 보고 있다.[99] 돼지는 이방 종교에서 성스러운 동물로 여겨졌고 제물로 사용되었기에 돼지 떼의 제거는 이방 종교에 대한 승리를 암시할 수 있다.[100]

돼지 '떼'를 표현하는 데 사용된 단어는 '아겔레'(ἀγέλη)이다. 데렛(J. D. M. Derrett)은 이 단어가 함께 무리 지어 떼로 움직이지 않는 돼지들에게 사용되기에 부적합함을 지적하고, 종종 군대와 관련되어 사용되는 이 단어는 군대를 연상시킨다고 하였다.[101] 그렇다면 예수의 축귀 사역은 마귀의 군대를 물리치는 예수의 영적 전투였음을 암시한다.

돼지들이 물로 달려가 죽은 것은 숙주를 파괴하는 귀신들의 경향을 보여 준다. 그러나 결과적으로 이 사건은 이집트 군대가 바다에 빠져 죽었던 사건을 연상시킨다. 귀신들의 배후에 있는 돼지 군단이 물에 빠져 죽는 모습은 새 출애굽이 발생하고 있음을 암시한다.

돼지들의 죽음은 축귀가 실제적으로 발생하였음을 입증하는 효과도 가진다. 교부 제롬(Jerome)은 많은 돼지들이 물에 빠져 죽는 일이 발생하

96. trans. Danby, 342.
97. Hooker, 143.
98. DA, 1991: 84.
99. Hooker, 144.
100. Boring, 152.
101. Witherington, 182.

지 않았다면 많은 귀신들이 축귀되었음을 사람들이 믿지 않았을 것이라고 지적했다.[102] 예수께서는 이러한 측면을 고려해 귀신들이 돼지들을 죽이는 것을 허락하셨을 수도 있다.

33-34절 (예수께 떠나기를 요청한 사람들) 돼지 치던 자들이 '시내'로 가서 발생한 일을 알렸다. '시내'는 반드시 가다라를 가리킬 필연성은 없다. 호숫가에 가까운 도시를 가리킬 수 있다. 이 지역 사람들의 주된 관심은 잃어버린 돼지 떼였다. 그들은 이 경제적 손실 앞에서 예수를 거부하였다. 그들은 기적을 보고 예수를 믿고 영접한 것이 아니라 오히려 떠나달라고 요청한다. 가다라 지방 사람들이 예수를 배척한 것은(8:28-34) 요나의 경우와 대조된다. 그들은 요나보다 더 큰 분을 배척한 이방인들로서 니느웨 사람들보다 못한 자들이다.

가다라 지역 사람들이 예수를 배척한 것은 기적이 반드시 믿음을 불러일으키지는 않음을 보여 준다. 예수의 기적은 믿음을 일으키기 위한 수단이 아니라 예수와 함께 온 새 출애굽, 하나님 나라의 "구체적 표현"이었다.[103]

마태복음에서는 데가볼리 지역에 복음이 전파된 이야기(막 5:20)가 생략된다. 이것을 생략한 마태복음은 이 지역에서 기록된 복음서는 아니라고 볼 수 있다.

3. 해설

마가복음 5:1은 '가다라' 대신 '거라사'(Gerasa)를 언급한다. 이 도시는 갈릴리 해안에서 약 35마일(56km) 떨어져 있는 데가볼리의 주요 도시이

102. Witherington, 183.
103. 양용의, 2018: 190.

다. 따라서 사건이 일어난 곳이 거라사인들의 '지역'에 속한다고 표현해서 문제가 될 것은 없다. 마태복음(8:28)은 '가다라 지방'이라고 기록하는데, 위더링턴(B. Witherington)은 가다라가 데가볼리 지역의 수도였기 때문에 이렇게 표현한 것이라고 주장한다(Witherington, 180).

7. 중풍병자 치유와 죄 사함 (9:1-8)

1. 번역

9:1 그가 배를 타고 건너가 자신의 도시로 가셨다. 2 그런데 보라! 사람들이 그에게 중풍병자를 침상에 누운 채 데려왔다. 예수께서 그들의 믿음을 보시고 그 중풍병자에게 말씀하셨다.

"힘내라! 얘야, 네 죄가 사함 받는다."

3 그런데 보라! 서기관들 중에 몇몇이 속으로 말했다.

"이 자가 하나님을 모독하는구나."

4 그러나 예수께서는 그들의 생각을 아시고 말씀하셨다.

"어찌하여 여러분의 마음으로 악한 것을 생각하시오?

5 무엇이 더 쉽소?

'네 죄가 사함 받는다.'라고 말하는 거요,

'일어나서 걸어가라.'라고 말하는 거요?

6 그렇지만 그 인자가 땅에서 죄를 사하는 권세를 가진 것을

여러분은 알도록 하시오!"

그때 그가 그 중풍병자에게 말씀하셨다.

"일어나 네 침상을 들고 너의 집으로 가라!"

7 그러자 그가 일어나 자기의 집으로 떠나갔다. 8 무리들이 보고 두려워하

였고 이러한 권세를 사람들에게 주신 하나님께 영광을 돌렸다.

2. 주해

1-2절 (중풍병자에게 죄 사함을 선언하신 예수) 사람들이 예수께 중풍병자를 데려왔다. '중풍병자'(παραλυτικός)는 다리 저는 자 또는 걸을 수 없는 자를 가리킨다.[104] 이러한 자가 치유받는 것은 메시아 표적으로 간주되었다(마 11:5).

예수께서는 "그들의 믿음을" 보셨다. 중풍병자를 데려온 사람들은 예수께서 병을 고치실 것이라는 확신을 가졌다. 중풍병자 자신에게도 그러한 믿음이 있었는지는 본문이 말하지 않는다. 이 본문을 통해서 병자 자신에게 믿음이 없을 때에도 타인의 믿음을 통해서 치유가 가능하다고까지 말할 수는 없다. 이 중풍병자의 경우는 그가 동의해서 왔을 가능성이 높다.[105] 그러나 예수께서 죽은 자를 살리신 경우나 축귀를 하신 경우 당사자의 믿음을 보고 하신 것은 아니므로, 당사자의 믿음이 필수라고 말할 수도 없다.

병자에게 죄 사함을 선언하신 것은 병자를 일종의 죄인으로 간주하는 당시 세계관과 관련된다(요 9:2 참고). 바벨론 탈무드(*b. Nedarim* 41a)는 "병자는 그의 죄가 사해지기까지 그의 질병으로부터 치유된 것이 아니다."라고 말하는 한 랍비(Hiyya)의 어록을 언급하는데 이러한 어록에 담긴 세계관은 아마도 예수 당시에도 동일하였을 것이다. 구약 성경과 쿰란 문헌도 죄와 질병의 연관성을 전제하기 때문이다.[106] 신명기 28:15-35은

---

104. Hagner, 1993: 232.

105. DA, 1991: 88.

106. DA, 1991: 89.

하나님께 불순종하면 각종 질병이 발생할 것을 언급한다. 마카비1서 9:55와 마카비3서 2:21-23은 신체 마비 증상을 죄의 결과로 묘사한다.[107] 질병이 죄의 결과라는 당시 유대인들의 생각은 쿰란 문헌(4QpNah)에도 반영되어 있다.[108] 물론 이러한 세계관을 예수께서 그대로 받아들이지는 않으셨을 것이다(요 9:2 이하 참고). 구약 성경도 질병이 늘 죄의 결과라고 간주하지는 않는다.[109] 예수께서 병자를 치유할 때 항상 죄 사함을 선언하지 않으신 것은 예수께서도 질병을 언제나 죄와 연관시키지는 않으셨음을 보여 준다(Keener, 2009: 289).

그렇지만 예수께서 이 중풍병자의 경우에는 죄가 병의 원인이었다고 간주하셨을 수 있다. 또한 모든 병은 죽음처럼 죄가 세상에 들어오면서 기원하였다는 점에서[110] 병의 원인인 죄를 문제 삼으셨다고 볼 수도 있다. 예수의 주된 사명이 죄 사함이고 치유는 부수적이기 때문에 죄 사함 선언을 하시면서 치유하셨다고 이해할 수도 있다(Hagner, 1993: 232 참고).

예수께서 중풍병자를 부르실 때 현자나 교사가 자신의 제자를 부를 때 쓰는 용어인 '떼끄논'(τέκνον, 자녀)을 사용하신다.[111] 이러한 표현은 중풍병자에게 매우 친절하게 들렸을 것이다.

예수께서는 중풍병자에게 "너의 죄가 사함받았다."라고 선언하신다. 시편 103:3은 죄 사함이 하나님으로부터(만) 온다고 한다(Collins, 185). 유대 문헌에서는 메시아를 비롯하여 어떤 사람도 죄 사함의 권세를 가질 수 있다고 간주하지 않는다(Hooker, 89). 유대인들은 죄 사함의 권세를

---

107. 강대훈, 상, 628.
108. Carroll, 131.
109. Keener, 2009: 289.
110. Hagner, 1993: 232.
111. 잠 31:2; 집회서 2:1; 3:1, 17; 4:1 등(Collins, 185).

메시아와도 연관시키지 않았으므로,[112] 죄 사함의 권세에 대한 예수의 주장은 독특하게 여겨졌을 것이다. 하나님께서 죄를 사하신다고 하는 시편 103:3을 배경으로 볼 때 이러한 주장은 신성에 관한 주장으로 간주될 수 있었다. 따라서 죄를 사한다는 선언은 유대인들에게 신성모독으로 여겨질 수 있었다. 그러나 예수의 죄 사함 선언은 신적 수동태로서 하나님께서 죄를 사하신다는 선언으로 해석될 수 있다(Keener, 2009: 289). 이러한 선언은 신성모독에 해당하지 않을 것이다.

그렇지만 서기관들은 속죄를 위한 제사 없이 제사장이 아닌 사람이 이러한 선언을 한 것을 문제 삼았을 수 있다.[113] 당시 유대교에서는 죄 사함은 제사가 드려진 후에 제사장이 선포하도록 기대되었기 때문이다.[114] 그러나 나단 선지자가 다윗에게 죄 사함 선언을 한 경우처럼(삼하 12:13) 제사와 무관하게 제사장이 아닌 사람이 하나님의 죄 사함을 선포할 수 있다.[115] 예수의 죄 사함 선언은 그러한 선지자적 죄 사함 선언이라고 볼 수 있다.[116] 이러한 죄 사함 선언은 신성모독으로 간주될 필연성이 없다.

구약 성경은 죄 사함과 치유를 긴밀히 관련시킨다(시 41:4; 렘 3:22; 호 14:4).[117] 질병과 죄를 밀접하게 연관시키는 유대인들은 죄 사함이 질병 치유를 가져오리라 기대할 수 있었을 것이다(대하 7:13-14 참고).[118] 또한 죄인으로 간주된 병자에게 발생한 치유는 그의 죄가 사함받았다는 증거

112. Keener, 2009: 289.

113. Keener, 2009: 289.

114. Hooker, 84.

115. 4Q242도 그러한 예를 제공한다(Bock, 2015: 141).

116. Witherington, 116.

117. Lane, 94.

118. 양용의, 2010: 65.

로 간주될 수 있었을 것이다.[119]

3절 (어떤 서기관들의 판단) 어떤 서기관들은 예수께서 죄 사함 선언을 하신 것이 하나님을 모독하는 발언이라고 생각했다. 예수께서 하나님의 이름을 언급하지 않으셨기에 엄격하게 따지면 예수의 말씀은 신성모독에 해당하지 않는다. 유대인들의 문헌(*m. Sanhedrin* 7:5)에 의하면 하나님의 이름(יהוה)을 발설한 경우에만 신성모독죄가 성립할 수 있다.

그러나 마가복음 14:64; 요한복음 10:33은 1세기 유대교에서는 자신을 하나님처럼 높이는 발언의 경우에도 신성모독에 해당하는 것으로 간주되었음을 보여 준다.[120] 죄 사함 선언도 신적 수동태로 이해되지 않고 "내가 너의 죄를 사한다."는 뜻으로 이해되었다면 당시 유대인들은 이 선언이 신성모독에 해당한다고 간주할 수 있었다.

그런데 당시 유대인들에게는 메시아의 경우에도 죄를 사하거나 죄 사함을 중보한다는 생각이 없었으므로, 예수의 죄 사함 선언은 거북하게 들렸을 수 있다(이에 관해서는 아래 해설 참고). 그렇지만 나단 선지자의 경우처럼 하나님께서 죄를 사하셨다고 선언하는 것은(삼하 12:13) 충분히 가능한 것이었기에 서기관들의 판단은 잘못된 것이었다고 볼 수 있다.

4절 (예수께서 아심) 예수께서 서기관들의 생각을 아셨다. 구약 성경에서 사람의 마음을 아는 능력은 하나님께 속한 것으로 묘사된다.[121] 그러므로 이러한 능력이 예수께 있는 것으로 묘사할 때 마태복음은 예수의 신성을 암시하고 있다.[122]

---

119. 신현우, 2021: 225.

120. France, 126 참고.

121. 렘 11:20; 시 7:9; 139:23; 대하 6:30; 잠 24:12; 참고. 집회서 43:18-19(Harrington, 121 참고).

122. Marcus, 2000: 222 참고.

예수께서는 서기관들의 생각이 악함을 지적하신다. "악한 생각을 하느냐?"(ἐνθυμεῖσθε πονηρὰ, 악한 것들을 생각하는가?)는 마가복음에는 없는 말이다. 서기관들의 생각이 악한 이유는 무엇일까? 그들은 죄 사함의 선언을 신성모독이라고 간주했다. 예수의 선언은 하나님께서 죄를 사해 주신다는 선언으로 볼 수 있기에 굳이 신성모독으로 해석될 필연성이 없다. 그런데 서기관들이 그렇게 해석한 것은 그들의 마음이 악하기 때문이다. 그들은 죄 용서의 선언을 들을 때 이것을 질병 속에서 고통을 당하는 병자의 입장에서 생각하지 않았다. 사람의 잘못을 찾아내어 정죄하는 시각에서 예수의 죄 용서의 선언을 듣고 판단하였다. 마태복음의 관점에서 볼 때 이러한 사고방식은 악한 것이다. 우리는 선한 사고방식으로 사태를 보아야 한다. 억눌린 약자의 입장에서 생각하여야 한다. 그들에게 혜택을 주는 행위나 제도를 이런저런 이유로 트집을 잡아 정죄하는 것은 악한 사고방식에서 나오는 것이다.

5절 (어떤 말이 더 쉬운가) 예수께서는 자신에게 죄 사함을 선포할 권세가 있다는 것을 증명하기 위해 '죄가 사하여졌다.'라는 말보다 더 어려운 말(병자에게 '일어나 걸어가라.'고 하는 말)을 하신다. 어느 것이 더 쉬운지 질문하신 후에 '그런데'(δέ)로 역접한 후(6절) 선택하신 (일어나 집으로 가라는) 말씀은 더 어려운 말씀이라고 볼 수 있다. 걷지 못하는 중풍병자에게 일어나 집으로 가라고 하는 말씀은 곧바로 검증될 수 있기에 당장 검증할 수 없는 (수동태로 된) 선지자적 죄 사함 선언보다 더 어려운 말씀이다.

예수께서는 더 어려운 말이 이루어지는 것을 보임으로써 '죄가 사하여졌다.'라는 말을 더더구나 하실 수 있음을 증명하신다. 여기서 사용된 논증은 더 어려운 것이 가능하면 더 쉬운 것은 더더구나 가능하다고 추론하는 '더더구나 논증'(*qal wachomer*)이다.

6절 (죄를 사하는 권세를 보여 주는 치유) 이 구절은 '히나'(ἵνα)로 시작한다. 이것은 명령을 표현할 수도 있는 단어이다.[123] 따라서 이 구절은 "인자가 땅에서 죄를 사하는 권세를 가진 줄을 너희는 알도록 하라."라고 번역할 수 있다. 이렇게 번역하면 이 부분은 하나의 독립적인 문장이 되므로 문맥에 잘 부합한다.

이 말씀 이후에 행해진 예수의 치유는 예수께 죄 사함의 권세가 있음을 입증한다고 볼 수 있다. 질병이 죄의 결과로 발생한 경우에, 질병을 명령하여 치유하면 질병의 원인인 죄를 사했다고 볼 수 있기 때문이다. 그러므로 '히나'(ἵνα)가 목적(~하도록)을 뜻한다고 보아도 문맥에 부합한다.

이 문장에서 죄 사함의 권세를 가진 '그 인자'는 예수 자신을 가리킨다. 아람어에서 "나"를 뜻할 수 있는 '인자'에 정관사를 추가하여 사용된 '그 인자'는 마태복음 문맥상 예수를 가리키는데(26:45-46), 이것은 다니엘서 7:13에 나오는 '인자 같은 이'를 가리키면서 예수의 (메시아적) 정체를 암시하는 용어이기도 하다. 에녹1서(46:2-4; 48:2; 62:5-7, 13-14; 69:27-29)에서도 '인자'는 메시아를 가리킨다.[124] 인자(같은 이)는 다니엘서 7장과 에녹1서 45:3; 46:4-6; 50:1-5에서 죄를 용서하는 자로 묘사되므로,[125] 예수께서 죄를 용서하는 권한을 가진 자신을 가리키기에 적합한 용어였다.

예수께서는 자신이 '땅에서' 죄 사함의 권세를 가지고 있다고 주장하신다. '땅에서'라는 표현은 예수께서 땅에서 죄 사함의 권세를 가진 유일한 분임을 암시하며, 따라서 예수께서 성전의 기능을 대체한다고 해석할

123. Lane, 97-98.

124. Evans, 1990: 92.

125. Marcus, 2000: 223.

수 있게 한다.[126] 예수의 죄 사함의 권세를 입증하는 증거로 치유가 사용되었다. 치유는 예수의 죄 사함의 권세를 증명하는 동시에 병자에게 죄 사함이 이루어졌음을 증명한다. 특히 질병이 죄의 결과라고 여기는 유대인들에게 치유는 죄 사함을 입증하는 증거로 사용될 수 있었다.[127]

7-8절 (무리의 반응) 예수의 치유를 보고 무리는 "이런 권능을 사람에게 주신" 하나님께 영광을 돌렸다. 예수께서는 6절에서 '인자'에게 이러한 권능이 있다고 하였는데 무리는 '인자'를 사람으로 일반화하여 이해한다. 예수께서 자신을 가리키기 위해 사용하신 표현인 '인자'를 무리가 사람을 가리킨다고 이해한 것은 오해이다. 물론 예수께서 이 권세를 제자들에게 주셔서 결국 사람들도 죄 사함의 권세를 가지게 된다고 주장할 수도 있을 것이다. 마태복음 16:19; 18:18은 그러한 가능성을 지지하는 듯하게 보이기도 한다. 그렇지만 이 구절들은 죄 사함 자체가 아니라 출교된 자를 복귀시키는 결정에 관한 것으로 볼 수 있다.

마태복음 6:15("너희가 사람들에게 죄를 사하지 않으면 하나님께서 너희들의 죄를 사하지 않으실 것이다.")은 사람이 남의 죄를 용서하는 것을 하나님의 죄 사함과 평행시킴으로써 죄 사함에 관련된 것으로 이해할 수 있는 가능성을 연다. 여기에서 '사하다'로 번역된 '아피에미'(ἀφίημι) 동사는 죄 사함의 권세에 관하여 본문(9:6)에서 사용된 동사와 동일하다. 그러나 마태복음 6:15에서 이 동사는 문맥상 죄 사함을 가리키지 않고 남이 나에게 지은 개인적인 죄에 대한 용서를 가리킨다. 따라서 6:15이 사람에게 죄 사함의 권한이 있다는 증거가 될 수는 없다.

---

126. DA, 1991: 93.

127. 대하 7:14; 시 103:3; 147:3; 사 19:22; 38:17; 57:18-19 참고(Lane, 94 참고).

3. 해설

유대인들은 메시아 시대에 죄 사함이 발생할 것을 기대하였지만(CD 14:19; 11QMelch. 4:9) 메시아 자신이 직접 죄를 사하거나 죄 사함을 중보할 것이라고 기대하였다는 증거는 거의 없다.[128] 비록 이사야 53:6-7에 관한 탈굼(아람어 번역)에서는 메시아가 죄 사함을 중보하지만, 이 문헌의 기록 연대는 정확하지 않다.[129] 이러한 배경을 통해서 볼 때 예수를 메시아로 믿은 유대인들에게도 예수의 죄 사함 선언은 특이하게 여겨졌다고 볼 수 있다. 그러나 수동태로 된 예수의 선언은 충분히 하나님께서 죄를 사하셨다는 선언으로 간주될 수 있었기에, 이러한 가능성을 배제하고 예수의 선언을 신성모독이라고 한 서기관들의 판단은 부당한 것이었다. 이러한 판단은 예수를 적대시하는 주관성에 따라 미리 결론을 내리고 무엇이든지 증거로 간주하여 제시하는 악한 행태였다.

8. 죄인들과 식사함에 관한 논쟁 (9:9-13)

1. 번역

9 예수께서 그곳에서 나와 지나가시다가 한 사람이 세관에 앉아 있는 것을 보았다. 그의 이름은 마태였는데, 그에게 말씀하셨다.

"나를 따르라!"

그러자 그가 일어나 그를 따랐다. 10 그가 그 집에서 (식사하고자) 기대어 누웠을 때, 보라, 많은 세리들과 죄인들이 와서 예수와 그의 제자들과 함께

128. DA, 1991: 90.

129. DA, 1991: 90.

기대어 누웠다. 11 바리새인들이 보고 그의 제자들에게 말했다.
"왜 그대들의 선생님은 세리들과 죄인들과 함께 식사하시오?"
12 그가 듣고 말씀하셨다.
"건강한 자들에게 의사가 필요 없고 병자들에게 필요하다오.
13 가서 '나는 자비를 원하고 제사를 원하지 않는다.'는 말씀이
무슨 뜻인지 배우시오.
그 인자는 의인들이 아니라 죄인들을 부르러 왔기 때문이오."

2. 주해

9절 (마태를 제자로 부르신 예수) 예수께서 세리 마태를 제자로 부르셨다. 마가복음(2:14)은 예수께서 알패오의 아들 레위를 제자로 부르셨다고 한다. 마태복음은 이 사람이 마태와 동일 인물임을 알려 준다. 당시 유대인들은 히브리어/아람어 이름과 함께 헬라어 이름도 가지곤 했는데, 마태의 경우는 마태라는 이름과 레위라는 이름을 (둘 다 셈어식 이름이지만) 함께 사용했을 것이다(Stein, 181).

마태는 세관에 앉아 있었으므로 세리라고 추측된다. 직업상 이방인들을 접촉해야 하는 세리들을 유대인들은 부정하다고 여겼고,[130] 회당으로부터 파문하기도 하였다.[131] 랍비 문헌에서 '세리'는 강도, 살인자, 죄인과 연관되어 등장할 정도로 평가절하된다.[132] 이집트 지역에서 세리는 세금을 내지 않는 사람들을 고문하고 죽이기도 했다고 한다(Keener, 2009: 292).

130. *Midr. Ps.* 7.6; *m. Hagigah* 3:6 참고(Boring, 81; Bock, 2015: 146).
131. *b. Sanhedrin* 25b(Lane, 102).
132. *m. Nedarim* 3:4(Collins, 194; Bock, 2015: 146).

유대인들은 일반적으로 세리를 죄인이나 도적처럼 취급하였고[133] 세리는 증인 자격도 가질 수 없었다.[134] 랍비 문헌 미쉬나는 세금 징수자가 들어간 집은 전체가 부정하게 되고, 세리 곁에 있는 사람은 부정하게 된다고 한다.[135] 갈릴리 지역의 세리들은 헤롯을 위해 일했지만, 헤롯은 로마가 세운 분봉왕이었으므로, 결국 로마 제국을 위해 일하는 자들로 여겨져 유대인들의 미움을 받았을 것이다(신현우, 2021: 231-32).

10절 (세리들과 식사하신 예수) 개역개정판은 예수께서 세리들과 식사하신 집을 '마태의 집'이라고 하지만, 이 부분은 직역하면 '그 집'이다. 마가복음(2:15)에서도 '그의 집'이라고 하므로 누구의 집인지 불명확하다. '그의 집'은 예수의 집일 수도 있기 때문이다. 마태복음도 역시 이러한 애매함을 가지고 있다. 예수께서 마태에게 따르라고 하셨고, 마태가 따랐기에 문맥은 이 집이 가버나움에 있는(마 4:13) 예수의 집이라고 추측할 수도 있다.[136] 바리새인들이 이 집에 있는 듯한 것도(11절) 이 집이 세리의 집이라고 보기 어렵게 한다(DA, 1991: 100). 물론 이 집은 마태복음 8:14에 언급된 베드로의 집일 수도 있다.[137] 그러나 누가복음 5:29은 레위가 자신의 집에서 잔치를 베풀었다고 명시하므로, '그 집'은 레위 즉 마태의 집이라고 볼 수 있다(Malbon, 283-84 참고).

예수께서 식사할 때에 세리들과 죄인들이 함께 있었다. '죄인'은 도적, 창녀뿐 아니라, 세리, 소작농 등 직업상 율법을 잘 지키지 못한다고 여겨지는 사람들을 포함한다고 보인다.[138] '죄인'은 경건한 신앙인들을 반대하

---

133. 양용의, 2018: 199.
134. 강대훈, 상, 636.
135. *m. Hagigah* 3:6; *m. Kelim* 15:4(강대훈, 상, 636).
136. DA, 1991: 100.
137. DA, 1991: 100.
138. Harrington, 128.

는 자들(집회서 13:17; 33:14; 솔로몬의 시편 17:5-8, 23), 계시를 깨닫지 못하는 자들(단 12:10), 유대교를 버린 자들(마카비1서 1:34; 2:44, 48), 특정 유대교 분파의 율법 해석이나 적용을 따르지 않는 자들(에녹1서 82:4-7; 1QpHab 5:1-12; 1QS 5:7-11; 1QH 7:12; 솔로몬의 시편 2:34; 17:5-8, 23; 희년서 16:4), 또는 이방인(시 9:17; 토비트 13:8; 희년서 23:23-24; 시빌의 신탁 3:303; 갈 2:15)을 가리킨다.[139] 유대인이라도 죄인 부류에 해당하면 기능적으로 이방인과 같았다(강대훈, 상, 640). 레인(W. Lane)은 '죄인'은 서기관 전통에 무관심한 백성들로서 바리새인들에게 열등하게 여겨진 '땅의 백성'(עם הארץ)을 가리킨다고 주장한다(Lane, 103). 그러나 키너에 의하면 '죄인'은 율법을 잘 알지 못하는 땅의 백성을 가리키기보다는 율법을 고의적으로 어기는 사람들을 가리킨다(Keener, 2009: 295). 그런데 병자들도 '죄인'에 포함될 수 있었다. 쿰란 문헌(4Q242 Prayer of Nabonidus)은 질병을 죄에 대한 벌로 간주한다.[140] 아마도 예수와 함께 식사한 '죄인들' 중에는 질병으로 인해 죄인으로 여겨지다가 예수에 의해 치유받은 사람들이 포함되었을 것이다.[141]

유대인들이 죄인들과 교제하지 않는 것은 죄인들의 영향을 받지 않도록 하는 목적을 가졌을 것이다.[142] 특히 정결법을 잘 지키지 않는 사람들과 식사하다가 정결법을 위반할까 우려했기 때문일 것이다(자세한 설명은 아래 해설 참고). 그래서 그들은 율법을 잘 지키지 않는 사람들과 식사하기를 피했을 것이다.

그러나 예수께서는 세리 및 죄인들과 식사하기를 피하지 않으셨다.

139. 강대훈, 상, 640.
140. 쿰란 문헌 4Q242, frgs. 1-3; Collins, 192.
141. Collins, 192.
142. Keener, 2009: 297.

본문은 세리 및 죄인들이 식사를 위해 기대어 누웠다고 한다. 유대인들의 관습에 따르면 앉아서 식사하지만, 그리스-로마 스타일을 따르면 기대어 누워 식사하였다(France, 132). 함께 식사함은 서로 동일시하며,[143] 친구로 받아들이는 행위였다.[144] 이러한 행동을 통하여 예수께서는 세리와 죄인들을 친구로 받아들였다.

11절 (바리새인들의 비판) 바리새인들은 죄인들과 식사하시는 예수를 비판했다. 바리새인들의 비판의 배경은 땅의 백성의 집에 손님으로 가지 말도록 규정하는 미쉬나 규정(*m. Demai* 2:2)과 관련된다고 볼 수 있다.[145] 초대를 받는 것이 금해진다면, 초대하는 것은 더더구나 금해졌을 것이다. 쿰란 문헌(1QS 5:10-14)은 오직 정회원만이 정결 예식 후에 정결한 식사에 함께 참여할 수 있다고 한다.[146] 바리새인들은 이 정도는 아니지만 죄인과 식사하지 않았고, 예수께 그들처럼 하기를 기대했던 듯하다.

유대인들이 보기에 함께 식사함은 그들을 형제자매로 받아들이는 행위이다.[147] 그래서 예수께서 세리와 죄인들과 함께 식사하신 이유를 묻는 질문은 곧 예수께서 그들을 인정하시고 받아들이신 이유에 관한 질문이다.

12절 (의사와 병자 비유) 예수께서는 병자에게 의사가 필요하다고 대답하신다. 이 비유를 통하여 예수께서 죄인과 교제할 때에는 오히려 죄인이 예수에 의하여 영향을 받음이 지적된다.[148] 예수께서 세리들과 식사함으로써 그들이 세리 직업을 그만두게 되거나, 그들이 강탈한 것을 돌려주게 되었다면 이것은 당시 유대인들에게도 환영받을 일이었다(DA, 1991:

143. France, 134.
144. Witherington, 122.
145. Lane, 104.
146. Collins, 192-93.
147. 행 11:3, 4-18, 특히 11:18; 갈 2:12-13 참고(Stein, 182).
148. Keener, 2009: 297.

102).

'건강한 자'로 번역된 헬라어는 직역하면 '강한 자'이다. "강한 자에게 의사가 쓸 데 없다."는 말은 어색하게 들린다. 그런데 여기에 사용된 '강한 자'는 "강한"과 "건강한" 모두를 뜻할 수 있는 아람어를 반영한다(DA, 1991: 103). 따라서 이 말씀은 건강한 자에게 의사가 필요 없음을 뜻하는 말씀이라고 볼 수 있다.

예수의 말씀과 유사한 말씀이 유대인들의 문헌(*Mek.* on Exodus 15:26)에서 발견된다. "만일 그들이 아프지 않다면, 왜 그들에게 의사가 필요하겠는가?"[149] 예수께서는 바리새인들도 받아들일 수밖에 없는 전제에 토대하여 죄인과 식탁 교제함의 정당성을 논증하신다. 예수와 죄인이 함께 식탁 교제를 하면 예수께서 죄인이 되시지 않고 죄인이 의롭게 됨을 비유적으로 알려주신다(Hooker, 97).

13절 (구약 인용) 예수께서는 "내가 긍휼을 원하고 제사를 원하지 아니하노라."라는 구약 성경 호세아 6:6을 인용하신다. 이 부분은 마가복음에는 없다. 마태복음에서는 이 구약 구절(호 6:6)을 통해 자비가 제사보다 더 중요하다는 원리를 예수께서 적용하심을 알려 준다. 죄인들과 식사하는 자비의 실천이 그들을 멀리하며 제사와 관련된 정결법을 지키는 것보다 더 중요하며, 이것이 구약 성경의 원리에 부합함을 알려 준다. 구약 성경에 부합하지 않는 쪽은 오히려 자비보다 제사법적 정결을 택한 바리새인들이었다.

'A가 아니라 B이다.'는 A보다 B가 더 중요함을 뜻하는 유대인들의 표현이다.[150] 그러므로 의인을 부르러 온 것이 아니라 죄인을 부르러 왔다는

---

149. Lane, 104에서 재인용.

150. 출 16:8; 호 6:6; 막 9:37; 아리스테아스의 편지 234(Sanders & Davies, 314; Hooker, 179; Stettler, 468. n.8). 이러한 표현법은 창 45:8; 렘 7:22-23; 요 12:44에

것은 의인보다는 죄인을 부르러 왔다는 뜻이다. 의인을 부르러 오지 않았다는 뜻이 아니다. 마찬가지로 호세아 6:6 말씀도 제사를 부정하고 자비만 긍정하는 말씀이 아니다. 이 말씀은 자비가 제사보다 더 중요하다는 말씀이다.

3. 해설

유대인들은 죄인이나 이방인과 식사를 하지 않았다(집회서 31:12-32:2; 희년서 22:16).[151] 쿰란 공동체는 이방인이 만진 음식은 먹지 않았고(4QMMT 6:11), 죄인들과 식탁 교제를 피했다.[152] 랍비 문헌은 정결법을 지키지 않는 자들과의 식사를 금하는 내용을 담고 있다.[153] 세리들은 세금을 걷는 직업상 이방인들과도 접촉하므로 제의적으로 정결하지 않다고 여겨졌기에,[154] 바리새인들은 그들과 식사하는 것을 회피했을 것이다. 바리새인들이 그들과 식사하는 것을 피한 주된 이유는 그들이 정결법을 어긴다고 보았기 때문이었을 것이다. 바리새인들은 정결법을 어기는 자들과 식사하면 식사 과정에서 정결법을 함께 어기게 될 수 있다고 우려하였을 것이다.

9. 금식에 관한 논쟁 (9:14-17)

예수께서는 유대인들의 전통을 존중하기보다 죄인들을 구하러 도래

서도 발견된다(France, 135).

151. 강대훈, 상, 642.

152. 1QS 5:2; 10:11; 14:18; CD 6:14-18(강대훈, 상, 642).

153. Evans, 1990: 97.

154. Boring, 81.

하는 하나님의 나라에 초점을 맞추시고 그 나라를 담을 새로운 전통을 창출하신다.

1. 번역

14 그때 요한의 제자들이 그에게 다가와서 말했다.
"무엇 때문에 우리와 바리새인들은 [열심히] 금식하는데
당신의 제자들은 금식하지 않습니까?"
15 예수께서 그들에게 말씀하셨다.
"결혼식 손님들은 신랑이 그들과 함께 있는 동안에는 슬퍼할 수 있겠소?
그들이 신랑을 빼앗기게 될 날들이 올 것이오.
그들은 그때 금식할 것이오.
16 아무도 새 옷 조각을 헌 옷에 붙이지 않소.
그 조각이 옷을 당겨서 찢어짐이 더 심하게 될 것이기 때문이오.
17 아무도 새 포도주를 헌 부대들에 담지 않소.
그렇지 않으면 부대들이 터져서 포도주가 쏟아지고 부대들도 버리오.
새 포도주는 새 부대들에 담소.
그래야 둘 다 보존되오."

2. 주해

14절 (요한의 제자들의 질문) 세례자 요한의 제자들이 와서 예수의 제자들이 금식하지 않는 이유를 묻는다. 여기서 언급된 금식은 구약 성경이 명하는 속죄일(레 16:31-34) 금식이나 국가적 재난에 선포되는 공공적 금식이 아니라 개인적 경건의 행위로서 행해지는 금식을 가리킨다 (Harrington, 128). 바리새인들은 매주 두 번(월요일, 목요일) 금식하였

다.[155] 디다케는 기독교인들은 이들과 구별되기 위해 수요일과 금요일에 금식해야 한다고 한다.[156] 이러한 금식은 율법이 명한 것이 아니라 자발적인 개인적 경건 행위였다.

금식을 통하여 죄를 속죄하는 사람을 의롭다고 하는 솔로몬의 시편(바리새인의 작품)에서 보듯이,[157] 바리새인들에게 금식은 속죄를 위한 회개 행위로서,[158] 민족의 죄의 속죄를 통해 이스라엘이 회복되도록 준비하는 행위였을 것이다.[159] 유대인들에게 금식은 이스라엘의 회복을 위한 본질적인 준비로 간주되었을 것이다.[160]

15절 (결혼 잔치 비유) 예수께서는 결혼 잔치에 손님들이 와서 금식하지 않는다고 비유를 사용하여 대답하신다. 예수의 제자들이 금식하지 않는 이유는 이스라엘을 회복하시는 메시아가 이미 오셨기 때문이다. 예수의 말씀은 신랑으로 비유된 메시아가 이미 오셨음을 암시한다. 이미 메시아가 오셔서 혼인 잔치가 벌어졌으므로 금식은 불필요하다(15절). 혼인 잔치는 이사야 62:5("신랑이 신부를 기뻐함 같이 네 하나님이 너를 기뻐하시리라.")을 배경으로 하면 하나님의 구원을 비유하는 것으로 이해할 수 있다. 이사야 62:5은 예루살렘의 구원을 약속하는 이사야 62:1에 이어지는 구절이기 때문이다.

구약 성경과 유대 문헌을 배경으로 하면, 예수의 비유 속에서 혼인 잔치는 메시아 시대를 가리키며, 신랑은 메시아를 가리킨다고 볼 수 있기에, 이 비유 속에서 신랑을 빼앗김은 예수께서 잡혀가시는 일을 암시한다(자

155. 디다케 8:1; Hagner, 1993: 243.
156. Harrington, 126.
157. Collins, 198.
158. Lane, 108.
159. Marcus, 2000: 236.
160. Evans, 1990: 96.

세한 설명은 아래 해설 참고).

금식이 불필요하다는 예수의 말씀은 초기 교회보다는 예수의 공생애 시기에 적합한 말씀이므로 금식을 열심히 했던 초기 교회가 만든 말씀이 아니라 예수의 실제 말씀이었다고 보아야 한다(Collins, 197).

예수께서는 제자들이 금식하게 될 때가 언제인지 암시하신다. 그때는 신랑으로 비유된 예수를 제자들이 빼앗길 때이다. 이 기간은 예수의 체포와 부활 사이의 기간이다(Stein, 185). 부활 후의 시대는 슬픈 금식보다는 기쁨으로 특징지어진다.[161] 그렇지만 예수의 승천 이후 재림 전까지 예수의 제자들은 박해를 당하므로 이 기간에도 금식이 필요할 수 있다(Maier, 315).

16절 (옷 조각 비유) 새 양털 옷은 빨면 수축하기에 새 양털 옷감을 헌 옷에 붙이고 이 옷을 빨면 새 옷 조각이 수축하여 옷을 찢는다. 이처럼 금식 전통을 비롯한 낡은 유대 전통은 새로운 시대에 부합하지 않는다.

17절 (포도주 부대 비유) 포도주가 발효할 때 생기는 가스의 압력을 견디면서 늘어난 포도주 부대에 새 포도주를 넣으면 더 이상 늘어날 수 없어서 터지게 된다.[162] 그래서 새 포도주는 낡은 부대에 넣어서는 안 된다. 낡은 부대로 비유된 유대 전통은 율법을 완성하는 메시아의 사역과 가르침에 부합하지 않는다. 그 이유는 유대 전통이 이미 구약 성경에 부합하지 않았기 때문일 것이다.

포도주는 구원의 시대의 상징으로 사용되어온 것이다(창 9:20; 49:11-12; 민 13:23-24; 참고. 요 2:1-11).[163] 새 부대는 메시아 시대에 맞는 새로운

161. 눅 24:41, 52; 행 8:8; 13:52(Stein, 185).

162. France, 141.

163. DA, 1991: 115. '새 포도주'에 관해서는 70인역 사 49:26; 11QTemple 19:14; 21:10; *m. Aboth* 4:20; *t. Pesahim* 10.1 참고(DA, 1991: 113).

전통을 가리킨다고 볼 수 있다.[164] 해그너는 새 포도주는 하나님 나라의 실체를 가리키며 새 부대는 예수의 가르침에 토대한 새 행동 방식으로서 율법에 대한 신실한 순종을 가리킨다고 주장한다.[165]

3. 해설

구약 성경(사 62:5; 참고. 계 19:7)과 유대 전통은 메시아 시대를 혼인잔치로 비유하여 묘사하기도 하였고, 메시아를 신랑으로 묘사하기도 하였다(*Pesiq. R.* 149a).[166] 그런데 마태복음 본문에 의하면, 구원의 시대는 이 혼인 잔치의 신랑에 해당하는 예수를 빼앗김을 통하여 도래할 것이다(15절). 유대인들의 결혼식에서는 신랑은 집에 남고 하객들이 떠나가므로, 신랑을 빼앗긴다는 표현은 독자의 관심을 불러일으킨다(Guelich, 112). '빼앗기다'(ἀπαρθῇ, '아빠르테')는 표현은 어간이 같은 이사야 53:8의 '에르테'(ἤρθη, 개역개정판의 '끌려갔으나'에 해당)를 연상시키며,[167] 죽음을 가리킨다고 이해될 수 있다.[168] 이사야 53:8(고난받는 종의 끌려감)의 경우처럼, 고난받는 종으로서의 메시아이신 예수는(마 3:17) 고난받고 죽임 당할 것이다. 이를 통하여 전혀 예상하지 못한 방식으로 구원의 시대가 도래할 것이다. 잘못된 (군사적) 메시아 사상과 (금식 등을 통한) 구원론은 다가오는 새 시대에 부합하지 않는다. 새 시대는 새로운 메시아 사상에 담겨야 한다.

---

164. 양용의, 2018: 202.

165. Hagner, 1993: 244.

166. DA, 1991: 110.

167. 두 동사의 기본형은 '아빠이로'(ἀπαίρω), '아이로'(αἴρω)인데, 서로 동일한 어간을 가진다.

168. Guelich, 112.

10. 혈루증 앓는 여인을 치유하시고 관리의 딸을 살리심 (9:18-26)

이 본문은 관리의 딸의 치유를 기록하는 18-19절, 23-26절 사이에 하혈하는 여인이 치유된 사건(20-22절)을 기록하여 담는 샌드위치 구조로 되어 있다. 이러한 구조는 이 두 사건에 공통점이 있음을 암시한다. 예수를 통해 정결이 전파되어 불결한 질병이 치유되고 부정한 시체가 살아난 사건들은 예수를 통한 정결의 전파력이 불결의 오염력보다 더 강함을 공통적으로 보여 준다.

예수께서는 혈루증을 치유하시고 죽은 소녀를 살리신다. 예수께서 부정한 질병에 걸린 여인과 죽은 시체에 접촉이 되었으나 예수께 부정이 전염되지 않고 부정한 병자와 시체가 치유되고 살아나 정결하게 되었다. 율법은 불결의 전염을 방지하고자 하는 소극적 기능을 하는 데 그쳤지만, 예수의 치유 능력은 불결을 없애고 정결을 전파하는 적극적인 구원의 기능을 한다.

1. 번역

18 그가 이것들을 그들에게 말씀하시고 있을 때에, 보라! 한 관리가 와서 그에게 절하며 말했다.

"저의 딸이 지금 죽었습니다.
그렇지만 오셔서 당신의 손을 그에게 얹어주십시오.
그렇게 하면 그가 살아날 것입니다."

19 예수께서 일어나서 제자들과 함께 그를 따라가셨다. 20 그런데 보라! 십
이 년 동안 하혈하는 여인이 다가와 뒤에서 그의 외투의 옷 술에 손을 대었
다. 21 왜냐하면 그녀는 마음속으로 말했기 때문이다.

"그분의 외투에 손을 대기만 해도 치유받을 거야."

22 그런데 예수께서는 돌아서서 그녀를 보고 말씀하셨다.

"힘내라! 딸아, 네 믿음이 너를 구원하였다."

그러자 그 여인이 그 시로부터 치유받았다. 23 예수께서 그 관리의 집에 들
어갔을 때 피리 부는 자들과 소란스러운 무리를 보고 24 말씀하셨다.

"비키시오. 소녀가 죽은 것이 아니라 자고 있소."

그러자 사람들이 그를 비웃고 또 비웃었다. 25 그는 무리를 내쫓으신 후에
들어가서 그녀의 손을 잡았다. 그러자 그 소녀가 살아났다. 26 이에 그 소
문이 그 땅 전역에 퍼져나갔다.

2. 주해

18-19절 (한 관리의 요청) 한 관리가 자신의 딸을 살려달라고 요청한다. '관리'는 회당을 관리하는 사람을 가리킨다고 볼 수도 있는데, 때로 회당장이 이 직책까지 겸할 수도 있었다.[169] 이 관리는 죽은 딸에게 손을 얹어달라고 요청한다. 이것은 일반적인 치유 행위에 기대되는 과정을 요구한 것이다.[170]

이 관리는 자신의 딸이 이미 죽었지만 예수께서 손을 얹으시면 살아날 것이라고 한다. 마가복음(5:23)에서는 한 회당장이 자신의 딸이 아직 죽지 않은 상태에서 치유를 구한 사건을 묘사한다. 마태복음에서는 한 관리가 예수께서 죽은 자도 살리실 수 있다고 믿고 고백한다. 이러한 묘사의 차이에도 불구하고 두 경우 모두 예수께서 죽은 소녀를 살리신 점은 동일하다.

20-21절 (혈루병 앓는 여인) 혈루병 앓는 여인이 몰래 예수의 옷 술을

169. DA, 1991: 125.

170. Hooker, 148.

만졌다(옷 술을 만짐의 의미에 관해서는 아래 해설 참고). 율법에 의하면 혈루병을 앓는 여인은 부정하며, 그가 손대는 것들은 모두 불결하게 된다(레 15:7, 19-24).[171] 이러한 여인은 격리되어 살아야 하므로 가족과 함께 살 수도 없었다(민 5:2). 따라서 이러한 여인이 예수의 옷에 손을 댄 것은 예수께 부정을 전염시키는 행위로 간주될 수 있었다.

22절 (여인이 치유됨) 예수께서 돌아보시며 누가 옷에 손을 대었느냐고 묻는 장면이 마가복음(5:30)에는 있으나 마태복음에는 없다. 예수께서 누가 손을 대었는지 아시지 못하였을 리 없다. 따라서 이러한 질문을 기록하는 것이 불필요할 수 있다. 물론 예수께서 그러한 질문을 하심은 자신에게 손을 댄 여인에게 치유를 선언하기 위한 자연스러운 과정이었을 것이다. 그러나 마태복음은 독자들이 예수의 질문을 예수의 무지로 오해하지 않도록 생략하였을 것이다.

레위기에 의하면 혈루증에 걸린 자에게 접촉된 것은 또한 불결해진다(레 15:7). 따라서 이 병을 앓는 여인이 예수의 옷에 손을 댄 것은 예수께 부정을 전염시키는 행위였다. 그러나 이러한 행위의 결과, 예수께서 부정해진 것이 아니라, 여인이 정결하게 되었다. 예수께서는 이러한 행위를 율법으로 정죄하시지 않고, 오히려 믿음 있는 행위로 진단하셨다. 예수께서는 그 여인을 이스라엘의 구성원으로 간주하여 '딸'이라고 부르시고[172] "안심하라."고 하시며,[173] "네 믿음이 너를 치유하였다."고 선언하신다. 여인의 믿음은 무엇이었는가? 예수의 능력에 의해 불결이 정결하게 된다고 믿은 믿음이다. 이 믿음은 예수의 옷에 손을 댄 행함으로 표현되었다. 율

171. Evans, 1990: 138.

172. Evans, 1990: 138.

173. 이 표현은 구약 성경에서 하나님께서 이스라엘 백성을 격려하실 때 사용하신 것이다(사 41:4, 13 등)(이석호, 283).

법은 불결의 전염을 막는 정도의 역할을 하지만 여인의 믿음은 불결을 사라지게 하는 예수의 능력과 관련된다. 율법이 할 수 없는 것을 예수께서 하시며 믿음은 율법이 줄 수 없는 것을 체험하게 한다.

그러나 죄와 불결의 전염을 막는 율법의 소극적 기능은 여전히 유효하다. 믿음은 죄와 불결을 없애고 선을 행하게 하는 적극적 기능을 하는 성령을 받으므로 율법의 목표를 초과 달성하는 것이지 율법이 지향하는 목표를 폐지하는 것이 아니다. 율법과 믿음은 동일한 목표를 향하여 가는데 믿음이 훨씬 멀리 갈 뿐이다. 정결을 전파하신 예수는 정결을 보존하고자 하는 율법의 목표를 초과하여 달성하신다.

혈루병 앓던 여인은 '그 시로부터'(개역개정판, '그 즉시') 치유되었다. '그 시'(직역하면 '저 시')는 예수께서 "네 믿음이 너를 구원하였다."고 말씀하신 때를 가리킨다.[174]

23-24절 (피리 부는 자) 관리의 집에는 피리 부는 자들이 있었다. 초상집에 피리 부는 자가 있는 것은 유대인들의 관습이다.[175]

25절 (죽은 소녀를 살리신 예수) 예수께서는 죽은 소녀의 손을 잡으셨고 소녀는 살아났다. 시체에 손을 대는 것은 율법이 피하도록 하는 행위였다(민 19:11-13). 그러나 예수께서는 시체 부정을 타지 않으셨고 오히려 시체가 생체가 되어 소생했다. 겉보기에는 율법을 무시하는 듯한 행위가 실제로는 불결의 전염을 방지하는 율법의 의도가 정결의 전파를 통해 초과 달성되는 행위였다. 이것은 하혈하는 병에 걸린 여인이 치유된 경우와 유사하고, 십자가에 못 박힌 예수의 경우와도 유사하다. 율법(신 21:23)은 나무에 달린 자는 하나님의 저주를 받은 자라고 선언하는데, 겉보기에는 저주에 해당하는 십자가 처형이 오히려 율법이 목표로 하는 죄 사함을 성취하

174. DA, 1991: 130.
175. Harrington, 134.

였다.[176]

26절 (예수의 소문) 예수의 소문이 온 땅에 퍼졌다. "그 소문이 그 온 땅에 퍼지더라."는 마가복음에는 없다. 이 소문을 낸 사람들은 초상집에 있었던 사람들이었다고 볼 수 있다.

마가복음(5:43)과는 달리 죽은 소녀를 살린 사건을 알리지 말라는 금지 명령이 마태복음에는 없다. 왜 이러한 명령이 빠졌을까? 메시아 비밀이 마태복음에서는 상대적으로 덜 중요한 주제이기 때문일 수 있다. 이것은 예수께서 군사적 메시아가 아니라는 변증이 상대적으로 덜 필요한 상황(또는 관점)에서 마태복음이 기록되었음을 암시한다.

3. 해설

마태복음 9:20에서 개역개정판은 혈루증 앓는 여인이 '겉옷 가'를 만졌다고 한다. '겉옷 가'라고 번역된 헬라어 단어(κράσπεδον)는 옷 모퉁이에 다는 옷 술을 가리킨다(민 15:38-39; 신 22:12).[177] 이 옷 술은 율법이 명령한 복장이며 율법을 잘 지켜야 함을 명심하게 하는 복장이므로 예수께서 입은 옷에 옷 술이 있었음은 예수께서 율법을 잘 지키는 분이셨음을 알려 준다. 구약 성경과 중동 전통 속에서 옷자락을 잡는 것은 애타는 간청에 해당한다.[178] 그런데 이 여인은 몰래 그렇게 했으므로 간청의 의미가 있었다고 볼 수는 없다. 탈무드(*b. Taanith* 23b)에 의하면 유대인들은 거룩한 자의 옷 술에 능력이 있다고 생각했다.[179] 이 여인의 행동도 그러한

176. 신현우, 2021: 327-28.
177. Stein, 261.
178. Keener, 2009: 303.
179. Evans, 1990: 138.

생각에서 나온 행동이었을 것이다. 그녀는 예수의 겉옷만 만져도 치유되리라 확신했다(21절). 그러므로 이 여인은 예수를 거룩한 자라고 믿었다고 볼 수 있다. 그녀는 아마 예수께서 메시아이심을 확신했을 것이다.

11. 맹인들의 눈을 뜨게 하심 (9:27-31)

1. 번역

27 그들이 거기서부터 나와서 지나갈 때, 두 맹인이 예수를 따라오며 소리치며 말했다.

"우리를 불쌍히 여겨 주소서! 다윗의 자손이여!"

28 집에 들어가셨을 때, 그 맹인들이 그에게 다가왔다. 그러자 예수께서 그들에게 말씀하셨다.

"내가 이것을 행할 수 있다고 믿는가?"

그들이 그에게 말했다.

"예, 주님!"

29 그때 그가 그들의 눈을 만지시며 말씀하셨다.

"너희 믿음대로 너희에게 이루어져라."

30 그러자 그들의 눈이 열렸다. 이에 예수께서 엄하게 경고하셨다.

"조심해라. 아무도 알지 못하게 해라."

31 그러나 그들은 나가서 그 땅 전역에 그에 관하여 소문을 내었다.

2. 주해

27절 (두 맹인) 두 맹인이 예수께 긍휼을 요청했다. 시각 장애는 유대인들에게 하나님의 심판으로 간주되었던 것이었다(자세한 설명은 아래 해설 참고). 그러나 이 맹인들은 예수께서 이러한 심판을 사라지게 할 수 있음을 믿고 요청했다.

맹인들은 예수를 '다윗의 자손'이라고 부른다. '다윗의 자손'은 메시아를 가리키는 용어이다(마 22:42; 솔로몬의 시편 17:21).[180] 마태복음은 두 명의 소경이 베드로보다 먼저 메시아 신앙을 고백한 것으로 소개한다.[181] 예수를 다윗의 자손 즉 메시아라고 부르고 시각 장애의 치유를 구한 것은(마 20:33에도 그러함) 메시아가 소경을 치유할 수 있다는 믿음이 있었기 때문이다. 이러한 믿음은 소경 치유를 메시아 표적으로 여긴 것(마 11:5)과 관련된다. 다윗의 자손이 치유를 행할 것이라는 개념은 구약 성경과 제2성전기 유대 문헌에서 발견되지는 않지만, 에스겔 34:23-24은 다윗을 하나님의 종이라 하고, 하나님의 종은 이사야 53장에서 치유와 관련되므로,[182] 다윗의 자손에게 치유를 기대할 수 있었다.

'다윗의 자손'을 유대인들이 치유자로 간주하게 된 솔로몬과 연관시키는 해석도 있다.[183] 마태복음에서 '다윗의 자손'이 마태복음 22:35-37 외에는 모두 치유 맥락에서 등장함은 이러한 해석을 지원한다(DA, 1991: 136). 그러나 이러한 해석을 받아들이더라도, 본문에서 맹인들이 '다윗의 자손'을 메시아 칭호로 사용하였을 가능성을 배제할 수 없다.

28-29절 (믿음을 확인하신 예수) 예수께서는 맹인들에게 예수의 치유 능력을 믿느냐고 질문하신다. 믿음을 확인하고 고치시는 모습은 예수께서 마술사와 다름을 보여 준다(Keener, 2009: 306).

---

180. Hagner, 1993: 253; 정훈택, 123.
181. Keener, 2009: 306.
182. 강대훈, 상, 665.
183. DA, 1991: 136.

30절 (맹인 치유를 비밀에 부치신 예수) 예수께서는 치유하시고 "삼가 아무에게도 알리지 말라."고 당부하신다. 이러한 분부는 메시아 비밀과 관련된다. 맹인 치유는 이사야 35:5의 성취로 볼 수 있다.[184] 이것은 메시아 표증이기 때문에(마 11:5) 예수께서는 이를 숨기고자 하셨을 것이다. 이러한 표증이 드러나면 사람들은 예수를 그들의 메시아 기대에 따라 군사적 메시아로 오해하게 될 것이다. 예수께서는 이러한 오해를 막기 위하여 메시아 표증을 숨기고자 하셨을 것이다.[185]

31절 (예수의 소문) 예수께서는 맹인 치유를 아무에게도 알리지 말도록 분부하셨으나, 치유된 자들은 이 분부를 따르지 않고 온 땅에 소문을 퍼뜨렸다. 마태복음에서 메시아 비밀은 예수의 치유 이야기가 왜 알려져 있지 않았는가에 대한 변증이 아님이 분명하다. 만일 그러한 변증을 위해서였다면 치유에 관한 소문이 널리 퍼졌다는 언급을 하지 않았을 것이다.

3. 해설

유대인들에게 시각 장애는 하나님의 심판으로 간주되었다.[186] 이것은 열왕기하 6:18; 마태복음 12:22; 사도행전 13:11; 아리스테아스의 편지 316; 바벨론 탈무드(*b. Hagigah* 16a, *b. Shabbath* 108b-109a)에서도 확인된다.[187] 레위기 21:20은 맹인을 제사장 사역으로부터 배제하며, 쿰란 문헌(11QTemple 45:12-14)은 맹인은 그들이 거주하는 곳을 부정하게 한다는

184. 참고. 사 29:18; 42:7, 16; *Mek.* on Exodus 20:18, *Gen. Rab.* on 46:28; *Midr. Ps.* on 146:8(DA, 1991: 135).
185. 정훈택, 124.
186. 창 19:11; 출 4:11; 신 28:28 이하; 참고. 요 9:2(Hagner, 1993: 253).
187. DA, 1991: 135.

사유로 예루살렘에 들어가지 못하도록 한다(DA, 1991: 135). 그러므로 맹인 치유는 단순한 신체적 장애의 치유가 아니라 사회적 회복이었고, 하나님의 심판으로부터 구원받는 영적 회복의 의미를 가질 수 있었다.

12. 말 못하는 사람을 고치심 (9:32-34)

1. 번역

32 그들이 밖으로 나갔을 때, 보라, 귀신 들린 농아 한 사람이 그에게 절했다. 33 귀신이 쫓겨난 후에 그 농아가 말하기 시작했다. 무리들이 놀라 말하였다.

"이스라엘에서 한 번도 이런 것을 본 적이 없어."

34 그러나 바리새인들은 주장하고 또 주장하였다.

"그는 귀신들의 두목의 힘으로 귀신들을 쫓아내는 거여."

2. 주해

32절 (말 못하는 자를 예수께 데려옴) 사람들이 말 못하는 자를 예수께 데려왔다. 헬라어 '꼬포스'(κωφός)는 말을 못하는 자나 듣지 못하는 자를 가리키는데, 문맥상(33절) 말 못하는 자를 가리킨다고 볼 수 있다.[188] 원격 문맥(마 11:5)을 고려하면 말을 못할 뿐 아니라 듣지도 못하는 자를 가리킬 수도 있다.[189] 이 사람이 말을 못하는 이유는 귀신 때문이었다. 듣지 못하고 말하지 못하는 현상이 귀신으로 인해 발생한 것은 유대인들의 문헌

188. Hagner, 1993: 257.
189. DA, 1991: 139.

(솔로몬의 유언 12:2)에서도 발견된다.[190]

33절 (치유) 예수께서는 귀신을 쫓아내시면서 이 사람을 치유하신다. 축귀는 메시아 표증의 하나로 간주될 수 있다. 스가랴 13:2은 종말에 더러운 영이 축출될 것을 예언한다. 이 구절에서 축귀가 발생하는 때로서의 '그 날'은 예루살렘을 침공하는 모든 민족들을 하나님께서 멸하시는 날이다(슥 12:9). 이러한 배경을 통해서 예수의 사역으로 축귀가 발생하는 것은 구원의 시대가 도래하고 있음을 알려 준다. 유대인들의 문헌(*Pesiq. R.* 36:1)에 의하면 이러한 종말론적 축귀를 행하실 분은 메시아이다.[191] 당시 유대인들도 그렇게 생각하고 있었다면 그들에게 축귀는 예수가 메시아이심의 표증 중 하나로 간주될 수 있었다.

말 못하는 자가 말함은 이사야 35:5에 나타난 "그때"(즉 하나님께서 구원하시는 때)가 도래하였다는 것을 암시한다. 이사야 35:6은 구원의 때에 말 못하는 자가 말할 것이라고 한다. "그때에 저는 자는 사슴 같이 뛸 것이며 말 못하는 자의 혀는 노래하리니 이는 광야에서 물이 솟겠고 사막에서 시내가 흐를 것임이라"(사 35:6). 그러므로 말 못하는 자가 말하는 것은 메시아 표증으로 볼 수 있다. 축귀로 인해 말을 하게 된 현상은 귀신들림이 육체적 영역에까지 영향을 미칠 수 있음을 알려 준다.[192]

34절 (바리새인들의 왜곡적 해석) 바리새인들은 예수의 축귀 사역을 비판하고자 예수께서 귀신들의 왕의 힘을 의지하여 귀신들을 쫓아낸다고 주장한다. 마태복음 12:24도 바리새인들이 그러한 견해를 가졌음을 언급한다.[193] 갈릴리에서는 1세기는 물론 2세기에도 바리새인들의 리더십을 부

190. 강대훈, 상, 670.

191. Marcus, 2000: 193.

192. 양용의, 2018: 208.

193. 마가복음(3:22)에서는 그러한 견해를 가진 집단이 '예루살렘에서 내려온 서기관들'

정한 듯하다(Keener, 2009: 146). 바리새인들은 주로 성전이 있는 예루살렘 중심으로 활동하였던 듯하다.[194] 따라서 예루살렘과 연관 지음 없이 바리새인들을 언급하는 마태복음의 기록은 성전 파괴 후의 상황을 반영한다고 볼 수 있다. 예루살렘이 파괴된 후에는 마가복음 3:22에서와 같은 '예루살렘에서 내려온 서기관들'이라는 표현이 무의미하였을 것이다. 바리새인들이 예수를 비판하는 등장 인물로 소개되는 기록 또한 바리새인들을 주된 논적으로 한 마태복음의 청중들의 상황을 반영하는 듯하다.

3. 해설

바리새인들은 예수께서 축귀를 행하신 사실을 부정할 수 없었다. 인정할 수밖에 없는 사실을 무력화시키고자 했기에 그들은 발생한 사실을 그들의 관점에서 해석했을 것이다. 그것은 예수의 축귀 현상은 귀신들의 왕(마귀)을 통해서 발생한다는 해석이었다. 이러한 해석은 잘 따져보면 증거도 없으며, 그 자체로 말이 안 되는 내용이다. 귀신들의 왕 마귀가 왜 자신의 수하에 있는 귀신들을 쫓아내겠는가? 마귀가 그렇게 어리석은가? 그러나 바리새인들은 이처럼 말도 안 되는 내용을 주장한다. 그들이 의지할 수 있는 것은 그들이 가진 영향력이었다. 말이 안 되는 내용이라도 영향력 있는 자들이 주장하면 파급 효과가 있다. 예수께서 행하신 역사적 사실을 그들은 허황된 말로 무효화시키고자 하였다. 그러나 사람들을 잠시 속일 수는 있어도 영원히 속일 수는 없다. 사실의 힘은 말의 힘보다 강하다.

이다.

194. Keener, 2009: 146.

13. 맺음말 (9:35-38)

예수께서는 복음 선포와 치유 사역을 열심히 하시고 제자들에게 일꾼이 부족함을 지적하신다. 그리하여 세워진 일꾼 중에 예수의 열두 제자들이 있다. 그들은 이제 곧 예수께서 하신 사역에 참여할 일꾼으로 세워지고 파송 받게 될 것이다.

1. 번역

35 예수께서 모든 도시들과 마을들에 계속하여 돌아다니셨다. 그는 그들의 회당들에서 가르치며 그 나라의 복음을 선포하며 모든 질병과 아픔을 치유하셨다. **36** 그는 무리들을 보고 그들을 불쌍히 여기셨다. 왜냐하면 그들이 목자 없는 양들처럼 고생하며 내버려져 있었기 때문이었다. **37** 그때 그가 그의 제자들에게 말씀하셨다.

"추수할 곡식은 많은데, 일꾼이 적구나.
38 그러니 추수 주인에게 요청하여
그의 추수를 위하여 일꾼들을 보내달라고 하거라."

2. 주해

35-36절 (예수의 사역) 예수께서는 무리를 목자 없는 양처럼 고생한다고 보고 불쌍히 여기셨다. '목자 없는 양'은 구약 성경에서는 모세를 잃은 이스라엘 백성을 가리키는 표현이다(민 27:17).[195] "모세가 여호와께 여짜와 이르되 여호와, 모든 육체의 생명의 하나님이시여 원하건대 한 사람을

195. France, 265.

이 회중 위에 세워서 그로 그들 앞에 출입하며 그들을 인도하여 출입하게 하사 여호와의 회중이 목자 없는 양과 같이 되지 않게 하옵소서"(민 27:15-17). 모세는 본래 목자였었기에,[196] 목자 없는 양은 모세와 같은 지도자를 잃은 백성을 가리킬 수 있었다. '목자 없는 양'은 역대기하 18:16에서도 지도자 없는 백성을 가리킨다.[197] 에스겔 34:5은 바벨론 포로 가운데 있는 유대인들을 묘사하기 위해 이러한 표현을 쓴다(Harrington, 137). 그러므로 본문에서 '목자 없는 양'은 유대인들이 포로기에 있으며 새 출애굽이 필요함을 암시한다. 따라서 '목자 없는 양'이란 표현이 마태복음 본문에 사용된 것은 예수께서 새 출애굽을 행하시는 새 모세이심을 알려 준다.

'목자'는 구약과 유대교에서 메시아적 함축을 가진다.[198] 따라서 이 용어가 마태복음에서 예수와 관련하여 사용된 것은 예수께서 메시아이심을 암시한다.

37절 (일꾼이 부족함) 예수께서는 추수할 것이 많다고 말씀하신다. '추수'는 유대 묵시 문헌에서 특히 하나님의 심판을 가리킨다(DA, 1991: 148-49). '추수'는 마태복음 13:30에서도 심판을 가리킨다. 마태복음 13:39에서 '추수'는 '시대의 종말'(συντέλεια αἰῶνος)을 가리킨다고 명확하게 정의한다.[199] 이사야 27:12-13은 종말에 이스라엘이 모임을 추수 이미지로 묘사한다.[200] 그러므로 본문에서 추수는 한 시대가 종말을 고하고 새

---

196. 출 3:1; 참고. *Ant.* 2.263-4; 필로, *Vit. Mos.* 1.60-6; *LAB* 19.3, 9(DA, 1991: 148).

197. Hagner, 1993: 260.

198. 렘 3:15; 23:4; 겔 34:23-4; 37:24; 솔로몬의 시편 17:40; *Midr. Ps.* on Psalm 29:1(DA, 1991: 148).

199. 이러한 언어는 사 24:13; 27:12; 욜 3:13; 바룩2서 70:2; 에스라4서 4:39에 기초한다(Harrington, 136).

200. 강대훈, 상, 680.

시대가 동이 트는 시기에 발생하는 새 출애굽과 이스라엘의 회복을 가리킨다고 볼 수 있다.

38절 (일꾼의 필요성) 예수께서는 추수를 위해 일할 일꾼들이 필요하다고 말씀하신다. 유대 묵시 문헌에서 추수하는 역할은 하나님과 천사들이 한다.[201] 본문에서는 추수를 위해 보내지는 일꾼이 누구를 가리킬까? 예수의 사역에 동참할 제자들일까? 하늘 천사들일까? 아마도 전자일 것이다. 이어지는 10장에서 열두 제자를 세우며 이들을 파송하는 기사가 나오기 때문이다. 10:10에 나오는 '일꾼'이라는 단어는 이러한 추측을 지지한다.[202] 한편, 일꾼을 보내는 '주인'은 10:5에 의하면 예수이다.[203]

3. 해설

예수께서는 당시가 추수 때라고 보셨다. 즉 한 시대가 막을 내리고 새로운 시대(하나님의 나라)가 곧 시작되는 종말의 시기라고 보셨다. 이 시기에 일꾼들이 필요하다고 하셨다. 이 일꾼으로 부름 받고 보냄을 받은 자들은 사도들이다. 그들은 새 시대의 일꾼으로 세움 받았고 그 일을 충실히 감당했다.

예수께서 재림하실 때 다시 추수를 행하실 것이다. 이때 사용하실 일꾼은 천사들이다. 마태복음 13:39은 "추수꾼은 천사들"이라고 명확히 알린다. 천사들이 추수하는 모습의 일면이 요한계시록에서 묘사된다. "천사

201. 사 18:4; 27:12; 렘 51:53; 호 6:11; 욜 3:13; 마 3:12; 13:30, 39; 막 4:26-9; 13:27; 계 14:14-20; 에스라4서 4:26-37; 9:17; 바룩2서 70:1-2; *b. Baba Metzia* 83b; *Midr. Ps.* on Psalm 8:1(DA, 1991: 149).

202. Keener, 2009: 309.

203. Keener, 2009: 309.

가 낫을 땅에 휘둘러 땅의 포도를 거두어 하나님의 진노의 큰 포도주 틀에 던지매 성 밖에서 그 틀이 밟히니 틀에서 피가 나서 말 굴레에까지 닿았고 천육백 스다디온에 퍼졌더라"(계 14:19-20).

제4장
마태복음 10:1-11:1
예수의 가르침 2: 열두 제자 파송에 관련된 가르침

일꾼의 필요성을 지적하신 예수께서(9:37-38) 이제 일꾼을 세우신다(김상훈, 123). 10:1-11:1은 다음처럼 구조 분석할 수 있다(김상훈, 125 참고).

A(10:1)	예수께서 열두 제자를 부르심
B(10:2-4)	열두 제자
C(10:5-10)	열두 제자의 사역 방식
D(10:11-42)	사역에의 반응과 제자의 길
A′(11:1)	예수께서 사역을 위해 떠나심

이들 중에서 10:11-42에서는 다음처럼 교차평행 구조가 발견된다(김상훈, 125).

A(10:11-15) 제자들에 대한 영접과 거절

B(10:16-23) 핍박의 예고

C(10:24-31) 두려워 말라.

C′(10:32-33) 예수를 시인하라.

B′(10:34-39) 예수를 더 사랑하라.

A′(10:40-42) 제자 영접의 상

1. 번역과 주해

1. 열두 제자를 세우시고 권능을 주심 (10:1-4)

10:1 그의 열두 제자를 부르시고 그들에게 더러운 영들을 내쫓고 모든 질병
과 아픔을 치유하는 권세를 주셨다. 2 열두 사도의 이름은 이러하다.
우선 베드로라 불리는 시몬, 그의 형제 안드레,
세베대의 아들 야고보와 그의 형제 요한,
3 필립과 바돌로매,
토마스와 세리 마태,
알패오의 아들 야고보, 다대오,
4 열혈당 시몬, 예수를 배반한 그리욧 사람 유다.

1절 (열두 제자에게 축귀와 치유의 권능을 주심) 예수께서 열두 제자를 부르셨다. 하필 열둘인 이유는 12라는 숫자가 가진 상징적 의미와 관련이 있을 것이다. 마태복음 19:28 통해서 12가 이스라엘 12 지파와 관련되며 12

사도를 세우신 것은 이스라엘의 회복을 염두에 두신 것임을 알 수 있다.[1] 예수의 부활을 목격한 사도의 수가 11명인 상황에서도 그들을 열두 제자라고 부른 것(고전 15:5)은 이 숫자가 (이스라엘을) 대표하는 상징적 의미를 가짐을 알려 준다(Keener, 2009: 310). 유다가 자살하여 죽은 후 그 자리를 채워 12명을 유지한 것도(행 1:26) 12라는 수가 유의미함을 보여 준다. 쿰란 공동체는 12명의 리더를 세웠는데 이것은 자기들을 이스라엘의 참된 남은 자로 간주하는 사상과 일치한다.[2] 유대 문헌들(아브라함의 유언 13:6; 유다의 유언 25:1-2; 베냐민의 유언 10:7)은 열둘을 종말론적 역할과 연관시킨다.[3] 마태복음 19:28은 열두 제자가 하나님의 백성의 참된 남은 자들의 지도자임을 알려 준다.[4] 이러한 배경과 문맥을 통해서 볼 때, 열두 사도는 새 이스라엘을 대표하는 자들로서 세워졌다고 할 수 있다. 북조 이스라엘이 망한 후 두 지파 반만 남았기에 유대인들은 열두 지파의 회복을 소망하였다.[5] 예수께서 열두 족장을 연상시키는 열두 사도를 세우심은 이러한 기대와 관련하여 이해될 수 있을 것이다.

예수께서 열두 제자에게 축귀와 치유의 권능을 주셨다. 즉 예수께서 하신 사역을 그들도 할 수 있도록 위임하셨다. 이것은 사역을 더욱 효과적으로 할 수 있도록 함이다. 예수께서는 혼자 사역하지 않으시고 제자를 세우시고 그들이 사역하도록 위임하셨다. 예수께서 그렇게 하셨다면 우리는 더더구나 그렇게 하여야 한다. 귀신을 쫓아내는 것은 메시아 시대의 특징으로 여겨졌다.[6] 이러한 축귀의 권능을 제자들에게 주신 예수는 메시

1. Harrington, 138.
2. 1QS 8:1-2(Keener, 2009: 310).
3. 강대훈, 상, 684.
4. Keener, 2009: 310.
5. Witherington, 151.
6. 슥 13:2; 시므온의 유언 6:6; 스불론의 유언 9:8; 레위의 유언 18:12(Edwards, 114 참

아일 수밖에 없다.

2-4절 (열두 사도 명단) 열두 사도의 명단이 제시된다. '사도'라는 단어는 마태복음에서 오직 이곳에서만 등장한다.[7] 고린도후서 8:23와 빌립보서 2:25은 '사도'가 거의 전문용어처럼 사용되고 있음을 보여 준다(DA, 1991: 154). 그런데 '사도'는 본래 '전령'(ἄγγελος, '앙겔로스')의 경우처럼 소식을 전하는 자를 가리킨다(요 13:16; 고후 8:23; 빌 2:25; 히 3:1).[8] '사도'는 랍비 문헌의 '보냄 받은 자'(שליח)에 해당하며 보낸 자와 동등한 권위를 가진 자로 간주된다(*m. Berakoth* 5:5).[9] 그러므로 예수의 사도들은 예수와 동등한 권위를 가진다. 또한 하나님의 보냄을 받은 예수는(요 20:21) 하나님과 동등한 권위를 가진다. 사도성(사도적 저작 또는 사도들의 동역자/제자의 저작인 특성)을 가진 신약 성경의 신적 권위는 이러한 보냄의 원리에 토대한다. 사도적 권위를 가진 신약 성경은 예수의 권위를 가지며 나아가 예수를 보내신 하나님의 권위를 가진다.

마태복음의 열두 제자 목록은 마가의 목록(3:16-19)과 동일하다. 그런데 누가복음의 목록(6:14-16)과는 다대오와 관련하여 차이가 난다. 이 목록에서 보면 다대오는 야고보의 아들 유다임을 알 수 있다. 이 유다는 가룟 유다의 배신 이후 그리스도인들 사이에 유다라는 이름이 가지게 된 나쁜 이미지를 피하고자[10] 또한 선교지에서 활동하기 편리하도록 그의 다른 헬라어식 이름인 다대오를 주로 사용하게 되었을 것이다.

고).

7. 양용의, 2018: 214.
8. DA, 1991: 153.
9. DA, 1991: 154.
10. Stein, 194.

마태의 목록	마가의 목록(3:16-19)	누가의 목록(6:14-16)
베드로	베드로	베드로
안드레	안드레	안드레
야고보	야고보	야고보
요한	요한	요한
필립(빌립)	필립	필립
바돌로매	바돌로매	바돌로매
토마스(도마)	토마스	토마스
마태	마태	마태
야고보(알패오의 아들)	야고보(알패오의 아들)	야고보(알패오의 아들)
다대오	다대오	유다(야고보의 아들)
시몬(열심당)	시몬(열심당)	시몬(열심당)
유다(가룟)	유다(가룟)	유다(가룟)

예수의 제자들은 중간 계층으로서 어떤 유대교 분파나 사회적 엘리트층에 속하지 않는 사람들이었다.[11] 열심자(율법에 열심이 있는 자) 시몬이 그가 싫어할 만한 직업을 가진 세리 마태와 함께 부름 받은 것은 주목할 만하다.

사도 명단은 베드로부터 시작한다. 유다가 가장 끝에 언급된 반면 베드로는 가장 먼저 언급된다. 이 명단은 베드로를 '첫째인'(πρῶτος)이라는 말로 수식한다. 이 단어는 사도들 가운데 으뜸인 베드로의 지위를 암시한다.[12]

시몬은 헬라어 이름이면서 히브리어 이름 시므온과 유사해서 당시에

11. Keener, 2009: 311.
12. DA, 1991: 154.

유대인들에게 가장 인기 있는 이름이었기에, 별명을 붙여 서로 구별할 필요가 있었을 것이다.[13] 구약 성경과 유대 문헌에서 별명 붙임은 종종 약속이나 임무 부여와 관련되므로,[14] '베드로'(Πέτρος, '뻬뜨로스,' 바위)라는 이름은 그를 필두로 하는 사도들의 임무를 암시한다. 이사야 51:1-2에서는 이스라엘이 반석으로 비유된 아브라함에서 떼어낸 것(즉 바위)이므로, 베드로(바위)라는 이름은 (새) 이스라엘의 대표라는 뜻을 가질 수 있다.[15]

필립(빌립)은 벳새다 출신이며(요 1:44), 그의 이름은 헬라어이고, 그는 헬라인들을 예수께 데려오기도 하였으므로(요 12:20 이하), 아마도 헬라어를 말할 수 있었을 것이다(Maier, 339). 그는 소아시아에서 살았고, 히에라폴리스에 묻혔다고 한다(Maier, 340).

'바돌로매'(Βαρθολομαῖος, '바르톨로마이오스')는 탈마이(Talmai)의 아들이란 뜻이며, '마태'(Μαθθαῖος)는 헬라식 이름이 아니라, 셈어식 이름이고, '토마스'(Θωμᾶς)는 쌍둥이라는 뜻이다(Lane, 135). 그는 페르시아에서 사역했다고 한다.[16] '다대오'(Θαδδαῖος)는 '테오도또스'(Θεόδοτος, 하나님께서 주신 자)에 해당하는 이름인 듯하다.[17] 그는 유프라테스강 건너편에 있는 에데사에서 사역했다고 한다(Maier, 341).

'가나나인'(Καναναῖος)이란 단어는 아람어 '카느안'(קנאן)의 음역이므로 열심자(ζηλωτής, '젤로떼스')를 가리킨다.[18] 그런데 이 단어는 예수 당시까지도 "열심당원"을 가리키는 전문용어로 쓰인 적이 없다(Hooker, 113). 이 용어가 반로마 무장 투쟁자를 가리키게 된 것은 AD 50년대부터

13. 강대훈, 상, 686.
14. Lane, 134.
15. 신현우, 2021: 264-65.
16. Maier, 341.
17. Marshall, 240.
18. Hooker, 112.

였다.[19] 그러나 마태복음은 50년대 이후에 기록되었으므로, 마태는 이 단어를 통하여 시몬이 반로마 무장 투쟁을 하려는 사람이었음을 표현했을 수 있다. 시몬은 이스라엘을 위한 열심이 지극한 민족주의자로서 반로마 주의자였을 것이다.

'가룟'('Ἰσκαριώτης)은 "케리요트(그리욧) 사람"을 뜻하는 '이쉬 케리요트'(איש קריות)의 음역으로 볼 수 있는데 그리욧은 여호수아 15:25에 등장하는 유다 지파의 지역으로서 헤브론에서 약 12마일(19km) 남쪽에 위치하는 지역일 수 있다(Hagner, 1993: 266). 또는 사해 동쪽 약 20마일(32km) 지점(렘 48:24; 암 2:2, 모압 땅의 "그리욧")일 수도 있다.[20] 가룟 유다의 아버지는 '시몬 가룟'이므로(요 6:71) '가룟'은 가족 이름일 수도 있다.[21] 그러나 이 경우도 그 가족의 출신 지역을 가족 이름으로 사용한 것으로 볼 수 있다.

가룟 유다는 예수를 넘겨준 자이다. '넘겨주다'(παραδίδωμι) 동사는 70인역 이사야 53:6, 12에서 넘겨진 자의 죽음과 연관되어 사용되므로 예수의 죽음을 암시한다(Collins, 224).

2. 열두 제자 파송: 대상 (10:5-6)

5 이 열둘을 파송하시며 예수께서 그들에게 다음처럼 명하셨다.

"이방인들의 길로 가지 말고 사마리아인들의 도시로 들어가지 마라.

6 차라리 이스라엘 집의 잃어버린 양들에게로 가라.

---

19. Osborne, 57.
20. Edwards, 116.
21. Strauss, 162.

5절 (열두 제자를 파송하심) 예수께서 열둘을 보내셨다. 이 구절에서 사용된 '보내다'(ἀποστέλλω, '아뽀스뗄로')는 파송을 뜻하는 전문용어이다.[22]

예수께서는 열두 제자들에게 '이방인들의 길로' 가지 말라고 하신다. '이방인들의 길로'는 "이방 지역으로"를 뜻하는 셈어적 표현이다.[23] 이방인들의 길로 가지 말라는 명령은 팔레스타인에 있는 (이방인들이 사는) 헬라 도시로 가지 말라는 지시를 담은 것으로 볼 수 있다.[24]

예수께서는 열두 사도들에게 '사마리아인들의 도시'로도 가지 말라고 하신다. 이 '사마리아인들의 도시'는 "사마리아인들의 지역"을 가리키는 아람어적 표현이다.[25] 사마리아인들은 그리심산에 성전을 세웠고 이것을 유대인들의 하스몬(Hasmonean) 왕조의 요한 히르카누스(John Hyrcanus)가 BC 128년에 파괴하여 사마리아인들은 유대인들을 미워하게 되었다.[26] 본문에서 사마리아인들은 이스라엘의 집과 대조되어 이방인처럼 간주된다.

6절 (선교 대상) 열두 사도의 사역 대상은 이스라엘 집의 잃은 양들이다. '이스라엘 집의 잃어버린 양'에서 '이스라엘 집의'(οἴκου Ἰσραήλ)는 부분을 나타내는 소유격이 아니라 '잃어버린 양'을 설명하는 설명적(또는 동격적인) 소유격으로 볼 수도 있다(Hagner, 1993: 270). 그렇다면 이 표현은 "잃어버린 양 즉 이스라엘 집"이라는 뜻이다. 이사야 53:6; 예레미야 50:6; 에스겔 34장에서 모든 이스라엘 백성은 잃어버린 양으로 간주된

22. Collins, 297.
23. Hagner, 1993: 270.
24. Keener, 2009: 315.
25. Hagner, 1993: 270.
26. DA, 1991: 166.

다.[27]

예수께서는 제자들을 사마리아나 이방 지역으로 파송하지 않고 이스라엘의 잃어버린 양들에게 파송하셨다. 잃어버린 양이란 9:36의 "목자 없는 양"을 가리킨다고 볼 수 있다. 예수께서는 이들을 불쌍히 여기셨으며(9:36), 이들을 위해 일꾼이 필요하다고 말씀하셨다(9:38). 그래서 열두 제자를 파송하실 때 우선적으로 이들에게 파송하신 것이다. 사마리아나 이방 지역 사역은 배척된 것이 아니라 사역의 순서상 나중으로 미루어졌다. 이사야서(49:4-7; 61:1-11)는 이스라엘의 회복을 통한 열방의 회복을 기대하게 한다.[28]

3. 열두 제자 파송: 사역 내용 (10:7-8)

> 7 가서 '하늘들의 나라가 가까이 와 있다.'고 선포하라.
> 8 아픈 사람들을 치유하라. 죽은 자들을 일으켜라.
> 나병환자들을 깨끗하게 하라. 귀신들을 내쫓으라.
> 거저 받았으니 거저 주어라.

7절 (전할 내용) 사도들이 전파할 내용은 "천국이 가까이 와 있다."이다. 이것은 세례자 요한, 예수께서 전하신 내용과 동일하다. 병자 치유, 축귀, 죽은 자 살리기(행 9:36-43; 20:7-12 참고), 나병환자 치유는 예수께서 하신 사역들과 동일하다. 이러한 사역은 메시아의 표적들인데, 제자들이 행한다. 제자들이 메시아는 아니지만 메시아 예수의 권세를 받았기에 대신 행할 수 있었다.

27. DA, 1991: 167.
28. 강대훈, 상, 698.

그런데, 부활 후에 하신 선교 명령은 축귀나 치유 사역에 관한 명령을 담고 있지 않고 예수의 분부를 지키도록 가르치는 사역에 초점이 맞추어진다.[29] 그러므로 축귀나 치유는 가르침 사역에 따르는 부수적인 사역이라고 볼 수 있다.

8절 (해야 할 사역) 사도들은 천국의 임박함을 전하면서 치유와 축귀를 행해야 한다. 그런데 예수께서는 "거저 받았으니 거저 주라."고 하신다. 사도들의 병자 치유, 축귀, 죽은 자를 살리는 사역은 예수께서 주신 권능으로 인해 가능한 것이다(1절). 그러므로 이러한 사역을 위해 대가를 요구하면 안 된다.

4. 열두 제자 파송: 복장 (10:9-10)

> 9 너희들의 전대에 금이나 은이나 동전을 갖지 말라.
> 10 여행을 위한 가방, 속옷 두 벌이나 신발 두 켤레를 갖지 말고,
> 지팡이도 갖지 말라.
> 일꾼은 그의 음식을 받을 자격이 있다.

9-10절 (사역을 위한 복장) 사도들이 사역을 하면서 갖지 말아야 할 것은 전대에 금, 은, 동(즉 동전), 배낭, 두 벌 속옷, (여분의) 신발들, 지팡이이다. 즉 속옷도 여분의 속옷 없이 한 벌만 입고 (여분의 신발 없이) 한 켤레의 신발을 신고 다녀야 했다.[30] 이것은 마가복음이 묘사하는 복장과 다르다. 마가복음(6:8-9)은 지팡이를 허용한다. 그리하여 제자들의 복장(지

---

29. 양용의, 2018: 217.
30. 만일 신발도 금지된 것으로 이 구절이 해석된다면 제자들의 복장은 더더욱 청빈한 모습에 해당한다(DA, 1991: 173).

팡이, 샌달, 한 벌 옷)을 출애굽 복장으로 묘사한다. 이러한 복장은 모세와 이스라엘의 지팡이(출 12:11)를 연상시키며, 빵을 갖지 않는 것은 광야의 이스라엘을 연상시킨다. 또한 광야에서 이스라엘이 갖추었던 샌달(출 12:11; 신 29:5)과 한 벌 옷(신 8:4)을 연상시킨다. 따라서 이러한 제자들의 복장은 새 출애굽 주제를 가진다.[31] 그들의 복장은 그들이 어떤 사역을 하는지 알려 준다.

그런데 마태복음은 지팡이도 금한다. 지팡이는 예루살렘으로의 순례자들이나 견유학파 철학자들을 연상시킨다(Bovon, 345). 지팡이를 금한 것은 그들과 구별되도록 한 것으로 볼 수 있다.[32] 견유학파는 맨발로 다녔지만, 지팡이, 가방을 지녔고,[33] 두 벌 외투도 입었으므로, 제자들의 복장은 견유학파보다 더욱 청빈한 복장이다.[34] 미쉬나(*m. Berakoth* 9:5)는 성전산으로 들어갈 때 지팡이나 신, 돈 등을 가지고 갈 수 없다고 한다.[35] 선교 사역을 하는 제자들이 지팡이를 가지고 가지 않는 것은 그 사역의 현장들을 성전산과 같은 거룩한 장소로 간주하는 셈이다. 만일 신발이 금지되었다면, 이것도 이러한 맥락에서 이해할 수도 있다. 거룩한 곳을 밟을 때에는 신발을 벗어야 하기 때문이다(출 3:5 참고). 한편 지팡이는 동물이나 사람을 방어하는 무기처럼 역할하기도 했기에 지팡이 없이 다니는 복장은 평화주의의 상징일 수도 있었다.[36]

---

31. Marcus, 2000: 389.
32. Bovon, 345; Keener, 2009: 318. 견유학파가 유대인들이 사는 팔레스타인 지역에 있었다는 증거는 없다(Keener, 2009: 317). 따라서 이것은 이방 지역 선교와 관련된 적용인 듯하다.
33. Boring, 175.
34. Collins, 299-300.
35. Evans, 1990: 141-42.
36. DA, 1991: 173.

제자들의 선교 복장은 에세네파와 유사하지만 지팡이나 무기가 없는 점에서 에세네파와도 구별되었다. 에세네파의 사역자들은 다른 것들을 가지고 다니지 않았지만 샌달을 신고 무기를 가지고(ἔνοπλοι) 다녔으며, 동료 에세네파의 집에서 묵었다.[37]

예수께서는 사도들에게 청빈한 복장을 하도록 하는 동시에 사역자들에게 권리를 부여하신다. "일꾼이 자기의 먹을 것 받는 것이 마땅함이라." 사역자들이 다른 일을 하지 않아도 복음 사역만으로 먹고 살 수 있게 하셨다. 치유나 축귀 사역을 대가를 받으면서 하여 돈을 벌지는 말아야 하겠지만(8절) 사역에 필요한 비용(숙박비, 식비)을 스스로 부담할 필요도 없다. 사역자의 생활비는 사역의 현장에서 복음을 듣는 자들이 부담하여야 한다. 이 원리는 예수께서 제정하신 것으로서 전임 사역자들에게 적용되어왔다.

그런데 사도 바울의 경우는 효과적인 사역을 위해서는 종종 이 권리를 포기하고 자신의 손으로 일하면서 생활비와 사역 비용을 마련하기도 했다(고전 4:12; 9:14-15, 18). 이러한 모습은 후원자들에게 생활비를 의존하는 방식이 모든 경우에 적용해야 하는 보편적 원리가 아님을 암시한다.[38] 바울처럼 생활비를 받을 권리를 포기하고 스스로 일하는 것은 가능하다. 그러나 회중이 전임 사역자에게 필요한 생활비를 지급하지 않는 것은 회중의 의무를 다하지 않는 것이므로 무책임한 것이다. 목회자가 사례를 받을 권리를 포기하면 칭찬받을 수 있으나 회중이 의무를 회피하면 꾸중을 받아야 할 것이다.

---

37. Boring, 2006: 175; Collins, 298; *J.W.* 2.8.4 §§124-26.
38. Lane, 207 참고.

5. 열두 제자 파송: 거처 (10:11-15)

11 어떤 도시나 마을에 들어가든지 그곳에서 누가 적합한지 찾고,
또한 그의 집에 너희가 떠날 때까지 머물러라.
12 그 집에 들어갈 때 그 집 사람들에게 인사하라.
13 만일 그 집이 적합하면 너희의 평화가 그 집에 임하게 하라.
만일 그 집이 적합하지 않으면 너희 평화가 너희에게 되돌아오게 하라.
14 누구든지 너희를 영접하지 않거나 너희의 말을 듣지 않으면,
그 집이나 저 도시에서 나오면서 너희 발의 먼지 털어버리라.
15 진실로 내가 너희에게 말한다.
소돔과 고모라 땅이 심판의 날에 저 도시보다 더 견딜 만할 것이다.

11절 (순회 사역자의 거처) 순회 사역자의 거처는 (거하기에) 합당한(ἄξιος) 자의 집으로 한다. 한 번 집을 정하면 그곳에서 계속 머물러야 한다. 그런데 '합당한'에 해당하는 조건은 무엇일까? 이것은 바로 전 절(10절)이 알려 준다. "일군이 자기의 먹을 것 받는 것이 마땅함이라(ἄξιος)." 즉, 복음을 수용하고 먹을 것을 제공할 수 있는 집을 말한다.

예수의 명령에는 나그네를 영접하는 풍습이 전제되어 있다.[39] 유대 도시들과 마을들에는 나그네들에게 음식과 의복을 제공하는 자들이 있었으며(*J. W.* 2.125),[40] 에세네파는 그들 집단의 나그네들을 영접하였다(*J. W.* 1.124-27).[41] 예수의 제자들의 경우에도 예수를 추종하는 사람들이 중심이 되어 선교 여행 중인 제자들에게 숙식을 제공하였을 것이다. 그럼에도 불

39. France, 250.
40. Witherington, 211.
41. Bock, 2015: 204.

구하고 아무것도 갖지 않고 선교 여행을 하려면 믿음이 필요했을 것이다.[42]

떠날 때까지 한 집에 머물라고 하신 이유는 더 부유한 집으로 거처를 옮길 때 처음 영접한 집에 실례가 되기 때문일 수 있다. 물론 이것은 한 마을에 아주 오래 머물지 않는 선교 여행을 전제한 명령이었을 것이다. 디다케(11-13장)는 여행하는 전도자가 한 집에서 3일 미만만 머물러야 한다고 정한다.[43] 3일을 머문다면 그는 거짓 선지자라고 한다.[44] 이것은 초기 (시리아) 교회에 마태복음 10장에 기록된 원리가 그대로 적용되고 있었으며, 때로 여행 전도자가 너무 오래 머물러서 민폐를 끼치기도 했음을 추측하게 한다.

12-13절 (거처에 들어갈 때) 예수께서는 거처에 들어갈 때 평안을 빌라고 분부하신다. 이사야 52:7은 '평안'(평화)을 하나님의 사자의 인사로 제시한다(Harrington, 140). 평화('샬롬')는 메시아 시대의 특징으로 기대되었다(시빌의 신탁 2:29).[45] 그러므로 평안을 비는 제자들의 모습은 그들이 메시아의 사자들임을 암시한다.

14-15절 (영접하지 않은 곳에서) 예수께서는 사도들에게 자신들을 영접하지 않는 곳에서는 나오면서 발의 먼지를 털어버리라고 분부하신다. 발의 먼지를 털어버리는 것은 유대인들이 이방 지역을 떠나 이스라엘 땅으로 들어올 때 행하는 것이다.[46] 그 행위는 떠나는 땅이 불결하고 들어가는 땅이 거룩함을 전제한 행동이다.[47] 느헤미야 5:13; 에스드라2서 15:13을 배

---

42. Edwards, 181.
43. Harrington, 140.
44. Harrington, 142.
45. DA, 1991: 176.
46. Guelich, 322.
47. *m. Oholoth* 2:3; *m. Tohoroth* 4:5; *b. Shabbath* 15b(Moloney, 654).

경으로 할 때, 먼지를 터는 행위는 저주를 뜻한다고 볼 수 있다.[48] 따라서 예수의 제자들을 받아들이지 않고 복음을 받아들이지 않는 집이나 지역에서 나올 때 발의 먼지를 털어버리라는 말씀은 그 지역을 저주받은 이방 지역처럼 간주하라는 뜻이다. 복음을 거절하는 유대인들은 더 이상 선민이 아니다. 그들은 이방인이요 저주받은 자들이다. 사도 바울은 선교 여행 중에 실제로 예수의 가르침대로 복음을 받아들이지 않는 유대인들을 향하여 발의 먼지를 털어버리고 그들을 떠났다(행 13:51).

사도들을 거부한 곳은 결국 예수와 복음을 거부한 곳이다. 그러한 곳은 소돔과 고모라보다 심판 날에 견디기 어려울 것이다(15절). 사람들이 복음을 받아들이지 않는 경우, 손해 보는 쪽은 복음 선포자가 아니라 복음을 받아들이지 않는 자들이다.[49]

6. 열두 제자 파송: 박해에 대한 반응 (10:16-23)

16 보라! 내가 너희를 늑대들 한가운데 양들처럼 파송한다.
그러므로 뱀들처럼 지혜롭고 비둘기들처럼 깨끗하여라.
17 그런데 사람들을 조심하라.
그들이 너희를 의회들에 넘겨주고
그들의 회당들에서 너희를 채찍질할 것이기 때문이다.
18 너희는 나 때문에 총독들과 왕들 앞에 인도되어
그들과 이방인들에게 증언하게 될 것이다.
19 그러나 사람들이 너희를 넘겨줄 때,
어떻게 말할지 또는 무엇을 말할지 걱정하지 말라.

48. Collins, 301.
49. DA, 1991: 176.

왜냐하면 무엇을 말할지는 너희에게 저 시에 주어질 것이기 때문이다.

20 왜냐하면 말하는 자는 너희가 아니라

너희 안에서 말씀하시는 너희 아버지의 영이기 때문이다.

21 형제가 형제를 아버지가 자녀를 사형받도록 넘겨주고,

자녀들이 부모에게 반란을 일으켜 그들을 죽도록 할 것이다.

22 너희는 나의 이름 때문에 모든 사람들에게 미움 받게 될 것이다.

그러나 끝까지 견디는 자는 구원받을 것이다.

23 사람들이 이 도시에서 너희를 박해할 때, 다른 도시로 피하라.

왜냐하면, - 진실로 내가 너희에게 말한다 -

그 인자가 오기까지

너희는 이스라엘 모든 도시들을 결코 다 다니지 못할 것이기 때문이다.

16절 (지혜와 순결) 사역자는 지혜롭고 순결해야 한다. 하나님의 백성의 무죄함을 비둘기에 비유하고, 이방인의 교활함을 뱀에 비유한 것은 유대 문헌에서 발견된다.[50] 이러한 배경으로 볼 때 비둘기처럼 순결하고 뱀처럼 슬기로우라는 예수의 가르침은 하나님의 백성의 순수함을 유지하되, 지혜로움에 있어서 이방인에게 뒤지지 않는 선교 사역을 하라는 뜻으로 이해될 수 있다.

17절 (박해) 예수께서는 유대인들의 박해를 예측하신다. 그들은 사도들을 공회에 넘기고 회당에서 채찍질할 것이다. '공회'로도 번역되는 '의회'(συνέδριον)는 예루살렘 의회(71명으로 구성됨)만이 아니고 지방 의회(23명으로 구성됨)도 가리킨다(*m. Sanhedrin* 1:6).[51] 이곳들은 사법적 기능도 감당하여 판결도 했다. 마태복음 본문은 판결 후에 채찍질 등 처벌이

50. 강대훈, 상, 707.

51. France, 515.

집행되는 곳을 회당으로 제시한다. 개역개정판에서 '회당에서'로 번역된 부분에서 사용된 전치사(ἐν)는 수단을 나타내는 용법으로 보면 '회당을 통하여'라고 번역할 수도 있다.[52] 그러나 이렇게 번역해도 결국 처벌 장소가 회당인 것은 동일할 것이다. 또한 판결은 의회(산헤드린)를 통하여 이루어지고 처벌의 집행을 회당이라는 장소에서 한다고 볼 수 있기에, '회당에서'라는 번역이 선호된다.

18절 (총독들과 왕들 앞) 사도들은 마침내 총독들과 왕들 앞에 끌려가 이방 선교도 이루어질 것이다. 18절이 언급하는 이방인들은 유대 지역 선교 사역의 맥락에서 볼 때에는 유대 땅에 있는 총독들을 가리킬 수 있으나,[53] 앞으로 전개될 이방 선교를 염두에 둔 것으로 볼 수도 있다. 제자들은 의회들(지방 의회 포함)에 넘겨져 채찍질을 당하고,[54] 총독들, 임금들 앞에서도 심문이나 재판을 받게 될 것이다. 이것은 마가복음에서는 성전 파괴의 징조와 관련된 문맥에서 등장하는데, 마태복음에서는 열두 제자 파송 이야기 중에 놓이고 (18절에) "이방인들에게"라는 표현이 등장한다. 그리하여 열두 제자 파송 때 주어지는 예수의 가르침은 단회적으로 적용되는 가르침이 아니라 예수의 승천 이후에 이방 선교에도 적용되는 원리적 가르침으로 제시된다. 공회에 넘겨지고 총독들에게 끌려가는 것은 열두 제자의 파송 때가 아니라 나중에 바울의 경우에 이루어지기 때문이다. 사도 바울은 펠릭스(Felix) 총독, 페스투스(Festus) 총독(행 24:10-27;

52. DA, 1991: 183.

53. 강대훈, 상, 708.

54. 채찍질은 유대 사회의 형벌이기도 하였다(신 25:1-3; 그 적용의 예로는 행 22:19; 고후 11:24-25 참고) (Harrington, 145; 자세한 설명은 Keener, 2009: 323 참고). 2세기 랍비에 의하면 지방 의회는 최소한 3명의 재판관이 판결하는데, 사형의 경우에는 23명이 판결해야 했다(Keener, 2009: 322). 1세기 지방 의회에서는 평균 7명의 지방 장로가 레위인 조력자와 함께 재판에 참여했을 것이다(Keener, 2009: 322).

25:1-12; 26:24-32), 아그리파(Agrippa) 왕 앞에 서게 되었다(행 25:23-26:32).

19-20절 (성령께서 할 말을 주심) 총독들과 왕들 앞에 서서 심문이나 재판을 받을 때 무엇을 말할까 염려하지 말아야 한다. 성령께서 말씀하실 것이기 때문이다(19-20절). 하나님께서 사람에게 할 말을 주시는 경우는 출애굽기 4:12; 시편 119:41-6; 예레미야 1:6-10; 에베소서 6:19에서도 볼 수 있다.[55] 사람들 앞에서 신앙을 고백하는 상황과 성령께서 할 말을 주심의 연관성은 신구약 성경(행 4:8; 5:32; 벧전 4:12-14; 계 19:10; 사 42:1)뿐 아니라, 유대인들의 문헌(이사야의 승천 5:14)과 기독교 문헌(유세비우스, *H.E.* 5.1.10) 등에서도 볼 수 있다(DA, 1991: 185). 성령께서 말하게 하심은 구약 예언서(사 11:1-2; 42:1; 61:1-2; 욜 2:28)를 통해 보면, 종말론적 사건에 해당한다.[56]

21절 (가족들의 박해) 박해가 심하여지면서 심지어 가족들도 박해에 참여할 것이다. 예수를 믿지 않는 가족이 예수 믿는 가족을 고발하여 죽게 할 것이다.

22절 (모든 사람들의 미움을 받음) 사도들은 '모든' 사람에게 미움을 받는다. 여기서 '모든'은 마태복음 5:11; 8:34; 10:22; 12:31; 13:32에서처럼, "많은"의 뜻으로 사용되었을 것이다. 그들은 미움을 받지만, 끝까지 견디는 자는 구원을 얻을 것이다. 설령 순교한다고 하더라도 영생을 얻는다. 마태복음은 그러한 자에게 구원을 약속한다. 그러한 자는 구원을 확신할 수 있다.

23절 (한 지역에서 박해당할 때) 예수께서는 "이 동네에서 너희를 박해하거든 저 동네로 피하라."고 하신다. 복음을 받아들이지 않고 박해하는

---

55. DA, 1991: 185.

56. Marcus, 2009: 883.

지역에서 박해를 무릅쓰고 계속 남아 있는 것이 지혜롭지는 못하다. 다른 지역으로 피하여 계속 복음 사역을 하는 것이 효과적이다.

예수께서는 "이스라엘의 모든 동네를 다 다니지 못하여서 인자가 오리라."고 하신다. 마태복음 16:28은 제자들 중에 몇몇은 죽기 전에 인자가 오는 것을 볼 것이라고 하는데 이것은 높은 산에서 보이신 예수의 변모를 가리킨다. 마태복음 16:27은 '인자의 오심'을 최후의 심판과 관련시킨다고 볼 수도 있다. 만일 그렇다면 이스라엘 전체에 복음이 전해지기 전에 예수께서 재림하신다는 뜻이다. 그러나 여기서 '인자의 오심'은 마태복음 24:30, 44에서처럼 아마도 성전 파괴를 가리킨다고 볼 수 있다.[57] 그렇다면 "이스라엘 모든 동네를 다 다니지 못하여 인자가 오리라."는 말씀은 이스라엘 전체에 복음이 전해지기 전에 이스라엘이 멸망할 것이라는 뜻이다.

7. 열두 제자 파송: 두려워하지 말아야 하는 이유 (10:24-33)

24 제자가 그 선생보다 낫지 못하고 종이 그의 주인보다 낫지 못하다.

25 제자가 그의 선생처럼 보고, 종이 그의 주인처럼 되면 충분하다.

가장을 바알세불이라 불렀으니 그의 가솔에게는 얼마나 더 심하게 하겠느냐?

26 그러므로 그들을 무서워하지 말라.

왜냐하면 어떤 감추어진 것도 드러나지 않을 것은 없기 때문이며,

어떤 비밀도 알려지지 않을 것은 없기 때문이다.

27 내가 너희에게 어둠 속에서 말하는 것을 너희는 빛 속에서 말하라.

57. 양용의, 2018: 223; Hagner, 1993: 280.

너희가 귀 속으로 듣는 것을 너희는 지붕 위에서 선포하라.
28 몸을 죽이지만 영혼을 죽이지 못하는 자들을 무서워하지 마라.
차라리 영혼과 몸을 지옥에 멸할 수 있는 분을 무서워하라.
29 작은 새 두 마리가 한 앗사리온에 팔리지 않느냐?
그러나 그것들 가운데 한 마리도
너희 아버지의 허락 없이 땅에 떨어지지 않을 것이다.
30 그런데 너희의 경우에는 머리털까지도 모두 세어져 있다.
31 그러므로 두려워하지 마라.
너희는 많은 작은 새들보다 더 소중하지 않으냐?
32 그러므로 누구든지 사람들 앞에서 나를 인정하면
나도 하늘들에 계신 나의 아버지 앞에서 그를 인정할 것이다.
33 누구든지 사람들 앞에서 나를 부정하면
나도 하늘들에 계신 나의 아버지 앞에서 그를 부정할 것이다.

24-27절 (두려워하지 말아야 하는 이유 1) 제자는 선생보다 높지 못하다(24절). 이 말씀은 예수께서 유대인들의 속담을 인용하신 것으로 볼 수 있다. 바벨론 탈무드(*b. Berakoth* 58b)에도 "종은 주인과 같으면 충분하다."는 말이 있다.[58] 이러한 말은 1세기에도 유대인들 가운데 널리 사용되는 속담이었을 것이다.

바리새인들은 예수를 '바알세불'(בעל זבול)이라고 비판하였다. '바알세불'은 집주인이라는 뜻인데, 신약 성경에서 바알세불은 귀신들의 우두머리인 사탄을 가리킨다(마 12:24, 26과 평행구절들). 유대 문헌(솔로몬의 유언)에서 바알세불은 한때 천사들 중에 가장 높은 자였다고 하는데,

58. Harrington, 145.

이를 따르면 바알세불은 사탄의 나른 이름으로 사용되었다고 볼 수 있다.[59] 아르메니아어 역본 요한계시록 12:9에서는 '마귀' 대신에 '바알세불'이라는 단어를 쓴다(DA, 1991: 196).

예수를 바알세불이라고 하며 비판한 유대인들은 예수의 제자들을 더 더구나(πόσῳ μᾶλλον) 심하게 비판할 것이다(25절). 그러므로 비판을 받는 것이 당연하다는 것을 염두에 두고 비판하는 자들을 두려워하지 말아야 한다(25절).

28절 (두려워하지 말아야 하는 이유 2) 박해하는 자들은 몸을 죽일 뿐 영혼을 죽이지 못하기 때문에 그들을 두려워하지 말아야 한다(28절). 몸과 영혼을 모두 지옥에 멸하실 수 있는 하나님을 두려워해야 한다(28절). '지옥'(γέεννα)은 힌놈의 골짜기를 가리키는 말이지만, 비유적 언어로 사용되어 영원한 심판의 장소를 가리킬 수 있다.[60] 여기서는 영혼을 멸한다는 문맥이므로 힌놈의 골짜기가 아니라 영원한 심판을 받는 장소를 가리킨다.

본문에는 몸과 영혼을 구분하고 죽음을 몸과 영혼의 분리로 간주하는 헬라 유대교와 마카비2서 6:30과 솔로몬의 지혜 16:13-14의 순교 신학의 세계관이 담겨 있다(Hagner, 1993: 286). 하지만 마태복음이 그러한 세계관을 받아들이므로 이러한 세계관은 구약 성경 밖에서 온 것으로 보아 배척할 것이 아니라 그리스도인들이 마땅히 받아들여야 할 세계관이다.

랍비 문헌(*t. Sanhedrin* 13.3; *b. Rosh ha-Shanah* 16b-17a)에는 악인들의 영혼이 멸절된다고 보는 본문이 있지만, 마태복음은 그러한 특수한 견해가 아니라 악인들이 계속적으로 고통당하게 된다는 일반적 입장을 취

59. DA, 1991: 195.

60. 막 9:47-48; 1QH 3:19-36(Stein, 347).

하는 듯하다.[61]

29-33절 (두려워하지 말아야 하는 이유 3) 작은 새들도 하나님께서 배려하시는데, 예수의 제자들은 더 귀하므로 더더구나 보호하실 것이다. 그러므로 박해하는 자들을 두려워할 필요가 없다. 따라서 개역개정판에서 '참새'로 번역한 단어(στρουθίον)는 말 그대로 "작은 새들"을 가리킨다.[62] 당시에 참새들을 먹지는 않았다(Evans, 1990: 200). 이러한 작은 새들은 두 마리에 한 앗사리온이었다. 앗사리온은 로마 주화로서 16분의 1 데나리온이다.[63] 하루 품삯에 해당하는 한 데나리온을 10만원으로 잡으면 한 앗사리온은 약 6천원이다. 이러한 새는 값싸고 좋은 음식으로 간주되어 가난한 사람들이 찾는 음식이었다.[64] 작은 새 한 마리라도 하나님께서 허락하시지 않으면 땅에 떨어지지 않는다(29절). 우리는 이러한 작은 새보다 더 귀하므로 하나님께서 더욱 관심을 가지고 지켜보신다. 하나님의 허락 없이는 머리카락 하나라도 상하지 않을 것이다(30절, 삼상 14:45; 삼하 14:11).[65] 그러므로 우리는 결코 하나님으로부터 버림받지 않는다. 순교를 당한다 하더라도, 머리카락을 전부 세어 알지 못하는 우리는 이 모든 것을 아시는 하나님의 심오한 뜻을 헤아려 판단할 수 없다.[66] 따라서 우리는 두려워하지 말고 사람들 앞에서 예수를 시인하여 예수의 인정을 받아야 한다. 사람이 두려워 예수를 부인(즉 배교)하면 예수께서도 하나님 앞에서 우리를 부인할 것이다.

---

61. DA, 1991: 207.
62. Evans, 1990: 200.
63. Hagner, 1993: 286; DA, 1991: 207.
64. Stein, 347.
65. Hagner, 1993: 286.
66. DA, 1991: 209.

8. 열두 제자 파송: 박해와 제자도 (10:34-39)

34 내가 땅에 평화를 던지러 왔다고 생각하지 마라.
평화가 아니라 검을 던지러 왔다.
35 왜냐하면 나는 사람이 그의 아버지와,
딸이 그의 어머니와,
며느리가 그의 시어머니와 분열되게 하려고 왔기 때문이다.
36 그리하여 사람의 원수가 자신의 가족일 것이기 때문이다.
37 아버지나 어머니를 나보다 사랑하는 자는 나에게 적합하지 않다.
아들이나 딸을 나보다 사랑하는 자도 나에게 적합하지 않다.
38 자신의 십자가를 받아들이지 않고
나의 뒤에서 따르지 않는 자도 나에게 적합하지 않다.
39 자신의 목숨을 얻는 자는 그것을 잃을 것이다.
그러나 자신의 목숨을 나 때문에 잃는 자는 그것을 얻을 것이다.

34-36절 (가족 간의 불화) 예수로 인해 세상에 불화가 발생하는데 심지어 가족 간에도 불화하게 될 것이다. 예수를 믿는 자와 믿지 않는 자로 세상도 가족도 나뉠 것이기 때문이다.

예수께서는 '집안 식구'가 원수가 된다고 하신다. '집안 식구'는 종을 포함할 수 있으나, 가족 구성원을 언급하는 문맥상(35-37절) 종들보다는 아버지, 어머니, 아들, 딸, 며느리, 시어머니 등 가족을 가리킨다. 예수를 믿으려면 가족과 불화하는 것도 감수해야 한다(35절). 예수를 따르는 자들에게는 가족이 예수보다 우선 순위에서 밀리게 되므로(마 19:29), 가족과의 갈등이 발생할 수 있다. 1세기 유대교는 종말에 가족 사이의 불화가 발생하리라 기대하였다(에녹1서 56:7; 100:1-2; 희년서 23:16, 19).[67] 그러므로 예수로 인해 가족 사이에 불화가 발생할 것이라는 말씀은 종말에 오시리라고 유대인들이 기대한 메시아가 예수임을 암시한다.

37-39절 (예수께 합당한 자) 가족보다 예수를 더 사랑하는 자가 예수께 합당한 자이다. 랍비들의 가르침도 부모보다 하나님이나(*b. Yebamoth* 5b) 선생을(*m. Baba Metzia* 2:11) 따르도록 권한다.[68] 예수를 따르려면 가족보다 예수를 더 사랑해야 한다(37절). 자기 십자가를 지고 (즉 사형 틀을 지고 형장으로 가는 태도로) 예수를 따라야 한다(38절). 이렇게 목숨을 버리는 자는 영원한 생명을 얻을 것이며 목숨을 위하여 예수를 버리는 자는 영원한 생명을 잃을 것이다(39절). 고난받는 메시아 예수를 따르는 제자도는 고난받는 제자도일 수밖에 없다.

유대인들의 문헌(*Gen. Rab.* 56.3)은 모리아산에서 제물이 될 이삭이 나무를 지고 간 것을 "마치 자기 십자가를 자기 어깨에 지고 가는 자처럼"이라고 표현하였다.[69] 이러한 배경을 통해서 본다면 자기 십자가를 지고 감은 하나님의 명령에 순종하여 고난의 길을 가는 것을 가리킨다.[70] 그런데 자기 십자가를 지고 가는 것은 사형수의 길을 가는 것을 뜻하므로 수치와 죽음을 각오함과 관계된다고 볼 수도 있다.[71] 문맥을 통해서 보면 자기 십자가를 짐은 38-39절에서 자기 목숨을 버림과 평행되므로 철저한 자기희생의 은유이다(DA, 1991: 223 참고).

67. 신인철, 1024.
68. Harrington, 151.
69. Marcus, 2009: 617.
70. 신현우, 2021: 428.
71. DA, 1991: 223 참고.

9. 제자들에 대한 반응과 하나님의 보상 (10:40-42)

40 너희를 영접하는 자는 나를 영접하는 것이며,
나를 영접하는 자는 나를 보내신 분을 영접하는 것이다.
41 선지자의 이름으로 선지자를 영접하는 자는
선지자의 보상을 받을 것이다.
의인의 이름으로 의인을 영접하는 자는 의인의 보상을 받을 것이다.
42 누구든지 제자의 이름을 위하여
이 작은 자들 중에 하나에게 냉수 한 잔을 마시게 주면,
- 진실로 내가 너희에게 말한다. -
그가 절대로 그의 보상을 잃지 않을 것이다."

40절 (권위의 위임) 사도들을 영접하는 자는 예수를 영접한 자이며, 예수를 영접한 자는 예수를 보내신 분(하나님)을 영접한 자이다. 이 말씀에는 보냄을 받는 자는 보낸 자와 동등하다는 유대적 사상이 반영되어 있다(*m. Berakoth* 5:5).[72] 이러한 관점에서 사도는 예수와 동등한 권위를 가지며 메시아 예수는 하나님과 동등한 권위를 가진다. 또한 사도성을 가진 책들을 모아서 묶은 신약 성경은 사도의 권위를 가지므로 예수의 권위를 가지며 결국 예수를 보내신 하나님의 권위를 가진다.

41-42절 (예수의 제자를 영접한 자) 선지자를 영접하면 선지자의 상을 받으며, 의인을 영접하는 자는 의인의 상을 받는다(41절). 평행법 구조를 고려할 때 '선지자'와 '의인'은 동일한 대상을 가리킨다고 볼 수 있다(DA, 1991: 227).

---

72. Hagner, 1993: 295. *Mek.* on Exodus 14:31과 *Sipre* on Numbers 12:8에도 유사한 표현이 나온다(DA, 1991: 226).

선지자/의인의 경우처럼 예수의 제자의 이름으로(예수의 제자라는 이유로), 소자(작은 자)에게 냉수 한 그릇이라도 주는 자도 절대로 상을 잃지 않을 것이다(42절). 개역개정판에서 '제자의 이름으로'로 번역된 부분은 직역하면 '제자의 이름을 위하여'(εἰς ὄνομα μαθητοῦ)인데, 이것은 랍비적인 표현 '레셈'(לשם)을 번역한 것이므로 "~을 위하여," "~ 때문에" 등을 뜻한다.[73]

제자를 영접하는 자가 받을 상은 제자의 상인데,[74] 제자를 영접하는 것은 예수를 영접하는 것이며 예수를 영접하는 것은 곧 하나님을 영접하는 것이기에(40절) 그들이 받는 상은 예수의 상이며 하나님의 상이다.

예수께서 언급하신 '작은 자'는 42절에서 '제자의 이름으로' 대접받는 자이이므로 제자 중에서 작은 자이다. 마태복음 10장은 사도들의 선교 활동을 위한 파송에 관한 것이므로, '소자'는 특히 선교 사역을 하고 있는 사도들 중에 작은 자를 가리킨다.[75] 이 말씀을 적용하면 복음 사역을 하고 있는 예수의 제자들 중에 작은 자를 가리킬 수 있을 것이다(DA, 1991: 228 참고).

그러나 마태복음 18:6, 10, 14에서는 '소자'가 믿는 자들 중에서 업신여김을 받기 쉬운 힘 없는 자들을 가리킨다고 보인다. 동일한 단어도 문맥에 따라 다른 대상을 가리킬 수 있다. '그 나라의 자손들'의 경우에도 그렇다. 이 표현은 마태복음 8:12에서는 유대인들을 가리키지만 13:38에서

---

73. Hagner, 1993: 296; 정훈택, 140; DA, 1991: 226.

74. 복음 사역자를 영접하는 자는 복음 사역자가 받는 상을 받는다는 것은 복음 사역에 참여하는 것이 모든 그리스도인에게 가능함을 암시하는 듯하다(DA, 1991: 229-30 참고).

75. 이것은 묵시 문헌의 용례에 부합한다(슥 13:7; 에녹1서 62:11; 바룩2서 48:19)(DA, 1991: 229). 이러한 용법은 다윗이 가장 작은 자임에도 불구하고(삼상 16:11; *LAB* 59.2) 왕으로 세워짐과 관련된다(DA, 1991: 229).

는 예수의 제자들(그리스도인들)을 가리킨다. '나윗의 자손'은 마태복음 1:20에서는 혈통적 자손을 가리키지만 1:1에서는 메시아를 가리키며, '의인'이 9:13에서는 스스로 의롭다 여기는 유대인들을 가리키지만 13:43, 49에서는 하나님께서 의롭다고 여기시는 자들을 가리킨다.[76] 그러므로 '소자'도 마태복음에서 문맥에 따라 다른 의미로 사용될 수 있다(DA, 1991: 228).

10. 맺음말 (11:1)

11:1 예수께서 그의 열두 제자들에게 명령하시기를 마치셨을 때, 그들의 도시들에서 가르치시고 선포하시러 그곳으로부터 떠나셨다.

1절 (명령을 마치심) 예수께서는 열두 제자 파송과 관련한 가르침을 마치고 제자들은 파송받는다.

2. 해설

예수께서는 일꾼이 부족함을 지적하시고(9:37-38) 열두 제자를 일꾼으로 세우신다(10:1-4). 그리고 그들을 우선 이스라엘에게 파송하시며 "천국이 가까이 와 있다."고 전하도록 하신다(10:6-7). 또한 병자 치유, 축귀, 죽은 자 소생의 사역도 하도록 하신다(10:8). 이러한 모습은 오늘날 복음 사역자들이 어떠한 사역의 모습을 가져야 할지 알려 준다. 말씀 사역은 하나님의 나라를 선포하는 부분을 빠뜨리지 말아야 하며, 축귀와 치유

76. DA, 1991: 227-28 참고.

사역을 말씀 사역이 아니라는 이유로 무시하지 말아야 한다.

예수께서는 제자들의 복장이 이집트에서 탈출하던 때의 이스라엘의 복장을 연상시키게 정하시고, 또한 견유학파 철학자들보다 더 검소한 방식으로 정하신다(10:9-10). 이러한 복장은 오늘날 복음 사역자들의 모습이 어떠해야 하는지 알려주는 바가 있다. 전해지는 복음 메시지를 반영하는 스타일, 특히 청빈한 모습이 필요하다.

복음을 전하는 예수의 제자들을 영접하는 자들은 반드시 하나님의 보상을 받을 것이다(10:42). 그러나 제자들을 영접하지 않는 자들의 지역은 유대인 지역이라고 할지라도 이방인 지역처럼 간주될 것이다(10:14). 그러나 복음 사역자들에게 박해가 없는 것은 아니다. 제자들은 박해를 당하게 되지만 믿음을 지키고 견뎌야 하며, 박해하는 지역을 떠나 다른 지역으로 가기도 해야 한다(10:22-23). 박해를 당할 때 예수를 부정하지 말고 시인해야 하며, 가족보다도 예수를 더 사랑해야 한다(10:32-33, 37). 이러한 모습은 오늘날에도 복음 사역자들과 모든 그리스도인들이 감내해야 하는 현실이다. 고난의 길이지만, 예수께서 함께 하시는 영광의 길이다.

제5장
마태복음 11:2-12:50
예수의 사역 3: 예수의 사역과 유대인들의 반응

데이비스와 앨리슨은 11-12장의 구조를 다음과 같이 분석한다.[1] 거절이 반복된 후 영접이 이루어지는 구조가 3회 반복된다.

	1	2	3
1 불신앙/거절	11:2-19	12:1-8	12:22-37
2 불신앙/거절	11:20-24	12:9-14	12:38-45
3 초청/영접	11:25-30	12:15-21	12:46-50

1. 세례자 요한의 질문 (11:2-6)

세례자 요한은 예수께서 메시아인지 확인하고자 사람들을 보내어 질문한다. 예수께서는 자신이 행하신 표적을 통해 자신이 메시아임을 확인해 주신다.

---

1. DA, 1991: 234.

1. 번역

2 요한이 감옥에서 그리스도의 사역들을 듣고 그의 제자들을 보내어 그들
을 통하여 3 그에게 말했다.

"당신이 오실 분입니까?
아니면 우리가 다른 분을 기다릴까요?"

4 예수께서 반응하여 그들에게 말씀하셨다.

"가서 여러분이 듣고 본 것들을 요한에게 전하시오.
5 맹인들이 보고 저는 자들이 걷고
나병환자들이 깨끗해지고 귀 먼 자들이 듣고
죽은 자들이 살아나고 가난한 자들에게 복음이 전해지고 있소.
6 누구든지 나로 인하여 실족하지 않는 자는 복되다오."

2. 주해

2절 (요한이 제자들을 보냄) 세례자 요한은 옥에서 예수의 소문을 들었다. 그는 사해 동편에 있는 요새에 갇혀 있었을 것이다.[2]

마태복음은 예수를 그리스도라고 칭한다. 예수를 '그리스도'라고 부르는 것은 예수의 계보(1:1, 16, 17)와 탄생(1:18; 2:4)에 관한 기록에 등장한 후 처음 등장한다(양용의, 2018: 235). '그리스도' 대신 '예수'라고 읽는 사본들도 있다.

3절 (요한의 질문) 세례자 요한의 질문은 '그 오실 자'가 예수인지 아닌지에 관한 것이었다. '그 오실 자'는 메시아를 가리킨다고 보인다(마 3:11;

2. *Ant*. 18.119(Evans, 1990: 119).

시 118:26; 단 7:13; 9:25-27; 말 3:1).[3] 구약 성경은 메시아의 오심에 관해서 기록하므로(합 2:3; 말 3:1; 단 7:13 등),[4] '그 오실 자'는 메시아를 가리킬 수 있는 표현이었다.[5] '오실 자'는 메시아 칭호로 일반적으로 사용되지는 않았으나, 이사야 59:20은 하나님을 오시는 분으로 묘사하므로,[6] 메시아도 그렇게 묘사될 수 있었을 것이다. 세례자 요한은 메시아가 오시면 구원과 심판을 동시에 행한다고 기대했는데(3:12), 예수께서는 오셔서 죄인들과도 식탁 교제를 나누셨다(9:9-13). 그래서 그는 예수께서 혹시 메시아가 아닐 수도 있다고 의심하게 되었을 것이다.[7]

세례자 요한은 '다른 이'를 기다려야 하는지 질문했다. 여기서 사용된 '기다리다'(προσδοκάω)는 단어는 마태복음 24:50; 베드로후서 3:12-14에서 메시아를 기대함을 가리키는 데 사용한 단어이다(DA, 1991: 241). 따라서 '다른 이'는 예수와 다른 유형의 인물이며 메시아인 자를 가리킨다.[8]

4-5절 (예수의 대답) 예수께서는 "맹인이 보며 못 걷는 사람이 걸으며 나병환자가 깨끗함을 받으며 못 듣는 자가 들으며 죽은 자가 살아나며 가난한 자에게 복음이 전파된다."고 요한에게 전하라고 하신다. 이것들은 당시에 메시아 표증으로 간주되는 것들이었기에 예수께서 자신이 메시아인 증거로 언급하셨을 것이다.

이사야 35:5-6에 의하면 소경이 보고 못 걷는 사람이 걸으며 못 듣는

3. Hagner, 1993: 300.
4. Stein, 226.
5. 신현우, 2016: 135.
6. Harrington, 155.
7. 양용의, 2018: 236. J. Neusner *et al.* ed., *Judaisms and Their Messiahs at the Turn of the Christian Era* (Cambridge: Cambridge University Press, 1987)는 1세기에 메시아 사상이 통일되어 있지도 않았고, 지배적인 메시아 사상도 없었음을 보여 준다 (Harrington, 159).
8. Keener, 2009: 335.

자가 듣는 것은 구원의 시대가 도래한 표적이다. 이사야 29:18과 42:18도 못 듣는 자가 들을 것을 언급한다.[9] 쿰란 문헌(4Q521 2:12)은 그가 종말에 "병자들을 치유하고, 죽은 자들을 일으키고, 가난한 자들에게 복음을 전파할 것이라."고 기록한다.[10] 여기서 이러한 사역을 하는 인물은 이 문헌 1:1이 언급하는 '메시아'(משיחו, 그의 기름 부음 받은 자)를 가리킨다. 죽은 자가 살아난다는 것은 이사야 26:19에서 언급된다. 예수께서 가난한 자에게 복음이 전파되는 것을 언급하신 것은 자신의 정체를 이사야 61:1과 관련시켜서 알려주는 역할을 한다. 예수께서는 이사야 61:1이 예언하는 메시아적 존재로서 새 출애굽을 행하시는 분이시다. 예수께서 언급하신 메시아의 모습은 솔로몬의 시편(17-18편)이 기대하는 이스라엘을 새롭게 하는 군사적 메시아와 대조된다(Harrington, 160). 나병환자의 치유도 이사야 61:1을 배경으로 하여 기대된 것이라고 볼 수 있다. 고대 유대 문헌에서 나병환자는 '갇힌 자'(סגר, '세기르')라고 불리기도 하였기에 나병 치유는 감옥에 갇힌 자가 풀려남을 예언하는 이사야 61:1의 성취로 간주될 수 있었을 것이다.[11]

마태복음 11:5에 언급된 표적들은 마태복음 8-9장에서 이미 언급되었다. 그것들은 맹인이 봄(9:27-31), 나병환자 치유(8:1-4), 못 듣는 자가 들음(9:32-34 참고), 죽은 자가 살아남(9:18-26), 가난한 자에게 복음이 전파됨(9:35 참고)이다.[12] 또한 못 걷는 중풍병자가 걸음(9:1-8)이다. 11:5의 목록에서 축귀가 생략된 것은 이것이 예수의 사역에만 독특하게 나타나는 것이 아니라 다른 사람들에게도 나타나는 현상이었기(12:27) 때문이었을

---

9. DA, 1991: 243.
10. Marcus, 2000: 373. 메시아 관련 기타 문헌들은 Keener, 2009: 336 참고.
11. Day, 28.
12. Hagner, 1993: 301.

것이다.[13]

6절 (예수로 인하여 실족하지 않는 자) 예수께서는 "나로 말미암아 실족하지 아니하는 자"가 복되다고 하신다. 여기서 '실족하다'(σκανδαλίζω ἐν)는 세례 요한이 예수를 의심한 문맥에서 사용되었기에 믿지 않는다는 뜻을 내포하므로 '예수에 실족하지 않는 자'라는 표현은 "예수를 믿는 자"를 뜻한다. 선입견을 고집하는 대신 증거를 살펴보고 예수를 믿는 자는 복되다.[14]

3. 해설

죽은 자가 살아나는 사역이 예수의 사역 속에서 실제로 행하여졌음을 마가복음 5:35-43; 누가복음 7:11-17; 요한복음 11:39-45 등 다양한 본문이 기록하여 전한다.[15] 2세기 초에 쿠아드라투스(Quadratus) 감독은 예수께서 살리신 자들 중에는 아직 살아 있는 자들이 있다고 증언한다(*H.E.* 4.3.21).[16] 죽은 자가 살아난 이야기는 이레니우스, 어거스틴 등도 기록하며, 존 웨슬리도 1742년 12월 25일 일기에서 그가 죽은 메릭(Meyrick) 씨를 위해 기도하였는데 살아났음을 기록한다.[17] 20세기 이후에도 죽은 자의 소생에 관한 목격자의 증언은 상당수 존재한다(Keener, 2015: 61-77). 그중에는 한국의 마 선교사(Julie C. Ma)가 보고한 네팔 지역에서 발생한 죽은 자 소생과 이로 인한 기독교로의 개종도 포함된다(Keener, 2015:

---

13. Hagner, 1993: 301.
14. Stein, 227.
15. Keener, 2015: 58.
16. Keener, 2015: 58.
17. Keener, 2015: 60.

67). 그러므로 유비의 원리를 사용할 때에도 예수께서 죽은 자를 살리셨음을 사실로 받아들일 수 있다(Keener, 2015: 79).

2. 세례자 요한의 정체에 관한 예수의 말씀 (11:7-15)

예수께서는 세례자 요한이 선지자보다 더 큰 자라고 선언하신다(11:9). 나아가 세례자 요한이 구약 시대의 인물 중에 가장 위대한 자이며 오리라 예언된 엘리야라고 하신다(11:11, 14). 그러나 하나님 나라 시대는 구약 시대보다 훨씬 위대한 시대이다(11:11). 이러한 하나님 나라에 대해 유대인들은 거부 반응을 보였다(11:12).

1. 번역

7 이들이 갈 때, 예수께서 무리에게 요한에 관하여 말씀하시기 시작했다.

"여러분은 무엇을 보려고 광야로 나갔습니까?

바람에 흔들리는 갈대입니까?

8 아니면 무엇을 보려고 나갔습니까?

부드러운 옷 입은 사람입니까?

보십시오! 부드러운 옷을 입은 사람들은 왕궁들에 있습니다.

9 아니면 무엇을 보러 나갔습니까?

선지자입니까?

분명히 여러분에게 말합니다.

선지자 이상의 인물입니다.

10 이 사람은 그에 관하여 다음처럼 기록된 인물입니다.

'보라! 내가 나의 전령을 너의 앞에 보낼 것이다.

그가 너의 대로를 너의 앞에서 준비할 것이다.'

11 진실로 여러분에게 말합니다.

여자들로부터 태어난 자들 가운데

세례자 요한보다 더 큰 자가 나타나지 않았습니다.

그렇지만 하늘들의 나라에서는 가장 작은 자도 그보다 더 큽니다.

12 세례자 요한의 날들로부터 지금까지

하늘들의 나라는 침입을 당하는데, 침입자들이 그것을 강탈합니다.

13 왜냐하면 모든 선지자들과 율법이

요한에 이르기까지 예언하였기 때문입니다.

14 여러분이 받아들이기 원한다면,

그가 곧 오기로 되어 있는 엘리야입니다.

15 귀 있는 사람은 듣도록 하십시오.

2. 주해

7-8절 (예수의 질문) 예수께서는 무리에게 바람에 흔들리는 갈대를 보려고 광야로 나갔느냐고 질문하신다. 헤롯(Herod Antipas)은 당시 주화에 갈대를 통하여 묘사되었다.[18] 이러한 주화는 AD 19년경 디베랴(Tiberias)를 건설할 때 헤롯이 주조한 것이다.[19] 그러므로 '갈대'는 헤롯을 암시한다고 볼 수 있다. '광야'도 헤롯의 궁전이 광야 가장자리에 있었기에 헤롯과의 연관성을 가질 수 있다.[20] 그러나 갈대와 바람이 함께 나오는 것은 갈대들의 바다(출 15:4)를 가른 강한 바람을 연상시키므로(출 14:21) 바람에 흔들리는 갈대는 출애굽의 재현에 관한 기대를 표현하는 언어일 수도

18. Hagner, 1993: 305.

19. Harrington, 156.

20. Hagner, 1993: 305.

있다.[21] 무리는 광야를 통과하여 흐르는 요단강에 갔을 때 강가에서 갈대를 보았을 것이다.[22] 그러나 그들은 갈대를 보러 간 것이 아니라 세례자 요한을 보러 갔을 것이다.

예수께서는 이어서 부드러운 옷을 입은 자를 보려고 나갔느냐고 질문하신다. 그리고 그러한 자는 왕들의 집들에 있다고 하신다. '왕들의 집들'도 헤롯(안티파스)을 연상시킨다. 왜냐하면 마태복음 14:9은 그를 왕이라고 부르고, 요세푸스는 헤롯이 가끔 거했던 광야에 있는 그의 별장 마카이루스(Machaerus)를 왕궁(βασιλεῖον)이라고 불렀기 때문이다.[23]

9-10절 (세례자 요한의 정체) 예수께서는 세례자 요한이 선지자 이상의 인물이라고 하신다. '선지자'는 미래를 예언하는 자, 사회-경제 상황을 해석하는 자 등을 가리킨다.[24] 예수께서 보시기에 세례자 요한은 그러한 인물 이상의 존재이다(9절). 그는 말라기 3:1에 나오는 '내 사자'에 해당한다. 그런데 마태복음은 출애굽기 23:20처럼 '내 앞에서' 대신 '네 앞에서'를 사용한다. 그리고 '길'은 '너의' 길이라고 규정한다. 그리하여 '너'는 하나님('나')도 하나님의 사자도 아닌 다른 존재(즉 메시아)를 가리키도록 하였다. 이것은 세례자 요한이 메시아의 길을 예비하는 자라고 보는 신학적 관점에서 명확하게 표현한 것이다.

11절 (세례자 요한에 관한 평가) 예수께서는 세례자 요한이 여자가 낳은 자 중에 가장 큰 인물이라고 한다. '여자가 낳은 자'는 인간을 가리키는 성경의 표현이다(욥 14:1; 15:14; 25:4; 갈 4:4).[25] 예수께서는 세례자 요한이

21. DA, 1991: 247.
22. Maier, 387.
23. Bates, 32.
24. DA, 1991: 248-49.
25. Stein, 230; Keener, 2009: 334.

메시아를 가리키는 최종적인 표지였기에 가장 크다고 하였을 것이다 (Hagner, 1993: 306).

예수께서는 "천국에서는 극히 작은 자라도" 세례자 요한보다 크다고 하신다. 그리하여 세례자 요한의 시대가 아직 하나님 나라 시대는 아님을 암시한다. 그런데 천국에서는 극히 작은 자도 세례자 요한보다 크다는 것은 무슨 뜻일까? 이것은 천국 시대가 그 이전 시대보다 더 큼을 뜻하는 듯하다.[26] 이러한 표현은 요한을 폄하하기 위한 표현이 아니며 요한이 하나님 나라에 들어가지 못한다는 뜻도 아니며, 하나님 나라의 위대함을 강조하기 위한 것이다.[27] 세례자 요한이 속한 옛 언약은 동물의 피로 체결된 것이지만, 새 언약은 예수의 피로 체결되기에 새 언약은 옛 언약보다 위대하다. 따라서 천국에 속한 사람들 즉 새 언약에 속한 사람들은 옛 언약 백성들보다 더 위대하다.[28]

12절 (박해당하는 천국) 예수께서는 "세례자 요한의 때부터 지금까지 천국은 침노를 당하나니 침노하는 자는 빼앗느니라."고 하신다. 개역개정판에서 '침노를 당하다'로 번역된 단어는 '비아제따이'(βιάζεται)인데, 이것은 중간태로 보면 '침입하다,' 수동태로 보면 '침입을 당하다'를 뜻한다. 여기서는 이 표현이 천국을 '침노하는 자'와 평행을 이루므로 "침노를 당하다"를 뜻하는 수동태로 볼 수 있다.[29]

개역개정판에서 '침노하는 자'로 번역된 단어는 '비아스떼스'(βιαστής, 침입자)이다. 이 단어는 초기 기독교 문헌에서 긍정적인 뜻

---

26. Hagner, 1993: 306.
27. Keener, 2009: 339 참고.
28. 신현우, 2016: 138.
29. DA, 1991: 256.

으로 사용된 예가 없다.[30] 개역개정판에서 '빼앗다'로 번역된 단어는 '하르빠조'(ἁρπάζω, 탈취하다)인데, 이 단어도 대부분의 경우에 부정적인 뜻으로 사용된다.[31] 그러므로 '침노를 당하다'로 개역개정판이 번역한 '비아제따이'(βιάζεται)도 부정적인 뜻으로 사용되었다고 볼 수 있다.

그렇다면 12절은 하나님 나라가 침입을 당하며, 하나님 나라를 침입하는 자들이 하나님 나라에 속한 자들을 약탈하며 고통을 준다는 뜻이다(양용의, 2018: 240). 요한이 박해받아 감옥에 갇혔고, 예수와 그의 제자들도 고난을 당할 것임을 이 말씀은 암시한다.[32] '비아제따이'가 세례자 요한을 박해한 헤롯과 같은 자들을 가리킨다고 보는 해석은 세례자 요한에 관련하여 언급하는 11:2-19 문맥에 의해서도 지원받는다.[33] 11:7-8이 헤롯을 암시함도 그러한 해석을 지원한다. 또한 이러한 해석은 쿰란 문헌에 담긴 기대와 일치한다. 쿰란 문헌은 경건한 자들이 고난을 당하는 시기가 새 시대 직전에 온다고 본다(예를 들어, 1QH 2는 종말에 당하는 폭력을 묘사한다)(DA, 1991: 256).

13절 (시대 구분) 예수께서는 "모든 선지자와 율법이 예언한 것은 요한까지"라고 하신다. 요한의 시대까지 옛 시대(율법과 선지자의 시대)라는 뜻인가? 그렇다면 하나님 나라 시대는 언제부터인가? 아마도 예수께서 십자가에 매달리실 때부터일 것이다(마 26:29 참고). 요한부터 십자가까지는 하나님 나라가 폭력적으로 침략당하는 시기이고 이때 사람들은 군사적 메시아 사상에 빠져 있다. 이러한 폭력은 마침내 예수를 십자가에 못 박는 데까지 이르고 군사적 메시아 사상에 빠진 제자들은 좌절하여 달

30. Hagner, 1993: 307.
31. 양용의, 2018: 240; Hagner, 1993: 306.
32. 양용의, 2018: 240.
33. Bates, 80.

아나지만 하나님 나라는 마침내 도래하였다.

14-15절 (세례자 요한이 엘리야임) 예수께서는 "여러분이 받아들이기 원한다면"이라고 말씀을 시작하신다. 이 표현은 새로운 것 또는 모두 받아들이지는 않을 만한 내용을 말할 때 사용하는 표현이다.[34] 예수께서는 "오리라 한 엘리야"가 세례자 요한이라고 하신다. '오리라 한 엘리야'는 말라기 4:5의 예언에 나오는 엘리야를 가리킨다. 마태복음은 세례자 요한이 말라기 4:5이 예언한 엘리야임을 명확히 한다. 집회서 48:1도 종말 전에 엘리야가 등장함을 기대한다.[35] 바벨론 탈무드(*b. Erubin* 43ab)는 엘리야가 메시아보다 먼저 등장하리라고 명시하는 유일한 문헌인데, 이러한 내용은 복음서의 영향을 받은 결과일 수도 있다.[36] 그러나 이 탈무드의 내용이 예수 시대의 유대교 전통을 반영할 가능성을 배제할 수 없다.

3. 해설

예수께서는 세례자 요한이 말라기서가 오시리라 예언한 엘리야임을 밝히시며, 그가 구약 시대의 인물들 중에 가장 큰 자라고 평하신다. 그러나 그도 천국(새 언약 시대)에서 가장 작은 자보다 더 작다고 한다. 이러한 말씀은 세례자 요한이 구약 시대의 인물임을 알려 준다. 새 언약은 옛 언약보다 큰 언약이므로 새 언약 백성은 옛 언약 백성보다 크다.

3. 세례자 요한과 예수에 대한 사람들의 태도를 평가하심 (11:16-19)

유대인들은 장터에 앉아 노는 아이들처럼 변덕스럽게 굴었다. 그들은

34. DA, 1991: 258.
35. Hagner, 1993: 308.
36. Harrington, 161.

금욕적인 세례자 요한은 귀신 들렸다고 비판하고, 그렇지 않은 예수는 먹보 술고래라고 비판하였다.

1. 번역

16 그러나 무엇으로 이 세대를 비유하겠습니까?
장터에 앉아 다른 아이들을 부르는 아이들과 같습니다.
17 그들은 말합니다.
'우리가 너희에게 피리를 불었지만 너희는 춤추지 않았어.
우리가 장송곡을 불렀지만 너희는 가슴 치지 않았어.'
18 왜냐하면 요한이 와서 먹지도 않고 마시지도 않으니,
사람들이 '그는 귀신 들렸어.'라고 말했기 때문입니다.
19 그 인자가 와서 먹고 마시니
그들이 '보라! 먹보 술고래, 세리들과 죄인들의 친구로구나.'
라고 말했기 때문입니다.
그러나 지혜는 자신의 행위로 드러납니다."

2. 주해

16-17절 (이 세대를 장터의 놀이에 비유함) 예수께서 당시 세대의 모습을 장터에서 노는 아이들의 놀이에 비유하신다. '세대'라는 단어는 마태복음에서 예수와 요한의 적대자들을 부정적으로 묘사하기 위해 사용되었다.[37] 이 단어는 주로 노아의 세대와 출애굽 후의 광야 세대를 연상시킨다.[38] 그

37. Harrington, 157.
38. DA, 1991: 260.

러므로 이 구절에서 '이 세대'는 그러한 세대처럼 불순종하는 예수 당시 유대인들을 가리킨다.

예수께서는 당시 유대인들을 결혼식 놀이와 장례식 놀이에 비유한다. 결혼식 놀이는 소녀들이 피리를 불며 소년들이 춤을 추도록 하고, 장례식 놀이는 소년들이 슬피 울며 소녀들이 곡을 하도록 한다(DA, 1991: 261).

18-19절 (비유 해석) 17절의 비유에 등장하는 아이들이 18절, 19절에서 해석되었다. 17절이 인용하는 말과 18-19절이 인용하는 말은 동일한 사람들의 말이라고 볼 수 있다(강대훈, 상, 757). 당시 사람들은 자기 모순적으로 변덕스럽게 요한과 예수께 반응하였다. 그들은 요한이 금식하는 것을 보고 귀신 들렸다고 비판하였는데(18절), 예수께서 먹고 마시자, 먹기를 탐하고 포도주를 즐긴다고 비판하였다(19절). 귀신 들렸다는 비판은 마술사에게 해당하는 비판이며 술을 즐기는 사람이라는 비판은 신명기 21:20의 거역하는 아들을 연상시키므로 모두 사형에 해당하는 행위와 관련되기에 매우 심한 비판이다.[39]

요한과 예수를 비판하는 이러한 모습이 시장 바닥에서 아이들이 노는 모습과 흡사하다고 비유되었다(16절). 그들은 결혼 잔치 놀이를 하며 피리를 불고 상대방이 춤추지 않았다고 비판하다가, 장례식 놀이를 하며 슬피 울며 상대방이 가슴을 치지 않았다고 비판한다(17절).[40] 이러한 놀이의 모습과 너무도 흡사하게 변덕스러운 모습으로 그들은 일관성 없이 요한과 예수를 비판하였다.

'지혜는 자신의 행위로 드러나지!'는 예수를 비판한 자들의 발언일 수 있다. 지혜와 술이 관련된 이 구절은 지혜로운 자는 술을 너무 많이 마시는 것도 피하고 마시지 않는 것도 피한다는 필로와 세네카(Seneca)의 의

39. Keener, 2009: 342.
40. Harrington, 158.

견에 반영된 당시 사람들의 생각을 배경으로 하는 듯하다.[41] 이러한 당시 기준으로 보면 금욕적인 세례자 요한이나 먹고 마신 예수는 지혜롭지 않게 보였을 수 있다.[42] 그래서 그들은 지혜는 그 행위를 통하여 드러난다고 하는 속담을 인용하면서 예수와 세례자 요한을 비판했을 것이다(T. E. Phillips, 395). 지혜로운 자를 부정적인 자들로 언급하는 11:25도 19절에서 '지혜'가 예수를 가리키지 않는다고 보는 해석을 지원한다. 예수께서 자신을 가리키고자 하셨다면 '인자'라는 말을 사용하셨을 수 있다.

반면에 '지혜는 자신의 행위로 드러나지!'가 예수의 말씀이라면, '지혜'는 예수 자신을 가리킬 수 있다. 그렇다면 이 말씀은 예수는 그 행한 사역 자체로 인하여 정당함을 인정받게 된다는 뜻이다.[43] 세례자 요한의 제자들에게 자신의 사역을 증거로 제시하시면서 자신이 메시아임을 증거하신 것을 고려하고(마 11:5), 지혜의 행한 일을 언급하는 문맥을 고려한다면 지혜는 여기서 예수를 가리킬 수도 있다.

예수께서 자신을 '지혜'라는 말로 언급하셨다고 본다면, 자신이 유대 전통에서 지혜가 하는 역할을 하는 존재임을 암시한 것이라 할 수 있다. 이 지혜는 하나님을 알고(솔로몬의 지혜 8:4; 9:9-11), 이 지식을 전달한다(솔로몬의 지혜 9:17-18).[44] 지혜는 그 행위들로 정당화된다는 말씀은 예수께서 그 시대 사람들에게 비판을 받지만 11:5에서 언급된 사역들을 통하여 메시아이심이 입증된다는 뜻이라고 볼 수 있다. 2절이 19절처럼 '행위들'(ἔργα)을 언급하면서 '그리스도의 행위들'이라고 한 것도 지혜의 행위

41. T. E. Phillips, 392-94.
42. T. E. Phillips, 394-95.
43. 여기서, '정당화된다'는 부정과거형으로 되어 있으나 셈어적 완료형의 번역으로 보면 예언 또는 잠언을 표현하는 것으로 볼 수 있다(DA, 1991: 264).
44. Hagner, 1993: 320.

를 언급하는 19절에서 '지혜'가 그리스도이신 예수를 가리킨다고 해석할 수도 있게 한다.[45]

비판자들은 일관성 없이 자기중심적으로 예수를 비판하지만 예수는 이러한 비판으로 인하여 정죄받지 않는다. 예수의 사역은 당시 유대인들의 요구에 부응한 행동이 아니지만 하나님께서 주신 사명에 따라 행하셨기에 올바른 사역이다.

3. 해설

17절이 언급하는 비유에 관한 해석은 18-19절에서 주어진다. 그런데 18-19절이 17절의 비유에 관한 해석임을 파악하지 못하면 17절을 떼어 내어 문맥과 무관하게 사용하게 된다. 그리하여 "우리가 슬피 울어도 너희가 가슴을 치지 아니하였다."는 말씀은 하나님의 말씀에 반응하지 않는 세대의 악한 모습에 대한 질책이라고 이해되기도 한다. 그러나 17절이 위치한 문맥은 이러한 해석이 가능한 문맥이 아니다. 17절의 비유 속의 질책은 이 세대가 세례자 요한과 예수께 한 말에 해당한다. 그들은 자신들의 기준으로 선지자와 메시아를 비판했다. 더구나 그들이 사용한 기준들은 서로 모순된 기준들이었다. 이러한 사람들의 모습은 단지 하나님의 말씀에 무관심한 모습이 아니라 하나님의 선지자와 하나님의 메시아를 적극적으로 비판하고 비난하는 모습이다. 그들은 설교 시간에 조는 성도의 모

45. 김성희, 312 참고. 그런데 이러한 해석은 세례자 요한에 대한 변호가 생략되는 문제점을 가지며, 역접 접속사가 아니고 순접 접속사(καί)로 지혜에 관한 말씀이 이어지므로 문맥에 부합하지 않는다는 문제점도 가진다는 지적이 있다(김성희, 315). 그렇지만 헬라어 '까이'(καί)는 역접을 위해 "그러나"의 뜻으로 사용될 수 있고, 세례자 요한에 대한 변호가 반드시 19절에 있어야 하는 것은 아니다.

습이나 회개하지 않는 사람의 모습이 아니라, 회개를 외치는 설교자에게는 미쳤다고 비난하고, 용서를 외치는 설교자에게는 죄인의 친구라고 비난하는 자들과 같다. 비유된 자들의 모습은 하나님이 세상의 중심이 아니라 자신이 세상의 중심이고. 이러한 자기 중심성에 있어서 일관된 원칙도 없는 매우 악한 자들의 모습이다. 세례자 요한과 예수를 모두 거부하고 비판한 당시 유대 지도자들(대제사장들, 바리새 서기관들 등)이 바로 그러한 자들이었다.

4. 고라신과 가버나움에 대한 책망 (11:20-24)

벳새다, 가버나움 등의 주민들은 예수께서 행하신 많은 표적들을 보고도 예수를 믿지 않았다. 이 지역보다 두로, 시돈, 소돔 같은 이방 지역이 심판 때에 견디기 더 쉬울 것이다.

1. 번역

20 그때 그의 권능들이 가장 많이 행해진 도시들을 책망하기 시작하셨다.
왜냐하면 그들이 회개하지 않았기 때문이었다.

21 "화로다 너 고라신이여, 화로다 너 벳새다여!
왜냐하면 너희 중에서 발생한 권능들이 두로와 시돈에서 발생했다면,
벌써 베옷을 입고 재에 앉자 회개하였을 것이기 때문이다.
22 참으로[46] 너희에게 말한다.
심판의 날에 두로와 시돈이 너희보다 더 견딜 만할 것이다.
23 그리고 너 가버나움이여, 네가 하늘까지 높여지겠느냐?

46. 여기서 '쁠렌'(πλήν)은 "참으로"라는 뜻으로 사용되었다고 볼 수 있다(DA, 1991: 268).

저승까지 낮아질 것이다.

너에게 발생한 권능들이 소돔에게 발생하였다면

소돔이 오늘까지 남아 있을 것이다.

24 참으로 너희에게 말한다.

심판 날에 소돔 땅이 너보다 더 견딜 만할 것이다."

2. 주해

20-24절 (책망받는 도시들) 예수께서는 유대인들이 이방인들보다 더 악하게 반응했다고 책망하신다. 고라신은 두로와 시돈보다 더 완악하며, 가버나움은 소돔보다 더 완악하다. 이 도시들은 예수께서 행하신 많은 표적들을 보고도 회개하지 않았다(20절). 그들은 이방인마저 회개하도록 하였을 표적들을 보고도 회개하지 않았다. 그러므로 그들은 심판 날에 소돔, 두로, 시돈보다 더 가혹한 심판을 받을 것이다. 유대인들도 회개하지 않으면 이방인들보다 더 가혹하게 하나님의 심판을 받을 것이다. 복음을 받아들이지 않으면 유대인들도 심판을 피할 수 없다.

두로와 시돈 사람들이 고라신이나 벳새다에서 예수께서 행한 일들을 목격했다면 베옷을 입고 재에 앉아 회개했을 것이다(21절). '베옷'은 낙타털로 만든 옷이다.[47] 이것을 입는 것은 회개의 표시였다.[48] 재를 머리에 얹거나 그 위에 앉는 것도 회개의 표시였다(욥 2:8; 욘 3:6)(Stein, 307).

예수께서는 가버나움을 책망하시며 음부에까지 낮아질 것이라고 하신다. '음부'(ᾅδης, '하데스')는 히브리어 '스올'(שאול)의 번역어이며(잠

47. Evans, 1990: 173.

48. Stein, 307.

1:12 등), 죽은 자들이 가는 곳으로서(시 89:48)[49] '하늘'의 반대말이거나 (시 139:8; 암 9:2), 불의한 자들이 죽은 후 가는 곳이다.[50] 누가복음 16:22-26에서처럼 여기서도 이 단어는 후자의 의미로 사용되었을 것이다(Stein, 307). 불의한 자들이 사후에 가는 곳은 '게헨나'라고도 불렀다(자세한 설명은 아래 해설 참고).

3. 해설

후기 유대교에서는 의인과 악인을 위한 사후 세계가 서로 다르다고 여겨졌고, 악인을 위한 곳을 '게헨나'라고 불렀으며, 이것은 대개 '지옥'이라 번역된다(Evans, 1990: 174). 게헨나의 불은 꺼지지 않는다(사 66:24).[51] 게헨나는 주로 최후 심판 이후에 심판 받는 자들이 가는 장소를 가리키므로, 죽은 자들이 가는 곳인 음부(하데스)와 구별된다.[52]

그런데 예수 당시에 하데스와 게헨나가 서로 명확히 구분되었는지에 대해서는 논란이 있다(Stein, 307). 그러므로 용어만으로 구별하기보다 문맥을 살펴보아야 한다. 누가복음 16:23-24은 하데스를 불에 의하여 고통을 당하는 장소로 묘사하는데, 이것은 게헨나의 모습과 유사하다. 마태복음 11:23에서도 음부(하데스)는 하늘과 대조되어 사용되고 다음 절(24절)에서 언급되는 심판과 평행을 이루면서 악인들이 가는 심판의 장소를 가리키는 듯하다.

---

49. Evans, 1990: 174; Stein, 307.
50. 에녹1서 22:3-13; 63:10; 99:11; 에스드라2서 7:36(Stein, 307).
51. Evans, 1990: 174.
52. 강대훈, 2014: 190. 한편, 무저갱(ἄβυσσος)은 귀신들을 위한 심판의 장소를 가리킨다(강대훈, 2014: 190).

5. 하나님의 계시를 받는 자들 (11:25-27)

유대인들 가운데서도 지혜롭고 슬기 있는 사람들이 아니라 무지한 자들이 예수의 가르침을 받아들였다.

1. 번역

25 저 때에 예수께서 반응하여 말씀하셨다.

"당신에게 감사합니다. 아버지, 하늘과 땅의 주여!

왜냐하면 당신은 이것들을

지혜로운 자들과 명철한 자들에게는 숨기시고

아기들에게는 그것들을 드러내셨기 때문입니다.

26 그렇습니다, 아버지!

왜냐하면 이것이 당신에게 기뻐하심이 되었기 때문입니다.

27 모든 것들을 나의 아버지께서 나에게 넘겨주셨습니다.

그래서 아버지 외에는 아들을 알아보는 자가 없고

아들과 아들이 그에게 계시하기 원하는 자 외에는

아버지를 알아보는 자가 없습니다.

2. 주해

25절 (예수의 감사) 예수께서 하나님께 감사를 드린다. 개역개정판이 '감사하다'로 번역한 단어(ἐξομολογέω의 중간태)는 70인역에서 종종 하나님께 찬양과 감사를 드리는 것을 뜻한다(Hagner, 1993: 318).

예수께서는 하나님을 '천지의 주'라고 부르신다. 이것은 유대인들이

기도할 때 하나님을 부르는 표현이다.[53] 예수께서는 또한 하나님을 '아버지!'(πάτερ)라고 부르신다. 이것은 아람어 '아바'에 해당한다. '아바'는 어른들이 그들의 아버지를 부를 때에도 사용했으므로, '아빠'(Daddy)에 해당한다기보다는 '아버지'에 해당한다(Stein, 312). 이것은 예수 시대에 하나님에 대하여 사용되기는 했으나(마카비3서 6:4, 8; 집회서 23:1, 4) 흔하지 않다.[54] 또한 기도 중에 하나님을 기도자의 아버지라고 부른 경우는 유대인들의 문헌에서 발견되지 않는다(강대훈, 상, 766). 그러므로 예수의 이 용어 사용은 독특하다.

고라신, 벳새다, 가버나움이 회개하지 않은 것은 지혜롭고 슬기 있는 자들에게 숨기시는 하나님의 뜻에 의한 것이다(25절). 이때 지혜롭고 슬기 있는 자는 구체적으로 누구를 가리키는가? 문맥상 고라신, 벳새다, 가버나움을 가리킨다. 이것들은 두로와 시돈, 소돔 등의 이방 도시에 대조된 도시들이므로, 이 도시들로 대표되는 유대인들을 가리킨다. 그중에서도 특히 바리새인들이나 서기관들을 가리키는 듯하다.

예레미야 31:34; 하박국 2:14은 종말 이전에 지식의 퍼짐을 언급한다. 이 구절들에 의하면 하나님을 아는 지식은 종말론적 기대의 실현이다.[55] 많은 유대인들은 비밀의 계시가 구원의 시대를 예고할 것이라고 믿었는데(시 78:2; 1QpHab 7:1-5; 11:1-2), 예수의 사역 속에서 이러한 기대가 실현되고 있다(DA, 1991: 277).

그런데 하나님은 어린 아이들에게 계시를 알려주신다(25절). 여기서, '어린 아이'(νήπιος)는 누구를 가리키는가? 70인역에서는 히브리어 '페

53. Keener, 2009: 346.
54. Stein, 312.
55. DA, 1991: 277.

티'(פתי)의 번역으로서 "단순한 자들"을 가리킨다.[56] 70인역에서 이 단어는 의로운 자들을 가리키는 용어로 사용된다(시 18:7; 114:6; 118:130).[57] 이 용어는 가난한 자들과 억눌린 자들을 가리키기도 한다.[58] 마태복음 문맥 속에서는 '어린 아이들'은 바리새인들이나 서기관들에 대조된 자들로서 율법 및 율법을 적용한 복잡한 유대 전통들을 잘 알지 못하는 자들을 가리키는 듯하다.

26절 (하나님의 뜻) 예수께서는 무지한 자들에게 나타내시고 지혜로운 자들에게 숨기신 것이 하나님의 뜻대로 이루어진 것이라고 하신다. 개역개정판에서 '뜻'으로 번역된 단어는 '에우도끼아'(εὐδοκία)이다. 이 단어는 '텔레마'(θέλημα)처럼 70인역에서 히브리어 '라촌'(רצון)을 번역하여 쓰는 말이므로, '텔레마'와 동의어로서 "원하는 바"를 가리킨다고 볼 수 있다.[59]

27절 (하나님과 예수) 예수께서는 하나님께서 모든 것들을 자신에게 넘겨주셨다고 하신다. 유대인들은 모세의 경우 천사의 중보를 통하여 율법을 받았다고 여겼는데, 예수의 경우는 직접 하나님으로부터 계시를 받았음이 언급된다(DA, 1991: 280). 그리하여 예수를 모세보다 더 큰 분으로 소개하는 모세-예수 모형론이 전개된다. 출애굽기 33:12-13에서는 하나님이 모세를 아신다고 하며 모세는 하나님을 알도록 해 달라고 기도한다.[60] 이 구절을 배경으로 하여 보면, 오직 하나님만 예수를 아시고 오직 예수만 하나님을 아는 모습은 예수께서 모세 이상의 인물이심을 뜻한다.

56. Hagner, 1993: 318.
57. DA, 1991: 275.
58. Hagner, 1993: 318-19.
59. 강대훈, 상, 767-68 참고.
60. DA, 1991: 272.

마태복음 11:25-26은 기도이며, 이어지는 11:28은 쉼에 대하여 언급한다. 유사하게 출애굽기 33:12-13은 기도이며 33:14는 쉼에 관해 언급하는데, 이것은 마태복음 11:27을 이 출애굽기 본문과 연관시켜 모형론적으로 해석할 수 있도록 한다(DA, 1991: 286 참고). 그렇다면 이 구절은 예수를 새로운 모세로 묘사한다고 볼 수 있다.

예수께서는 오직 자신만 하나님을 안다고 하신다. 그리하여 자신이 하나님을 아는 신적 "지혜"의 기능을 함을 묘사한다(자세한 설명은 아래 해설 참고).[61]

3. 해설

지혜 문헌은 오직 하나님만 지혜를 아시며(욥 28:12-27; 집회서 1:6-9; 바룩서 3:32), 오직 지혜만이 하나님을 안다고 한다(솔로몬의 지혜 8:4; 9:1-18).[62] 또한 아버지-아들 도식 속에서 의롭고 가난한 자가 하나님을 아는 지식을 가지며 하나님이 그의 아버지임을 자랑스러워한다고 하며, 의인이 하나님의 아들이면 하나님께서 그를 원수들의 손에서 구하실 것이라고 한다.[63] 이러한 배경 속에서 예수를 지혜로 소개하는 마태복음 본문은 예수께서 의로우심을 표현하는 측면도 있다고 볼 수 있다.

61. Keener, 2009: 347.
62. DA, 1991: 272.
63. 솔로몬의 지혜 2:10, 13, 16, 18(DA, 1991: 287).

6. 예수의 멍에 (11:28-30)

1. 번역

28 피곤하고 무거운 짐 진 자들이여, 다 나에게 오십시오.

그러면 내가 여러분을 쉬게 할 것입니다.

29 나의 멍에를 여러분에게 메고, 나에게 배우십시오.

왜냐하면 나는 온유하고 마음이 겸허하여

여러분의 영혼이 쉼을 얻을 것입니다.

30 왜냐하면 나의 멍에는 자비롭고 나의 짐은 가볍기 때문입니다."

2. 주해

28-29절 (무거운 짐진 자들) 예수께서는 수고하고 무거운 짐진 자들을 초청하며 쉬게 하시겠다고 약속하신다. 예수께서는 마음이 온유하고 겸손하다고 자신을 소개하신다. 문맥상 온유와 겸손은 무거운 멍에를 지우기를 원하지 않는 긍휼함을 뜻한다. 이것은 백성들에게 무거운 유대 전통의 짐을 지우고 긍휼히 여기는 마음이 없는 무자비한 바리새인들과 예수를 대조한 것이다(12:2, 7 참고).

예수께서는 자신의 멍에를 메라고 하신다. '멍에'는 율법(행 15:10; 갈 5:1; *m. Berakoth* 2:2)[64] 또는 가르침을 가리킬 수 있는 용어이다(렘 5:5).[65] 예수께서는 유대 전통의 무거운 멍에를 진 사람들을 부르시며(23:4 참고) 그들에게 쉼을 약속하신다(28절). 예수께서는 유대 전통의 짐을 지우시지

---

64. Hagner, 1993: 324.

65. 양용의, 2018: 248.

않고 좋은 멍에를 지우신다(30절). 예수의 가르침(율법 해석 및 적용)은 유대 전통보다 가볍다. 바리새인들은 율법을 문자를 따라 복잡하게 해석하고 적용하여 무거운 짐을 만들었지만, 예수께서는 율법을 그 정신에 따라 해석하여 가벼운 짐으로 만들었다(Hagner, 1993: 325 참고).

멍에는 유대교에서 하나님의 율법을 가리키므로 '나의 멍에'라는 표현은 예수께서 자신을 하나님의 위치에 놓은 것이라는 해석도 있다.[66] 집회서 51:26에는 '그녀(지혜)의 멍에'라는 표현이 나오므로, '나의 멍에'라는 예수의 표현은 예수 자신을 지혜와 동일시하는 표현이기도 하다.[67]

예수께서는 자신의 멍에를 메고 예수께 배우는 사람의 마음은 쉼을 얻을 것이라고 하신다. '쉼'은 구약 성경에서 대적들로부터의 구원을 가리키기도 한다(신 12:9; 25:19; 시 95:11; 사 14:3).[68] 출애굽기 33:14은 안식의 약속을 제시한다.[69] 메시아 시대는 안식의 시대로 기대되었고(에스라4서 7:36, 38; 8:52) 때로는 큰 안식일처럼 이해되었다(DA, 1991: 288). 이러한 배경 속에서 마태복음 본문이 약속하는 예수께서 주시는 '쉼'(안식)은 메시아를 통한 새 출애굽이 가져다주는 안식을 가리킨다.

30절 (쉬운 멍에, 가벼운 짐) 예수께서는 자신의 멍에는 쉽고 자신의 짐은 가볍다고 하신다. 개역개정판에서 '쉽다'고 번역된 단어 '크레스또스'(χρηστός)는 70인역에서 '토브'(טוב)나 '야카르'(יקר)의 번역으로서 목적 달성에 유용한 성질을 가리키며, '자비로운'(ἔλεος)에 평행되어 짝을 이루며 유사한 뜻으로 사용되기도 한다.[70] 신약 성경에서도 이 단어는 주

66. Keener, 2009: 348-49.
67. 강대훈, 상, 771 참고.
68. 양용의, 2018: 249.
69. DA, 1991: 272.
70. 강대훈, 상, 775.

로 "좋은," "친절한"이라는 뜻으로 사용된다.[71] 요세푸스(*Ant*. 8.213)는 '멍에'(ζυγός)의 무거움을 덜어주는 자비로움을 표현하기 위하여 이 단어(χρηστός)를 사용한다(Mitchell, 334). 그러므로 이 단어는 마태복음 이 구절에서도 문맥에 부합하는 "좋은"이나 "자비로운"으로 번역될 수 있다. 예수의 멍에는 자비로운 멍에이다. 따라서 예수의 멍에가 쉽다는 말은 예수의 율법은 자비롭다는 뜻이다.

3. 해설

바리새인들이 지우는 무거운 유대 전통의 짐보다 예수께서 지우는 메시아의 율법의 짐은 가볍다. 이 짐은 가벼운 짐이지만 아무런 짐이 없는 것은 아니다. 예수께 나아온 자는 무거운 짐을 벗지만 가벼운 짐을 지고 예수께 배워야 한다. 그래야 쉼을 얻는다. 아무런 짐도 안 지겠다고 하는 자는 메시아의 율법/가르침(예수께서 해석하시고 적용하신 율법)도 거부하는 자이다. 그러한 자들은 마음의 쉼을 얻을 수 없다. 마음의 안식을 약속받은 사람들은 예수의 멍에를 지고 예수께 배우는 자들이다.

7. 안식일 논쟁 (12:1-8)

쉽고 가벼운 짐인 예수의 가르침(11:29-30)은 안식일을 그 정신에 따라 자비를 강조하는 방식으로 지키도록 한다. 마태복음 12:1-8은 예수의 멍에가 자비로움을 구체적으로 보여 준다. 그러나 이 본문은 안식일 율법을 지킬 필요가 없다는 반율법주의 논증을 담고 있지 않고,[72] 어떻게 안식일 율법을 지킬 것인가에 관한 논증을 담고 있다. 본문은 율법을 잘못 해

71. Mitchell, 326.

72. DA, 1991: 307.

석하고 적용하는 자들에 대항하고 있다.[73] 마태복음 24:20에서 보듯이 마태복음은 안식일 준수를 계속하는 것을 당연시한다(DA, 1991: 315).

1. 번역

12:1 저 때에 예수께서 안식일에 곡식밭 사이로 지나가셨다. 그런데 그의 제
자들이 굶주려서 이삭을 훑어서 먹기 시작했다. 2 그런데 바리새인들이 보
고 그에게 말했다.

"보시오!
당신의 제자들이 안식일에 하도록 허용되지 않은 것을 하고 있소."

3 그러나 그가 그들에게 말씀하셨다.

"다윗이 자신과 같이 있는 자들과 함께 굶주렸을 때 무엇을 했는지
그대들은 읽지 못하였소?
4 그가 어떻게 하나님의 집에 들어가 진설병들을 먹었는지 말이오.
그것은 그도 그와 함께 있는 자들도 먹을 수 없었고
오직 제사장들만 먹을 수 있었는데 말이요.
5 또한 안식일에 제사장들이 성전에서 안식일을 범하고도
무죄하다는 것을 그대들은 율법에서 읽지 못하였소?
6 그런데 나는 그대들에게 말하오.
성전보다 더 큰 것이 여기 있소.
7 '나는 자비를 원하고 제사를 원하지 않는다.'가 무슨 뜻인지
그대들이 알았다면 무죄한 자들을 정죄하지 않았을 것이오.
8 왜냐하면 그 인자는 안식일의 주인이기 때문이오."

73. DA, 1991: 312.

2. 주해

1-2절 (바리새인들의 지적) 제자들이 남의 밭에서 이삭을 잘라 먹었다.[74] 그러나 그것은 불법이 아니었다. 그것은 신명기 23:25에 의해 허용된다. 문제의 소지는 그렇게 한 날이 안식일인 데 있었다. 바리새인들은 예수의 제자들이 안식일에 하지 못할 일을 한다고 지적했다. '안식일에 하지 못할 일'은 출애굽기 34:21의 안식일 추수 금지를 가리키는 듯하다.[75] 안식일에 이삭을 비벼 먹는 것은 바리새인들이 추수로 간주하여 안식일에 금지한 행위였을 것이다(2절). 안식일에 곡식 이삭을 한입 가득 먹을 정도의 분량을 취하면 안 된다는 미쉬나 규정(*Shabbath* 7:4),[76] 안식일에 과일 따는 것이 금지되었다는 필로의 기록이나, 안식일에 떨어진 과일을 집어 먹는 것도 인정하지 않은 미쉬나의 기록은 그러한 유대인들의 전통이 널리 퍼져 있었다고 보게 한다.[77]

그러나 유대 전통은 안식일에 금식하는 것을 금지했으므로, 바쁜 일정 속에서 식사를 미리 준비하지 못한 배고픈 제자들에게는 이삭을 비벼 먹는 것 외에 다른 선택의 여지가 없었을 것이다(Keener, 2009: 353).

바리새인들은 예수의 제자들이 안식일을 위반했다고 보고도 그들을 기소하지 않았으며, 단지 지적하는 데서 그친다. 그렇게 한 것은 기소 이전에 경고해야 하는 절차 때문이었을 것이다.[78]

3-5절 (다윗의 경우를 통한 논증) 예수께서는 구약 성경의 내용을 읽지

---

74. 이것은 밀 이삭이 아니라 보리 이삭일 수도 있다(Hendriksen, 중, 248).
75. Carroll, 138.
76. Hendriksen, 중, 249.
77. 신현우, 2021: 242.
78. *m. Sanhedrin* 7:8(Lane, 115).

못하였느냐고 바리새인들에게 질문하신다(3절). 율법 전문가들에게 이러한 질문은 매우 모욕적으로 들렸을 것이다.[79] 이것은 그들이 읽었지만 깨닫지 못하였다는 지적을 담은 질문이기 때문이다.[80] 예수께서는 무리들에게는 '듣지 못하였느냐?'라고 지적하시지만, (글을 읽을 수 있는) 유대인들의 지도자들에게는 '읽지 못하였느냐?'라고 지적하신다(DA, 1991: 314).

랍비 문헌은 다윗이 진설병을 먹은 날은 안식일이었다고 간주한다.[81] 따라서 예수 당시 바리새인들도 그렇게 간주하였을 수 있다. 그렇다면 다윗이 제사법을 안식일에 어긴 이야기는 안식일에 곡식 이삭을 잘라 먹은 제자들을 변호하기에 적합한 것이었다고 볼 수 있다.

그러나 다윗의 행위가 안식일에 발생한 것이 아니라고 해도 예수의 논증은 효력을 유지한다. 예수께서는 다음과 같은 논증으로 바리새인들을 비판하셨기 때문이다. 다윗은 진설병을 제사장들만 먹도록 제한한 제사법(레 24:9)을 어겼다(3-4절). 그럼에도 불구하고 유대인들은 다윗을 무죄하게 여긴다.[82] 안식일에도 성전에서 제사를 중단하지 않고 하는 것을 볼 때, 제사법은 안식일법보다 더 중요하다(5절). 이 주장은 바리새인들이 받아들이는 내용이었을 것이다. 힐렐 학파 등의 유대인들도 성전 제사가 안식일 규례보다 우선함을 전제하고 이를 토대로 안식일에 할 수 있는 일에 관하여 논증했기 때문이다.[83] 그러므로 제사법을 어긴 다윗 일행이 무죄하다고 간주하는 바리새인들은 안식일법의 적용에 불과한 (바리

79. Keener, 2009: 355.
80. DA, 1991: 313.
81. *b. Menahoth* 95b 등(DA, 1991: 308).
82. *Ant*. 6.242-4(DA, 1991: 308). 쿰란 문헌(4QSam^{b} frags. 3-4:3)은 다윗이 자신의 동료들에게 진설병을 먹을 수 있다고 말했다고 한다(DA, 1991: 309).
83. Keener, 2009: 356.

새) 유대인들의 안식일 전통을[84] 어긴 제자들이 더더구나 무죄하다고 간주해야 한다.

사울의 추적을 피하여 달아나는 과정에서 자신들의 목숨을 구하고자 제사법을 어기고 진설병을 먹은 다윗의 일행이 무죄라면, 다른 사람들의 더 큰 구원을 위하여 사역하는 중에 곡식 이삭을 비벼 먹은 예수의 제자들은 더더구나 무죄하다. 안식일에도 제사장들이 성전에서 제사를 하므로 제사법이 안식일법보다 상위법이다(5절). 그런데 제자들이 어긴 것은 안식일법이 아니라 그것을 적용한 바리새 전통에 불과하다. 더구나 메시아이신 예수는 다윗보다 위대한 분이다. 그러므로 제사법을 어긴 다윗 일행이 무죄라면 예수의 제자들의 바리새 전통 위반 행위는 더더구나 무죄이다.

6-7절 (더 중요한 율법을 통한 논증) 하나님께서 자비를 제사보다 더 원하시므로(7절), 자비는 성전(제사)보다 더 중요하다(6절). 6절이 언급하는 '성전보다 더 큰 것'은 7절에 나오는 자비를 가리킨다. 6절에서 '더 큰 것'으로 번역된 헬라어도 중성이므로, 7절에 나오는 '자비'로 번역된 헬라어(중성임)를 가리킨다고 볼 수 있기 때문이다. 따라서 제사보다 더 중요한 자비는 제사보다 덜 중요한 안식일보다 더 중요하다(Wong, 15).[85] 제자들이 바리새인들의 안식일 전통을 어겼지만, 바리새인들은 배고픈 제자들에게 음식을 제공하는 대신 비판을 가함으로써 자비를 버렸다. 그러므로 제자들은 율법을 어긴 것이 아니므로 무죄이지만 율법에서 가장 중요한

84. 유대인들의 안식일 전통은 구약 성경이 허용한 것을 금하기도 하였기에(왕하 11:4-8 참고) 안식일 전통을 어긴 것이 율법 위반이라고 볼 수는 없다(DA, 1991: 311 참고).

85. 유사하게, 2세기 초의 한 랍비는 주장하기를 제사도 안식일보다 중요하므로, 사람의 생명을 구하는 것은 (더더구나) 안식일보다 우선한다고 주장했다(*t. Sabbath* 15.16)(Keener, 2009: 356).

자비를 위반한 바리새인들의 죄는 매우 무겁다(7절).[86]

8절 (안식일의 주) 이 구절은 '왜냐하면'(γάρ)으로 시작한다. 인자(예수)가 안식일의 주이심은 제자들의 무죄의 근거로 제시된다. 다윗이 제사법을 어기고 무죄하게 여겨진 것은 그가 제사법보다 더 크다는 것을 암시한다. 예수께서는 다윗보다 더 큰 분으로서 당연히 제사법보다 크므로 안식일법보다 더 크다. 따라서 안식일의 주인이다. 그러므로 다윗의 일행이 안식일법보다 더 큰 제사법을 어기고 무죄라면 다윗보다 큰 예수를 따르는 제자들이 제사법보다 더 작은 안식일법의 적용에 불과한 바리새 안식일 전통을 어긴 것은 더더구나 무죄이다.

3. 해설

예수의 안식일 논증은 예수의 제자들이 무죄임을 밝히는 논증이다. 이 논증은 안식일 율법이 폐지되었다는 주장을 담고 있지 않다. 안식일 율법보다 제사법이 더 큰 법이고, 제사법보다 자비가 더 중요하므로, 무죄한 자를 비판하는 무자비한 자들은 엄청난 죄를 짓고 있음을 지적하는 논증이다.

예수의 제자들이 무죄임은 그들이 어긴 것이 안식일 율법이 아니기 때문이지만, 바리새인들은 예수의 제자들이 율법을 위반하였다고 보았다. 그렇기에 예수께서는 제자들이 안식일 율법을 위반하였다고 가정할 경우에도 그들이 무죄일 수 있음을 논증하신다. 다윗의 경우처럼 특별한

86. D. J. Moo는 제사보다 더 큰 것이 예수라고 간주하면서 예수를 위해 봉사하는 제자들이 안식일을 어길 수 있다는 논증을 읽어낸다(DA, 1991: 313). 그러나 제자들이 곡식 이삭을 잘라 먹는 행위는 예수를 위해 봉사하는 행위가 아니므로 이 논증은 성립하지 않는다(DA, 1991: 314).

상황 속에서 제사법을 어기고도 무죄할 수 있다. 안식일법은 제사법보다 덜 중요한 법이기 때문에 특별한 상황 속에서 안식일법을 어기고 더더구나 무죄할 수 있다. 자신의 목숨을 위해서 진설병을 먹으며 제사법을 어긴 다윗 일행이 무죄하다고 여겨진다면, 다른 많은 사람들의 더 큰 구원을 위하여 사역하는 가운데 이삭을 잘라 먹으며 안식일 전통을 어긴 예수의 제자들은 더더구나 무죄하다고 여겨져야 할 것이다.

8. 안식일에 치유하심 (12:9-14)

마태복음 12:9-14는 예수의 멍에의 자비로움을 구체적으로 예시한다.

1. 번역

9 그가 그곳에서 떠나 그들의 회당에 들어가셨다. 10 그런데 보라! 손이 마
비된 사람이 있었다. 사람들이 그에게 질문하였다.

"안식일에 치료하는 것이 허용됩니까?"

이것은 그를 고발하기 위함이었다. 11 그런데 그가 그들에게 말씀하셨다.

"여러분들 중에 어떤 사람이 양 한 마리를 가졌는데,

그 양이 안식일에 구덩이에 빠지면 그것을 잡아 끌어내지 않겠습니까?

12 그런데 사람은 양보다 얼마나 더 소중합니까?

그러므로 안식일에 선을 행하는 것이 허용됩니다."

13 그때 그가 그 사람에게 말씀하셨다.

"그대의 팔을 펴시오."

그러자 그가 팔을 폈고 회복되어 다른 팔처럼 건강하게 되었다. 14 그러나
바리새인들은 나가서 그를 죽이려고 음모를 꾸몄다.

2. 주해

9절 (회당에 들어가심) 예수께서 회당에 들어가셨다. 9절은 이 회당을 '그들의 회당'이라고 언급한다. 여기서 '그들'은 유대 그리스도인들과 구분하여 유대인들을 가리킨다.[87] 유대 그리스도인들의 회당이 생겨난 시대에 사는 독자들에게는 유대인들의 회당을 가리키기 위해 '그들의 회당'이라는 표현을 사용할 필요가 있었을 것이다.

10-12절 (안식일에 치유할 수 있는가) 예수는 안식일에 치유하는 것이 옳은가 묻는 질문을 받는다(10절). 이에 대한 예수의 논증은 다음과 같은 더 더구나(*qal wachomer*) 논증이다(Wilson, 205).[88] 안식일에 양이 구덩이에 빠졌으면 끌어내어도 된다(11절). 사람은 양보다 더 귀하다(12절). 그러므로 안식일에 구덩이에 빠진 사람을 더더구나 건져낼 수 있다. 따라서 안식일에 사람을 치유(질병의 구덩이에서 건져내기)할 수도 있다. 이러한 주장을 담아 예수께서는 안식일에 선을 행하는 것이 옳다고 하신다. 여기서 선은 문맥상 어려움에 빠진 사람을 구하는 행위이다.

쿰란 문헌(CD 11:13-14)은 짐승을 안식일에 구덩이에서 건져내는 것을 금하지만, 바벨론 탈무드(*b. Shabbath* 128b)는 구덩이에 빠진 짐승이 스스로 나오도록 도움을 줄 수는 있다고 한다(*b. Baba Metzia* 32b 참고).[89] 마태복음 12:11도 당시 유대인들이 안식일에 짐승을 구덩이에서 구출하였음을 증언한다.

---

87. Hagner, 1993: 333.

88. 사람과 동물을 비교하면서 동물에게 베풀 수 있는 일이 사람에게는 더더구나 허락됨을 논증하는 더더구나 논증은 랍비 문헌만이 아니라 고대 문헌에서 널리 발견된다(Wilson, 207). 필로(*Spec.* 2.89)도 그러한 논증을 한다(Wilson, 212).

89. Wilson, 205-6; Hagner, 1993: 333.

13절 (예수께서 치유하심) 예수께서는 말로 치유하신다. 말로만 치유하는 것은 일에 해당하지 않는다고 볼 수도 있다(Keener, 2009: 357). 그러나 유대인들은 하나님께서 말씀으로 창조하신 것을 일이라고 부르는 창세기 2:2-3에 따라 말도 일로 간주했을 수 있다. 당시 유대인들은 목숨이 위험한 경우를 제외하고는 말이든 행동이든 치유를 의도한 것이면 안식일에 금지된다고 간주했다(*m. Yoma* 8:6; *m. Shabbath* 14:3-4).[90] 그러한 관점에서 볼 때 목숨이 위태롭지 않은 손 마른 병자를 안식일에 치유한 것은 안식일에 금지된 일을 한 것이라고 여겨졌을 것이다.

14절 (바리새인들의 의논) 예수의 논증에 문제가 없었고, 손을 내밀라는 말로 사람을 치유한 것은 안식일을 어긴 것이 아님에도 불구하고, 바리새인들은 예수를 죽이고 싶어 하였다. 그들은 논증의 정당성에는 관심이 없었다.[91] 그리하여 그들은 정당한 이유 없이 단지 안식일에 치유를 금지하는 그들의 전통에[92] 위배된 행동을 하였다는 이유로 안식일에 예수를 죽이고자 하였다. 예수께서 사람을 살리는 방향으로 사역하였을 때, 그들은 사람을 죽이는 방향으로 행하였다. 그러므로 그들이야말로 안식일에 나쁜 일을 한 사람이다. 안식일에 좋은 일을 한 예수가 문제인가, 안식일에 악한 일을 한 바리새인들이 문제인가?

사람을 죽이려고 의논하는 것은 율법이 금한 것으로서 사형에 해당하는 잘못이다.[93] 바리새인들이 예수께서 행하신 기적적인 치유를 보고도 이러한 잘못을 범한 이유는 그들이 기적보다 전통을 더 신뢰했고, 그들이

---

90. France, 149; Collins, 207.

91. Hagner, 1993: 334.

92. 미쉬나(*m. Shabbath* 14:3; 22:6). 토세프타(*t. Shabbath* 16.22) 참고(양용의, 2018: 254). 그들은 아마도 생명이 위험한 경우에만 치유를 허용하였을 것이다(*m. Yoma* 8:6 참고; Hagner, 1993: 333).

93. Keener, 2009: 354.

구약 성경과 동등한 권위를 가진 것으로 간주한 그들의 전통을 예수께서 어기셨기에 그 기적을 마술로 간주했기 때문이었을 것이다(Keener, 2009: 359).

안식일은 사람들에게 구원을 주시고자 하는 하나님의 선물이다. 안식일에 쉬지 않아도 당장 죽지 않지만 하나님은 그날 종들도 쉬도록 하셔서 건강과 목숨을 오래 유지하도록 배려하셨다(신 5:14-15). 이러한 안식일의 자비의 정신을 적용한다면 안식일에 치유를 하는 것이 옳다. 예수께서는 이러한 안식일의 정신에 따라 행하셨다. 그런데, 바리새인들은 안식일에 안식일 정신에 부합한 구원 사역을 행하는 예수를 정죄하였고, 예수를 죽이려고 의논하였다. 그들은 겉보기에는 율법을 지키려 한 듯하지만, 오히려 율법을 어기는 잘못을 범하였다.

3. 해설

안식일에 목숨이 위험한 경우 외에는 치유를 하지 못하도록 한 당시 유대인들과 목숨이 위험하지 않은 경우에도 치유를 한 예수의 안식일 준수 방식은 서로 다르다. 예수께서는 안식일이 노예들과 가축들에게도 자비를 베푸는 날이므로, 이 날에 병자에게 자비를 베푸는 치유가 더더구나 가능하다고 보셨다.

랍비들 가운데 소수 의견이긴 하지만 안식일에 치유를 행할 수 있다는 견해도 있었다. 랍비 문헌(*Eccles. Rab*. 9.7)에서 아바 타나(Abba Tahnah)는 나병환자에게 자비를 베푸는 행위가 안식일에 허용된다고 여긴다.[94] 랍비 문헌 미쉬나에도 안식일에 치유할 수 있다는 견해가 소개되

94. DA, 1991: 318.

고,[95] 안식일에 목을 치료할 수 있다는 소수 의견도 소개된다.[96] 그렇지만 이러한 소수 의견은 나중에 등장한 것이며, 이러한 의견이 등장한 후에도 유대인들의 주류 의견은 안식일에 치유할 수 없다는 것이었다.[97] 따라서 예수 당시 유대인들은 안식일에 (목숨이 위험한 경우를 제외하고는) 치유를 금지하였을 것이다.

그러나 구약 성경은 안식일에 치유를 금지하지 않았다(DA, 1991: 318). 따라서 안식일에 치유하는 것은 그 자체로 구약 율법 위반이라고 볼 수 없다. 그렇게 보는 것은 유대인들의 해석이었다.

9. 자기를 나타내지 않으신 예수 (12:15-21)

1. 번역

15 그러나 예수께서 아시고 그곳에서 떠나가셨다. 그러자 많은 [무리가] 그를 따랐다. 그는 그들을 모두 치유하셨다. 16 그리고 그들에게 그를 드러내지 말라고 명하셨다. 17 그리하여 이사야 선지자를 통하여 하신 말씀이 성취되었다.

18 "보라, 내가 선택한 나의 종, 나의 사랑하는 자를!
나의 영혼이 그를 기뻐하였다.
내가 나의 영을 그에게 둘 것이며,
그가 민족들에게 심판을 선포할 것이다.
19 그는 다투지도 않고 소리 지르지도 않을 것이다.

95. *m. Shabbath* 22:6(DA, 1991: 318).
96. *m. Yoma* 8:6(DA, 1991: 320).
97. DA, 1991: 318, 321.

아무도 길거리에서 그의 음성을 듣지 못할 것이다.

20 그는 상처 입은 갈대를 꺾지 않을 것이며

연기나는 심지를 끄지 않을 것이다,

그가 심판하여 이길 때까지!

21 민족들이 그의 이름 때문에 소망을 가질 것이다."

2. 주해 및 해설

15-21절 (메시아 비밀의 이유) 예수께서 병을 고치시고 자기를 나타내지 말라고 경고하신 이유는 이것이 메시아 표증이고 당시의 군사적 메시아 사상은[98] 예수를 군사적 메시아로 오해하게 만드는 것이기 때문이었다. 마태복음은 이사야 42:1 이하를 성취하기 위해 예수께서 자기를 드러내지 않았다고 한다. 그리하여 예수가 군사적 메시아가 아니라 이사야 42:1 이하에 소개되는 여호와의 종의 사명을 감당하는 메시아이심을 알려 준다.

세례 때 들린 음성에 의하면(3:17) 예수께서는 이사야 42:1에 나오는 여호와의 종으로서의 메시아이시다. 예수의 진정한 정체가 이러하므로 군사적 메시아로 오해되기를 피하신 것이다. 예수께서 여호와의 종의 사명을 가졌음은 예수를 하나님의 기뻐하는 자라고 선언하신 하나님의 음성으로 이미 암시되었다(3:17).

그런데 여기에서 인용된 이사야 42:1-4은 하나님의 공의가 이방에 알려진다고 한다. 이 구절을 인용함으로써 마태복음은 예수께서는 유대인만이 아니라 이방인을 위한 메시아이심을 알려 준다. 예수께서 메시아 표

98. 후기 유대 문헌에 종 메시아를 언급하는 것이 있기는 하지만 고난은 이스라엘이 당한다고 한다(Keener, 2009: 360).

증들을 숨기신 목적은 유대인만을 위한 메시아를 기대하고 있던 당시 유대인들이 자신을 오해하지 않도록 하기 위함이었을 것이다.

10. 바알세불 논쟁 (12:22-37)

바리새인들은 예수께서 행하는 축귀를 귀신의 왕을 통해 행하는 축귀로 간주했다(12:24). 예수께서는 그들의 궤변을 논박하신다. 귀신의 왕은 귀신들을 공격하여 자기의 나라를 멸망시킬 정도로 어리석지 않다(12:25-26). 바리새인들 중에 있는 축귀자들도 축귀가 귀신의 왕을 힘입어 발생할 수 있다는 주장을 반대할 것이다(12:27). 예수의 축귀 사역은 성령을 통하여 발생하고 있으며, 예수께서 귀신의 왕 마귀를 결박하셨기에 발생한다(12:29). 그러므로 축귀는 하나님의 통치가 임하고 있다는 표증이다(12:28).

1. 번역

22 그때 귀신 들린 맹인 농아가 그에게 다가왔는데, 그를 치료해주셨다. 그
리하여 그 농아가 말하며 보게 되었다. **23** 모든 무리가 놀라서 말했다.

"이 자가 다윗의 자손은 아니겠지?"

24 그런데 바리새인들이 듣고 말했다.

"이 자는 귀신들의 왕 바알세불을 통하지 않고는

귀신들을 쫓아내지 못한다오."

25 그들의 생각을 아시고 그들에게 말씀하셨다.

"분열된 나라는 모두 황폐하고,

분열된 도시나 가족도 모두 지탱하지 못할 것이오.

26 사탄이 사탄을 쫓아내면 자기들끼리 분열된 것이니,

어떻게 그의 나라가 지탱하겠소?

27 만일 내가 바알세불을 통하여 귀신들을 쫓아내고 있다면,

그대들의 아들들은 무엇으로 (귀신들을) 쫓아내는 것이오?

이 때문에 그들이 그대들의 재판관이 될 것이오.

28 그러나 내가 하나님의 영으로 귀신들을 쫓아내고 있다면,

하나님의 나라는 그대들에게 미리 임한 것이오.

29 만일 그렇지 않다면,

어떻게 누구든지 강한 자의 집에 들어가,

우선 그 강한 자를 결박하지 않고, 그의 그릇들을 약탈할 수 있겠소?

(그 강한 자를 결박하면) 그때에야 그의 집을 약탈할 것이오.

30 나와 함께 있지 않는 자는 나를 반대하고 있으며,

나와 함께 모으지 않는 자는 쫓아내고 있는 것이오.

31 이 때문에 그대들에게 말하오.

모든 죄와 신성모독이 사람들에게 용서될 것이지만,

그 영을 모독하는 것은 용서받지 못할 것이오.

32 누구든지 그 인자를 반대하여 말하면 그가 용서받을 것이지만,

누구든지 성령을 반대하여 말한다면

그는 현세에서도 내세에서도 용서받지 못할 것이오.

33 나무도 좋고 그것의 열매도 좋다고 간주하든지,

나무도 무익하고 그것의 열매도 무익하다고 간주하시오.

왜냐하면 열매로 인해 그 나무가 알려지기 때문이오.

34 독사의 자식들이여,

그대들은 악하니 어떻게 선한 말을 할 수 있겠소?

왜냐하면 입은 마음에 가득 찬 것으로부터 말하기 때문이오.

35 선한 사람은 선한 창고로부터 선한 것들을 산출하고,

악한 사람은 악한 창고로부터 악한 것들을 산출하는 것이오.
36 나는 그대들에게 말하오.
사람들이 말하게 될 모든 부주의한 말에 관하여
그들이 심판의 날에 해명하게 될 것이오.
37 왜냐하면 그대의 말로 인해 그대가 의롭다 판결받고,
그대의 말로 인해 그대가 유죄로 판결받을 것이기 때문이오."

2. 주해

22-23절 (축귀와 치유에 대한 무리의 반응) 예수께서 귀신 들려 시각 및 언어 장애를 가진 자를 치유하셨다. 그러자 무리는 "이는 다윗의 자손이 아니냐?"라고 말한다. '다윗의 자손'은 (군사적) 메시아 칭호였다(1:1 주해 참고). 그들이 이러한 생각에 이른 것은 메시아 표증을 보았기 때문이다. 그 표증은 눈멀고 말 못하는 사람을 고친 사건이다(22절). 이사야 35:5-6에 의해 이것은 구원의 시대의 표적으로 간주될 수 있었다. 그럼에도 불구하고, 군중은 예수께서 다윗의 자손임을 확신하지 못하고 의심하는 질문을 한다. 이 질문은 '메띠'(μήτι, 아닌가)로 시작하는데, 이 단어는 종종 의심을 담은 질문을 도입한다.

24절 (바리새인들의 왜곡적 해석) 바리새인들은 예수께서 귀신의 왕(바알세불)의 힘을 빌어 귀신을 쫓아낸다고 주장한다(바알세불에 관해서는 아래 해설 참고). 그들의 주장은 예수의 축귀 행위를 마술로 간주한 셈이다. 마술은 아마도 사형에 해당하는 죄로 여겨졌을 것이므로,[99] 이러한 판단은 예수를 죽이려는 의도를 담고 있다. 바리새인들의 주장대로 예수께

99. *m. Sanhedrin* 7:4(양용의, 2018: 261).

서 귀신의 왕의 힘을 빌었다면 예수는 접신한 자를 사형시키도록 한 레위기 20:27에 해당한다.[100] 쿰란 문헌(CD 12:2-3)은 벨리알(바알세불)에 들린 배교자를 심판하도록 하며, 미쉬나(*m. Sanhedrin* 7:7)는 돌로 쳐 죽이도록 한다(Collins, 229).

탈무드는 예수께서 마술을 행하였기에 처형당했다고 기록하는데,[101] 이것은 바리새인들의 견해와 연속선상에 있다. 2세기에 계속 기적을 행하고 있는 그리스도인들에 대해서도 후기 유대 문헌들은 사탄의 힘으로 이를 행한다고 간주하였다.[102]

24절에서 언급된 바알세불은 근접 문맥(26절)에서는 사탄이라고 불리므로, '바알세불'은 사탄을 부르는 이름 중에 하나로 사용되었음을 알 수 있다. 신구약 중간기 문헌에서도 사탄이 벨리알(Belial)이나 벨리아르(Beliar) 등 여러 가지 이름으로 불렸다.[103]

25-26절 (예수의 논박) 예수께서는 사탄은 스스로 분열을 일으켜 자신의 부하들을 물리칠 만큼 어리석지 않음을 지적하신다. 사탄은 그렇게 하면 자기의 나라가 붕괴한다는 것을 알기에 그렇게 하지 않을 것이다(26절). 사용된 논리는 귀류법이다.[104] 예수께서 사탄의 힘으로 귀신을 쫓아낸다면(p), 사탄의 나라는 분열된 것이다(q). 그러나 사탄이 자기 나라를 분열시켰을 리가 없다(~q). 그러므로 예수께서 사탄의 힘으로 귀신을 쫓아낸다고 볼 수 없다(~p).

26절에서 바알세불은 '사탄'이라고 불린다. '사탄'은 주로 고유명사로

---

100. Collins, 228.
101. *b. Sanhedrin* 43a(양용의, 2018: 614).
102. Keener, 2009: 362.
103. Evans, 1990: 186.
104. DA, 1991: 337.

사용되는 이름이며, 용례를 통해서 볼 때 적대자, 고소자, 적, 중상모략자 등의 의미를 가짐을 알 수 있다(Collins, 231). 욥기 1-2장과 스가랴 3:1-2에서 사탄은 천상 법정에서 고소자의 역할을 한다.[105] 70인역이나 제2성전기의 대부분의 헬라어 작품에서는 '호 디아볼로스'(ὁ διάβολος, 참소자, 중상모략자, 악마)라는 용어를 쓴다(Collins, 232). 사탄의 나라의 분열에 관한 언급은 사탄의 나라의 존재를 전제하는데, 이것은 쿰란 문헌에 담긴 "벨리알의 지배"와 유사한 것을 가리킨다.[106] 그러므로 강한 자 사탄을 묶는 것은(29절) 하나님의 지배의 확립을 의미한다(Collins, 233).

27절 (바리새파 축귀자들) 예수께서는 바리새파 축귀자들이 가진 축귀 이론도 사탄이 귀신을 쫓아낸다는 주장을 거부할 것이라고 지적하신다. 이 구절에서 '너희의 아들들'은 바리새인들 중에 귀신을 쫓아내는 사람들을 가리킨다.[107] '아들들'은 '~에 속한 자들'이라는 뜻을 가진 히브리어적 표현(בני)의 직역이다(BDB, 121). 베드로전서 5:13; 히브리서 12:5에서처럼 '아들'은 '제자'의 뜻으로 사용되었을 수도 있다.[108] 따라서 '너희의 아들들'은 "너희 무리에 속한 자들"을 뜻할 수 있다.[109] 그러므로 '너희의 아들들'(οἱ υἱοὶ ὑμῶν)은 문맥상 바리새파 축귀자들을 가리킨다. 바리새파 축귀자들도 바알세불을 힘입어 귀신을 쫓아낸다는 견해를 반대할 것이다.

28절 (성령으로 축귀하심) 예수께서는 하나님의 영을 힘입어[110] 귀신을

105. Collins, 231.

106. Collins, 232-33. 사탄의 나라와 유사한 표현은 쿰란 문헌 4Q286 10 2:1-13('벨리알의 나라'), 4QAmram[b] frag. 2와 구약 위경인 단의 유언 6:1-4('원수의 나라')에 등장한다(DA, 1991: 336).

107. 당시 유대인들의 축귀 활동에 관한 증거들에 관해서는 행 19:13-14; *Ant.* 8.45-49 참고(양용의, 2018: 262).

108. Marshall, 474.

109. 신현우, 2016: 208. n.5.

110. 눅 11:20은 성령 대신 '하나님의 손가락'이란 표현을 사용한다. 구약 성경에서(시

쫓아내신다. 이렇게 하심은 18절에서 인용된 이사야 42:1의 성취로서 제시되었다고 볼 수 있다(Nickel, 185). 축귀 사역 묘사에 "내던지다"는 뜻의 동사(ἐκβάλλω)가 사용되었다. 이 단어는 20절에서 이사야 42:3을 인용하면서 '심판을 내던지다'라고 표현할 때 사용된 단어이므로, 축귀가 이사야 42:3의 성취로서 사탄에 대한 심판임을 암시한다고 볼 수 있다.[111]

28절은 성령을 힘입어 축귀하는 것은 하나님의 나라가 임하고 있음을 보여 주는 표증임을 지적한다. 축귀는 사탄의 나라가 붕괴되고 있음을 보여 준다. 여기서 '천국'(하늘들의 나라) 대신 '하나님의 나라'라는 표현을 쓴 이유는 "26절에서 언급된 사탄의 나라와 대조하기" 위한 것으로 보인다(양용의, 2018: 262-63). 축귀 현상은 예수께서 사탄을 패퇴시키고 그의 영역을 접수하셨음을 보여 주는 증거이다(모세의 승천 10:1 참고).[112] 개역개정판에서 '임하였느니라'로 번역한 헬라어 단어(φθάνω)는 고린도후서 10:14; 데살로니가전서 2:16에서처럼 효력의 발생을 묘사하는 듯하다.[113] 가까이 와 있는 하나님의 나라가 효력을 발휘하고 있는 현상이 축귀이다. 하나님의 나라를 가져오시고자 십자가를 향해 가시는 예수 앞에 사탄의 세력은 패퇴한다.

29절 (사탄이 결박된 결과 발생하는 축귀) 예수께서는 사탄이 귀신을 쫓아내는 것이 아니라 귀신들의 왕 사탄(강한 자)이 결박되었기에 귀신들이 쫓겨남을 비유를 통하여 알려주신다. 강한 자를 결박해야 그의 집에 들어가 물건을 빼앗을 수 있다는 비유이다. 이 비유는 이사야 49:24-25을 반

8:3; 33:6; 겔 3:14; 8:1-3; 37:1) '하나님의 손가락,' '하나님의 손,' '하나님의 영'은 동일한 대상을 가리키는 표현이다(DA, 1991: 340). 탈굼은 왕하 3:15의 '하나님의 손'을 '영'이라 번역한다(DA, 1991: 340. n.35).

111. Nickel, 175.

112. Bock, 2015: 170.

113. 신현우, 2016: 210.

영하고 있는 듯하다.[114] 사탄의 결박은 예수께서 광야 시험을 이기신 것과 관련된다(Keener, 2009: 365). 예수께서 사탄의 시험을 이기시고 사탄을 결박하셨으므로 사탄의 부하들인 귀신이 도망가는 축귀가 발생한다. 예수께서 사탄을 이기셨으므로 제자들에게 귀신을 좇는 권세를 주실 수 있다.[115] 이미 귀신들의 왕이 예수께 패배하였기에 예수의 이름으로 귀신들을 좇아낼 수 있다.

30절 (예수와 함께 모으지 않는 자) 예수께서는 자신과 함께 모으지 않는 자는 흩어지게 하는 자라고 말씀하신다. 왜 이 말씀이 여기에 위치하는가? 사탄과의 싸움에서 예수 편에 서지 않는 자는 예수를 반대하는 자라는 의미를 담기 위한 것으로 볼 수 있다. 그러므로 사탄과 싸우는 예수를 바알세불의 힘으로 축귀한다고 비판하는 바리새인들은 더더구나 예수를 반대하는 자들이다.

이 구절 말씀은 예수의 제자들을 반대하지 않는 자들은 예수의 제자들을 위하는 자들이라는 마가복음 9:40과 모순되지 않는다. 이 마태복음 구절이 예수에 관한 분명한 입장에 관한 것인 반면 마가복음 9:40은 예수의 제자들이 사람들에 대해 취해야 할 열린 마음에 관한 것이기 때문이다.[116]

솔로몬의 시편 17:26은 메시아가 하나님의 백성을 모은다고 하며, 탈굼 이사야 53:6, 8은 여호와의 종이 흩어진 유대인 포로들을 데려온다고 하며, 이사야 49:5, 24-25은 흩어진 백성을 모으는 것을 여호와의 종의 사명으로 언급한다.[117] 이러한 배경으로 볼 때, 예수께서 언급하신 모으시는 사역은 이사야서가 언급하는 여호와의 종으로서의 사명을 감당하는 자신

114. 양용의, 2018: 263.
115. Keener, 2009: 365.
116. DA, 1991: 344 참고.
117. 강대훈, 상, 810-11.

의 메시아 정체성을 암시한다고 볼 수 있다.

31-32절 (성령을 모독하는 죄) 성령을 모독하는 죄는 사함 받지 못한다. 그런데 바리새인들은 성령으로 축귀하시는 예수의 사역을 바알세불을 힘입어 축귀하는 사역이라고 함으로써 성령을 바알세불과 동일시하며 성령을 모독하였다.[118] 바리새인들은 표증을 거부할 뿐 아니라 이 표증을 사탄에게 돌리는 것을 통하여 회개할 수 없는 자들이 되어가고 있었다.[119]

마태복음은 "오는 세상"에서도 사함을 받지 못한다고 하여 성령을 거역하는 죄가 매우 심각한 것임을 강조한다. 성령을 거역하면 왜 죄 사함을 받지 못하는가? 이사야 61:1에서 성령은 포로 된 자에게 자유(ἄφεσις)를 주는 영으로 등장한다. 예수께서는 성령을 받으셨으므로(마 3:16), 이사야 61:1 말씀대로 예수의 사역 속에서 포로 된 자를 해방시키는 사역이 기대된다. 그런데, 예수께서는 전쟁 포로를 해방시키는 사역을 하시지 않고 사탄의 포로를 해방시키는 사역 즉 축귀를 하셨다. 이러한 사역을 하시는 성령을 모독하는 것은 사탄의 포로로부터 해방되는 것을 거부하는 것이나 다름없다. 사탄은 하나님 앞에서 사람들의 죄를 고소하는 자이므로(계 12:10), 사탄의 포로로부터의 해방은 죄 사함을 함축한다.[120] 따라서 사탄의 포로를 해방시키는 성령은 죄 사함의 영이라 할 수 있다. 그러므로 성령을 모독함은 죄 사함 받기를 거부함에 해당한다. 따라서 성령 모독은 다른 죄들과 다른 종류의 죄이며 죄 사함 받기 가장 어려운 죄이다.

예수의 공생애 사역 기간에 그를 거부한 사람들은 후에 (즉 성령께서

118. 본문에서 성령 모독죄는 바리새인들이 예수를 비판하며 대장 귀신이 들렸다고 비판한 죄를 가리킨다(정훈택, 162). 예수께서는 성령으로 사역하고 계시므로, 그들의 비판은 결국 성령을 대장 귀신과 동일시하는 성령 모독죄에 해당하게 된다.

119. Keener, 2009: 366.

120. Marcus, 2000: 283 참고.

사역하시는 시대에) 회개하고 용서받을 기회를 얻을 수 있다(행 3:17 참고).[121] 그런데, 그 후에는 성령의 사역 시대가 오는데, 이 시대에는 성령을 모독하면 용서받지 못할 뿐 아니라 그 이후의 시대에도 용서받지 못한다. 성령을 한 번만 거역하여도 전혀 회개하여 용서받을 기회가 없다는 뜻이 아니라 성령을 거역하는 자는 그가 성령을 거역하는 한 성령께서 사역하시는 이 시대 내내 용서가 불가능하고, 그다음 시대(재림과 심판 이후 시대)에는 더 이상 돌이킬 수 없음을 뜻한다고 볼 수 있다. 이러한 방향의 해석은 일찍이 어거스틴에 의하여 제시된 바 있다. 그는 성령 모독죄를 특정 행동으로 보는 대신 전 인생을 통하여 회개하지 않고 성령을 거부하는 적대적인 상태를 가리킨다고 보았다.[122]

33-37절 (바리새인들이 악한 말을 하는 원인) 나무도 열매도 둘 다 좋다고 가정하든지 나무도 나쁘고 열매도 나쁘다고 가정해야 한다(33절).[123] 열매를 보면 나무를 알 수 있듯이 말을 보면 마음의 상태를 알 수 있다(33-35절). 그러므로 악한 말에 대해서는 심판 날에 의롭다함을 받거나 정죄함을 받을 것이다(36-37절).[124] 36절에서 개역개정판이 '무익한'으로 번역하는 단어(ἀργός)는 이 구절의 문맥상 제대로 살펴보지 않고 함부로 말하며 근거 없이 비방하는 것을 가리킨다.[125] 그러한 근거 없는 비방에 대해 책임져야 할 심판의 날이 온다.

---

121. 양용의는 미래형 '아페테세따이'(ἀφεθήσεται)가 문맥상 가능성("사함 받을 가능성이 있다")을 뜻한다고 지적한다(양용의, 2010: 94). 여기서 미래형은 사람의 모든 죄가 필연적으로 모두 사함 받는다고 확언하기 위해서가 아니라 사함 받을 가능성이 열려 있음을 표현하고자 사용되었을 것이다.
122. DA, 1991: 348.
123. 개역개정판에서 '하든지'로 번역된 33절의 '뽀이에사떼'(ποιήσατε)는 "가정하다"라는 뜻을 가질 수 있다(Hagner, 1993: 350).
124. 랍비 문헌에도 말에 대한 심판이 언급된다(Hagner, 1993: 350).
125. 김학철, 24 참고.

성령을 모독하는 말은 성령을 거부하는 마음의 상태를 반영하는 것이며, 이러한 말은 심판 날에 정죄받는 근거가 될 것이다. 정훈택은 이 본문이 행위 구원론을 말하는 것이 아니며, 행위가 나오는 마음(믿음, 불신)과 관계된 구원론을 말한다고 지적한다(정훈택, 165-66). 정훈택은 마태복음의 구원론을 다음처럼 정리한다. "윤리적으로 선한 사람이 구원을 얻는 것은 아니지만 그렇다고 비윤리적인 사람이 구원을 얻는 것도 아니다. 구원은 윤리를 배제하지 않고 윤리를 포함한다"(정훈택, 259).

3. 해설

마태복음 12:24에서 귀신의 왕을 가리키는 이름으로 사용된 '바알세불'이라는 단어는 "거처의 주인"을 의미하는 히브리어 '바알제불'(בעל זבול)에서 온 것으로 보인다.[126] 열왕기하 1:2-6에 나오는 '바알제붑'(파리들의 주)은 '바알세불'을 발음이 유사한 말로 바꾸어 비꼬아 부르는 말이라 볼 수 있다.[127] 예수 시대에는 바알세불이 귀신들의 우두머리를 가리키는 말로 사용되었다.[128] 콜린스(A. Y. Collins)는 '자불'(זבל)이 왕자, 통치자를 가리킨다는 해석을 소개한다(Collins, 229-30). 바알세불은 유대 문헌(솔로몬의 유언 2:8[3:1, 5]; 3:6)에서 귀신들의 우두머리로 언급된다.[129] 귀신들의 우두머리로서의 바알세불의 역할은 솔로몬의 유언 16:3에도 반영되어 있다(Collins, 231).

---

126. Hooker, 115.
127. Evans, 1990: 186; Hurtado, 68.
128. Witherington, 157.
129. Collins, 230. 솔로몬의 유언 6:2, 4과 에녹1서 6:1-3은 바알세불이 창 6:1-4에 등장하는 인간의 딸들을 취한 하나님의 아들들 중에 하나라고 간주한다(Collins, 230).

11. 표적을 구하는 세대 (12:38-42)

이방 니느웨 사람들이 요나의 설교를 듣고 회개하였고, 이방 여왕이 솔로몬의 지혜를 듣고자 멀리서 왔지만, 유대인들은 메시아 예수의 더 위대한 설교를 듣고 더 위대한 지혜를 듣고도 회개하지 않았다. 그러므로 이방인들이 예수 시대의 유대인들을 정죄할 것이다.

1. 번역

38 그때 서기관들과 바리새인들 중에 몇몇이 그에게 반응하여 말했다.
"선생님, 우리가 당신으로부터 표증을 보기를 원합니다."
39 그러나 그는 그들에게 반응하여 말씀하셨다.
"악하고 지조 없는 세대가 표증을 구하지만,
요나 선지자의 표증 외에는 표증이 이 세대에 주어지지 않을 것입니다.
40 마치 요나가 삼일 삼야 동안 바다 괴물의 위장 속에 있었던 것처럼,
그렇게 그 인자가 삼일 삼야 동안 땅의 심장 속에 있을 것입니다.
41 심판 때 니느웨 사람들이 이 세대와 함께 일어나
이 세대를 정죄할 것입니다.
왜냐하면 그들은 요나의 선포로 인해[130] 회개하였는데,
보시오, 요나의 것보다 더 큰 것이 여기 있기 때문입니다.
42 심판 때에 남방 여왕이 이 세대와 함께 일어나
이 세대를 정죄할 것입니다.
왜냐하면 그녀가 솔로몬의 지혜를 듣기 위하여 땅끝에서 왔는데,
보시오, 솔로몬의 것보다 더 큰 것이 여기 있기 때문입니다.

130. 사용된 헬라어 '에이스'(εἰς)는 이유를 나타낸다고 볼 수 있다(DA, 1991: 358).

2. 주해

38절 (표증을 요구한 사람들) 바리새인들과 서기관들 중에 몇 명이 예수께 표증을 요구한다. 여기서 '표증'은 문맥상 메시아 표증을 가리킨다. 서기관들과 바리새인들이 요구한 표증은 아마도 예수께서 메시아이심을 입증하는 기적적인 군사적 승리였을 것이다. 당시 유대인들은 군사력으로 외세를 물리치는 메시아를 기대했기 때문이다.

39-40절 (요나의 표증) 예수께서는 요나의 표증을 보이시겠다고 하셨는데, 이것은 십자가형을 당하신 후 사흘 동안 무덤에 있는 표증이다(40절).[131] 그러한 표증은 예수께서 군사적 메시아가 아니라는 증거이다. 그런데 왜 메시아이심을 입증하는 표증일 수 있는가? 그 후에 부활이 있기 때문이다. 부활은 예수께서 메시아이심을 입증한다. 죽은 자를 살리실 수 있는 분은 오직 하나님이시므로 예수의 부활은 하나님께서 예수를 인정하시는 증거이다. 예수께서는 군사적 메시아가 아니지만 분명히 메시아이시다. 예수의 표증 자체가 예수께서 어떤 메시아이신지 알려 준다. 예수께서는 죽임 당하고 부활하는 메시아이시다.

1세기 작품인 "선지자들의 생애들"이라는 책에서 요나는 예루살렘이 멸망할 것이라고 예언하는데 이것이 요나의 표증이라고 제시되기도 한다.[132] 예루살렘의 멸망은 예수께서 옳았고, 예수를 정죄하고 죽이는 데 참여한 유대인들이 틀렸음을 보여 주는 또 하나의 증거라고 볼 수 있다.

---

131. 양용의는 '세 낮과 세 밤'은 "이틀 밤을 포함한 삼 일의 기간을 의미하는 유대적 표현이다."라고 주장한다(양용의, 2018: 269). Hagner는 '세 낮과 세 밤'은 마 16:21; 17:23; 20:19 등에 제시된 '제삼일'과 다름을 지적한다(Hagner, 1997: 354). 이러한 차이는 마태복음이 부활 후에 예수의 예언의 말씀을 사건과 일치하게 바꾸지 않았다는 증거이다(DA, 1991: 356).

132. DA, 1991: 355 참고.

41-42절 (유대인들을 정죄할 이방인들) 니느웨 사람들은 요나의 설교를 듣고 회개하였는데 예수 당시 유대인들은 요나의 설교보다 더 큰 것(πλεῖον Ἰωνᾶ) 즉 예수의 설교를 듣고도 회개하지 않았다(41절).[133] 남방 여왕은 솔로몬의 지혜로운 말을 들으려고 땅끝에서 왔지만, 예수 당시 사람들은 솔로몬의 지혜보다 더 큰 것(πλεῖον Σολομῶνος) 즉 예수의 지혜를 듣고도 받아들이지 않았다(42절). 그러므로 예수 당시 사람들은 니느웨 사람들이나 남방 여인을 기준으로 보기에도[134] 정죄받을 사람들이다(41-42절).

'남방 여왕'은 구약 성경(왕상 10:1-13; 대하 9:1-12)에 언급된 스바(Sheba)의 여왕을 가리킨다.[135] 스타인은 '땅끝에서 왔음'이 이방인이 구원에 참여함에 해당한다고 주장한다(Stein, 336). 스바 여왕은 솔로몬의 지혜로운 말을 듣고 여호와 하나님을 송축하였다(왕상 10:9; 대하 9:8). 그러므로 그녀가 여호와 하나님을 믿었다고 볼 수 있다.

3. 해설

예수 당시 유대인들은 많은 표증을 보았다. 그럼에도 불구하고 자기들이 원하는 표증을 보여달라고 요구하는 자들이 있었다. 그들이 가진 메시아 사상에 부합하는 메시아를 원했고, 표증도 그들이 기대하는 방식으로 보여 주기를 원했다. 이러한 유대인들을 이방인들이 비판할 것이다. 니느웨 사람들이 비판할 것이며, 남방의 여왕이 비판할 것이다. 이방인들은

133. R. H. Fuller도 요나보다 더 큰 것은 하나님 나라 설교를 가리킨다고 해석하였다 (DA, 1991: 358).
134. DA, 1991: 358.
135. Stein, 335.

요나의 설교를 듣고도 회개하였고, 솔로몬의 지혜를 듣고자 멀리서 왔지만, 저 유대인들은 예수의 설교를 듣고도 회개하지 않았고, 예수의 지혜를 듣고도 받아들이지 않았다. 더구나 그들은 이방인들이 목격하지 않은 엄청난 메시아 표증들을 보고도 받아들이지 않고 그들이 원하는 표증을 예수께 요구했다. 니느웨 사람들과 남방의 여왕이 그들을 정죄하고도 남을 만하다.

12. 악한 세대의 운명 (12:43-45)

1. 번역

43 그런데 더러운 영이 사람으로부터 나갔을 때,
쉴 곳을 찾으며 마른 장소들을 돌아다녔습니다.
그러나 찾지 못하였습니다.
44 그때, 그것이 말했습니다.
'나의 집으로 돌아갈거야. 내가 나온 그곳 말이야.'
그리고 가서 비어 있고 청소되고 정돈되어 있는 것을 발견했습니다.
45 그때 그것이 가서
그 자신과 함께 자신보다 더 악한 다른 일곱 영들을 데리고 들어가서
그곳에 거주했습니다.
그래서 저 사람의 끝이 처음보다 더 악화되었습니다.
이 악한 세대에게도 이렇게 될 것입니다."

2. 주해와 해설

43절 (사람에게서 나온 귀신) 귀신이 사람에게서 나와 물이 없는 곳으로 다녔다. 귀신이 물이 없는 곳으로 다니는 것으로 묘사함은 물이 무저갱('아뷔소스')을 상징하는 측면과 유관하다(강대훈, 상, 825). 토비트 8:3; 에녹1서 10:4; 바룩2서 10:8; 마카비4서 18:8은 귀신이 물보다 광야를 선호한다고 하고, 솔로몬의 유언 5:11-12에는 귀신이 물을 저주의 장소로 간주하는 내용이 나오는 것도 귀신이 물을 피하는 것으로 묘사함의 배경이 될 수 있다.[136]

44-45절 (다시 사람에게 돌아간 귀신) 예수를 거부한 악한 세대는 예수의 사역과 복음을 맛보지만 예수를 받아들이지 않음으로 인하여 처음보다 더 심한 상황에 처하게 될 것이다(45절). 그러므로 마귀로부터 해방되면 하나님의 통치를 받아야 한다.[137] 축귀 후 성령의 통치를 받지 않는 사람에게는 귀신들이 돌아와 점령할 수 있다.

13. 예수의 참가족 (12:46-50)

참된 예수의 가족은 하나님의 뜻대로 사는 자이다(50절). 유대인들이라도 하나님의 뜻대로 살아야 예수의 가족이며, 이방인도 하나님의 뜻대로 살면 참된 하나님의 백성이다. 혈통적인 유대인 신분이 중요한 것이 아니라 하나님 뜻대로 행하는 하나님의 백성의 표지가 중요하다.

136. 강대훈, 상, 825.

137. Carroll, 256.

1. 번역

46 그가 아직 무리들에게 말씀하실 때, 보라, 그의 어머니와 형제들이 밖에
서서 그에게 말하기를 요청하였다. 47 [그런데 누군가가 그에게 말했다.
"보세요.
당신의 어머니와 당신의 형제들이 밖에 서서
당신에게 말하기를 청하고 있어요."]
48 그가 반응하여 그에게 말하는 사람에게 말씀하셨다.
"누가 나의 어머니고 누가 나의 형제들이란 말이오?"
49 그리고 그의 팔을 그의 제자들에게 뻗은 후 말씀하셨다.
"보시오, 나의 어머니와 나의 형제들이오.
50 왜냐하면 누구든지 하늘에 계신 나의 아버지의 원하심 대로
행하는 사람은 나의 형제요 자매요 어머니이기 때문이오."

2. 주해

46-47절 (예수의 어머니와 형제들) 예수의 어머니와 형제들이 예수를 찾아왔다. 이 형제들은 마리아가 낳은 아들들이라고 볼 수 있다(아래 해설 참고).

48절 (예수의 반응) 예수께서는 자신의 가족들을 환영하지 않고 누가 자신의 가족이냐고 질문하신다. 예수의 반응은 하나님의 뜻을 추구함이 가족의 유대보다 소중함을 암시한다(출 32:25-29; 신 33:8-9 참고).[138] 이것은 50절에 가서 명확히 드러난다.

---

138. Lane, 147.

49절 (제자들을 어머니와 형제라고 하심) 예수께서는 자신의 제자들이 자신의 가족이라고 말씀하신다. 쿰란 공동체의 경우도 성인 남자들의 그룹을 형제들이라 부르고, 나이든 여인들의 그룹을 자매들이라고 불렀다(Collins, 236).[139] 필로에 의하면 에세네파는 가족적인 유대를 가졌다.[140] 예수께서 친가족들을 가족으로 인정하시지 않고 제자들을 가족이라 부른 것은 제자 공동체가 가족보다 소중한 공동체임을 암시한다.

50절 (가족에 관한 새로운 정의) 예수께서는 하나님의 뜻대로 행하는 자가 예수의 형제, 자매, 어머니라고 말씀하신다. '형제'는 구약 성경에서 동족 이스라엘 사람들을 가리키는 표현이다(시 22:22-23). 쿰란 문헌에서도 '형제'는 참이스라엘로 간주된 공동체의 구성원을 가리킨다.[141] 그러므로 예수의 형제, 자매는 예수께서 참이스라엘 사람으로 간주하는 자에 해당한다. 하나님의 뜻대로 행하는 자들이 그러한 자이다. 이스라엘에 대한 이러한 새로운 규정은 하나님의 뜻을 행하는 유대인과 그러한 이방인이 모두 이스라엘(하나님의 백성)로 여겨지는 근거가 된다.

3. 해설

마태복음 12:46-47이 언급하는 예수의 형제들은 예수의 친형제들인가? 사촌 형제들인가? 여기서 형제로 번역된 단어는 '아델포스'(ἀδελφός)이다. 신약 성경에서 이 단어는 주로 친형제를 가리키며, 단지 마가복음 6:17; 마태복음 14:3에서만 배다른 형제(헤롯의 형제 필립)를 가리킬 뿐이

139. 쿰란 문헌(1QS 1-9) 및 *J.W.* 2.120-58 참고(DA, 1991: 364).

140. Collins, 236-37.

141. Marcus, 2000: 277; 예. 1QS 6:10, 22; CD 6:20; 7:1-2.

다.[142] 구약 성경(70인역)에서도 이 단어가 친형제가 아닌 사람(사촌 형제)을 의미할 수 있는 구절은 단지 역대기상 23:22뿐이다(υἱοὶ Κις ἀδελφοὶ αὐτῶν).[143] 헬라어에는 사촌 형제를 가리키는 단어(ἀνεψιός)가 따로 있으므로(골 4:10 참고), 사촌 형제를 가리키기 위해 '아델포스'라는 단어를 사용할 필요가 없다.[144] 따라서 마태복음 12:46-47에서도 '아델포스'는 예수의 사촌 형제를 가리키기보다는 친형제를 가리킨다고 볼 수 있다.

---

142. Marcus, 2000: 276.

143. Marcus, 2000: 276.

144. Marcus, 2000: 276.

제6장
마태복음 13:1-52
예수의 가르침 3: 예수의 비유

마태복음 13:1-52은 마태복음의 교차평행 구조의 한가운데에 위치한다(서론 참고). 이것은 예수의 비유를 담고 있으며 유대인들이 예수께 부정적으로 반응하는 현상을 설명한다.

1. 번역과 주해

1. 씨앗의 비유 (13:1-9)

13:1 저 날에 예수께서 집에서 나가서 바닷가에 앉아 계셨다. 2 그러자 많은
무리가 그에게 모여서 그는 배에 들어가 앉으셨다. 그리고 모든 무리는 해
변에 서 있었다. 3 그가 비유로 열심히 그들에게 말씀하셨다.

"보십시오. 씨 뿌리는 자가 씨를 뿌리러 나갔습니다.

4 그런데 그가 씨를 뿌릴 때 어떤 것들은 길가에 떨어졌습니다.

그러자 새들이 와서 그것들을 먹어버렸습니다.

5 다른 것들은 흙이 많지 않은 돌밭에 떨어졌습니다.

그런데 흙이 깊지 않아서 즉시 싹이 텄습니다.

6 그렇지만 해가 뜨자 시들었고, 뿌리가 없어서 말랐습니다.

7 다른 것들은 가시덤불들에게로 떨어졌습니다.

그러자 가시덤불들이 자라나서 그것들을 질식시켰습니다.

8 그러나 다른 것들은 좋은 땅에 떨어져

어떤 것은 100배, 어떤 것은 60배, 어떤 것은 30배 열매를 맺었습니다.

9 귀 있는 사람은 듣도록 하십시오."

1-3절 (비유로 가르치신 예수) 예수께서는 비유를 사용하여 무리를 가르치셨다. 비유는 심오한 내용을 일상적인 것들에 비교함을 통하여 전달하는 방법이다.[1] '비유'에 해당하는 히브리어 단어 '마샬'(משל)은 이야기를 포함하여 다양한 형태의 담화를 포함하는데, 70인역 열왕기상 5:12; 에스겔 17:2; 시편 77:2(개역개정은 78:2)에서 '빠라볼레'(παραβολή) 또는 '쁘로블레마따'(προβλήματα)로 번역되었다.[2] 비유는 선지서, 묵시 문헌 및 다른 유대 문헌에서도 등장한다(Keener, 2009: 372-73).

예수께서는 종종 비유 이야기를 사용하신다. 이야기식 비유는 유대인들이 사용하는 비유 방식이다.[3] 예수의 비유는 팔레스타인 랍비 문헌에 등장하는 비유들과 유사하다.[4] 예수와 팔레스타인 랍비들은 당시 유대인들의 가르침 방식을 사용했다고 볼 수 있다(Keener, 2009: 373). 그렇지만, 예수의 비유는 궁정을 종종 배경으로 사용하는 후기 랍비들의 비유와

1. Hagner, 1993: 368.
2. Keener, 2009: 371.
3. Keener, 2009: 372.
4. Keener, 2009: 373.

달리 농경 및 일상 생활에 관한 이야기를 주로 사용한다.[5] 예수의 비유는 또한 전통적 가치를 강화하는 랍비들의 비유와는 달리 전통을 뒤집는다(Keener, 2009: 373).

유대 문헌은 율법이 이스라엘에서 열매를 맺는 것을 말한다.[6] 하나님은 이스라엘에 씨를 뿌리고 율법의 열매가 계속 맺힌다.[7] 바벨론 탈무드는 유대 교사들이 토라(율법)를 뿌리는 것에 관해 말한다.[8] 이러한 배경에서 볼 때에는 씨앗을 뿌리고 열매를 맺는 비유는 하나님의 말씀이 열매를 맺음에 관한 것이라고 이해할 수 있게 된다.

4-7절 (실패한 씨앗들) 길가에 떨어진 씨앗, 돌밭에 떨어진 씨앗, 가시덤불에 떨어진 씨앗들이 있었다. 헬라어 전치사 '빠라'(παρά)는 "옆에"만이 아니라 "위에"를 뜻할 수 있으므로, 씨앗이 길 위에 떨어졌다고 볼 수도 있다(DA, 1991: 383). 씨앗을 뿌린 후에 씨앗을 새들이 먹지 못하게 갈아엎기도 하는 농업 방식은 길이나 돌밭에도 씨앗이 떨어지는 배경이 된다(Hagner, 1993: 368). 봄에 씨앗을 뿌릴 때 돌밭이나 가시덤불이 파악되지 않아 전반적으로 다 씨앗을 뿌리고, 밭을 갈아엎을 때 남겨 두는 곳이 길이 될 것이다.

도마복음은 바위 위에 떨어진 씨앗들의 경우에는 이삭이 위를 향하여 자라나지 않았다고 하는데, 이것은 (영혼이 신체를 벗어나 위를 향하여 가는 것을 추구하는) 영지주의적 경향의 영향을 받은 것으로 볼 수도 있다(DA, 1991: 386).

8-9절 (열매 맺는 씨앗들) 열매 맺는 씨앗을 언급할 때 관계대명사 중성

5. Keener, 2009: 373.
6. 에스라4서 3:20(Keener, 2009: 376).
7. 에스라4서 9:31-32(Keener, 2009: 376).
8. *b. Berakoth* 63a(Keener, 2009: 384).

단수형 '호'(ὅ)를 사용한 것은 씨앗이 단지 세 개임을 뜻하지는 않는다. 30배, 60배, 100배의 결실을 하는 각각의 경우에 많은 씨앗들이 해당될 수 있다. 분배를 뜻하기 위해 내용상 복수이지만 단수형을 사용한 용법으로 볼 수 있다.[9]

지중해 지역에서 일반적인 곡물 생산은 대개 4-5배였고, 이것은 중세 때까지도 그러하였다.[10] 그런데 팔레스타인에서의 평균 수확은 7.5-10배였으며,[11] 시리아 등의 지역에서는 심지어 100배도 기적은 아니었다.[12] 그렇지만 30, 60, 100배의 수확이 기적은 아니어도 풍성한 수확을 의미함은 분명하다. 유대 문헌과 기독교 문헌은 메시아 시대의 엄청난 추수를 기대하는데,[13] 이 비유는 그러한 기대의 성취를 암시한다.

2. 비유로 가르치시는 이유 (13:10-17)

천국의 비밀이 제자들에게는 주어졌지만 무리에게는 주어지지 않았다(11절).[14] 그리하여 이 비밀을 받는 제자들은 넉넉하게 되지만 그 비밀을 받지 않은 자는 그 있는 것도 빼앗기게 된다(12절). 그들은 보고 들어도 깨닫지 않으려고 하기 때문에[15] 예수께서는 그들에게 비유로 말씀하신다(13절). 그들의 상황은 마치 이사야 6:9-10 구절과 같다. 그런데, 이제 비유를 듣게 된 제자들은 복이 있다(16절). 이 비유의 말씀은 선지자와 의인들이

9. Hagner, 1993: 369.
10. McIver, 607.
11. Keener, 2009: 377.
12. Keener, 2009: 378; DA, 1991: 385.
13. DA, 1991: 385.
14. Platon 등의 고대 교사들과 많은 유대 교사들도 특별한 가르침은 대중에게 모호하거나 난해하게(esoteric) 유지했다(Keener, 2009: 379).
15. 원문은 직설법으로 되어 있기에 의지적 자세를 시사해 준다고 볼 수 있다(양용의, 2018: 617).

듣고자 하여도 듣지 못한 것이기 때문이다(17절). 제자들은 단지 보고 들을 뿐 아니라 깨닫게 될 것이기 때문이다.

10 제자들이 다가와서 그에게 말했다.
"어찌하여 비유로 그들에게 말씀하십니까?"
11 그가 반응하여 그들에게 말씀하셨다.
"왜냐하면[16] 너희에게는 하늘들의 나라의 비밀들이 알도록 주어졌지만,
저들에게는 주어지지 않았기 때문이다.
12 가진 자에게는 주어져서 넘치게 되겠지만,
갖지 못한 자는 그가 가진 것도 자신에게서 빼앗길 것이다.
13 이 때문에 나는 비유로 그들에게 말한다.
왜냐하면 그들은 보아도 보지 않고
들어도 듣지 않고 깨닫지도 않기 때문이다.
14 그리하여 그들에게 이사야의 예언이 성취되고 있다.
'너희는 분명히 들을 것이지만 결코 깨닫지 못할 것이다.
분명히 보아도 결코 이해하지 못할 것이다.
15 왜냐하면 이 백성의 마음이 무디어졌고,
그 귀로는 듣기 어렵고 그들의 눈은 감았기 때문이다.
그렇지 않으면 그들은 눈으로 볼 수 있고, 귀로 들을 수 있고,
마음으로 깨달을 수 있고, 돌이킬 수 있어서,
내가 그들을 치유할 것이다.'
16 그러나 너희들의 눈은 보기 때문에 복되다.
또한 너희 귀는 듣기 때문에 복되다.

16. DA, 1991: 389도 이러한 해석을 지지한다.

17 진실로 너희에게 말한다.

많은 선지자들과 의인들이

너희가 보는 것을 보고 싶어 했지만 보지 못했다.

너희가 듣는 것을 듣고 싶어 했지만 듣지 못했다.

10-11절 (천국의 비밀) 예수께서는 천국의 비밀이 제자들에게 허락되었다고 하신다. '비밀'(μυστήριον)은 히브리어나 아람어의 '라즈'(רז)에 해당하며 하나님의 비밀스러운 계획을 가리킨다.[17] 유대 문헌들은 이러한 하나님의 비밀스러운 계획이 약간의 사람들에게만 알려진다고 본다.[18] 이 비밀은 우선 부분적으로 알려진 후 완전히 알려지게 되는 단계를 거친다.[19] 다니엘서 2, 4, 9장의 경우에서 보듯이 비밀은 우선 꿈을 통해서 부분적으로 알려지기도 한다.[20] 비유를 통해서 알려주시고 비유를 해석하여 알려주시는 예수의 방식도 이러한 과정을 거친다. 사람들은 본래 하나님의 계획을 알 수 없으며, 알게 된다면 그것은 하나님께서 알려주시기 때문이다.[21]

12절 (은혜와 심판의 원리) 예수께서는 있는 자는 더 받고 없는 자는 빼앗긴다고 말씀하신다. 유대 문헌에서도 기억하는 자는 더 많이 기억하고, 잊는 자는 더욱더 잊을 것이라는 유사한 가르침이 발견된다(*Sipre Deuteronomy* 115.1.1-2 등).[22]

13절 (비유로 가르치신 결과) 11-12절은 예수께서 비유로 가르치시는 이

---

17. 단 2:27-28, 1QH 1:21; 1QS 9:17(Hagner, 1993: 372).
18. DA, 1991: 389.
19. 강대훈, 상, 840.
20. 강대훈, 상, 840.
21. DA, 1991: 389.
22. Keener, 2009: 384.

유를 알려 준다. 천국의 비밀을 알지 못하고, 약간 있는 것마저도 빼앗기는 사람들에게 가르치려면 비유라도 사용해야 한다. 13절은 다시 한번 그들이 깨닫지 않기 때문에 비유로 가르친다고 강조한다. 무리들은 의도적으로 깨닫지 않으려고 한다(13절, 직설법). 깨달음은 은혜 때문이지만 깨닫지 못하는 것은 의지적인 거부 때문이다.[23] 비유로 가르치는 이유는 감추기 위한 것이 아니라 드러내기 위한 것임은 34-35절에서도 분명하다.

이 구절에서 사용된 접속사 '호띠'(ὅτι)가 이유를 뜻하는 것으로 보면, 비유는 불신앙에 대한 반응으로 주어진 가르침의 방식이라고 해석된다.[24] 예수께서는 외인들에게 그들이 적대감을 표현하기 전까지는 비유의 방식으로 가르치시지 않는다(DA, 1991: 392).

그런데 접속사 '호띠'(ὅτι)는 결과를 가리킬 수도 있다. 이 단어는 70인역(창 20:9; 사 14:3; 삼상 20:1; 왕상 18:9)뿐 아니라, 신약 성경(요 7:35; 14:22; 히 2:6)에서도 결과(so that)를 나타내는 접속사로 사용되었기 때문이다.[25] 여기서도 이 접속사가 결과절을 끌고 온다고 볼 경우, 이 구절은 청중이 깨닫지 못함이 예수께서 비유로 가르친 결과임을 뜻하게 된다. 깨닫지 못하는 자들에게 깨우치고자 비유로 가르쳐도 여전히 못 깨닫는다는 지적일 수도 있다. 그렇지만 '호띠'는 대개의 경우 이유를 뜻하며, 이 구절에서 이유로 해석하여도 문맥에 부합하므로, 특별한 이유가 없는 한 이유로 번역할 수 있을 것이다.

14-15절 (구약 인용) 비유를 깨닫지 못하는 자들의 모습이 마치 이사야서에 나오는 내용과 흡사함이 지적된다. 인용된 본문은 이사야 6:9-10이다. 이 본문은 초기 그리스도인들에게 왜 이스라엘이 예수를 받아들이지

---

23. Hagner, 1993: 375.
24. DA, 1991: 392.
25. Jung, 143.

않았는가를 해석할 때 관련된 핵심 본문이었다(Keener, 2009: 380). 이것은 70인역을 있는 그대로 문자적으로 인용한 것이다. 마가복음은 70인역의 표현을 그대로 사용하지 않지만 마태복음은 70인역을 그대로 인용한다.

16-17절 (복된 제자들) 예수께서는 제자들이 선지자들이 보고 듣고 싶어 하던 것을 보고 듣게 되었기에 복되다고 말씀하신다. 예수의 비유와 비유 해석을 통하여 알려지는 비밀은 이전 시대에는 아직 선지자들에게도 알려지지 않은 새로운 것이었다.

3. 씨앗의 비유 해석 (13:18-23)

우리에게 남은 가장 오래된 성경의 비유들은 대개 해석을 가지고 있다(삿 9:16-20; 삼하 12:7-9).[26] 따라서 예수의 비유는 본래 해석 부분을 갖지 않았다는 주장은 근거를 상실한다. 따라서 복음서에 담긴 비유 해석을 본래의 비유로부터 분리할 수 없다.

성경의 비유는 본래의 청중의 상황과 여러 개의 접촉점을 가질 수 있었다(예. 삼하 12:1-6).[27] 그런데 랍비들의 비유는 예증할 초점을 지적하며 시작하고 적용이나 설명(*nimshal*)을 포함한다(Keener, 2009: 382). 1-2세기 랍비들의 비유의 대다수는 알레고리이거나 알레고리가 혼합된 형태였다.[28] 이러한 배경으로 볼 때, 비유는 대개 초점을 가지고 있고 세부적인 것은 가끔 이야기를 구성하는 부분에 불과하다고 볼 수 있지만, 알레고리가 (심지어 초기 형태의) 비유에 전혀 없었다고 단정할 수는 없다(Keener, 2009: 383). 그러나 저자가 만든 본래적 알레고리와 해석자가 추가하여

26. Keener, 2009: 382.

27. Keener, 2009: 383.

28. Keener, 2009: 384; DA, 1991: 380.

만드는 알레고리적인 해석은 구분되어야 한다(DA, 1991: 380).

예레미아스(J. Jeremias)의 주장에 의하면, 공관복음서에 담긴 예수의 비유는 가끔 일상적인 이야기에 새로운 변화를 준 부분이 있는데, 이러한 부분은 강조하고자 하는 의미를 전달한다.[29]

18 그러므로 너희는 씨 뿌리는 자의 비유를 들으라.
19 누구든지 그 나라의 말씀을 듣고 깨닫지 못하면
악한 자가 와서 그의 마음에 뿌려진 것을 약탈한다.
이러한 자는 길가에 뿌려진 자이다.
20 그런데 돌밭에 뿌려진 자는
말씀을 들을 때 즉시 기쁘게 받아들이지만
21 자신에게 뿌리가 없고 임시적이어서
말씀 때문에 어려움이나 박해가 발생하면 즉시 넘어진다.
22 한편 가시덤불들에게 뿌려진 자는
말씀을 듣고 세상의 염려와 부유의 속임이 말씀을 질식시켜서
열매 맺지 못하게 된다.
23 그러나 좋은 땅에 뿌려진 자는 말씀을 듣고 깨닫는 자이니,
그는 참으로 열매를 맺는다.
어떤 자는 100배, 어떤 자는 60배, 어떤 자는 30배를 만든다."

18절 (씨 뿌리는 자의 비유) 예수께서는 3-9절의 비유를 '씨 뿌리는 자의 비유'라고 언급하신다. 그 비유가 '씨를 뿌리는 자'로 시작하기 때문에 이렇게 부른 것이다.[30]

29. DA, 1991: 379.
30. Hagner, 1993: 379.

'씨를 뿌리다'는 표현은 "가르치다"는 뜻으로 흔히 사용되었다.[31] 그러므로 씨 뿌림의 비유는 말씀 전파에 관한 비유라고 볼 수 있다.

19-23절 (비유 해석) '뿌려진 자'(19절)라는 표현은 씨앗이 (천국 말씀만이 아니라) 사람을 비유한다고 볼 수 있게 한다. 씨앗으로 백성을 은유하는 것은 예레미야 31:27('사람의 씨')에서 발견된다.[32] 이러한 은유는 유대 전통 속에서도 발견된다.[33] 바울서신(고전 15:42-48)과 헤르마스의 목자(*The Shepherd of Hermas*)에서도 그러한 은유가 발견된다.[34] 씨앗이 하나님의 백성을 은유하는 예레미야 31:27을 배경으로 하여 해석하면 사람을 씨앗처럼 뿌려 거두는 열매는 하나님의 백성의 회복이다.[35]

유대 문헌에서 새는 가끔 악마와 연관된다.[36] 또한 악인들은 뿌리가 없는 자들로 묘사되기도 한다.[37] 그러므로 예수의 비유는 유대적 배경을 사용한 것이며, 예수의 비유는 유대적 배경 속에서 이해할 수 있는 것이었다.

미쉬나(*m. Aboth* 5:10-15)는 네 종류의 청중을 구분하여, 느리게 듣고 빨리 잊어버리는 자들, 느리게 듣고 느리게 잊어버리는 자들, 빨리 듣고 느리게 잊어버리는 자들, 빨리 듣고 빨리 잊어버리는 자들로 나눈다.[38] 이러한 배경도 이 비유의 강조점이 청중의 종류와 관계된다고 볼 수 있게 한다(DA, 1991: 376).

---

31. Gerhardsson, 189.
32. Heil, 1992: 278. n.20.
33. 호 2:23; 렘 31:27; 에녹1서 62:8; 에스드라2서 8:41(Edwards, 136).
34. *Similitude* 9.20.1; *Vision* 3.7.3(Edwards, 136).
35. 신현우, 2021: 293.
36. 에녹1서 90:8-13; 희년서 11:11-12; 아브라함의 묵시 13:3-7(Hagner, 1993: 379; Bock, 2015: 177).
37. 집회서 23:25; 40:15; 솔로몬의 지혜 4:3(Bock, 2015: 178).
38. DA, 1991: 376.

보우커(J. W. Bowker)는 이 비유가 이사야 6:13("거룩한 씨앗이 이 땅의 그루터기니라.")의 미드라쉬(해석)라고 간주하고, 에반스(C. A. Evans)는 이 비유가 이사야 6:9-13과 55:10-11에 대한 미드라쉬라고 본다.[39] 그렇게 본다면 이 비유의 핵심은 말씀이 반드시 목적을 달성한다는 내용이다.

예수의 해석에 의하면 천국 말씀을 깨닫는 데 방해하는 요소는 3가지이다. 첫째, 악한 자(사탄, 19절), 둘째, 환난이나 박해(21절), 셋째, 세상의 염려와 재물의 유혹(22절)이다.[40] 이러한 방해 요소를 극복하면 예수의 말씀을 듣고 깨닫고 열매 맺을 수 있게 된다.

에스라4서에서 열매 맺음은 하나님의 가르침대로 사는 것을 가리킨다.[41] 로마서, 골로새서에서도 이것은 하나님의 뜻대로 사는 것을 가리킨다(Collins, 252). 이러한 배경으로, 열매 맺는 씨앗의 경우는 하나님의 뜻대로 실천하는 것을 비유한다고 볼 수 있다.

이 비유는 신명기 6:4-5과 관련되는 듯하다(Evans, 1990: 128). 그렇게 보면, 길가에 뿌려진 씨앗들은 마음을 다해서 주를 사랑하지 못하는 자들을 가리키며, 돌 위에 뿌려진 씨앗들은 목숨을 다해서 주를 사랑하지 못하는 자들을 가리키고, 가시덤불 속에 뿌려진 씨앗들은 힘을 다해 주를 사랑하지 못하는 자들을 가리키며, 좋은 땅에 뿌려진 씨앗들은 하나님을 마음과 목숨과 힘을 다해 사랑하는 자들을 가리킨다.[42] 이러한 해석은 이 비유 해석이 신명기 6:4-5에서처럼 '들으라'로 시작하는 점에서도 지지된다(DA, 1991: 376).

---

39. DA, 1991: 376.
40. Chrysostom은 씨앗의 실패는 씨 뿌리는 자의 잘못이 아니라 땅이 원하지 않았기 때문이라고 해석한다(Keener, 2009: 385).
41. Collins, 244.
42. Evans, 1990: 128.

4. 가라지 비유 (13:24-30)

24 그가 다른 비유를 그들에게 주셨다.

"하늘들의 나라는 그의 밭에 좋은 씨앗을 뿌린 사람과 같습니다.

25 사람들이 잘 때 그의 원수가 와서

곡식 가운데 잡초들을 뿌리고 떠났습니다.

26 싹이 나고 열매를 맺었을 때, 그때 잡초도 나타났습니다.

27 가장의 종들이 나아와서 그에게 말했습니다.

'주여, 당신은 좋은 씨를 당신의 밭에 뿌리지 않았습니까?

그런데 어디서 잡초들이 났습니까?'

28 그가 그들에게 말했습니다.

'원수가 이것을 행하였구나.'

그러자 그 종들이 그에게 말했습니다.

'그렇다면 당신은 우리가 가서 그것들을 거두기를 원하십니까?'

29 그러나 그는 말했습니다.

'아니다! 그렇지 않으면 잡초들을 거두다가

그것들과 함께 곡식을 뽑을 수도 있다.

30 둘 다 추수 때까지 함께 자라도록 내버려두라.

추수 때에 내가 추수하는 자들에게 이렇게 말하겠다.

'너희는 먼저 잡초들을 모으고 그것들을 단으로 묶어 태워라.

그러나 곡식은 나의 창고에 모으라'."

24-30절 (가라지 비유) 천국은 세상에 좋은 씨를 뿌린 사람의 경우와

같다(24절).[43] 그런데 세상에는 가라지들이 함께 자란다. 그러므로 이것은 교회에 관한 비유가 아니라 세상에 관한 비유이다. 하나님은 가라지들을 바로 심판하지 않으시고 추수(종말, 39절) 때까지 기다리신다. 가라지를 심판하다가 곡식들까지 다치게 되는 것을 피하려고 이렇게 하신 것이다(29절). 가라지의 뿌리는 더 강하고 깊으며, 곡식 뿌리와 엉켜서 가라지를 뽑다가 곡식을 상하게 할 수 있다.[44] 가라지는 독이 있는 독보리(*lolium temulentum*)로서[45] 처음에는 밀과 비슷하다(Maier, 473). 헤브론 지역에서는 밀의 뿌리가 약하여 이 잡초를 뽑으면 밀이 함께 뽑히기에 밀 수확 때에 이것을 제거한다고 한다.[46]

5. 겨자씨 비유 (13:31-32)

31 그가 그들에게 다른 비유를 주셨다.

"하늘들의 나라는 어떤 사람이 집어서 자기의 밭에 뿌린 겨자씨와 갈습니다.

32 그것은 모든 씨앗들보다 더 작지만,

자라면 정원 식물들보다 더 크고 나무가 됩니다.

그리하여 하늘의 새들이 와서 그것의 가지들에 둥지를 틉니다."

---

43. '비교된다'(ὡμοιώθη)는 비유에 사용되는 아람어 '레'(ל)를 염두에 둘 때 "~의 경우와 같다"는 뜻을 가진다고 볼 수 있다(Hagner, 1993: 383).

44. Hagner, 1993: 384; DA, 1991: 414. 25절에서 '사람들이 잘 때'는 '엔 또'(ἐν τῷ) + 부정사로 표현되었는데, 이것은 히브리어적 표현이다(BDF, §404.1; DA, 1991: 412).

45. Hendriksen, 중, 328.

46. Maier, 473-74.

31절 (겨자씨) 예수께서 천국을 겨자씨에 비유하신다. '겨자씨'는 검은 겨자(*Brassica nigra* L) 또는 흰 겨자(*Sinapis alba* L) 씨를 가리키는 듯하다 (DA, 1991: 417).

32절 (작은 씨앗, 큰 나무) 겨자씨가 모든 씨보다 작다고 소개된다. 그런데 난초(orchid)씨는 더 작다.[47] 겨자씨가 가장 작지는 않지만 통상 그렇게 여겼기에 가장 작다고 했을 것이다.[48] 유대인들의 문헌(미쉬나와 탈무드)도 겨자씨를 매우 작은 것의 대표적인 예로 언급한다.[49]

성장한 겨자풀이 나무라고 소개된다. 겨자는 한 철에 10피트(3m)만큼 자라기도 하는 빠른 성장 속도를 보인다.[50] 겨자는 1년생 풀이지만 나무라고 불린 이유는 "구약에서 나무가 갖는 상징적 의미"(즉 큰 제국)를 담기 위해서였을 것이다(겔 17:23; 31:3-9; 단 4:10-12).[51] 유대인들은 메시아의 나라를 온 땅에 퍼지는 나무로 묘사하곤 했다.[52] 그러므로 겨자씨가 나무가 된다고 함은 하나님의 나라가 온 땅에 퍼짐을 암시한다고 볼 수 있다.

겨자초는 비록 3m 정도까지도 자라지만, 새가 둥지를 틀 수 있는 자리를 제공하지는 않는다.[53] 그러므로 새들이 가지에 거주한다는 묘사는 이 비유의 강조점을 담고 있다고 볼 수 있다. 가지에 둥지를 트는 '공중의 새들'은 이방인들을 가리킨다. 구약 선지자들은 민족들을 가지에 깃들이는 새들의 이미지로 가끔 묘사하였다(시 104:12; 겔 17:23; 31:6; 단 4:9-

---

47. DA, 1991: 418.
48. Antigonus of Carystus 91과 Diodorus Siculus 1.35.2에서도 겨자씨를 가장 작은 씨라고 부른다(Hagner, 1993: 386).
49. *m. Toharoth* 8:8; *m. Niddah* 5:2; *b. Berakoth* 31a; *b. Niddah* 5a, 13b, 16b, 40a, 66a(Bock, 2015: 182).
50. DA, 1991: 418.
51. 양용의, 2018: 288.
52. 솔로몬의 시편 14:2-3; 1QH 6:14-16; 8:4-8(DA, 1991: 420).
53. DA, 1991: 420.

21).[54] 그러므로 이 비유는 하나님 나라에 많은 민족(이방인들)이 포함될 것임을 암시한다. 이방인들이 하나님 나라를 차지할 것이라고 진술하는 마태복음 21:43은 이러한 해석을 지원한다(DA, 1991: 420).

하나님의 나라는 유대인들이 기대한 방식으로 거창하게 오는 것이 아니라, 겨자씨처럼 작게 시작하지만, 점점 자라나 많은 민족들을 포함하게 된다. 하나님 나라는 예수와 함께 겨자씨처럼 시작되었다.[55] 그러나 머지않아 이러한 시작과는 확연히 다른 거대한 왕국으로 드러날 것이다.

플리니(Pliny the Elder)는 겨자초의 특징은 제거하기 힘든 점이라고 지적하였다.[56] 그래서 겨자초는 정원이나 밭에서 위협적이었다.[57] 겨자씨 비유는 하나님 나라의 제거할 수 없는 특징도 표현할 수 있다(Witherington, 172 참고). 그러나 이 비유(32절)는 작음과 큼을 대조하므로 하나님 나라가 작게 시작하여 크게 되어 여러 민족들이 포함되는 제국처럼 성장함이 이 비유의 주된 강조점이라고 볼 수 있다.

6. 누룩 비유 (13:33)

> 33 그가 다른 비유를 그들에게 말씀하셨다.
> "하늘들의 나라는 어떤 여인이 가져와 전체가 발효될 때까지
> 밀가루 사십 리터 속에 감추어 넣은 누룩과 같습니다."

천국은 누룩의 경우처럼 작게 시작하지만 전체를 변화시킨다. 개역개

---

54. Edwards, 145.
55. Hooker, 137 참고.
56. *Natural History* 19.170-171(Witherington, 172).
57. Witherington, 172.

정판에서 밀가루 '서 말'이라고 번역한 표현은 '세 사똔'(σάτα τρία)이다. 요세푸스(*Ant.* 9.85)에 의하면 '사똔'(σάτον)은 1.5 이탈리안 모디(*modi* = peck)이다.[58] 따라서 이것은 약 13-15리터이므로 서 말은 약 40-45리터이며, 이것으로 약 50킬로그램의 빵을 만들어 약 150명을 먹일 수 있다.[59] 갈릴리 여인들은 빵집을 이용하지 않고 그들 가족의 빵을 직접 구웠으므로 이것은 일상생활에서 만드는 양보다 많다.[60] 이 많은 양은 예수께서 종종 하나님 나라를 비유하기 위해 사용하신 잔치와 관련된 것이라고 볼 수 있다(DA, 1991: 423).

서 말(3사똔)은 아브라함과 사라가 서 말(세 스아)로 떡을 만들어 현현하신 하나님께 드린 사건(창 18:6), 기드온이 서 말(1에바 = 3사똔)로 여호와의 사자에게 무교병을 만들어 드린 사건(삿 6:19) 등을 기억나게 하며 이 비유를 감사드림과 연관시킬 수 있게 한다(문우일, 519 참고). 누룩을 넣은 빵을 만들어 하나님께 바치는 것은 오순절에 행하도록 레위기(23:16-17)가 명한다.[61] 파종, 추수 비유 후에 빵을 만드는 비유가 나오는 순서는 자연스럽다. 이 비유에서 하늘들의 나라(하나님의 나라)를 누룩을 넣은 빵에 비유하는데, 이러한 빵(유교병)이 오순절과 연관되는 점은 하나님의 나라를 오순절과 연관시켜 이해할 수 있게 한다.

개역개정판에서 누룩을 가루 서 말 속에 '갖다 넣었다'고 번역하는 부분(ἐνέκρυψεν)은 '감추어 넣었다'로 번역할 수 있다. 이 표현은 통상 밀가루 반죽에 누룩을 몰래 넣지는 않기에 어색하다. 비유를 해석할 때에는 비유 속에서 "일상적 상황과 동떨어져 보이거나 상반되는 사항들"에 비

58. DA, 1991: 423.
59. Hagner, 1993: 390.
60. Keener, 2009: 389.
61. 문우일, 537.

유의 강조점이 있다고 볼 수 있다.[62] 그렇다면 감추어 넣었다는 것은 하나님 나라가 사람들의 눈에 띄지 않게 비밀스럽게 임하는 것을 강조하기 위해 의도적으로 선택한 표현일 수 있다(양용의, 2018: 290).

7. 비유로 가르치신 목적 (13:34-35)

34 이 모든 것들을 예수께서 비유로 무리에게 말씀하시고 비유 없이는 그들에게 아무것도 말씀하시지 않았다. **35** 그리하여 선지자를 통하여 하신 말씀이 성취되었다.

"내가 비유로 나의 입을 열겠다.
[세상의] 창조 때부터 감추어져 있는 것을 말하겠다."

비유로 가르치신 목적은 숨기기 위함이 아니라 창세부터 감추어진 비밀을 드러내기 위함이다. 따라서 비유는 청중이 깨닫지 못하게 하려고 채택된 수단이 아니라 깨닫게 도우려고 사용한 수단으로 볼 수 있다.

35절이 시편 78편의 저자 아삽을 선지자로 언급한 것은 그를 역대기상 25:2과 역대기하 29:30의 선지자 아삽과 동일 인물로 보았기에 가능하였을 것이다.[63] 시편 78편은 이스라엘의 역사에 관한 것이고, 마태복음은 이 역사가 예수의 생애에서 재현된다고 보기에, 시편 78:2을 비유를 사용하신 예수의 가르침 사역에 적용한다(DA, 1991: 426).

62. 양용의, 2018: 280.
63. DA, 1991: 425.

8. 가라지 비유 해석 (13:36-43)

36 그때 그가 무리를 떠나 집으로 들어가셨다. 그의 제자들이 그에게 다가
와 말했다.

"우리에게 밭의 잡초들의 비유를 설명해 주십시오."

37 그가 반응하여 말씀하셨다.

"좋은 씨를 뿌리는 자는 그 인자이다.

38 밭은 세상이고, 좋은 씨는 그 나라의 아들들이다.

잡초들은 악한 자의 아들들이다.

39 그것들을 뿌린 원수는 마귀이고,

추수 때는 세상의 종말이다.

추수하는 자들은 천사들이다.

40 그러므로 마치 잡초들이 거두어져 불에 태워지는 것처럼

세상의 종말에도 그러할 것이다.

41 그 인자는 그의 천사들을 보낼 것이고,

그들은 그의 나라에서 모든 걸림돌들과 불법을 행하는 자들을

거둘 것이다.

42 그리고 그들은 그들을 불 아궁이에 던질 것이다.

그들은 그곳에서 애곡하고 이를 갈 것이다.

43 그때 의인들은 그들의 아버지의 나라에서 해처럼 빛날 것이다.

귀 있는 자는 듣도록 하라.

36절 (비유 해석을 요청한 제자들) 제자들이 비유를 해석해 달라고 요청한다. 그것은 그들도 비유를 깨닫지 못하였음을 알려 준다. 비유를 깨닫지 못한다는 측면에서 제자들의 경우도 무리의 경우와 다르지 않다. 제자들

이 무리와 다른 것은 예수의 해석을 들은 점이다. 이 해석이 그들에게 허락된 천국의 비밀에 해당한다고 볼 수 있다.

37-43절 (비유 해석) 세상에 좋은 씨(천국의 아들들)를 뿌리시는 분은 예수이고, 악한 자의 아들을 세상에 심는 자는 마귀라고 해석된다. 랍비 문헌에서 곡식은 이스라엘, 가라지는 이방인을 가리킬 수 있다.[64] 그러나 마태복음 본문에서 곡식은 예수 믿는 이방인, 가라지는 예수 믿지 않는 유대인을 포함할 수 있다.

41절에서 개역개정판이 '그 나라에서'로 번역한 부분은 직역하면 '그의 나라에서'이다. '그의 나라'는 인자의 나라를 가리킨다. 이것은 온 세상을 포함한다(38절). 인자의 나라는 인자(예수)가 권세를 받은 부활 때부터 재림 때까지의 시대이고, 그 후의 시대는 '아버지의 나라'라고 부른다(고전 15:24 참고).

하나님은 세상의 끝까지 기다리시다가 천사들을 보내시어 악한 자의 아들들을 제거하신다. 악한 자의 아들들은 "모든 걸려 넘어지게 하는 것"(πάντα τὰ σκάνδαλα)과 "불법을 행하는 자들"(τοὺς ποιοῦντας τὴν ἀνομίαν)이다. 결국 그들의 행함이 그들을 심판하는 기준이 되며 어떤 행함이 옳은지의 기준은 하나님의 율법이다. 이 비유의 초점은 교회를 성결하게 유지해야 하는 노력을 기피하라는 것이 아니다.[65]

9. 밭에 감춘 보물 비유 (13:44)

> **44** 하늘들의 나라는 밭에 감추어진 보물과 같다.
>
> 어떤 사람이 그것을 발견하고 숨겼다.

64. Hagner, 1993: 393.
65. Keener, 2009: 390.

그리고 기뻐하며 가서

그가 가진 모든 것을 팔아 그 밭을 샀다.

천국은 밭에 감춘 보화처럼 발견된다. 이를 발견한 사람은 그 가치를 알기 때문에 자기의 소유를 다 팔아서라도 그 밭을 산다. 천국을 발견한 사람은 이렇게 반응한다. 천국이 가장 가치 있는 것이므로 다른 것들이 상대화된다.

10. 값진 진주 비유 (13:45-46)

45 또한 하늘들의 나라는 좋은 진주들을 찾는 사람과 같다.

46 그가 매우 귀한 진주 하나를 발견하고

그가 가진 모든 것을 팔아 그것을 샀다.

천국은 극히 값진 진주와 같다. 진주는 고대에 매우 귀한 것으로서 금보다 더 귀하게 간주되었다.[66] 고대에 어떤 진주는 오늘날의 가치로 환산하여 수천만 달러의 가치를 가졌다고 한다.[67] 따라서 진주는 매우 귀한 것을 상징하기에 적합한 선택이다.[68] 천국을 발견한 사람은 자기 소유를 다 팔아서라도 천국을 산다.

'하나의 값진 진주'(ἕνα πολύτιμον μαργαρίτην)는 '하나'가 아람어 '하드'(חד)의 문자적 번역이라고 추측하여, "특히 값진 진주"로 번역할 수 있다(DA, 1991: 439).

66. Hagner, 1993: 397.

67. Keener, 2009: 392.

68. DA, 1991: 439.

11. 그물 비유 (13:47-50)

47 또한 하늘들의 나라는
바다에 던져져 모든 종류의 물고기를 모으는 그물과 같다.
48 그것이 가득 차면
사람들은 그것을 해변으로 끌어와
좋은 것들은 통에 담고 무익한 것은 밖으로 던져버린다.
49 세상의 종말에도 이와 같을 것이다.
천사들이 나와서 악인들을 의인들 가운데로부터 분리해낼 것이다.
50 그리고 그들을 불 아궁이에 던질 것이다.
거기서 그들이 애곡하고 이를 갈 것이다."

세상 끝에 의인과 악인이 갈라내어지고 악인들은 심판받는다. 악인과 의인이 지금은 섞여 있지만, 그물이 가득하게 될 때 (즉 종말에) 심판이 이루어진다. 다양한 종류의 물고기에 관한 언급은 다양한 민족들에 관한 비유적 표현이라고 볼 수 있기에, 이것은 이방 선교를 암시하는 듯하다 (DA, 1991: 441).

12. 천국의 제자 된 서기관에 관한 비유 (13:51-52)

51 "이 모든 것을 이해했느냐?"
그들이 그에게 말했다.
"네!"
52 그가 그들에게 말씀하셨다.
"그러므로 하늘들의 나라를 위하여 제자가 된 서기관들은 모두 자신의 창고에서 새것들과 옛것들을 꺼내는 집 주인과 같다."

'천국의 제자 된 서기관'은 하나님 나라에 속한 예수의 제자 된 서기관을 가리킨다고 보인다. 그렇다면 '새것'은 예수의 가르침이고 '옛것'은 구약의 말씀이라 볼 수 있다.[69] 탈무드(*b. Erubin* 21b)도 아가서 7:13의 '옛것'을 토라의 말씀으로부터 도출된 가르침으로, '새것'을 서기관들의 가르침으로 해석한다.[70] 예수를 따르는 성경학자는 옛 계시(구약)와 새로운 계시(후에 신약에 담김)를 모두 잘 아는 사람이어야 한다.[71] 옛것만 알고 새것을 모르는 유대교 서기관처럼 되어서도 안 되고, 새것을 알되 옛것을 모르게 되어서도 안 된다. 그들에게 하나님의 율법의 옛 창고는 바르게 이해된다면 여전히 가치 있는 것이었다.[72] 이레니우스, 오리겐, 크리소스톰 등의 교부들은 구약의 가치를 평가절하하는 자들과 싸울 때 이 본문을 유용하게 사용하였다(DA, 1991: 448).

창고에서 물건을 꺼낼 때는 최근에 넣은 새것부터 꺼내기 시작하여 아래에 놓인 옛것을 꺼내게 된다.[73] 따라서 이 비유는 창고를 완전히 비우는 것을 가리킨다고 볼 수도 있다(P. M. Phillips, 20). 이 경우 소유를 다 팔아 밭을 사거나 진주를 산 사람에 관한 비유들(마 13:44, 46)이 나온 문맥을 고려할 때 천국을 위하여 모든 것을 비움이 창고를 비움으로 묘사되

69. 정훈택은 이러한 해석을 전제하고 "구약 성경과 예수님을 함께 전해야 한다."고 지적한다(정훈택, 186).
70. DA, 1991: 447.
71. 참고. 집회서 39:2-3에 의하면 서기관은 미묘하고 애매한 비유를 해석할 수 있어야 한다(Hagner, 1993: 402).
72. Keener, 2009: 393.
73. P. M. Phillips, 20.

었다고 해석할 수도 있다.[74] 예수의 하나님 나라 가르침을 해석하는 서기관은 자신의 신학적 고정 관념들을 완전히 버려야 한다.

이 본문은 마태복음의 저자가 자기 자신의 서기관으로서의 정체를 알리는 서명으로서 본문 속에 포함시켰다고 볼 수도 있다.[75] 그렇다면 마태복음의 저자는 구약 성경과 예수의 가르침 모두에 익숙한 서기관이었다고 볼 수 있다.

그리스도교 서기관들은 신약 성경을 거부하는 유대교 서기관처럼 될 위험은 없지만, 구약 성경을 버리는 위험에 빠질 수 있다. 율법 폐지론은 사실상 구약 성경을 버리는 방향으로 나아가며 결국 구약 성경을 버린 영지주의와 같은 종착점에 도달하기 쉽다. 이것은 예수를 따르는 신학자의 길은 아니다.

2. 해설

예수께서는 무리들에게 비유로 가르치신다. 그 이유는 그들이 들어도 깨닫지 않고자 하기 때문이다(13:13). 그럼에도 불구하고 비유의 궁극적 목적은 감추어진 것을 드러내는 것이다(13:35). 하나님의 나라는 겨자씨나 누룩처럼 매우 작지만 엄청나게 퍼지는 특징을 가진다(13:32, 33). 그러나 방해물이 있다. 씨 뿌리는 비유는 말씀을 듣고 깨닫고 결실하는 데 방해가 되는 것이 무엇인지 알려 준다. 그것은 마귀, 외적 박해, 내적 유혹이다(13:19-22). 세상에 예수께서 선택하신 백성들이 살아가지만 마귀에게 속한 사람들도 함께 존재한다(13:25). 하나님은 악인들의 심판을 종말 때까지 미루신다(13:30, 41). 그렇지만 심판 때에는 좋은 물고기와 나쁜

74. P. M. Phillips, 20.
75. DA, 1991: 446.

물고기를 나누듯이 의인들과 악인들을 구분하고 악인들을 심판하실 것이다(13:47-50).

하나님 나라의 가치를 파악한 사람은 어떤 것보다 하나님 나라를 더 소중하게 여긴다(13:44-46). 한편, 하나님의 나라에 관하여 바르게 깨닫는 신학자는 예수의 새로운 가르침을 취하지만 옛것(구약 성경)도 버리지 않는다(13:52).

III. 참고 문헌

| 참고문헌 |

Allen, W. C., *A Critical and Exegetical Commentary on the Gospel According to S. Matthew*, 3rd ed., Edinburgh: T. & T. Clark, 1977.

An, Hannah S. (안한나), "Reading Matthew's Account of the Baptism and Temptation of Jesus (Matt. 3:5-4:1) with the Scapegoat Rite on the Day of Atonement (Lev. 16:20-22)," *Canon & Culture* 12/1, 2018: 5-31.

August, Jared M., "'He Shall Be Called a NazarenE': The Non-Citation of Matthew 2:23," *Tyndale Bulletin* 69/1, 2018: 63-74.

Barton, B. B. & D. Veerman, L. K. Taylor, 『누가복음』, 김진선 역, 서울: 성서유니온, 2003.

Bates, Matthew W., "Cryptic Codes and a Violent King: A New Proposal for Matthew 11:12 and Luke 16:16-18," *CBQ* 75, 2013: 74-93.

Bauer, W., *A Greek-English Lexicon of the New Testament and Other Early Christian Literature*, revised and ed. by F. W. Danker, 3rd ed., Chicago: The University of Chicago Press, 2000. (= BDAG)

Black, D. A., "Jesus on Anger: The Text of Matthew 5:22a Revisited," *NovT* 30, 1988: 1-8.

Blanton, Thomas R., "Saved by Obedience: Matthew 1:21 in Light of Jesus' Teaching on the Torah," *JBL* 132, 2013: 393-413.

Blass, F. & A. Debrunner, *A Greek Grammar of the NT and Other Early Christian Literature*, trans. by R. W. Funk, Chicago: University of Chicago Press, 1961. (= BDF)

Bock, D. L., *Luke*, vol.1., Grand Rapids: Baker, 1994.

———, *Mark*, New Cambridge Bible Commentary, Cambridge: Cambridge University Press, 2015.

Boring, M. E., *Mark: A Commentary*, The New Testament Library, Louisville: Westminster John Knox, 2006.

Bovon, F., *Luke 1: A Commentary on the Gospel of Luke 1:1-9:50*, trans. by C. M. Thomas, Minneapolis: Fortress, 2002.

Braun, R., *1 Chronicles*, WBC 14, Waco, Texas: Word Books, 1986.

Brower, Kent E., "Jesus and the Lustful Eye: Glancing at Matthew 5:28," *The Evangelical Quarterly* 76, 2004: 291-309.

Bruce, F. F., *The Book of Acts*, NIC, Grand Rapids: Eerdmans, 1954.

Carlson, Stephen C., "The Davidic Key for Counting the Generations in Matthew 1:17," *CBQ* 76, 2014: 665-83.

Carroll, John T., *Luke*, The New Testament Library, Louisville, Kentucky: Westminster John Knox, 2012.

Carson, D. A. & D. Moo, 『손에 잡히는 신약 개론』, 안세광 역, 서울: IVP, 2015.

Cave, C. H., "The Leper: Mark 1.40-45," *NTS* 25, 1978/1979: 245-50.

Charlesworth, J. H., *Jesus within Judaism*, London: SPCK, 1988.

Collins, A. Y., *Mark*, Minneapolis: Fortress, 2007.

Cranfield, C. E. B., *The Gospel According to St Mark*. Cambridge: Cambridge University Press, 1959.

Cruise, Charles E., "A Methodology for Detecting and Mitigating Hyperbole in Matthew 5:38-42," *Journal of the Evangelical Theological Society* 61, 2018: 83-103.

Danby, H., ed. & trans., *The Mishnah*, Oxford: Oxford University Press, 1933.

Davies, W. D. & D. C. Allison, *A Critical and Exegetical Commentary on the Gospel According to Saint Matthew*, vol.1, Edinburgh: T. & T. Clark, 1988.

———, *A Critical and Exegetical Commentary on the Gospel According to Saint Matthew*, vol.2, Edinburgh: T. & T. Clark, 1991.

———, *A Critical and Exegetical Commentary on the Gospel According to Saint Matthew*, vol.3, Edinburgh: T. & T. Clark, 1997.

Day, Charles R., "What Did You Go out to See?: A Demon Crazed Ascetic? Light on Matthew 11:7b from an Aramaic Reconstruction," *Conspectus* 8, 2009: 26-34.

Derrett, J. D. M., "'ΗΣΑΝ ΓΑΡ 'ΑΛΙΕΙΣ (MK. I 16): Jesus's Fishermen and the Parable of the Net," *NovT* 22, 1980: 108-137.

Dennert, Brian C., "A Note on Use of Isa 7:14 in Matt 1:23 through the Interpretation of the Septuagint," *Trinity Journal* 30, 2009: 97-105.

Donahue, J. R. & D. J. Harrington, *The Gospel of Mark*, Sacra Pagina Series 2, Collegeville, Minnesota: The Liturgical Press, 2002.

Edwards, J. R., *The Gospel According to Mark*, Grand Rapids: Eerdmans, 2002.

Erickson, Richard J., "Joseph and the Birth of Isaac in Matthew 1," *Bulletin for Biblical Research* 10, 2000: 35-51.

Eubank, Nathan, "Prison, Penance or Purgatory: The Interpretation of Matthew 5.25-6 and Parallels," *NTS* 64, 2018: 162-77.

Evans, C. A., *Luke*, NIBC, Peabody: Hendrickson, 1990.

———, *Mark 8:27-16:20*, WBC 34B, Nashville: Thomas Nelson Publishers, 2001.

France, R. T., *The Gospel of Mark,* Grand Rapids: Eerdmans, 2002.

Garlington, Don B., "'You Fool!': Matthew 5:22," *Bulletin for Biblical Research* 20, 2010: 61-83.

Geiger, Stephen, "Exegetical Brief--Two Bad Words: 'Ρακά and Μωρέ in Matthew 5:22," *Wisconsin Lutheran Quarterly* 112, 2015: 139-44.

Gerhardsson, B., "The Parable of the Sower and Its Interpretation," *NTS* 14, 1968: 165-93.

Gibbs, Jeffrey A., "Israel Standing with Israel: The Baptism of Jesus in Matthew's Gospel (Matt 3:13-17)," *CBQ* 64, 2002: 511-26.

Gnilka, J., *Das Matthäusevangelium*, 1, Wien: Herder, 1986.

Guelich, Robert A., *Mark 1-8:26*, WBC 34A, Dallas: Word Books, 1989.

Guenther, Allen R., "The Exception Phrases: Except Πορνεία, Including Πορνεία or Excluding Πορνεία? (Matthew 5:32; 19:9)," *Tyndale Bulletin* 53, 2002: 83-96.

Gundry, R. H., *Matthew*, Grand Rapids: Eerdmans, 1982.

Hagner, D. A., *Matthew 1-13*, WBC 33A, Dallas: Thomas Nelson, 1993.

———, 『신약개론』, 김귀탁 역, 서울: 부흥과개혁사, 2014.

Harrington, D. J., *The Gospel of Matthew*, Sacra Pagina Series 1, Collegeville, Minnesota: The Liturgical Press, 1991.

Heil, J. P., "Reader-Response and the Narrative Context of the Parables about Growing Seed in Mark 4:1-34," *CBQ* 54, 1992: 271-86.

———, "Jesus with the Wild Animals in Mark 1:13," *CBQ* 68, 2006: 63-78.

Hendriksen, W., *The Gospel of Matthew*, vol.1, Edinburgh: The Banner of Truth Trust, 1973.

———, 『마태복음』, 상, 김만풍 역, 개정판, 서울: 아가페, 2016.

———, 『마태복음』, 중, 이정웅 역, 개정판, 서울: 아가페, 2016.

Hooker, M. D., *The Gospel According to Saint Mark*, London: A. & C. Black, 1991.

Huizenga, Leroy Andrew, "Matt 1:1: 'Son of Abraham' as a Christological Category," *Horizons in Biblical Theology* 30, 2008: 103-13.

———, "Obedience unto Death: The Matthean Gethsemane and Arrest Sequence and the Aqedah," *CBQ* 71, 2009: 507-26.

Hurtado, L. W., *Mark*, NIBC, Peabody, MA: Hendrickson, 1983.

Janzen, David, "The Meaning of Porneia in Matthew 5.32 and 19.9: An Approach from the Study of Ancient Near Eastern Culture," *JSNT* 23, 2001: 66-80.

Jennings, Theodore W. & Tat-siong Benny Liew, "Mistaken Identities but Model Faith: Rereading the Centurion, the Chap, and the Christ in Matthew 8:5-13," *JBL* 123, 2004: 467-94.

Johnson, L. T., *The Gospel of Luke*, Sacra Pagina Series 3, Collegeville, Minnesota: The Liturgical Press, 1991.

Jung, Chang Wook (정창욱), "Quotation of Isaiah 6:9-10 in Matthew 13:14-15," 『성경원문연구』 26, 2010: 137-54.

Keener, C. S., *The Gospel of Matthew*, Grand Rapids: Eerdmans, 2009.

———, "Adultery, Divorce," *Dictionary of New Testament Background*, ed. by C. A. Evans & S. E. Porter, Leicester: IVP, 2000: 6-16.

———, "'The Dead Are Raised' (Matthew 11:5 // Luke 7:22): Resuscitation Accounts in the Gospels and Eyewitness Testimony," *Bulletin for Biblical Research* 25, 2015: 55-79.

Kelhoffer, J. A., *The Diet of John the Baptist*, WUNT 176, Tübingen: Mohr, 2005.

Kim, Seong-Kwang (김성광), "The Use of Hosea 11:1 in Matthew 2:15," 『구약논단』 (*The Korean Journal of Old Testament Studies*) 25, 2019: 102-29.

Lane, W., *The Gospel According to Mark*, Grand Rapids: Eerdmans, 1974.

Larsen, Kevin W., "Matthew 8:27 and Mark 4:36: Relics of a Prior Source?," *Restoration Quarterly* 54, 2012: 186-90.

Lee, John A. L., "Led Astray by Punctuation: The Meaning of 'Επιορκώ in Matt 5:33," *NovT* 52, 2010: 24-36.

Lincoln, Andrew T., "Contested Paternity and Contested Readings: Jesus' Conception in Matthew 1.18-25," *JSNT* 34, 2012: 211-31.

Luz, U., *Das Evangelium nach Matthäus*, EKKNT 1/1, Zürich: Benziger, 1985.

Malbon, E. S., "TH OIKIA AYTOY: Mark 2.15 in Context," *NTS* 31, 1985: 282-92.

Marcus, J., *Mark 1-8*, The Anchor Bible, New York: Doubleday, 2000.

———, *Mark 8-16*, The Anchor Bible, New York: Doubleday, 2009.

Marshall, I. H., *The Gospel of Luke*, NIGTC, Grand Rapids: Eerdmans, 1978.

McIver, R. K., "One Hundred-fold Yield - Miraculous or Mundane? Matthew 13.8, 23; Mark 4.8, 20; Luke 8.8," *NTS* 40, 1994: 606-8.

Maier, Gerhard, 『마태복음』, 송다니엘 역, 서울: 진리의 깃발, 2017.

Meade, David G., *Pseudonymity and Canon: An Investigation into the Relationship of Authorship and Authority in Jewish and Earliest Christian Tradition*, Grand Rapids: Eerdmans, 1987.

Méndez, Hugo, "Semitic Poetic Techniques in the Magnificat: Luke 1:46-47, 55," *JBL* 135, 2016: 557-74.

Mitchell, Matthew W., "The Yoke Is Easy, but What of Its Meaning?: A Methodological Reflection Masquerading as a Philological Discussion of Matthew 11:30," *JBL* 135, 2016: 321-40.

Moloney, Francis J., "Mark 6:6b-30: Mission, the Baptist, and Failure," *CBQ* 63, 2001: 647-63.

Moss, Candida R., "Blurred Vision and Ethical Confusion: The Rhetorical Function of Matthew 6:22-23," *CBQ* 73, 2011: 757-76.

Nguyen, Vien V., "Matthew and the Torah: An Analysis of Matthew 5:17-20," *Journal of Biblical Theology* 3, 2020: 5-35.

Nickel, J. P., "Jesus, the Isaianic Servant Exorcist Exploring the Significance of Matthew 12,18-21 in the Beelzebul Pericope," *ZNW* 107, 2016: 170-85.

Osborne, Grant R., *Mark*, Teach the Text Commentary Series, Grand Rapids: Baker Books, 2014.

Osiek, Carolyn, "'When You Pray, Go into Your Ταμεῖον' (Matthew 6:6): But Why?," *CBQ* 71, 2009: 723-40.

Phillips, Peter M., "Casting out the Treasure: A New Reading of Matthew 13.52," *JSNT* 31, 2008: 3-24.

Phillips, Thomas E., "'Will the Wise Person Get Drunk?': The Background of the Human Wisdom in Luke 7:35 and Matthew 11:19," *JBL* 127, 2008: 385-96.

Porter, S. E., *Idioms of the Greek New Testament*, 2nd ed., Sheffield: Sheffield Academic Press, 1994.

Rüger, H. P., "Mit welchem Maß ihr meßt, wird euch gemessen werden," *ZNW* 60, 1969: 174-82.

Saddington, D. B., "The Centurion in Matthew 8:5-13: Consideration of the Proposal of Theodore W Jennings, Jr, and Tat-Siong Benny Liew," *JBL* 125, 2006: 140-42.

Sailhamer, John, "Hosea 11:1 and Matthew 2:15," *The Westminster Theological Journal* 63, 2001: 87-96.

Sanders, E. P. & M. Davies, *Studying the Synoptic Gospels*, London: SCM, 1989.

Shin, Hyeon Woo (신현우), *Textual Criticism and the Synoptic Problem in Historical Jesus Research*, Contributions to Biblical Exegesis and Theology 36, Leuven: Peeters, 2004.

Snodgrass, Klyne, *The Parable of the Wicked Tenants*, WUNT 27, Tübingen: Mohr, 1983.

Staples, Jason A., "'Lord, LorD': Jesus as YHWH in Matthew and Luke," *NTS* 64, 2018: 1-19.

Stegemann, E. & W. Stegemann, 『초기 그리스도교의 사회사』, 김판임 & 손성현 역,

서울: 동연, 2009.

Stegner, W. R., "Wilderness and Testing in the Scrolls and in Matthew 4:1-11," *Biblical Research* 12, 1967: 18-27.

Stein, R. H., *Luke*, NAC, Nashville, Tennessee: Broadman, 1992.

Stettler, C., "Purity of Heart in Jesus' Teaching," *JTS* n.s. 55, 2004: 467-502.

Strack, Herman L. & Paul Billerbeck, *Kommentar zum Neuen Testament aus Talmud und Midrasch*, 6 vols., München: C.H. Beck, 1922-1961. (= Str-B)

Strauss, Mark L., *Mark*, Exegetical Commentary on the New Testament, Grand Rapids: Zondervan, 2014.

Tanner, J. Paul, "The 'Outer Darkness' in Matthew's Gospel: Shedding Light on an Ominous Warning," *Bibliotheca Sacra* 174, 2017: 445–59.

Warner, Megan, "Uncertain Women: Sexual Irregularity and the Greater Righteousness in Matthew 1," *Pacifica* 18, 2005: 18–32.

Webb, R. L., *John the Baptizer and Prophet: A Socio-Historical Study*, JSNTS 62, Sheffield: JSOT Press, 1991.

Wells, Lisa, "An Interpretation of Matthew 5:38-42," *Proceedings* 23, 2003: 15–28.

Williamson, L., *Mark*, Interpretation: A Bible Commentary for Teaching and Preaching, Louisville: John Knox Press, 1983.

———, "Matthew 4:1-11," *Interpretation* 38/1, 1984: 51-55.

Wilson, Walter T., "Matthew, Philo, and Mercy for Animals (Matt 12,9-14)," *Biblica* 96, 2015: 201–21.

Witherington III, Ben, *The Gospel of Mark*, Grand Rapids: Eerdmans, 2001.

Wong, Eric Kun-Chun, "The Matthaean Understanding of the Sabbath: A Response to G N Stanton," *JSNT* 14, 1991: 3–18.

강대훈, "마태복음에 나타난 '하데스'와 '아뷔소스'의 개념과 하늘나라와의 관계에 대한 연구'," 『신약연구』 13/2 2014: 183-218.

———, 『마태복음 주석』, 상, 서울: 부흥과개혁사, 2019.

김상훈, 『숲의 해석 마태복음』, 서울: 총신대학교출판부, 2007.

김성희, "'지혜는 그 행한 일로 인하여 옳다 함을 얻는다' (마 11:19b) 에 대한 해석학적 고찰," 『신약논단』 27, 2020: 303-38.

김충연, "마태복음의 Δίκαιος 연구: 마태복음 1:18-25과 23:27-36을 중심으로," 『신약논단』 25, 2018: 243-72.

김학철, "하늘나라 비유로서 달란트 비유(마 25:14-30) 다시 읽기: 주인과 세 번째 종의 상호 평가 중 어느 것이 옳은가?," 『신약논단』 16, 2009: 5-39.

문우일, "마태복음의 누룩 비유(13:33)와 맥락," 『신약논단』 25, 2018: 509-48.

신인철, "마태복음 10:34-39의 본문 구성과 '검'(Μάχαιρα): 가족 불화와 신앙 불화를 중심으로," 『신약논단』 18, 2011: 997-1037.

신현우, 『공관복음으로의 여행』, 서울: 이레서원, 2005a.

———, "팔복에 담긴 은혜와 윤리," 『그 말씀』 187, 2005b: 53-60.

———, 『누가복음 어떻게 읽을 것인가』, 서울: 성서유니온, 2016.

———, 『신약 입문』, 서울: 총회세계선교회, 2020.

———, 『마가복음』, 한국신약해설주석 2, 서울: 감은사, 2021.

양용의, "'그러나 나는 너희에게 말한다': 마태복음 5:21-48의 대조적 교훈들에 나타난 예수와 율법," 『신약연구』 5, 2006: 1-49.

———, 『마가복음 어떻게 읽을 것인가』, 서울: 성서유니온, 2010.

———, 『마태복음 어떻게 읽을 것인가?』, 개정판, 서울: 성서유니온, 2018.

이민규, "마태복음 8:21-22에 나타난 제자의 장례 요청 거부와 예수를 따르는 길," 『신약연구』 11, 2012: 587-611.

이석호, 『하나님 나라 왕들의 행진곡: 마태복음 주해』, 서울: 킹덤북스, 2013.

정연락, "산상설교의 반제들 연구: 특히 제 5, 6 반제를 중심으로," 『한국기독교신학논총』 30, 2003: 211-35.

정훈택, 『쉬운 주석 마태복음』, 서울: 그리심, 2007.

채영삼, "마태복음 2:6의 구약 인용과 마태의 목자-기독론," 『신약연구』 8, 2009: 5-37.